Serge K. D. Sulz | Miriam Sichort-Hebing, Alfred Walter (Hrsg.)

GRUPPEN-PSYCHOTHERAPIEN

höchst wirksam, ganz einfach und sehr beliebt

Sie sind herzlich eingeladen!

Psychotherapie Psychotherapie

Psychotherapie

Herausgeber
Willi Butollo, Thomas Bronisch, Hans-Jürgen Möller, Serge K. D. Sulz

Herr Prof. Horst Kächele ist nach 20 Jahren als Mitherausgeber dieser Zeitschrift ausgeschieden. Wir danken ihm für diese über so viele Jahre gehende Unterstützung, die uns anspornte, gute, aktuelle und ausgewogene Originalaufsätze, Reviews und Berichte für die Fort- und Weiterbildung in Psychotherapie zur Veröffentlichung zu bringen.

CIP-Medien, München
ISSN: 2364-1517

Band 24, Heft 1, 2019
ISBN: 978-3-86294-068-4

Serge K. D. Sulz | Miriam Sichort-Hebing, Alfred Walter (Hrsg.)

GRUPPEN-PSYCHOTHERAPIEN – höchst wirksam, ganz einfach und sehr beliebt

Sie sind herzlich eingeladen!

Bibliografische Information der Deutschen Nationalbibliothek
Die Deutsche Nationalbibliothek verzeichnet diese Publikation in der Deutschen Nationalbibliografie; detaillierte bibliografische Daten sind im Internet über http://dnb.d-nb.de abrufbar.

Bezugsquelle
Herold Fulfillment GmbH | Raiffeisenallee 10 | 82041 Oberhaching
Tel. 0 89-61 38 71 24 | Fax 0 89-61 38 71 20
cip-medien@herold-va.de | www.cip-medien.com

Inhalt Gruppenpsychotherapie

Editorial – Vorwort	4
Der Bericht an den Gutachter für eine tiefenpsychologisch fundierte Gruppenpsychotherapie Peter Wollschläger	9
Notwendige Basiskompetenzen des Gruppenpsychotherapeuten Serge K. D. Sulz	15
Strategische Gruppentherapie – eine mentalisierungsbasierte Gruppen-Verhaltenstherapie Ute Gräff-Rudolph, Serge K. D. Sulz	33
Gruppentherapie. Ja oder Nein. Eine Fallgeschichte zur Psychodynamischen Gruppentherapie Peter Wollschläger	73
Die Anwendung der Strategischen Jugendlichentherapie (SJT) im Gruppensetting Annette Richter-Benedikt	81
Psychiatrische Kurz-Psychotherapie von depressiven Störungen in kombinierter Gruppen- und Einzeltherapie – ein Behandlungskonzept für Versorgungskliniken Christian Algermissen, Nina Rösser	113
Die Arbeit mit der Überlebensregel in der Gruppentherapie depressiver PatientInnen Iris Liwowsky	136
Embodimenttechniken in der Gruppentherapie: Vom IQ zum WeQ Gernot Hauke, Evelyn Beverly Jahn	157
Basisvariablen moderner Selbstsicherheitstrainings Arbeit an Selbstwert, sozialer Kompetenz und sozialer Angst am Beispiel des Assertiveness Training Program (ATP) mit ergänzender Schematherapie Cirsten E. Ullrich, Wolfgang Beth	186
Psychodynamische Gruppenarbeit mit Kindern, deren Eltern getrennt oder geschieden sind Alfred Walter	202
Wie wirksam ist die ambulante integrative Gruppenkurzzeittherapie – mehr als Symptomreduktion? Kurt Wedlich, Pia-Marie Comanns	218
Stabilisierungstraining in der Gruppe für jugendliche Flüchtlinge mit Traumafolgestörungen: praxistauglich, effizient und wirksam Marco Walg, Gerhard Hapfelmeier	242
Motivationale Faktoren in der Gruppenpsychotherapie am Beispiel Angst: So wichtig wie das Interventionsprogramm selbst Edgar Geissner, Petra Ivert	252
Buchrezension: Peters, Meinolf: Das Trauma von Flucht und Vertreibung – Psychotherapie älterer Menschen und der nachfolgenden Generationen Barbara Rabaioli-Fischer	269
Wissenschaftlicher Beirat – Redaktionen – Impressum	294

Serge K. D. Sulz | Miriam Sichort-Hebing, Alfred Walter (Hrsg.)

Gruppen-Psychotherapien – höchst wirksam, ganz einfach und sehr beliebt. Sie sind herzlich eingeladen!

Der vorige Themen-Band (IFA-Gruppen) befasste sich ja schon mit Gruppen, allerdings solchen, deren Teilnehmer ÄrztInnen und PsychologInnen sind. Im vorliegenden Band geht es um die Psychotherapie von Patienten mit verschiedenen Störungen in einer Therapiegruppe. Die Psychotherapie-Richtlinien wurde am 1. April 2017 so geändert, dass es nicht mehr so beschwerlich ist, eine Gruppentherapie zu beantragen und abzurechnen. Seitdem haben viele PsychotherapeutInnen angefangen, in ihrer Praxis eine Gruppe anzubieten, teils als ausschließliche Gruppenbehandlung, teils in Kombination mit einer Einzeltherapie, was sich ja am meisten anbietet.

Peter Wollschläger schreibt deshalb zuerst über den Bericht an den Gutachter für eine tiefenpsychologisch fundierte Gruppenpsychotherapie. Sein Fallbeispiel macht das Procedere gut nachvollziehbar.

Danach können Sie die Zusammenfassung der nötigsten Basiskompetenzen von Gruppentherapeutinnen von **Serge K. D. Sulz** als zweite Einleitung lesen: Auswahl der PatientInnen, Festlegung des Settings, Lernbedingungen, Lernziele, Anwendung effektiver Lernprozesse, Gruppenregeln inkl. Feedbackregeln, Aufgaben und Funktionen eines effektiven Gruppenleiters, Beenden des Gruppenprozess usw. Sozialpsychologische Gruppenphänomene werden kurz skizziert, u. a. Gruppenstadien in der Entwicklung einer Gruppe. Er verbindet das mit dem Entwicklungsmodell der Gruppe von Sulz (2011). Er weist darauf hin, dass Gruppenverhalten Einzelner und Gruppenphänomene nicht als aktuell zu korrigierende Störung aufgefasst werden müssen, dass sie vielmehr das Fortschreiten und den aktuellen Stand der Entwicklung der Gruppe zeigen. Zuletzt wird gezeigt, wie hilfreich es ist, die Überlebensregel der Gruppe zu identifizieren, da sie auf die Herkunft von Störungen des Gruppenprozesses hinweist.

Ute Gräff-Rudolph und Serge K. D. Sulz berichten über die Strategische Gruppentherapie als mentalisierungs-basierte Gruppen-Verhaltenstherapie. Sie zeigen, dass Strategische Kurzzeittherapie SKT und Strategisch-Behaviorale Therapie SBT sich hervorragend für das Gruppensetting eignen, sodass die großen Vorteile des sozialen Lernens in der Gruppe genutzt werden können. Denn die meisten Interventionen benötigen kein Einzelsetting. Sechs Gruppenstrategien sind vorherrschend: tiefe emotionale Erfahrung, Entwicklung der Mentalisierungsfähigkeit (Theory of Mind), wirksame und adaptiven Emotionsregulation, zunehmende Empathiefähigkeit, Erreichen von Selbstwirksamkeit und Zunahme der Beziehungsfähigkeit. Dieses Konzept ist sowohl als Gruppen-Kurzzeittherapie als auch im Modus einer Langzeit-Gruppentherapie durchführbar.

Peter Wollschläger veranschaulicht anhand einer Fallgeschichte zur Psychodynamischen Gruppentherapie (ängstlich depressiven Patientin), wie der Gruppenprozess genutzt werden kann, um ihre anfängliche Vermeidungshaltung aufgeben und einen notwendigen Entwicklungsschritt zu wagen.

Annette Richter-Benedikt gibt uns einen Einblick in die Anwendung der Strategischen Jugendlichentherapie (SJT) im Gruppensetting. Nach einer Einführung in die theoretischen Grundlagen stellt sie die therapeutische Jugendlichengruppen und die Elterntrainings in der Gruppe vor. Sie skizziert das Rollenverständnis der SJT-GruppentherapeutIn und die prozessorientiert reflektierte therapeutische Beziehungsgestaltung.

Christian Algermissen und Nina Rösser berichten über ihre umfangreichen Erfahrungen mit der Psychiatrische Kurz-Psychotherapie PKP von depressiven Störungen in kombinierter Gruppen- und Einzeltherapie als einem Behandlungskonzept für psychiatrische Versorgungskliniken. Durchschnittlich stehen 35 Tage für die stationäre Behandlung in der psychiatrischen Klinik zur Verfügung. Dies erfordert, den Therapieprozess unmittelbar zielorientiert und effizient zu gestalten. Als neuartige Therapietechnik nutzt die Psychiatrische Kurz-Psychotherapie insbesondere Kurzinterventionen zum Aufbau einer Behandlungsstrategie und ist besonders geeignet, einen Therapiefortschritt während des begrenzten stationären Behandlungszeitraums herzustellen. Die wissenschaftliche Evaluation (n = 1996) zeigt eine positive Bilanz: Das Therapiekonzept sei effektiv, ressourcenschonend und erfährt eine hohe Akzeptanz bei Patienten.

Iris Liwowsky konzentriert ihren Bericht auf die Arbeit mit der Überlebensregel in der Gruppentherapie depressiver PatientInnen. Die Anzahl der Menschen, die unter Depression leiden ist weiterhin erschreckend hoch. Die strategisch behaviorale Therapie (SBT) bietet einen integrativen Ansatz für die Behandlung depressiver PatientInnen. Neben den symptomorientierten Interventionen ist ihr zentrales Element die „Überlebensregel". Darüberhinaus sind wesentliche Schwerpunkte der Aufbau von Fertigkeiten der Emotionsregulation, Emotionsexposition, sowie kompetenter Interaktions- und Beziehungsgestaltung. Zuletzt werden Daten zur Evidenzbasierung berichtet.

Cirsten E. Ullrich und Wolfgang Beth beschreiben Basisvariablen moderner Selbstsicherheitstrainings und die Arbeit an Selbstwert, sozialer Kompetenz und sozialer Angst am Beispiel des Assertiveness Training Program (ATP), aktualisiert durch die Verbindung mit der Schematherapie. Das Assertiveness Training Programm (ATP) ist ein evidenzbasiertes Programm. Die Autoren legen Wert auf ein umfassendes Training der Selbstsicherheit von fünf Basisvariablen (Angstintensität, Vermeidung, gewünschtes Verhalten, Feedback in der Gruppe, Verknüpfung von Körpererfahrung und Wissen.

Alfred Walter berichtet über die psychodynamische Gruppenarbeit mit Kindern, deren Eltern getrennt oder geschieden sind. Er reflektiert eigene Erfahrungen mit zwanzig Kindergruppen (Vorschulkinder, Grundschulkinder und Frühadoleszente) und stellt ein pragmatisch gehaltenes psychodynamisch orientiertes Modell der gruppenanalytisch orientierten Arbeit mit Trennungs- und Scheidungskindern vor.

Evelyn Beverly Jahn und Gernot Hauke schreiben über Embodimenttechniken in der Gruppentherapie. Sie gehen davon aus, dass der Impact des Gruppensettings durch die Erweiterung der bisherigen Konzepte um die Embodimenttechniken weiter erhöht werden kann. Dies sind spezifische Interventionen aus der Emotionalen Aktivierungstherapie (EAT nach Hauke & Dall'Occhio, 2015) und Techniken wie Imitation, Spiegeln, Sharing u. a. Sie zeichnen eine erste Skizze zu Interventionen und Techniken vor, um einen ersten Einblick in Arbeitsweise und Vorgehen zu gewähren.

Kurt Wedlich und Pia Comanns stellen die Frage: Wie wirksam ist die ambulante integrative Gruppenkurzzeittherapie – mehr als Symptomreduktion? Davon ausgehend, dass die ambulante Gruppentherapie trotz wiederholter Belege für ihre Wirksamkeit bislang nur selten zum Einsatz kommt, untersuchen sie möglicher Vorzüge gruppentherapeutischer Kurzzeittherapie-Maßnahmen im ambulanten Kontext. Die Stichprobe umfasst 82 Patienten mit Depressionen, Angsterkrankungen und Schmerzstörungen einer ambulanten psychotherapeutischen Einzelpraxis mit dem Schwerpunkt auf integrative Gruppenkurzzeittherapie. Die Behandlung nach einem standardisierten Vorgehen orientiert sich an dem kognitiv-behavioralen und achtsamkeitsbasierten Konzept. Die Datenerhebung erfolgt zu drei Messzeitpunkten. Im retrospektiven Vergleich am Ende der Gruppentherapie resultieren signifikante Unterschiede in allen untersuchten Bereichen. Zu diesem Messzeitpunkt werden sowohl der Therapieeffekt als auch der Grad der Veränderung als hoch bewertet. Diese Ergebnisse aus der aktuellen und einer vorangegangenen Studie belegen die Effektivität der ambulanten integrativen Gruppenkurzzeittherapie.

Marco Walg und Gerhard Hapfelmeier berichten über das Stabilisierungstraining in der Gruppe für jugendliche Flüchtlinge mit Traumafolgestörungen. Es bietet eine praxistaugliche Intervention und Prophylaxe bei Traumafolgestörungen. Das Konzept des Stabilisierungstrainings basiert auf Methoden der Verhaltenstherapie, der Dialektisch-Behavioralen Therapie und der Zeitperspektiven-Therapie. Visualisiertes Arbeitsmaterial und eine eigens dafür entwickelte App ermöglichen eine spracharme Durchführung und die Implementierung in Wohneinrichtungen. Krisen, psychische Dekompensationen und Inanspruchnahme psychiatrischer Kliniken lassen sich dadurch oft schon präklinisch vermeiden.

Edgar Geissner und Petra Ivert diskutieren motivationale Faktoren in der Gruppenpsychotherapie am Beispiel Angst und kommen zu dem Ergebnis, dass diese so wichtig sind wie das Interventionsprogramm selbst. Ihre Studie an stationären AngstpatientInnen ging der Frage nach, ob eine gute allgemeine motivationale Haltung den Effekt der Behandlung 6 Monate nach Therapieende begünstigt. Ihre Regressionsanalysen belegten, dass Motivation sehr substantiell (ca. 1/3) zur Varianzaufklärung bei beitrug. Mittelhoch ausgeprägte Motivation führter zu Angstreduktionen führte, wobei aber Angstkritericn zu einem Teil noch erfüllt sind. 17 % der PatientInnen galten demgegenüber als besonders hoch motiviert, sie erzielten katamnestisch sehr niedrige Angstwerte.

Zuletzt: **Barbara Rabaioli-Fischer** rezensiert das bei Klett-Cotta erschienene Buch von *Meinof Peters „Das Trauma von Flucht und Vertreibung – Psychotherapie älterer Menschen und der nachfolgenden Generationen."*

Diese Übersicht zeigt, dass dieser Band einen reichhaltigen Überblick über aktuelle Entwicklungen in Forschung und Praxis der Gruppen-Psychotherapie gibt. So kann er in vielfacher Hinsicht Impulsgeber sein: Hinführung zur Gruppenbehandlung, praktische Einsatzmöglichkeiten, wichtige Hinweise für das konkrete praktische Vorgehen, neue Konzepte der Gruppentherapie kennenlernen, die Evidenzbasierung kritisch würdigen. Ein Buch, in das man immer wieder reinschauen kann, um Orientierung und Ideen zu finden.

Serge K. D. Sulz im Februar 2019

Peter Wollschläger

Der Bericht an den Gutachter für eine tiefenpsychologisch fundierte Gruppenpsychotherapie
The report to the reviewer for a psychodynamic group psychotherapy

Wer Gruppen anbietet, muss viele Berichte an den Gutachter verfassen. Wie das so ausführlich wie nötig und so zügig wie möglich geht, werde ich anhand eines Fallbeispiels darstellen.

Schlüsselwörter
Gruppenpsychotherapie, Bericht an den Gutachter, Kassenantrag

If you offer group therapy, you will have to write many reports to the reviewer. How this goes in as much detail as necessary and as swiftly as possible will be illustrated by means of a case study.

Keywords
group psychotherapy, Report to the reviewer, Application to health insurance

Wie sich Menschen in sozialen Beziehungen erleben und verhalten, hängt von vielen Faktoren ab. Dazu gehören das genetische Erbe, die Erfahrungen in der Primärfamilie, die persönliche Entwicklungsgeschichte, die aktuelle soziale Situation und die Kultur, in der sie leben. All das, was auf diese Weise die individuelle Gestalt eines Menschen ausmacht, hat S. H. Foulkes unter dem Begriff der Matrix zusammengefasst. Er nimmt an, dass sich, wenn sich Menschen in einer Gruppe begegnen, unter ihnen alsbald aus diesen einzelnen Matrizes etwas Gemeinsames bildet, das er als Gruppenmatrix beschreibt. Das führt dazu, dass sich innere wie äußere Konflikte, Empfindungen und Verhaltensweisen der Einzelnen im Gruppengeschehen wiederspiegeln. Aufgabe der psychodynamischen Therapie ist es, diese zumeist unbewusst ablaufenden Prozesse zu erkennen und einer Bearbeitung zugänglich zu machen.

In den Vorgesprächen vor Beginn der Gruppe geht es darum, die Teilnehmenden in ihrer Eigenart, ihrer Geschichte und ihrer aktuellen Lebenssituation kennenzulernen und ein Verständnis für die damit verbundenen Konflikte, ihre strukturellen Einschränkungen und zwischenmenschlichen Probleme zu bekommen.

Das beginnt bereits beim Erstkontakt, der in der Regel telefonisch stattfindet. Ich frage nach dem Anlass für den Anruf, dem Beginn der Beschwerden, dem Überweisungskontext und vereinbare dann einen Termin für ein Vorgespräch. Bei der ersten persönlichen

Begegnung achte ich auf Kleidung, Haltung, Sprache, Mimik und Gestik und auf mein spontanes Empfinden den PatientInnen gegenüber. Ich lasse mir schildern, was sie zu mir geführt hat und notiere mir die Spontanangaben in wörtlicher Rede.
Viele Menschen schildern körperliche Beschwerden. Das Spektrum ist weit und geht von Kopf- und Gliederschmerzen über Verdauungsprobleme bis zu Haut und Atemwegsbeschwerden. Oft stehen diese in Zusammenhang mit emotionaler Anspannung, beruflichem oder privatem Stress.
Wenn die PatientInnen etwas über ihre zwischenmenschlichen Beziehungen berichten, sei es am Arbeitsplatz, im Bekannten oder Freundeskreis, lasse ich mir diese so genau wie möglich schildern. Die familiären Beziehungen halte ich in Form eines Genogramms in grafischer Form fest. Damit kann ich mir bereits einen guten Überblick über die Herkunfts- und die aktuelle Familiensituation machen. Ich erfahre etwas über die Situation, in die die Menschen hineingeboren wurden, ob bereits Geschwister da waren, in welchen Verhältnissen die Eltern lebten und wer sich um die Erziehung der Kinder gekümmert hat. Weiter notiere ich mir wichtige Lebensereignisse, wie Krankheit und Tod, Trennung und Scheidung. Themen wie Sucht, prekäre finanzielle Verhältnisse oder Gewalt spielen oft über mehrere Generationen hinweg eine wichtige Rolle. Manche Menschen suchen sich Partner aus ähnlichen Lebenszusammenhängen, in anderen Familien kommen Menschen aus unterschiedlichen kulturellen Kontexten zusammen und stehen vor der Herausforderung, diese miteinander in Einklang zu bringen.

Im weiteren Verlauf frage ich dann nach der persönlichen Entwicklungsgeschichte. Ich lasse mir die familiäre Situation in der frühen Kindheit und die wesentlichen Entwicklungsphasen schildern. Dabei achte ich besonders auf die zwischenmenschlichen Situationen und deren Auswirkungen auf das persönliche Erleben. Das geht von der Situation im Kindergarten, in den Grund- und weiterführenden Schulen über Freundschaften und soziale Kontakte in Kindheit und Jugend bis zur Berufsausbildung, dem Studium und der Ablösung vom Elternhaus. Ich erfrage die beruflichen Stationen, Einschnitte und Brüche, Unfälle und Krankheiten.

Anhand dieser Informationen kann ich mir in der Regel bereits ein Bild über die Persönlichkeitsstruktur, die inneren Nöte und Konflikte und die wichtigen Beziehungen meiner PatientInnen machen. Bevor ich mit dem Schreiben des Berichtes beginne, überlege ich mir, wie die Konstitution, die Situation in der Herkunftsfamilie und die zwischenmenschlichen Beziehungen den Menschen geprägt haben und was in der auslösenden Situation zur Dekompensation beigetragen haben kann.

Im Verlauf der Vorgespräche stelle ich die Indikation für Einzel- oder Gruppentherapie. Äußere Faktoren wie Schichtarbeit oder zu versorgende Kleinkinder können ein Hindernis sein. Ausschlussgründe sind akute Suizidalität, eine floride Psychose, Dissozialität, oder aktueller Gebrauch von Suchtmitteln. Bei anderen Bildern, insbesondere bei Persönlichkeitsstörungen, Depression, chronischen Schmerzen oder Verlust wichtiger Menschen erweist sich die Gruppentherapie als sehr wirksam. Hilfreich ist dabei die Erfahrung, mit dem eigenen Leid nicht alleine zu sein. So finden sich oft in der Gruppe Menschen, die Ähnliches erlebt haben. Ich erkläre den Patienten diesen Effekt mit dem Sprichwort: „geteiltes Leid ist halbes Leid und geteilte Freude ist doppelte Freude".

Unsere persönlichen Erfahrungen haben großen Einfluss darauf, wie wir auf neue Situationen zugehen. In einer wenig strukturierten Gesprächssituation wie der einer psychodynamischen Gruppe, stellen sich rasch Übertragungen auf die anderen Gruppenmitglieder ein. So sagte eine junge Patientin zu einem älteren Teilnehmer. „Schade, dass du beim nächsten Mal nicht kommen kannst. Ich habe mich schon so an dich gewöhnt. Du bist genau in dem Alter wie mein Vater." Bei Übertragungen auf den Leiter imponiert oft der Wunsch nach einem Anführer. Als ich eines Abends in die Gruppensitzung kam, konnte ich bereits von draußen Lachen und eine ausgelassene Stimmung wahrnehmen. Als ich dann den Gruppenraum betrat, schwiegen alle. Ich kommentierte das mit den Worten: „Bevor ich in den Raum gekommen bin, haben sie anscheinend angeregt miteinander geredet und jetzt ist plötzlich Stille." Daraufhin sagt ein Teilnehmer: „Das ist wie in der Schule! – Und wer bin ich dann für sie? – Na klar, der Lehrer!". Die Gruppe als Ganze wird nach einigen Sitzungen oft als Halt und Sicherheit gebend erlebt, ähnlich einer gewährenden Mutter. Im Bericht an den Gutachter sollte deutlich werden, welche PatientInnen in der Gruppe zusammenkommen, wer bei wem „andocken" kann und welche Entwicklungsmöglichkeiten die Gruppe bietet.

An einem **Fallbeispiel** möchte ich jetzt die Erstellung des Berichtes beschreiben. Ich verfasse die Berichte seit einigen Jahren gemeinsam mit den PatientInnen und habe so die Möglichkeit, zwischendurch immer wieder nachzufragen und mir zum Beispiel den Charakter der Eltern oder die Atmosphäre im Elternhaus noch einmal schildern zu lassen.

1. Der 36-jährige ledige Heizungsbauer kam im Frühjahr 2018 in meine ambulante psychiatrisch-psychotherapeutische Behandlung.

2. Von 2015 bis 2017 war er bereits in verhaltenstherapeutischer Behandlung. In dieser Therapie ist es um den Umgang mit Gefühlen gegangen, insbesondere um seine immer wieder auftretenden aggressiven Durchbrüche. Er hat sich mit Stresssituationen konfrontiert und versucht, besser mit diesen umzugehen. Es fällt ihm aber noch immer schwer, angemessen auf seine Mitmenschen zu reagieren und er weiß oft nicht, wie er sich „normal" verhalten soll. Er will besser begreifen, was dem zugrunde liegt. Einen wichtigen Punkt sieht er dabei in den Kommunikationsstrukturen in seiner Herkunftsfamilie.
Mir begegnete ein kräftiger Mann mit Vollbart und schütterem Haar. Er trug eine blaue Arbeitshose ein T-Shirt und ein Baseball Cap. Er schilderte, dass er sich in den letzten Jahren immer mehr von anderen Menschen zurückgezogen hat. Wenn er gezwungen werde, mit anderen umzugehen, werde er schnell aggressiv. Manchmal mache er auch sarkastische Bemerkungen um seine Distanz zum Geschehen zum Ausdruck zu bringen. Als Student habe er viel Alkohol und Cannabis konsumiert. Seit drei Jahren trinke er nicht mehr. Heute könne er anerkennen, dass er Alkoholiker sei. Auf seine Körperstatur angesprochen bezeichnete er sich selber als „fette Sau". Er erklärt sich so, dass er schon seit langem keine Freundin mehr hat: „wer will mit so einem schon etwas anfangen". An seinem Arbeitsplatz geriet er in letzter Zeit wiederholt mit Kollegen in Streit. Sein Chef möchte ihn aber gerne im Betrieb halten. Dieser findet es gut, dass der Patient eine Therapie macht und stellt ihn für diese Zeit frei. Für seine Arbeit wäre es sehr wichtig, dass er alleine Auto fahren kann. Allerdings wurde ihm vor sechs Jahren wegen Fahrens unter Alkoholeinfluss der Führerschein entzogen. An der medizinisch psychiatrischen Untersuchung ist er zwei Mal gescheitert, weil er zwar nachweisen konnte, keinen Alkohol

mehr zu trinken aber sich noch Spuren von Cannabis in den Haarproben fanden. Mir begegnete Herr K. nachdenklich und voller Selbstzweifel. Seine Stimmung war schlecht und er sah sein bisheriges Leben als gescheitert an. Er denkt viel nach, findet aber keinen Ausweg aus seiner Situation. Inhaltlich beschäftigt er sich viel mit seiner Herkunftsfamilie, in diesem Fall mit einem kurz zurückliegenden Familientreffen, bei dem es – wie so oft – zum Streit der Geschwister untereinander und mit den Eltern kam. Er erlebt sich in der Rolle des schwarzen Schafes, das an allem schuld ist. Keine Hinweise habe ich bei dem Patienten auf psychotisches Erleben, weder Paranoia, noch Wahn oder Halluzinationen.

Nach der ersten Stunde gebe ich den Patienten einen Anamnesebogen zum Ausfüllen mit nach Hause, den wir beim zweiten Termin miteinander durchgehen. So kann ich einen guten Überblick über somatische Erkrankungen, aktuelle und frühere Behandlungen gewinnen.

3. Der übergewichtige Patient ist in regelmäßiger internistischer Behandlung. Als Jugendlicher erlitt er bei einem fremdverschuldeten Mopedunfall eine komplizierte Oberschenkelfraktur und musste mehrfach operiert werden. Er konnte ein Jahr nur mit Krücken laufen. Aktuell besteht eine leichte Gehbehinderung und eine Verkürzung des rechten Beines um zwei cm. Bei einer Routineuntersuchung wurde eine Urolithiasis festgestellt und eine Schiene zur Steinextraktion angelegt, was für ihn sehr schmerzhaft war. Herr K. hat in seiner Zeit als Student eine Alkoholabhängigkeit mit regelmäßigem Kontrollverlust entwickelt. Die zeitweise grenzwertigen Leberwerte sind inzwischen wieder im Normbereich. Er sieht sich selber als Alkoholiker, ist seit einem Jahr nachweislich trocken und nimmt regelmäßig an Treffen in der Suchtambulanz teil.
Anhand meines Genogramms kann ich die familiäre Herkunft des Patienten erläutern:

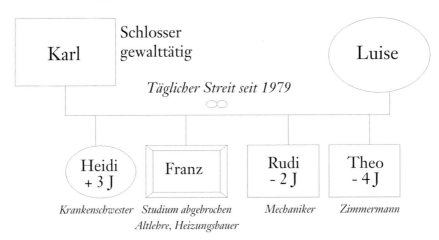

Ich lasse mir die beteiligten Personen in ihrer Art und in ihrer Beziehung zum Patienten beschreiben. Oft ist es zum Verständnis hilfreich, auch die Herkunftsfamilien der Eltern mit zu erfassen, worauf ich in diesem Fall verzichte.

4. Herr K. ist das zweite Kind seiner Eltern Karl (Schlosser, + 23) und seiner Mutter Luise (Hausfrau, + 21). Er hat eine ältere Schwester (+ 3) und zwei jüngere Brüder (- 2 und - 4). Die Atmosphäre zuhause ist von ständigem Streit und Entwertungen geprägt. Der Vater

ist jähzornig, aufbrausend und hat ihn und die beiden Brüder oft geschlagen. Die Mutter war unzufrieden mit ihrer Situation gewesen und hat den Kindern vorgehalten, den Vater ihretwegen geheiratet zu haben. Obwohl sie offensichtlich unter dem ständigen Streit litt, gelang es ihr nicht, sich vom Vater zu trennen. Die ältere Schwester musste der Mutter im Haushalt helfen und sich um die jüngeren Geschwister kümmern. Ihren Frust darüber hat sie regelmäßig an ihnen ausgelassen, wodurch das Verhältnis bis heute belastet ist.

Jetzt gehe ich auf die persönliche Entwicklungs- und Lebensgeschichte des Patienten ein:

Er selber sei ein eher schüchterner Junge gewesen, habe sich oft zurückgezogen. Im Kindergarten und in der Grundschule sei er von den Mitschülern oft ausgelacht worden, habe nicht gewusst, wie er sich dagegen hätte wehren sollen. Er habe sich aufs Lernen konzentriert und als einer von zwei Schülern aus seiner Klasse den Übertritt aufs Gymnasium geschafft. Dort fühlte er sich fremd, schämte sich für seine Familie und wollte auch keine Mitschüler nach Hause mitbringen. In der Mittelstufe habe er einen Leistungseinbruch gehabt und die zehnte Klasse wiederholen müssen. Das Abitur habe er „mit Ach und Krach" geschafft. Er habe sich dann, weil er sich nicht wirklich für ein Fach habe entscheiden können, für Betriebswirtschaft eingeschrieben. Weil das billig war, habe er ein Zimmer im Haus einer Burschenschaft bezogen. Die familiäre Atmosphäre dort hätte ihm gut gefallen. Abends hätten sie zusammengesessen, gesungen, Bier getrunken und er habe die Anerkennung der älteren Herren genossen. Im Lauf der Zeit habe er allerdings sein Studium immer mehr vernachlässigt, sei morgens nicht mehr aus dem Bett gekommen und habe keine Vorlesungen mehr besucht. Wegen einer nächtlichen Fahrt unter Alkoholeinfluss verlor er seinen Führerschein. Weil ihm die notwendigen Credit Points fehlten, wurde ihm das Bafög gestrichen und er musste sein Studium abbrechen. In dieser Situation wollte er sich das Leben nehmen, hatte bereits alles vorbereitet, eine Flasche Wodka und mehrere Packungen Aspirin gekauft. Im letzten Moment sei er dann aber so vor sich selber erschrocken, dass er sein Vorhaben nicht umsetzte. Er zog vorübergehend wieder zuhause ein und arbeitete als Hilfsarbeiter bei einem Heizungsbauer. Weil er sich rasch in komplizierte Tätigkeiten wie die Einrichtung von Photovoltaikanlagen einarbeitete, schlug ihm sein Chef nach zwei Jahren vor, eine verkürzte Berufsausbildung zu absolvieren, die er inzwischen erfolgreich abgeschlossen hat. Er beschloss, nicht mehr zu trinken, nahm an einem Programm der Caritas teil und besucht regelmäßig eine Blaukreuzgruppe.

Bei der Beschreibung der Psychodynamik, lehne ich mich an Achsen 2 bis 4 der operationalisierten psychodynamischen Diagnostik an.

Auf der Beziehungsebene erfuhr der Patient seitens des Vaters Entwertungen, aggressive Angriffe und Gewalt. Die Mutter erlebte er als wenig schützend und Halt gebend. Sie litt vielmehr selber unter der der häuslichen Situation und machte die Kinder dafür verantwortlich, dass sie in dieser verblieb. Von der älteren Schwester wurde er drangsaliert. Er reagierte darauf mit Rückzug, machte sich klein und entwickelte eine ängstlich vermeidende Haltung anderen gegenüber. In der Schule blieb er Außenseiter, fand keine Freunde, konnte aber durch Fleiß das Wohlwollen der Lehrer gewinnen. Seine Möglichkeiten, mit Spannungen und Konflikten umzugehen, sind eingeschränkt. Er reagiert entweder mit Rückzug oder, wenn er sich bedrängt fühlt, mit Aggressivität. Das führt dazu, dass andere ihn meiden und er sich zunehmend sozial isoliert.

Ich sehe einen Selbstwertkonflikt, den der Patient überwiegend im passiven Modus gelebt hat. Entlastung erlebte er unter Einfluss von Alkohol und hat so innerhalb weniger Jahre eine körperliche und psychische Abhängigkeit entwickelt. Der hohe Bierkonsum und der Mangel an Bewegung führten zu einer deutlichen Gewichtszunahme und verstärkten noch das negative Selbstbild. Die Persönlichkeitsstruktur halte ich für mäßig integriert. Abwehrmechanismen sind Vermeidung, Verleugnung, Reaktionsbildung und Wendung gegen die eigene Person.

Auslöser für die Dekompensation waren die Unfähigkeit, den Alkoholkonsum zu begrenzen und das Scheitern im Studium. Anlass für die Therapie der Wunsch, besser mit Konflikten am Arbeitsplatz und in anderen zwischenmenschlichen Situationen umzugehen und die Sehnsucht nach einer guten Beziehung. Herr K. hat sowohl von der Suchttherapie als auch von der vorangegangenen Verhaltenstherapie gut profitieren können. Mit der jetzt geplanten tiefenpsychologischen Behandlung verbindet er den Wunsch, besser zu verstehen, wie es zu seinem emotionalen Erleben kommt, sicherer im sozialen Umgang zu werden und Stresssituationen besser aushalten zu können.

Schließlich erläutere ich, in welchem Setting die geplante Gruppentherapie stattfinden soll, was die Wirkfaktoren sind und warum ich die Prognose für günstig halte:

Ich beabsichtige, den Patienten in eine Gruppe von neun Frauen und Männern zwischen 19 und 64 Jahren aufzunehmen. Die Gruppe trifft sich wöchentlich zu jeweils einer Sitzung à 100 min. Geplant ist eine Therapie von insgesamt 60 Gruppensitzungen. Gemeinsamkeiten mit den anderen PatientInnen gibt es in den Themenfeldern berufliche Konflikte, problematische Erfahrungen im Elternhaus und Schwierigkeiten in engen Beziehungen, insbesondere Partnerschaften. Die Gruppe kann dem Patienten einen Schutzraum bieten, in dem er von seinen Erfahrungen berichten und Anteilnahme erfahren kann. Er erlebt dort, wie andere miteinander umgehen, sich öffnen aber auch ihre Grenzen wahren. Mithilfe des Feedbacks der Gruppe kann er sein negatives Selbstbild hinterfragen. Er kann Nähe erfahren, ohne von anderen entwertet zu werden. Herr K. ist ein kluger Mann, der Zusammenhänge schnell begreift. Er erlebt seine eigenen Reaktionen als unverständlich und außerhalb seiner Kontrolle. Die Gruppe bietet ihm eine Möglichkeit, besser zu verstehen, wie früher Erlebtes und heute Empfundenes miteinander in Zusammenhang stehen. Die dadurch mögliche Distanz zu seinem unmittelbaren Erleben kann es ihm ermöglichen, mit größerer Gelassenheit mit belastenden zwischenmenschlichen Situationen umzugehen. Herr K. ist motiviert und hat die Sprechstunden und probatorischen Sitzungen regelmäßig und gewissenhaft wahrgenommen.

Literatur

Foulkes, S.H. (1964). Therapeutic Group Analysis. London. George Allen

Korrespondenzadresse

Dr. med. Peter Wollschläger
Facharzt für Psychiatrie, Facharzt für Psychotherapeutische Medizin
Taubenmarkt 11, 83278 Traunstein, Dr.Peter.Wollschlaeger@t-online.de

Serge K. D. Sulz

Notwendige Basiskompetenzen des Gruppenpsychotherapeuten

Mandatory basic competences of group psychotherapists

Unabhängig vom Therapieverfahren benötigt ein Gruppenpsychotherapeut einige wesentliche Kompetenzen, die er in seiner Gruppenpsychotherapie-Ausbildung erworben haben sollte. Seine Professionalität beginnt bei der Auswahl der PatientInnen, der Festlegung des Settings und führt dann zur Orientierung an den gruppenspezifischen Lernbedingungen, den Lernzielen und der Anwendung effektiver Lernprozesse. Den PatientInnen werden Gruppenregeln inkl. Feedbackregeln mit auf den Weg gegeben. Die Aufgaben und Funktionen sowie die Eigenschaften eines effektiven Gruppenleiters können so benannt werden. So hat er ein großes Repertoire an gruppenspezifischen Interventionen. Schließlich sollte er auf professionelle Art den Gruppenprozess beenden können.
Es gibt sozialpsychologische Gruppenphänomene, wie beispielsweise die sich immer wieder einstellenden Gruppenstadien in der Entwicklung einer Gruppe. Dies kann gut mit dem Entwicklungsmodell der Gruppe von Sulz (2011) veranschaulicht werden. Es ist eine Übertragung der affektiv-kognitiven Entwicklungstheorie auf die psychotherapeutische Gruppe und beschreibt die sechs Entwicklungsstufen KÖRPER (Existenz, Einverleiben), AFFEKT (Impuls, Bedürfnis), DENKEN (souverän Steuern, Einfluss nehmen, Theory of Mind), EMPATHIE (Zwischenmenschlichkeit, Soziales Verhalten, Perspektivenwechsel, Mitgefühl), NORM (Fairness, Institution, innere und äußere Ordnung), WERT (Überindividualität, kulturelle Einbindung). Sowohl die Gruppe als auch der einzelne Gruppenteilnehmer sind überfordert, wenn die aktuelle Entwicklungsstufe beim Setzen von Zwischenzielen und dem Einsetzen von gruppenspezifischen Interventionen nicht berücksichtigt wird. Anhand dieses Entwicklungsmodells kann vermieden werden, dass Gruppenverhalten Einzelner und Gruppenphänomene als aktuell zu korrigierende Störung aufgefasst werden. Sie zeigen vielmehr das Fortschreiten und den aktuellen Stand der Entwicklung der Gruppe. Hilfreich ist zudem, die Überlebensregel der Gruppe zu identifizieren, da sie auf die Herkunft von Störungen des Gruppenprozesses hinweist.

Schlüsselwörter
Gruppenpsychotherapie, Leitungskompetenz der GruppenpsychotherapeutIn, Entwicklungsstufen der Gruppe, affektiv-kognitive Entwicklungstheorie, Gruppensetting, Gruppenziele, soziales Lernen, Überlebensregel der Gruppe

Regardless of the therapy method, a group psychotherapist needs several essential competences, which he should have acquired in his group psychotherapy training. His professionalism starts with the selection of patients and the establishment of the setting, and then leads to orientation according to the group-specific learning conditions, the learning targets and the application of effective learning processes. Patients are given group rules including feedback rules.
The tasks and functions as well as the characteristics of an effective group leader can be named in this way. He thus has a large repertoire of group-specific interventions. After all, his way of ending the group is also part of his professionalism.
There are socio-psychological group phenomena such as the recurrent group stages in the development of a group. This can be illustrated well with the development model of the group by Sulz (2011). It is a transfer of the affective-cognitive development theory to the psychotherapeutic group, and describes the six development stages BODY (existence, incorporation), AFFECT (impulse, need), THINKING (self-confident control, having an influence, theory of mind), EMPATHY (interpersonal relations, social behaviour, change in perspective, compassion), NORM (fairness, institution, inner and outer order), VALUE (supra-individual thinking, cultural integration). Both the group and the individual group participant will be overwhelmed if the current development stage is not taken into consideration when setting interim targets and using group-specific interventions. On the basis of this development model it is possible to avoid that group behaviour of individuals and group phenomena are interpreted as disorders that have to be corrected. They rather demonstrate the progress and the current status of the group with respect to development. It is also helpful to identify the survival rule of the group as it indicates the origin of disorders in the group process.

Key words
Group psychotherapy, leadership competence of the group psychotherapist, development stages of the group, affective-cognitive development theory, group setting, group targets, social learning, survival rule of the group

Es gibt sehr viele Therapieziele, die in der Einzeltherapie gar nicht oder nur rudimentär oder mit unverhältnismäßig hohem Arbeits- und Zeitaufwand erreichbar sind. Zum großen Teil geht es in der Psychotherapie um soziale Lernprozesse. Dafür ist die Gruppe das ideale Lernfeld. Die Einzeltherapie ist für dieses Anliegen ein zu kleiner sozialer Kosmos und zudem zu sehr ein emotionaler Schonraum, als dass er genügend viele emotionale Erfahrungen in der Interaktion und in der Beziehung zulassen würde. Hier wird vor allem auf Vopels Handbuch der Gruppentherapie (2012) verwiesen, weil es nicht therapieschulenspezifisch ist.

Auswahl der Patienten bei ambulanten Gruppen

Yalom (2016) spricht folgende Empfehlungen aus: In eine heterogene ambulante Gruppe sollten PatientInnen nicht aufgenommen werden, die
- hirnverletzt
- paranoid

- hypochondrisch
- drogen- oder alkoholabhängig
- akut psychotisch
- soziopathisch sind

Positive Aufnahmekriterien sind:
- Motivation zur Gruppentherapie
- ein Problem im interpersonalen Bereich
- mittlerer Leidensdruck
- Erwartung, dass die Gruppe helfen wird
- Ich-Stärke nicht wesentlich geringer als die der anderen Teilnehmer
- der Gruppenleiter muss den Patienten mögen können
- der Patient sollte fähig sein, sich an die Gruppennormen zu halten

Weitere Kriterien sind:
- gleiche Anzahl Frauen und Männer
- mittelgroße (gleichmäßige) Altersstreuung
- breite Berufspalette
- nicht nur z. B. vier passive, schüchterne Männer und vier aktive, histrionische Frauen, sondern innerhalb eines Geschlechts ausreichend Variation

Ort, Zeit, Größe und Setting der Gruppentherapie (Yalom, 2016)

Ort: geschützt vor Ablenkung, ohne Tische, Dauer: 90 bis 120 Minuten
Häufigkeit: 1–2-mal wöchentlich (2-mal, wenn nur 90 Minuten)
Größe: 8 Personen (6 – 9 Teilnehmer). Je kürzer die Therapiesitzung, umso weniger Teilnehmer je Gruppe.
Setting: Regelmäßige Teilnahme, Pünktlichkeit, Bezahlung von Fehlzeiten Zeitraum: 12 bis 24 Monate
Dies sind Richtgrößen aus der klinischen Erfahrung, Abweichungen sind möglich.

A Lernziele in der Gruppe (Vopel 2012)
Der soziale Lernprozess in der Gruppe erfolgt neunfach:
1. Sensibilisierung der Wahrnehmungsfähigkeit
   - für eigenes Verhalten
   - für das Verhalten der anderen
2. Vertiefung der Selbstverantwortlichkeit durch Erkennen, dass
   - ich Verhalten ändern kann, wenn ich will
   - andere nicht für meine Gefühle verantwortlich sind
3. Abbau von Verhaltensstereotypien und Verhaltensnormen,
   - indem diese bewusst gemacht werden
   - durch sie vermiedene Gefühle wahrgenommen werden sie verändert werden
4. Funktionaler Ausdruck von Gefühlen, indem
   - offener Gefühlsausdruck von der Gruppe belohnt wird
   - gelernt wird, mit Gefühlen umzugehen

5. Eigene Motive bewusst machen, z. B. durch folgende Fragen:
   - Wozu verhalte ich mich wie bisher?
   - Welche Ziele hatte ich bisher?
   - Welche Werte und Normen bestimmten mein Verhalten?
6. Selbstakzeptanz durch Beantwortung folgender Fragen:
   - Wie weiche ich von meinem Selbst-Ideal ab?
   - Wie weiche ich von sozialen Konventionen und Erwartungen ab?
   - Wie akzeptiere ich mich trotzdem?
7. Akzeptanz der anderen durch
   - Sich-weniger-für-andere-verantwortlich-Fühlen
   - Weniger-andere-bestimmen-(und-manipulieren-)Wollen
8. Interdependentes Verhalten durch
   - Bewusstmachen, dass eigene Entwicklung nur im Kontakt mit anderen möglich ist
   - aktives Interesse für die anderen und deren Entwicklung
9. Interpersonale Offenheit durch Konfrontationsbereitschaft
   - aufrichtig kommunizieren
   - vertrauensvolles Verhalten
   - weniger verstecken
   - Meinungen und Wünsche direkt ausdrücken
   - Feedback geben und einholen.

Das durch Gruppeninteraktion erreichte Lernergebnis unterscheidet sich qualitativ sehr von dem in der Zweierbeziehung von Einzeltherapeut und Einzelpatient erzielten Ergebnis. Die Gruppenerfahrung ist einprägsamer und entspricht viel mehr den Geschehnissen im natürlichen sozialen Umfeld des Patienten.

B Lernprozesse in der Gruppe (Vopel 2012)

1. Wahrnehmung eigener Gefühle.
2. Direkter Ausdruck von Gefühlen – Ausdruck starker Gefühle ist hilfreich, aber nicht notwendig
3. Offenheit (nicht zu früh, Freiwilligkeit von Zeitpunkt und Ausmaß)
4. Feedback (besonders wichtig, wenn viele Teilnehmer narzisstische Kränkbarkeit zeigen)
5. Erwerb eines kognitiven Bezugsrahmens: Klar werden über Beziehungen zu anderen
   Klar werden, wie sich Verhalten auf andere auswirkt
   Klar werden, wie ich in bestimmten Situationen reagiere
   Unwirksam ist unfreiwillige Aufnahme kognitiver Informationen
   Unwirksam ist Information ohne emotionale Erfahrung
6. Intensive Nähe
   Das Gefühl, wirklich zu einer Gemeinschaft zu gehören
   Das Gefühl, in einer kohäsiven Gruppe geborgen und akzeptiert zu sein
7. Geben können
   Die Erfahrung, anderen helfen zu können (ein zu aktiver Gruppenleiter verhindert diese Erfahrung)

8. Zuhören lernen
   Während andere arbeiten, daraus für sich etwas lernen können
9. Entdeckung von Ähnlichkeiten
   Entdecken, dass es anderen Leuten ähnlich geht wie mir
   Entdecken, dass sie ähnliche Schwierigkeiten haben
   Entdecken, dass sie ähnliche Gedanken und Gefühle haben (besonders am Anfang der Gruppe wichtig)
10. Selbst gewählte Aktivität
    Verhindern, dass ein Teilnehmer unfreiwillig längere Zeit im Brennpunkt des Gruppeninteresses steht
    Dafür sorgen, dass er Zeitpunkt, Art und Ausmaß eigener Aktivität selbst wählen kann
11. Modell-Lernen
    Gruppenleiter und andere TeilnehmerInnen sind Modell für neue Verhaltensweisen
12. Experimentieren mit neuen Verhaltensweisen
    Bewusst in der Gruppe mit neuen Verhaltensweisen experimentieren
13. Optimismus entwickeln
    Ein Gefühl dafür entwickeln, dass ich mich verändern kann
    Ein Gefühl dafür entwickeln, dass andere mich dabei unterstützen können

Oft geht es nur darum, diese Lernprozesse nicht zu verhindern, da es natürliche Prozesse in einer Gruppe sind, die auch ohne Zutun des Gruppenleiters vonstatten gehen. Reine Trainingsgruppen und in noch größerem Ausmaß psychoedukative Gruppen lassen einige dieser Lernprozesse entweder gar nicht oder nur sehr begrenzt zu. Dafür geben sie mehr Raum für die durch das Trainings- oder Psychoedukations-Setting angestrebten Lernprozesse und bieten auch eine starke Struktur, die Schutz und Orientierung gibt, wie sie z. B. psychotische PatientInnen absolut brauchen. Bei weniger gestörten PatientInnen bieten diese beiden Gruppenarten den Vorteil, dass in wesentlich kürzerer Zeit zielorientiertes Lernen ablaufen kann.

C Lernbedingungen in der Gruppe (Vopel 2012)

Gruppennormen
Gruppenklima
Status des Teilnehmers in der Gruppe

Gruppennormen
sind gemeinsame Vorstellungen der TeilnehmerInnen für passendes und angemessenes Verhalten in einem konkreten sozialen System. Normen und das dazu passende Sanktionierungssystem garantieren eine gewisse Stabilität und Voraussagbarkeit für das soziale Leben.
TeilnehmerInnen mit hohem Status wird mehr Freiheit zugestanden, sie können eher auf die Veränderung von Normen Einfluss nehmen. Normen können nur installiert werden, sofern sie den mitgebrachten Normerwartungen der TeilnehmerInnen nicht zu sehr zuwiderlaufen, deshalb müssen diese transparent gemacht werden. Inhaltlich

geht das zum Teil in die definierten Gruppenregeln über (siehe dort).

DAS Gruppenklima
sollte frei von Bedrohungen und Ungewissheit sein. Gegenseitige Offenheit und Unterstützung sollten die Beziehungen charakterisieren. Zugleich ist hilfreich, wenn die anderen wehrhaft und nicht zu sensibel sind, da sonst eigene Impulse ständig unterdrückt werden müssen.

DER Status
des Teilnehmers in der Gruppe zeigt sich durch den Grad der
- Zugehörigkeit zur Gruppe
- Einflussnahme auf die Gruppe (Macht)
- die Wertschätzung und
- Zuneigung durch die Gruppe.

Die Bedeutung dieser vier Statuskriterien nimmt in der genannten Reihenfolge ab. Dies sind zugleich die drei Grundbedürfnisse jedes Teilnehmers. Zunächst muss Zugehörigkeit erfüllt sein, erst dann wird Einflussnahme wichtig, und erst wenn diese geklärt ist, steht Wertschätzung im Vordergrund.

Feedback-Regeln

Das Feedback der GruppenteilnehmerInnen ist einer der wichtigsten Aspekte des sozialen Lernprozesses. Deren Feedback kann durch den Gruppenleiter nicht ersetzt werden. Um dieses Lernen zu optimieren, sind Regeln für das Geben und Annehmen von Feedback hilfreich:

Feedback geben
Beziehe dich auf konkretes Verhalten in der konkreten Situation
Unterwirf deine Beobachtung der Nachprüfung durch andere
Gib deine Information auf eine Weise, die wirklich hilft
Gib sie sobald als möglich
Vermeide moralische Bewertungen und Interpretationen
Biete deine Information an, zwinge sie nicht auf
Sei offen und ehrlich
Gib zu, dass du dich möglicherweise irrst

Feedback erhalten
Nicht argumentieren und verteidigen
Nur zuhören, nachfragen und klären
Bedanken für das Feedback, auch wenn es unangenehm war

In der sozialen Kompetenzgruppe ist es zudem üblich, zuerst das Positive, Gekonnte zurückzumelden, dann erst den Mangel. Der Mangel wird zudem so formuliert, dass nicht das Negative, Nicht-Gekonnte etikettiert wird, sondern die Kritik gleich als Änderungsvorschlag formuliert wird. Statt zu sagen „Du hast mit so leiser, piepsiger Stimme gesprochen, dass dich entweder kein Mensch hört oder niemand ernst nimmt", wird gesagt „Beim nächsten Mal könntest du darauf achten, dass du lauter und mit festerer Stimme sprichst".

Vier Grundsätze für die Gruppenarbeit (Vopel 2012)

1. **Jeder ist für sich und für die anderen verantwortlich**
2. **Nähe kommt vor Offenheit**
3. **Der Leiter unterstützt die TeilnehmerInnen**
4. **Interaktion kommt vor Produktivität**

Zu 1: Jeder ist für sich verantwortlich und für die anderen verantwortlich. Jeder entscheidet selbst, wieweit er sich engagiert und exponiert, wieweit er sich von den Reaktionen der anderen beeinflussen lässt, was er als nützlich für sich aufgreift, in welchem Tempo und welchem Ausmaß er Veränderungen bei sich vornimmt. Andere können ohne mich nicht lernen, deshalb höre ich gut zu, nehme aktiv auf, akzeptiere und respektiere andere, konfrontiere sie mit ihrem Verhalten (Feedback), nehme Konfrontation anderer zum Anlass, mein Verhalten zu überprüfen und in Frage zu stellen.

Zu 2: Nähe kommt vor Offenheit
Enthüllung persönlicher Tatsachen ist weniger wichtig als der Interaktionsstil der Gruppe (Beachtung, Aufmerksamkeit, Zugehörigkeit, wichtig und ernst genommen werden). Erst wenn dieser gegeben ist, kann mehr Offenheit stattfinden.

Zu 3: Der Leiter unterstützt die TeilnehmerInnen. Der Leiter passt auf,
- ob jemand reden möchte und nicht dazu kommt
- ob jemand sich zurückziehen möchte und festgehalten wird
- ob jemand missverstanden wird und sich nicht ausdrücken kann
- ob jemand angegriffen wird und kein Gruppenmitglied ihm hilft.

Zu 4: Interaktion kommt vor der Produktion
Wenn eine Störung in den Beziehungen zwischen GruppenmitgliederInnen so groß ist, dass die Aufgabenerfüllung stark beeinträchtigt ist, muss diese Störung behoben werden, bis die Grundbedürfnisse der TeilnehmerInnen nach Zugehörigkeit, Einfluss und Geschätztwerden wieder ausreichend befriedigt werden.

Gruppenregeln (Vopel 2012)

- Jeder Teilnehmer gehört zur Gruppe, egal was vorübergehend abläuft (kontra Gruppenspaltung und Cliquenbildung, Außenseiterexklusion)
- Nur ich kann wissen, was ich fühle und denke, keiner kann sagen, dass ich falsch fühle oder denke
- Kontakt kommt vor Konsens und Kooperation (Zuerst müssen die einfachsten Kommunikationsprozesse funktionieren, dann sind erst die komplizierteren dran)
- Ich versuche, so aufrichtig wie möglich zu kommunizieren (positive und negative Gefühle auszusprechen, ungewöhnliche Gedanken und Ideen auszusprechen)

- Ich versuche, so realistisch wie möglich zu sein (statt Wunschdenken)
- Was ich hier höre und sage, ist vertraulich (außerhalb der Gruppe keine Namen nennen, nicht über Verhaltensweisen und Probleme der anderen Gruppenmitglieder sprechen)
- Ich spreche nicht über andere Gruppenmitglieder, sondern spreche sie direkt an
- Ich versuche, möglichst gegenwärtig zu sein, im Hier und Jetzt (statt in Vergangenheit und Zukunft)
- Ich spreche per ich statt man oder wir
- Ich vermeide Generalisierungen
- Ich stelle keine Warum-Fragen, sondern frage nach dem Was, Wie, Wann
- Ich bringe Seitengespräche in die Gruppe zurück
- Ich verzichte auf Drogen und körperliche Gewalt
- Ich kann jederzeit NEIN sagen
- Meine Störungen haben Vorrang: Ich sage, wenn ich innerlich nicht bei der Gruppe bin

Diese Regeln geben einen Rahmen vor, der sehr günstige Lernbedingungen für die Gruppe schafft. Sie sind Orientierung und keine ehernen Gesetze. So kann ein Teilnehmer, der gerade eine sehr bewegende emotionale Arbeit hinter sich hat, eine Stunde lang bei sich bleiben, ohne im Gruppenprozess mitwirken zu müssen. Auch kann ein Teilnehmer die Besprechung eines sehr wichtigen Themas nicht verhindern, indem er angibt, das Thema öde ihn so an, dass er nicht zuhören könne. Er kann und soll das zwar aussprechen, aber die Gruppe kann entscheiden, ihm dies zuzumuten, und trotzdem weiterarbeiten.

Aufgabe des Gruppenleiters (Vopel 2012)

Der Gruppenleiter soll den TeilnehmerInnen helfen,
- eigenes und fremdes Verhalten bewusst wahrzunehmen
- eigenes und fremdes Verhalten besser zu verstehen
- sich vollständig, klarer und vielseitig auszudrücken
- besseren Kontakt zu den eigenen Gefühlen zu gewinnen
- sich zugehörig und geborgen zu fühlen
- die soziale Struktur der Gruppe zu analysieren
- konstruktiv an der Gruppenaufgabe zu arbeiten
- Gruppenentwicklung und Gruppenprozesse zu verstehen
- konstruktiv auf Störungen zu reagieren
- neue alternative Verhaltensweisen auszuprobieren

Im rein verhaltenstherapeutischen Setting des Trainings sozialer Kompetenz verwenden (Liberman, King, De Risi, McCann 1975) eine Checkliste für das Therapeutenverhalten:
Checkliste Therapeutenverhalten während des Rollenspiels
- Ziele für den Patienten herausarbeiten
- Vorschläge anbieten für mögliche Beispiele
- Strukturieren der Darbietung des Patienten

- Den Patienten instruieren
- Modell sein für den Patienten
- Prompting (Hilfestellung)
- Coaching (Unterstützung)
- Positives Feedback für spezifisches Verhalten
- Negatives Feedback für spezifisches Verhalten
- Verhaltensprobe
- Inadäquates Verhalten ignorieren (Löschen)
- Vornamen des Patienten benutzen
- Näher als 30 cm an den Patienten herangehen
- Den Patienten berühren
- Alternatives Verhalten vorschlagen

Dies sind Verhaltensweisen des Therapeuten, die maximale Unterstützung für den Patienten in einer schwierigen Situation bedeuten. Diese Kriterien lassen sich allerdings nicht auf den interaktiven Prozess im Gruppengespräch verallgemeinern.

Funktionen des Gruppenleiters

Yalom (2012) formuliert vier zentrale Funktionen des Gruppenleiters:
1. **Emotionale Stimulation**
2. **Ausdruck persönlicher Wertschätzung**
3. **Anbieten von Erklärungen**
4. **Strukturierung des Gruppenprozesses**

Zu 1: Emotionale Stimulation
Der Gruppenleiter
- äußert eigene Gefühle und Ansichten
- konfrontiert die TeilnehmerInnen und fordert sie heraus
- lenkt die Aufmerksamkeit der Gruppe auf sich

Persönliches Charisma und Ausstrahlung des Gruppenleiters können die TeilnehmerInnen motivieren, sich selbst mehr zu exponieren. Ein Zuviel kann zum Ignorieren des Potenzials der Gruppe führen.

Zu 2: Ausdruck persönlicher Wertschätzung
Der Gruppenleiter
- tritt für die TeilnehmerInnen ein und schützt sie
- äußert freundschaftliche Gefühle
- zeigt Gesten von Zuneigung, Unterstützung, Anerkennung und Ermutigung
- akzeptiert den Teilnehmer
- hat wirkliches Interesse am Teilnehmer

Wenn diese Botschaften nur gespielt sind, bewirken sie schnell das Gegenteil.

Zu 3: Anbieten von Erklärungen
Der Gruppenleiter erklärt Konzepte und funktionale Zusammenhänge zum individuellen Verständnis

zur Interaktion im Gruppenprozess
Am besten bezieht er beide Aspekte aufeinander. Zu viel davon tötet die Interaktion und die Initiative der TeilnehmerInnen.

Zu 4: Strukturierung des Gruppenprozesses
Der Gruppenleiter
- setzt Grenzen
- definiert Spielregeln oder schlägt sie vor
- setzt Normen zu Zielen, Arbeitsstil, Reihenfolge verschiedener Aktivitäten, Entscheidungen.

Zu viel davon lässt den Leiter wie einen Regisseur wirken.

Eigenschaften des effektiven Gruppenleiters (Vopel 2012)

- Engagement und Interesse: Er kümmert sich um jeden Teilnehmer, ist für jeden da, ist nicht parteiisch. Der Statusniedrige ist ihm ebenso wichtig wie der Statushöhere
- Sensitivität: Er ist bereit, den Standort des Teilnehmers vorübergehend einzunehmen, ihn zu verstehen, ohne ihn verändern zu wollen
- Kontakt zum Gruppenprozess: Er kann die anfangs noch fehlende Kohäsion der Gruppe zulassen. Er kann später den Ausdruck feindlicher Reaktionen zulassen. Er kann das momentane emotionale Klima spüren. Er kann Gefühle aussprechen lassen
- Optimismus: Er ist überwiegend optimistisch eingestellt. Er sieht den Menschen grundsätzlich positiv. Er geht vom großen Potenzial des Teilnehmers aus und seiner latenten Kompetenz. Er sieht sich als Hebamme, die das unentdeckte Potenzial des Teilnehmers mobilisiert
- Permissivität: Er vermeidet autoritäres, übermäßig direktives Verhalten
- Kunst und Technik: a) Einfühlungsvermögen, Sensitivität, Intuition, Charisma, b) theoretische Fundierung durch die Gruppenpsychologie und Kommunikationsforschung
- Feldabhängigkeit: Er lässt sich in seinen Reaktionen von seiner Wahrnehmung der Gruppenprozesse beeinflussen
- Partizipatives Verhalten: Er lässt die TeilnehmerInnen an der Bestimmung des Gruppenfortgangs partizipieren
- Anpassungsbereitschaft: Er stellt sich auf die konkrete Gruppe und auf die konkreten Teilnehmer ein, indem er z. B. gegebenenfalls weniger konfrontativ ist
- Toleranz: Er zeigt Toleranz gegenüber Werten, Einstellungen, Gefühlsäußerungen
- Kenntnis der eigenen Bedürfnisse: Er kennt z. B. seine Statusbedürfnisse, Kontaktwünsche und deren Einfluss auf seinen Stil und sein Verhalten
- Mut: Er greift die Herausforderung von neuen Menschen und Situationen auf. Er erwartet und akzeptiert Risiken und Fehlschläge in Bezug auf seine eigene Person.
- Selektive Offenheit: Er kennt seine Gefühle und bestimmt entsprechend der Situation, welche Gefühle er in der Gruppe äußern will. Über persönliche

Schwierigkeiten spricht er nur in drei Ausnahmefällen:
a. wenn ein emotionales Problem ihn in der Gruppe stark beeinträchtigt,
b. wenn zwischen ihm und einem Teilnehmer etwas ist, das die Beziehung schwierig macht,
c. in einer dramatischen Situation.

Dies sind wiederum orientierende Merkmalsbeschreibungen, von denen in verschiedenen Gruppenkonstellationen und -situationen abgewichen wird.

Gruppenzentrierte Interventionen (Vopel 2012)

Es lassen sich neun Interventionen finden, die den Gruppenprozess in Gang halten und bringen:
1. Förderung der Gruppenkohäsion:
   Kein Gruppenmitglied hat besondere Vorrechte (z. B. Redezeit). Der Gruppenleiter sollte nicht zu viel strukturieren, nicht zu aktiv sein. Er äußert seine Gedanken, Gefühle, persönlichen Erfahrungen. Er achtet darauf, ob Untergruppen entstehen.
2. Thematische Zusammenfassung:
   Der Gruppenleiter spricht Probleme an, die den TeilnehmerInnen so nicht bewusst sind. Er zieht Zwischenbilanz, bündelt Gedanken und Gefühle verschiedener TeilnehmerInnen, würdigt. Minoritätenstandpunkte
3. Förderung der Gruppeninteraktion:
   Der Gruppenleiter gibt Fragen an die Gruppe weiter. Er bezieht Aussagen auf frühere Aussagen anderer TeilnehmerInnen.
4. Konflikte lösen:
   Der Gruppenleiter macht wichtige Konflikte deutlich. Er macht Konflikte ansprechbar. Er klärt Positionen ab. Unlösbare Konflikte sind, wenn sie ausgesprochen sind, leichter auszuhalten.
5. Diagnose der psychosozialen Situation:
   Oft unterschätzt der Gruppenleiter die emotionale Auswirkung von Interaktionen bzw. die Stärke des Gruppendrucks. Deshalb lässt er sich gelegentlich Feedback für eigenes Gruppenleiterverhalten geben oder dafür, wie gern oder ungern die Teilnehmer in der Gruppe sind.
6. Förderung der Toleranz:
   Der Gruppenleiter spricht Gruppendruck auf einzelne TeilnehmerInnen an. Oder er weist auf die Ausgrenzung eines Teilnehmers infolge seines divergierenden Standpunktes hin.
7. Berücksichtigung der Lernwiderstände:
   Zeit und Geduld sind wichtige Voraussetzungen jeder Persönlichkeitsentwicklung. Wenn ein Teilnehmer nicht so schnell wie andere ein Änderungsvorhaben verwirklichen kann, so muss ihm Zeit gelassen werden. Nicht Zeit zum Vermeiden und Stagnieren, sondern dazu, eine schwierige Aufgabe in eventuell viele kleine Schritte zu zerlegen und eine kleine Stufe einer Treppe nach der anderen zu besteigen.
8. Angemessene Dosierung der Angst:
   Andauernde Veränderungen finden nur statt, wenn der Lernende sich emotio-

nal engagiert und dabei auch etwas Angst empfindet. Die Angst soll anregend, aber nicht aufregend sein. Wenn keine Angst auftritt, geschieht keine nennenswerte Veränderung. Tritt zu große Angst auf, so ist der Änderungsschritt zu groß.
9. Strukturierung des Lernprozesses:
   Der Gruppenleiter sorgt dafür, dass der Lernende
   a. sich emotional beteiligt
   b. seine eigenen Beobachtungen kognitiv auswertet
   c. durch ein anregendes Gruppenklima ermutigt wird, mit neuem Verhalten zu experimentieren
   d. Vertrauen in sich und andere entwickelt, so dass Gefühle, Gedanken und Wahrnehmungen offen ausgetauscht werden können
   e. Hier-und-jetzt-Erfahrungen aus der Gruppeninteraktion gewinnt
   f. Einen psychologischen Bezugsrahmen entwickelt, der ihm gestattet, seine Lernerfahrungen aus der Gruppe auf sein alltägliches Leben zu übertragen
   g. psychisch nicht überfordert wird

Das sind vielfältige Aufgaben für den Gruppenleiter, denen er nur annähernd gerecht werden kann. Teilweise stehen diese Aufgaben miteinander im Konflikt – der Gruppenleiter kann zu einem bestimmten Zeitpunkt nur einer Aufgabe gerecht werden – auf Kosten der anderen. Es bleibt seiner Einschätzung der momentanen Gruppensituation überlassen, für welche Intervention er sich entscheidet.

Beendigung der Gruppe

Das letzte Drittel steht unter dem Vorzeichen des Abschlusses. Folgende Fragen werden bearbeitet:
- Was können und wollen wir in der verfügbaren Zeit noch erreichen?
- Was wird wohl unerledigt bleiben?
- Wie werde ich nach der Gruppe weitermachen?
- Was kann ich jetzt schon gezielt auf meinen Alltag übertragen?
- Auf welche Entwicklung können wir zurückblicken?
- Wie habe ich mich verändert, was habe ich für mich gewonnen?
- Welche Beziehung habe ich zur Gruppe, was gibt sie mir?
- Welche Beziehung habe ich zum Gruppenleiter, zu einzelnen TeilnehmerInnen?
- Was ist das Gute, das ich am Ende der Gruppentherapie verlieren werde?
- Was werde ich hinter mir lassen?
- Fühle ich Traurigkeit bei dem Gedanken an den Abschied oder Angst?
- Wie fähig fühle ich mich für die Zeit nach der Gruppe?

Yalom (2016) weist darauf hin, dass kurz vor dem Schluss der Gruppe noch auftreten können:
- Rückfall in alte Symptome (Protest gegen das Ende)
- Angst und Depression (Vermeidung von Trauer) Innerer Rückzug (Vermeidung von Trauer)
- Vorzeitiges Demonstrieren von Autarkie (Vermeidung von Trauer).

Insgesamt sind wichtige Themen vor der Beendigung der Gruppe:
- Transfer des Gelernten
- Rückfallprophylaxe
- Selbstmanagement und Selbstentwicklung
- Pflege stützender und entwicklungsfördernder Beziehungen
- Umgang mit Abschied und Trauer
- Kognitive und affektive Bilanz der Gruppe

Ein Stufenmodell der Gruppenentwicklung
Wir können folgende Entwicklungsstufen erkennen (Sulz, 2011):
(die groß geschiebenen Begriffe entstammen der affektiv-kognitiven Entwicklungstheorie von Sulz (2017a,b,c).
- Aufnehmendes Gruppenstadium (Orientierung, Zugehörigkeit): KÖRPER
- Impulsives Gruppenstadium (Bedürfnisbefriedigung): AFFEKT
- Souveränes Gruppenstadium (Einfluss, Macht): DENKEN
- Zwischenmenschliches Gruppenstadium (Kohäsion): EMPATHIE
- Institutionelles Gruppenstadium (Regeln): NORM
- Überindividuelles Gruppenstadium (Integration): WERT

Stadium der Aufnahme und Orientierung: KÖRPER
Zunächst geht es um die Existenz. Hier spielt der Körper eine große Rolle (Sulz, 2017b,c).

Orientierung:
Der Einzelne geht in die Gruppe hinein, die mit seinem Hineingehen zu existieren beginnt. Jeder andere ist ihm noch fremd, er hat noch kein Gefühl für die Gruppe und fühlt sich noch nicht als Mitglied der Gruppe. Er hofft, willkommen zu sein, dazuzugehören. Alles, was er gelernt hat, was helfen könnte, willkommen zu sein und die Unsicherheit abzubauen, macht er so vorsichtig, dass er es jederzeit wieder zurücknehmen kann. Es ist eigentlich noch kein zielgerichtetes Handeln. Vielmehr dient Handeln der Wahrnehmung. Es ist ein buchstäbliches Ausstrecken der Fühler. Kontakt durch Wahrnehmung, Sehen, Hören. Obgleich körperliche Berührung kaum vorkommt, ist es ein Abtasten der anderen, ein Riechen und Schmecken – allerdings mit Augen und Ohren. Im günstigen Falle lässt die Alarmiertheit nach, er fühlt sich nicht gefährdet. Ich kann da sein, und die anderen können da sein.

Aufnahme:
Hat die Perzeption ergeben, dass keine Wachsamkeit, kein Misstrauen nötig ist, kann in den aufnehmenden Modus eingetreten werden. Der Einzelne verleibt sich nun die Gruppe ein und lässt sich von der Gruppe einverleiben, indem er seinem Bedürfnis nach Willkommensein und nach Dazugehören folgt. Unter den anderen sein, sich nicht unterscheiden von den anderen, drinnen sein, umgeben von den anderen sein. Die Gruppe füllt sich mit MitgliederInnen wie ein Bauch mit Essen oder wie ein Sack mit Äpfeln. Es hat sich noch keine Differenzierung

der Einzelnen und noch keine Strukturierung von Teilen der Gruppe gebildet. Es ist noch eine Menge von Einzelteilen, deren Grenzen eher verwischen, so dass Individualität verschwindet. Zusammenfügen, zusammenpassen, einfügen, indem eigene Konturen, eigenes Profil aufgegeben, wird.

Bedrohung und Angst sind Vernichtung. Die Gruppe kann auseinander brechen, dann ist sie nicht mehr existent. Wut ist Vernichtung. Wen die Wut trifft, dem droht Vernichtung. Oder Vernichtungswut zerstört die Gruppe.

Es können nur Aufgaben bewältigt werden, die Einzelarbeit sind und noch keine Gruppenkooperation benötigen.

Dieses Stadium kann gestört sein durch schizoide Vereinzelung der Mitglieder oder durch gefräßige Einverleibung der Gruppe durch Einzelne oder durch gefräßige Einverleibung Einzelner durch die Gruppe. Oder durch gefräßiges Konsumieren von außen kommender Versorgung. Oder durch anorektisches Verweigern der Einverleibung und des Einverleibtwerdens.

Stadium der Impulse: AFFEKT

Die Affekte regieren jetzt. Geborgenheit, Wärme, Schutz, Sicherheit und Zuverlässigkeit soll die Gruppe geben und geben sich die Mitglieder wie eine Herde Schafe durch ihr Nahesein. Sie haben Angst vor Trennung von der Gruppe. Die Gruppe bietet ihnen eine Spielwiese zur Befriedigung dieser Bedürfnisse, ist Hüter, Schäfer, ohne selbst Ansprüche an die Einzelnen zu haben, ohne Pflichten aufzuerlegen. Der Einzelne kann sich nun in der Gruppe bewegen, kann sich etwas nehmen und holen, kann zu jemandem in der Gruppe gehen, kann unter den Fittichen der Gruppe ganz seine Empfindungen und Impulse leben. Da sind Lachen, Fröhlichsein, Unbekümmertsein möglich. Die Gruppe ist zur Bedürfnisbefriedigung da. Ihre Verfügbarkeit und ihre gewährende Haltung werden vorausgesetzt. Die TeilnehmerInnen fühlen sich in der Gruppe wohl, sicher und geborgen. Die Individualität der Einzelnen ist noch nicht erwacht. Sie haben auch noch keinen Gruppensinn, sie identifizieren sich noch nicht mit der Gruppe. Sie sind in der Gruppe und die Gruppe ist für sie da.

Ihre Angst ist Trennung. Wenn sie wütend sind, wollen sie sich von der Gruppe trennen. Die Gruppe fürchtet, dass sich MitgliederInnen von ihr trennen. Gruppenwut ist Trennung vom Einzelnen.

Jeder kann eine Aufgabe erhalten, Kooperation ist noch nicht entwickelt.

Störungen können durch den drohenden Verlust eines Mitglieds oder durch die Tendenz, sich aggressiv von einem Mitglied zu trennen, entstehen.

Stadium der Souveränität, der Differenzierung und der Machtkämpfe: DENKEN

Das kluge Denken bestimmt jetzt Erleben und Handeln.

Das Verschiedensein, das Verschiedener-Meinung-Sein, das Verschiedene-Bedürfnisse-Haben machen es schwer, seine eigenen Interessen durchzusetzen. Es muss darum gekämpft werden. Wurde die Erfahrung gemacht, dass gefahrlos Impulse in der Gruppe gelebt werden können, so entsteht das Verlangen, dies noch weitergehender zum eigenen Vorteil zu tun. Die anderen werden jetzt entdeckt – als Konkurrenten, die ihren Vorteil suchen. Also muss deren Verhalten kontrolliert werden, das eigene Verhalten darf nicht mehr momentanen Gelüsten folgen, sondern muss in den Dienst einer Strategie gestellt werden. Ich nehme Einfluss, ich manipuliere, ich erringe Macht. Ich erobere mir in der Gruppe eine Position. Ich sichere mir meine Domäne in der Gruppe. Da allein nur wenig Macht möglich ist, tut man sich zusammen. Gleiche und Gleichgesinnte bilden Cliquen, um ihre gemeinsamen Interessen in der Gruppe besser durchsetzen zu können. Nicht so Mächtige wählen einen Mächtigen zu ihrem Führer und partizipieren von seiner Stärke. Dafür ordnen sie sich ihm unter. Andersdenkende werden bekämpft. Unbeeinflussbare sind bedrohlich und müssen ebenfalls bekämpft werden. Dieser Prozess der Gruppenstrukturierung endet damit, dass die Gruppe ihren Souverän als Führer findet und akzeptiert. Er muss so stark sein, dass eine Identifizierung mit ihm attraktiv ist. Die Identifikation mit dem souveränen Führer beendet das narzisstische Ungleichgewicht, das dadurch entstanden ist, dass die eigene Position nicht so machtvoll ist. Ich erlebe mich als Gruppenmitglied nicht als ohnmächtig, sondern als Bestandteil der machtvoll geführten Gruppe.

Zentrales Bedürfnis ist das nach Macht, Einfluss und Kontrolle. Zentrale Bedrohung ist Kontrollverlust. Wut ist explosiv oder sadistisch-bemächtigend.

Aufgaben können von homogenen Teilgruppen in Arbeitsteilung übernommen werden, sofern sie nicht durch Konkurrenz blockiert sind.

Störungen entstehen durch endlose Machtkämpfe, solange keine definitive Führungsstruktur entstanden ist. Erst wenn jeder in der Gruppe seinen festen Platz hat und keine Chance mehr besteht, seine Position kurzfristig zu verbessern, lassen diese nach. Manche MitgliederInnen kennen nur zwei Überlebensmöglichkeiten – als Führer oder als Außenseiter. Sie können sich nicht als einfaches Mitglied in die Gruppe integrieren. Gelingt es ihnen nicht, die Macht zu erringen, bleiben sie draußen. Denn Integration wäre Selbstverlust und Kapitulation des Selbst. Sie warten lieber draußen auf ihre Chance, die Macht im passenden Moment zu übernehmen. Ihr Außenseitertum ist zugleich eine Opposition gegen die momentanen Führer. Sie fügen sich nicht deren Regime und damit sind diese weniger mächtig.

Zwischenmenschliches Stadium (Kohäsion): EMPATHIE

Jetzt ist die Entwicklungsstufe erreicht, in der abstraktes Denken und Perspektivenwechsel eine reife Empathie im Sinne Piagets (1995) möglich machen (siehe auch Kegan, 1986 und Sulz, 2012).

Sind die Machtstrukturen lange genug fest, so entsteht das Verlangen, seine Zugehörigkeitsbedürfnisse durch die Gruppe zu befriedigen. Selbstinteressen treten in den Hintergrund. Die Gruppe wird zu einem sozialen Organismus, der geliebt wird und dessen Liebe gebraucht wird. Die Identität wird zur Gruppenidentität. Ich bin Gruppenmitglied. Ich spüre nicht Selbstbedürfnisse, sondern ich spüre und befriedige die Bedürfnisse der Gruppe. Harmonie und Zuneigung sind die zentralen Bedürfnisse. Angst besteht vor Ablehnung und Verlust der Zuneigung. Wut wird durch Entzug der Zuneigung und durch Ablehnung ausgedrückt.

Aufgaben können der gesamten Gruppe übergeben werden. Konflikte innerhalb der Gruppe werden minimiert – durch Zurückstellung von Selbstinteressen.

Institutionelles Stadium: NORM

Interne und externe Normen bestimmen jetzt intra- und interpersonelle Prozesse. Die an die Gruppe gerichteten Bedürfnisse werden wesentlich geringer. Die Gruppe bleibt wichtig als Kosmos und Lebens- bzw. Arbeitsraum, die Identität bleibt die eines

Gruppenmitglieds. Doch wird nun auf die Verfolgung von Selbstinteressen nicht mehr verzichtet. Das Prinzip der Fairness und Normen im Umgang regeln den Abgleich der Interessen und auch der Pflichten des Einzelnen. Das reibungslose Funktionieren der Gruppe ist wichtig. Von allen einzuhaltende Gesetzmäßigkeiten garantieren dieses Funktionieren. Reibungsflächen sind deshalb genauso gering wie im vorausgehenden Stadium. Der Einzelne denkt mit, um die Normen zu überwachen und um Konflikte durch neue Regeln und Normen zu beenden. Der Umgang ist sachlich, wenig emotional. Wohlwollen erhält derjenige, der offensichtlich das Funktionieren der Gruppe unterstützt. Die Gruppe ist auf Dauerfunktion angelegt, es kann lange so gehen.

Das zentrale Bedürfnis ist das nach Anerkennung und Wertschätzung.

Zentrale Bedrohung ist die Zerstörung dieser Ordnung, ist Chaos bzw. bei Angriffen die Gegenaggression. Zentrale Wut ist Gegenaggression.

Aufgabenorientierung ist in diesem Stadium sehr groß, die Gruppenleistung ist sehr groß, wenn es um Produktivität geht, um Leistungen, die dann am besten sind, wenn genaue, reibungslose Aufgabenverteilungen gefragt sind.

Störungen können sein: Einzelne identifizieren sich wenig mit der Gruppe und es muss zunehmender Gruppenzwang ausgeübt werden, d. h. strengere Normen, höhere Strafen bei Normverletzung. Dies kann so weit gehen, dass eine quasi polizeistaatliche Diktatur entsteht mit Untergrundkämpfern und einer Untergrundorganisation, die ihre ganze Energie darauf richtet, die Führungsriege zu entmachten. Dies kann bei weiterhin konstruktiver Arbeit im Aushebeln der Macht der Mächtigen bestehen oder im Boykott der Gruppenleistung.

Stadium der Überindividualität (Integration, Balance Individuum – Gruppe): WERT

Werte helfen jetzt, Normen zu relativieren und persönliche Freiheit mit der dazu gehörenden Verantwortung wachsen zu lassen.

Dieses Gruppenstadium kann nur eintreten, wenn die Einzelnen selbst eine persönliche Reife erreicht haben, die dies zulässt. Andernfalls endet das institutionelle Stadium mit einem Aufstand, mit Revolution und Zerstörung der Gruppe. Es sei denn das vorige Stadium wird eingefroren.

Die Gruppe wird jetzt neu definiert. Sie ist nicht mehr allein identitätsstiftend. Es gibt keine starren normativen und keine zähen emotionalen Bindungen mehr zwischen Gruppe und Einzelnem. Dem Einzelnen wird Selbstverantwortung gelassen, in Bezug auf die Gruppe mit erheblichen Freiheitsgraden. Er kann seine eigene Balance zwischen Selbst und Gruppe einstellen. Dies ist aber kein Schritt in den Individualismus, keine forcierte Abgrenzung gegenüber der Gruppe. Es wird keine Energie aufgewandt, um sich von den anderen und von der Gruppe abzugrenzen. Vielmehr geschieht dies einfach. Es ist eine Lösung im doppelten Sinne des Wortes. Mit den erhöhten Freiheitsgraden ist das kohäsive Moment der innere Wert geworden. Gruppe ist keine Existenzvoraussetzung, kein Hort des sicheren Überlebens, keine Gelegenheit, um sich zu profilieren und Macht zu gewinnen, kein emotionales Bedürfnis, kein quasistaatliches Gebilde mit normativen Fesseln mehr. Sie ist ein Wert geworden. Der Einzelne besitzt innere Autarkie und Autonomie, ist auf diese eine Gruppe nicht mehr angewiesen, aber sie ist wertvoll für ihn im Sinne einer individuellen Wertorientierung. Diese Wertorientierung ist das, was den Schritt vom Individuellen zum Überindividuellen ausmacht. Ohne innere Not und ohne äußere Zwänge bleibt die Gruppe erhalten. Sie dient nicht mehr zur Entängstigung und auch nicht mehr zur Befriedigung und ebenso wenig zur Entsorgung aggressiver Energie. Sie ist nicht auf Ewigkeit angelegt, sondern mit der Freiheit zur Veränderung und auch zur Beendigung versehen. Damit ist die Gruppenstruktur nicht festgelegt. Sie ist einem Fließgleichgewicht unterworfen. Die Rollen verändern sich zwar nicht zwangsläufig, aber wenn sie sich nicht verändern, so wäre dies ein Zeichen dafür, dass die Gruppe sich nicht bis zu diesem Stadium entwickelt hat.

Die Gruppenaktivität wird getragen durch eine gemeinsame Vision. Diese Vision ist der Motor, der Aufgabenorientierung hervorbringt.

Zentrale Bedürfnisse und Ängste treten in den Hintergrund. Stattdessen ist die Wertorientierung leitend. Eigene Motive und Motive der Gruppe werden ausbalanciert, von jedem anders. So ergibt sich eine Gruppe, die stark durch die Persönlichkeiten der Einzelnen geprägt ist.

Arbeitsorientierung ist durch Werte garantiert. Es kann Zeit kosten, diese Werte und Ziele abzugleichen, insofern ist die Gruppe nicht rasch schlagkräftig einsetzbar wie eine gut trainierte Polizeitruppe. Verhandlungen und Vereinbarungen führen zu Konsens und Kooperation. Ohne diese Kommunikation geschieht keine Gruppenleistung.

Insgesamt kommt es zu einer Integration von Gruppen- und Individuumsanliegen, einem Ausbalancieren von Gruppen- und Individuumsbedürfnissen und einem Verfolgen sowohl von individuellen als auch von Gruppenzielen. Gruppe und Individuum profitieren gleichermaßen vom Gruppenprozess.

Störungen können dadurch eintreten, dass nicht mehr genügend gemeinsame Werte bestehen und die Gruppe sich schließlich auflöst. Oder Wertverletzungen machen so viel Aggression, dass die Gruppe auf das institutionelle Niveau regrediert. Oder die äußeren Umstände verlangen einen anderen Funktionsmodus, um als Gruppe weiter bestehen zu können. Ein bedrohlicher Ausnahmezustand kann eine strikt hierarchische Führung erfordern, so dass die Gruppe den institutionellen Modus annehmen muss oder sogar den der souveränen Führung.

Weitere für die Gruppenleitung sehr wertvolle Hinweise finden sich im Handbuch von Vopel (2012) sowie in folgenden empfehlenswerten Büchern: Fiedler (2005), Jannsen und Sachs (2018), Marwitz (2016), Schultz-Venrath & Felsberger (2016), Siepos & Schweiger (2018), Sulz (2017a-c) und Yalom (2016).

Literatur

Fiedler, P. (2005). *Verhaltenstherapie in Gruppen*. Weinheim: PVU.
Jannsen, P. J. & Sachs, G. (2018). *Psychodynamische Gruppenpsychotherapie: Theorie, Setting und Praxis*. Stuttgart: Schattauer.
Kegan, R. (1986). *Die Entwicklungsstufen des Selbst: Fortschritte und Krisen im menschlichen Leben*. München: Kindt.
Liberman, R. P., King, L. W., De Risi, W. J., McCann, M. (1975): *Personal effectiveness*. Champaign:

Research Press.

Marwitz, M. (2016). *Verhaltenstherapeutische Gruppentherapie: Grundlagen und Praxis.* Göttingen: Hogrefe.

Piaget, J. (1995). *Intelligenz und Affektivität in der Entwicklung des Kindes.* Frankfurt: Suhrkamp.

Schultz-Venrath, M. & Felsberger, H. (2016). *Mentalisieren in Gruppen.* Stuttgart: Klett-Cotta.

Siepos, V. & Schweiger, U. (2018). *Gruppentherapie: Ein Handbuch für die ambulante und stationäre verhaltenstherapeutische Praxis.* Stuttgart: Kohlhammer.

Sulz, S. K. D. (2011). *Therapiebuch III: Von der Strategie des Symptoms zur Strategie der Therapie.* München: CIP-Medien.

Sulz, S. K. D. (2012). *Als Sisyphus seinen Stein losließ oder: Verlieben ist verrückt! Ein psychologisches Lesebuch über menschliche Überlebensformen und individuelle Entwicklungschancen.* München: CIP-Medien.

Sulz, S. K. D. (2017a). *Gute Kurzzeittherapie in 12 plus 12 Stunden: Für PsychotherapeutInnen, die sich in Kurzzeittherapie einarbeiten wollen.* München: CIP-Medien.

Sulz, S. K. D. (2017b). *Gute Verhaltenstherapie lernen und beherrschen – Band 1: Verhaltenstherapie-Wissen – So gelangen Sie zu einem tiefen Verständnis des Menschen und seiner Symptome.* München: CIP-Medien.

Sulz, S. K. D. (2017c). *Gute Verhaltenstherapie lernen und beherrschen – Band 2: Verhaltenstherapie-Praxis – Alles was Sie für eine gute Therapie brauchen.* München: CIP-Medien.

Vopel, K. (2012). *Handbuch für Gruppenleiter/innen.* Hamburg: Iskopress.

Yalom, I. D. (2016). *Theorie und Praxis der Gruppenpsychotherapie: Ein Lehrbuch.* Stuttgart: Klett-Cotta.

Korrespondenzadresse

Prof. Dr. Dr. Serge K. D. Sulz
Katholische Universität Eichstätt | Serge.Sulz@ku-eichstaett.de
Nymphenburger Str. 155 | 80634 München | Tel. 089-120 222 79

Ute Gräff-Rudolph & Serge K. D. Sulz

Strategische Gruppentherapie – eine mentalisierungsbasierte Gruppen-Verhaltenstherapie

Strategic Brief Therapy SBT for groups – a mentalization based group behavior therapy

Strategische Kurzzeitherapie SKT und Strategisch-Behaviorale Therapie SBT eignen sich hervorragend für das Gruppensetting. Sie können dadurch die großen Vorteile des sozialen Lernens in der Gruppe nutzen. Die meisten Interventionen benötigen kein Einzelsetting. Zudem erhalten alle GruppenteilnehmerInnen bei emotional vertiefenden Einzelarbeiten im Gruppenrahmen die Chance, empathiefähiger zu werden. Sechs Therapiestrategien sind vorherrschend: tiefe emotionale Erfahrung, Entwicklung der Mentalisierungsfähigkeit (Theory of Mind), wirksame und adaptiven Emotionsregulation, zunehmende Empathiefähigkeit, Erreichen von Selbstwirksamkeit und Zunahme der Beziehungsfähigkeit. Dieses Konzept kann als Gruppen-Kurzzeittherapie in z. B. 24 hundertminütigen Sitzungen (ambulant oder stationär) als Symptomtherapie und Kompetenztraining oder im Modus einer Langzeit-Gruppentherapie (z. B. 44 Gruppensitzungen) mit dem Anspruch stabiler affektiv-kognitiver Entwicklung und langfristiger Erhöhung der Lebensqualität durchgeführt werden.

Schlüsselwörter
Strategische Kurzzeittherapie, mentalisierungsbasierte Verhaltenstherapie, strategische Gruppentherapie, Strategisch-Behaviorale Therapie SBT, Überlebensregel, Empathiefähigkeit, Emotionsregulation, Symptomtherapie, Theory of Mind, Entwicklungsstufen, Gruppentherapie-Manual

Strategic Brief Therapy SBT and Strategic Behavioural Therapy SBT are ideally suited to the group setting. This means that you can use the major advantages of social learning in the group. Most interventions do not require an individual setting. In addition, with emotionally deepening individual exercises in the group framework all of the group participants are given a chance of gaining a greater capacity for empathy. Six therapy strategies are predominant: deep emotional experience, development of mentalization skills (theory of mind), effective and adaptive emotion regulation, increased capacity for empathy, achievement of self-efficacy and development of the ability to build up relationships. This concept can be implemented as brief therapy for groups in, for example 24 hundred-minute sessions (inpatient or outpatient), as symptom therapy and competence training or in the mode of a long-term group therapy (e.g. 44 group sessions) with the aim of stable affective-cognitive development and long-term improvement in the quality of life.

Keywords
Strategic brief therapy, mentalization-based behaviour therapy, strategic group therapy, strategic behavioural therapy SBT, survival rule, capacity for empathy, emotion regulation, symptom therapy, theory of mind, development stages, group therapy manual.

Einleitung

Seit mehr als zwanzig Jahren wird Strategische Kurzzeittherapie (SKT; Sulz, 1994, 1995, 2012b, 2017a, Gräff-Rudolph & Sulz 2014) als Gruppentherapie durchgeführt. Es gibt sie in einer eher psychoedukative Variante in Form einer psychiatrischen oder psychosomatischen Kurz-Psychotherapie (PKP; Sulz, 2012a; Sulz und Deckert, 2012a,b), als Therapie von Emotions-Dysregulationen (Strategisch-Behaviorale Therapie, SBT, Sulz & Hauke, 2009, Hoenes, Gräff-Rudolph, Richter-Benedikt, Sichort-Hebing, Backmund-Abedinpour & Sulz, 2014, Hoenes, Richter-Benedikt, Sichort-Hebing, Gräff-Rudolph & Sulz, 2014, Jänsch & Sulz, 2014, Sulz, 2014a-d,) und auch mit Embodiment-Schwerpunkt (Emotionale Aktivierungstherapie EAT: Hauke & Dall'Orcchio, 2015; Hauke & Jahn, 2019). In den letzten Jahren wurde sie vermehrt in der Depressionsbehandlung eingesetzt (Algermissen, del Pozo & Rösser, 2017; Liwowsky, Mergl & Padberg, 2014). Grundsätzlich ist der Indikationsbereich aber viel größer: Angst- und Zwangsstörungen (Sulz, Sichort-Hebing und Jänsch, 2015a,b), Somatoforme Störungen, Alkoholkrankheit (Sulz, Antoni & Hagleitner, 2012a,b), chronischer Schmerz (Graßl, 2018) etc.

Vom Ansatz her ist im Vergleich zur Einzeltherapie keine Modifikation erforderlich, wenn die Therapie in Gruppen durchgeführt werden soll. Das Konzept folgt in zweierlei Hinsicht den Entwicklungslinien der Psyche. Zum einen die stufenweise Entwicklung des Kindes von der Geburt an, orientiert an Piagets Entwicklungspsychologie (Piaget, 1995; Sulz & Höfling, 2010), zum anderen die psychischen Belastungen in der Kindheit, die durch frustrierendes und bedrohliches Elternverhalten entstanden sind. Beide Betrachtungsweisen werden in der affektiv-kognitiven Entwicklungstheorie zusammengebracht (Sulz, 2012d), die auch die fatale Wechselwirkung zwischen der durch die menschliche Natur angelegten Entwicklung des Gehirns und der psychischen Funktionen und den belastenden bis traumatischen Ereignissen und Zuständen in der Familie aufzeigt. PatientInnen erhalten als Vorauslektüre das psychologische Lesebuch „Als Sisyphus seinen Stein losließ – Oder: Verlieben ist verrückt" (Sulz, 2012c).

Drei Therapiesäulen

Der Patient wird tatsächlich dort abgeholt, wo er ist: Einerseits der psychisch oder psychosomatische erkrankte Mensch mit psychischen und/oder körperlichen Symptomen, deren akute Linderung und baldiges Verschwinden er erhofft und sich wünscht. Dies führt zur *ersten* Säule der Strategischen Kurzzeittherapie: der gezielten systematischen Symptomtherapie, teils störungsspezifisch, teils störungsübergreifend, wobei eine genaue Analyse der zum Symptom führenden Reaktionskette, das Herausfinden des effektivsten Ansatzpunktes in der Reaktionskette und der Aufbau eines neuen Umgangs damit entscheidend ist.

Die *zweite* Therapiesäule konzentriert sich auf das Fehlen von Kompetenzen im psychosozialen Bereich, das eine Meisterung der symptomauslösenden Situation verhinderte. Durch die Vermittlung und Anwendung dieser Fähigkeiten erfährt der Patient seine Selbstwirksamkeit, die neben dem erfolgreichen und befriedigenden Umgang mit Beziehungen Hauptfaktor im Genesungsprozess ist. Die *dritte* Therapiesäule geht dem Problem auf den Grund. Sehr früh in der Kindheit, eventuell schon mit acht bis achtzehn Monaten (siehe inneres Arbeitsmodell von Bowlby, 1975, 1976) musste eine Verhaltensregel gefunden werden, die das emotionale Überleben sicherstellte. Diese Überlebensregel ist umso rigider, je belastender die Kindheit war. Im Erwachsenenalter wird sie dann mit ihren starren Geboten und Verboten dysfunktional und maladaptiv. Schließlich verhindern ihre Verbote genau das Verhalten in der symptomauslösenden Situation, das notwendig gewesen wäre, um die Situation ohne Symptombildung meistern zu können. Deshalb ist das Herausfinden der dysfunktionalen Überlebensregel und ihr Ersetzen durch eine neue „Erlaubnis gebende Lebensregel" der Kristallisationspunkt der Behandlung. Sind die Verbote aufgehoben, dürfen vorhande Fähigkeiten eingesetzt werden und das Symptom hat seine Funktion verloren.

Die sechs Therapiemodule

Die sechs Therapiemodule der Strategischen Gruppentherapie orientieren sich einerseits an den Wirkfaktoren der Psychotherapie (Grawe, 1998, 2004), andererseits am inhärenten Prozessablauf, der implizit oder explizit stattfindet (Sulz, 2017a-c). Sie ermöglichen zudem eine individuelle Passung von PatientIn, Gruppe und GruppenleiterIn (Westen, 2013). Zentrales Prinzip ist der oben angesprochene Übergang vom puren emotionalen Überleben, das in die Symptombildung mündete, zu einem Leben, das alle Qualitäten aufweist, die ein Mensch braucht, um gesund werden und bleiben zu können (Abb. 1).

Abbildung 1: Die sechs Therapiemodule der Strategischen Gruppentherapie (aus Sulz 2017c, S. 11).

Die Gruppentherapie beginnt damit, dass jeder Patient versucht, auf seine Weise in die Gruppe hineinzukommen, willkommen geheißen zu werden und Mitglied und Bestandteil der Gruppe zu werden. Der Aufbau der therapeutischen Beziehung als erster Prozess in der Gruppentherapie ist ein vielfältiger. *Es geht um die Beziehung zur Gruppe, zum Gruppenleiter und zu den einzelnen GruppenmitgliederInnen.* Die einen passen sich dem Prozessgeschehen unaufdringlich und freundlich an, die anderen nehmen ganz aktiv Kontakte auf und die dritten machen sich anfangs noch unsichtbar und unhörbar. Jeder versucht so, die in diesem Gruppenstadium bei ihm vorherrschenden Bedürfnisse zu befriedigen (Willkommensein, Geborgenheit, Sicherheit) und zugleich seine anfänglichen Ängste zu minimieren (Angst vor Alleinsein, Angst vor Ablehnung). Der Gruppenleiter beobachtet beides: das einzelne Gruppenmitglied und die Gruppe als eigene Entität: Der Einzelne braucht Willkommensein in der Gruppe (und Willkommensein bei dem Gruppenleiter) und die Gruppe als Ganzes braucht Willkommensein. Sie, die gerade angefangen hat, zu existieren, braucht es willkommen zu sein – bei dem Gruppenleiter, aber auch bei jedem Gruppenmitglied. Einzelne Gruppenmitglieder wehren sich gegen die teilweise Aufgabe ihrer ganz individuellen Identität, die ihnen ein Gefühl von Sicherheit und Stabilität gegeben hat. Es macht ihnen Angst, zu sehr in der Gruppe aufzugehen (Angst vor Kontrollverlust oder vor Hingabe). Mit dieser Angst gehen sie so um, dass sie öfter kritische Stellungnahmen abgeben, durch die sie sich von der Gruppenmeinung unterscheiden und dadurch sie selbst bleiben können. Andere befreien sich von ihrer Angst vor Ablehnung, indem sie als Individuum gar nicht mehr wahrnehmbar sind und ganz in der Gruppe aufgehen. Der Beziehungsaufbau ist also bereits geprägt von den einzelnen Persönlichkeitsstilen und diese wiederum von der individuellen Überlebensregel.

Es geht jetzt um das emotionale Überleben in der Gruppe und die Sicherung der Existenz als festes Gruppenmitglied. Deshalb kann unmittelbar zum zweiten Therapiemodul, der Erarbeitung der dysfunktionalen Überlebensregel übergegangen werden. Aktuelle Bedürfnisse, akute Ängste, der Umgang mit Ärger und Zorn und die teilweise dysfunktionalen Aspekte der Persönlichkeit werden auf die Gebote und Verbote einer in der Kindheit entstandenen Überlebensregel zurückgeführt. Dabei wird analysiert, was verhindert hat, dass die Überlebensregel des Kindes noch so wenig eine Transformation in eine hilfreichere Verhaltensregel für Erwachsene erfahren hat. Vor allem aber wird begonnen, *das Gegenteil dessen zu tun, was die Überlebensregel fordert, um mit den resultierenden Erfahrungen zu einer Erlaubnis gebenden Lebensregel zu kommen.*

In diesem Anfangsstadium der Gruppe regnet oder prasselt es Emotionen. Ohne bereits die Art der individuellen Emotionsregulation explizit zu machen, ist das ein günstiger Moment, um eine erste neue und ganz basale Art der Affektregulierung einzuführen: die Achtsamkeit. Diese ist das dritte Therapiemodul. Zu Beginn jeder Gruppensitzung leitet der Gruppenleiter die Gruppe zu einer Achtsamkeitsübung an. Diese dauert anfangs zwanzig Minuten, bald reichen zehn Minuten. Das ist keine verlorene, sondern gewonnene Zeit. Sie wird schnell zur Selbstverständlichkeit. So wird die Fähigkeit erworben, *seine Gefühle ganz bewusst und konzentriert wahrzunehmen, sie innerlich zu benennen, ohne sie zu bewerten, und sie immer mehr zu akzeptieren.* Schon nach wenigen Gruppensitzungen kann dazu übergegangen werden, auch in alltäglichen Situationen, sein Gefühl und sein konkretes Handeln achtsam zu beobachten und mit akzeptierender Achtsamkeit zu begleiten.

Nachdem die Gruppe durch der ersten drei Therapiemodule (Beziehung, Überlebensregel und Achtsamkeit) auf die Gruppenarbeit gut vorbereitet ist, kann mit der inhaltlichen Arbeit der ersten Therapiesäule als *viertem* Therapiemodul (Symptomtherapie) begonnen werden. Den Gruppensitzungen gingen einige diagnostische Einzelsitzungen voraus, in denen der Therapeut eine Anamnese der individuellen Lebens- und Krankheitsgeschichte erhoben und eine vorläufige Bedingungs- und Funktionsanalyse der Symptomatik als erste Skizze einer Fallkonzeption formuliert hat. Mit dieser konzeptionellen Ausrüstung kann er nun jeden Patienten von seiner Erkrankung erzählen lassen und seine Angaben in die am Flipchart vorgegebene Struktur der Reaktionskette von der auslösenden Situation zum Symptom stichwortartig eintragen. Die Kunst des Zeitmanagements besteht darin, in einer 100-minütigen Gruppensitzung zwei Verhaltensanalysen gemeinsam mit der Gruppe zu erstellen, so dass (wenn es sich um eine Kurzzeittherapie handelt) in der nächsten Sitzung ganz sicher die nächsten beiden Patienten dran kommen können. Die Gruppe wird sehr schnell kompetent in dieser Art der Verhaltensanalyse der Symptombildung. Deshalb kann auch individuell gleich der erste Ansatzpunkt eines neuen Umgangs mit dem Symptom oder dessen Entstehung gefunden werden (z. B. die primäre Emotion wahrnehmen lernen, den primären Handlungsimpuls prüfen und erlauben, die negative Vorhersage falsifizieren, das sekundäre Gefühl löschen, das vermeidende Verhalten unterlassen, mit dem AACES-Konzept (siehe unten Abschnitt Symptomtherapie) direkt mit dem Symptom umgehen).

Auch das *fünfte* Therapiemodul (Fähigkeiten, Kompetenzen, Selbstwirksamkeit) entspricht einer Therapiesäule: der zweiten Therapiesäule, die dem Aufbau von Fertigkeiten im Umgang mit sich selbst, seinen Beziehungen und seinen wichtigen Lebensbezügen gewidmet ist. Es handelt sich um ein umfangreiches und sehr differenziertes Repertoire an Kompetenzen, deren Tools oder Skills sich teils in und mit der Gruppe, teils individuell angeeignet werden.

Bis hierher erkennen wir im therapeutischen Vorgehen die kognitive Verhaltenstherapie, die klassische Expositionstherapie, aber auch die Elemente der dritten-Welle-Therapien wie die Schemaanalyse und Emotionsregulation wieder. Das *sechste* Therapiemodul, die stufenförmige kognitive und affektive Entwicklung, die von Sulz (1994) in die Behandlung eingeführt wurde, ist inzwischen allerdings nur von McCullough (2007) mit seinem CBASP-Konzept (Cognitive Behavioral Analysis System of Psychotherapy) aufgegriffen worden. Eigentlich sind die Entwicklungsstufen in der Kindheit zu beobachten (Körper-Stufe im ersten, Affekt-Stufe im zweiten, Stufe des Denkens im dritten bis fünften Lebensjahr, die Empathie-Stufe reicht bis in das Jugendalter hinein), aber frustrierendes und bedrohliches Elternverhalten stört diese Entwicklung erheblich. Deshalb finden sich in schwierigen Situationen mit wichtigen Bezugspersonen immer wieder unreife, nicht entwickelte Züge des Erlebens und Verhaltens, das wir einer dieser frühen Stufen zuordnen können und müssen. Da ist jemand handlungsunfähig und reagiert nur noch körperlich. Ein Anderer ist affektiv so erregt, dass er keine vernünftigen Gedankengänge verfügbar hat. Und ein Dritter ist kühl logisch denkend und kann darüber nicht mitmenschlich sein. Allen fehlt die reife Befähigung der Empathie und des wahren Mitgefühls (auch mit sich selbst), weshalb ihre sozialen Transaktionen scheitern bzw. höchst unbefriedigend enden und sogar zur Symptombildung führen. Die Gruppe hat bald einen guten Blick für das momentane Entwicklungsniveau auf dem ein Gruppenmitglied operiert, und sie lernt, als einbindende Kultur bestmögliche Bedingungen für eine weitere Entwicklung zu schaffen.

Die Kaskade der Gruppenthemen

Die Therapieverlaufsstadien – inhaltlich und prozessual

Den **Gruppentherapieprozessverlauf**, der thematisch deutlich vom inhaltlichen Gruppentherapieverlauf zu unterscheiden ist, haben z. B. Jacobson und Christensen (1992) in drei Prozessphasen eingeteilt: 1. Klärungsphase, 2. Akzeptanzphase, 3. Änderungsphase. Grawe (1998, 2004) unterscheidet zwei Phasen: 1. Klärungsphase, 2. Änderungsphase.

Wenn die Eingangsrunde der Gruppensitzung bereits 40 Minuten dauern würde, blieben für die anstehende Gruppen-Arbeit nur noch 60 Minuten. Zieht man die Schlussrunde noch ab, bleiben nur noch 50 Minuten. Der Gruppenleiter sorgt deshalb dafür, dass manche Aspekte zügig ablaufen, um mehr Zeit für einige wenige intensive Interventionen zu haben. Kurze, drei- bis fünfminütige Berichterstattungen reichen aus, damit die Gruppe erkennen kann, dass der Patient „in eigener Regie" die vereinbarten Schritte unternimmt. Die PatientInnen richten sich rasch darauf ein und empfinden es nicht als Zeitnot.
Die therapeutische Grundhaltung besteht darin, mit der Zeit sorgfältig umzugehen. Dies bedeutet, dass Entwicklung nicht in den Gruppensitzungen, sondern zwischen den Gruppenstunden geschieht. In den Gruppentherapiestunden werden lediglich Anstöße zur Entwicklung gegeben und Blockaden und Barrieren beiseite geräumt. Dies geschieht in einer aktiven und konfrontierenden Weise. Die einzelnen Gruppentherapiestunden müssen gut vorbereitet werden und sie müssen eine definierte Teiletappe des strategischen Weges zum Ziel sein. Eine Gruppentherapiestunde muss an die vorhergehende Stunde anschließen, auf sie aufbauen und die nächste Stunde vorbereiten. Im Gegensatz dazu steht die zufällige Aneinanderreihung von Beiträgen der GruppenteilnehmerInnen, deren Inhalt und Ablauf von den Berichten des einzelnen Patienten bestimmt wird und bei denen der Gruppentherapeut nur eine moderierende Rolle spielt, also eine konzeptionelle Gestaltung ausbleibt.

Die konzeptionelle Einbettung jeder Therapiestunde in das Gesamtkonzept und die systematische Nutzung der Zeit zwischen den Therapiestunden durch zielorientierte Aktivitäten des Patienten führen dazu, dass sich jede Therapiestunde in drei Abschnitte gliedert:
1) Besprechung der zwischenzeitlichen Aktivitäten und Erfahrungen
2) Das neue, heutige Thema
3) Nachbesprechung und Vereinbarung der Aktivitäten bis zur nächsten Gruppentherapiesitzung.

Abschnitt 1) und 3) sind Arbeitsbesprechungen, die jedem Patienten helfen, neue Wege in seiner Lebens- und Beziehungsgestaltung zu gehen und auf diesen Wegen fortzuschreiten, d. h. dass er wirksame Änderungen herbeiführt. Ohne die regelmäßig zu erwartende ernsthafte Beschäftigung des Gruppentherapeuten mit den Unternehmungen zwischen den Gruppentherapiesitzungen würden diese rasch unterbleiben. Die Behandlung ist aber darauf angewiesen, dass der Patient das in der Gruppentherapiestunde Erarbeitete gleich in seinem Leben umzusetzen versucht. Seine dabei gemachten Erfahrungen sind eine empirische Prüfung (Bestätigung oder Falsifizierung) der subjektiven affektiv-kognitiven Neukonstruktionen in der Gruppensitzung. Allerdings wird die Therapiegruppe beendet sein, bevor sich gezeigt hat, dass aus der Überlebensform eine stabile Lebensform geworden ist, d. h. die permanente Bedrohung gewichen und eine innere und äußere Lebensqualität entstanden ist.

Eine aus der affektiv-kognitiven Entwicklungstheorie psychischer Störungen abgeleitete Strategische Gruppentherapie hat etwa die folgende Themenabfolge:

Erste Stunde: Erstgespräch: Der Mensch, seine Beschwerden, die Auslöser, Verstärker
Zweite Stunde: Befunderhebung, Diagnostik: Symptome, Syndrome, Diagnosen
Dritte Stunde: Anamnese: Biographie und Familie
Vierte Stunde: Organismus-Variable O: Schemaanalyse (Überlebensregel), Entwicklungs-, Persönlichkeits- und Beziehungsdiagnostik
Fünfte Stunde: Fallkonzeption (Verhaltens- und Zielanalyse, Therapieplan)
Sechste Stunde: Symptomtherapie (Achtsamkeit, Akzeptanz, Bereitschaft, Exposition)
Siebte Stunde: Ressourcenanalyse & Ressourcenmobilisierung
Achte Stunde: Metakognitionstherapie. Von der dysfunktionalen Überlebensregel zur Erlaubnis gebenden Lebensregel
Neunte Stunde: Emotionstherapie 1: Tiefe emotionale Erfahrung – Gefühle wahrnehmen
Zehnte Stunde: Widerstandsanalyse (regressive Ziele, das Dilemma, Loslassen)
Elfte Stunde: Neue Fertigkeiten ausprobieren im Umgang mit mir und mit anderen
Zwölfte Stunde: Angst vor Veränderungen - ich stelle mich der Angst und den Gefahren
Dreizehnte Stunde: Emotionstherapie 2 – neuer Umgang mit Bedürfnis, Angst, Wut, Trauer
Vierzehnte Stunde: Niederlagen machen „wehrhaft"
Fünfzehnte Stunde: Umgang mit dysfunktionalen Persönlichkeitszügen
Sechzehnte Stunde: Entwicklungsschritt zur zwischenmenschlichen Stufe – Empathie
Siebzehnte Stunde: Persönliche Werte – vom bedürfnis- zum wertorientierten Menschen
Achtzehnte Stunde: primärer, sekundärer und tertiärer Selbstmodus
Neunzehnte Stunde: Das neue Selbst und die neue Welt
Zwanzigste Stunde: Neue Beziehungen
Einundzwanzigste Stunde: Automatisierung, Generalisierung, Selbstmanagement
Zweiundzwanzigste Stunde: Nach dem Überleben kommt das Leben
Dreiundzwanzigste Stunde: Rückfallprophylaxe
Vierundzwanzigste Stunde: Abschied und Neubeginn

Sie werden jetzt als LeserIn die Frage stellen, wie das alles in vierundzwanzig Sitzungen erarbeitet werden soll. Wir konnten in zwei empirischen Studien (Kaufmayer, 2018; Peters, 2018) feststellen, dass bei vielen PatientInnen eine Kurzzeittherapie ausreicht, weil diese ihnen so viel mitgibt, dass sie danach ihre eigenen Kompetenzen effektiv nutzen können – mit dem Gefühl, es jetzt selbst zu schaffen.

Die Therapiestunden

Erste Gruppenstunde:
Die Menschen, ihre Beschwerden, die Symptomauslöser, die Symptomverstärker

Die erste Begegnung in der Gruppe dient dem gegenseitigen Kennenlernen der GruppenmitgliederInnen. Mit dem Gruppentherapeuten haben ja schon die diagnostischen Sitzungen in Einzelsitzung stattgefunden.
Jeder Patient erhält einen Spickzettel mit Themen, die er ansprechen sollte:
Mein Name, mein Alter, mein Beruf, meine Hobbys, meine Wohnung, meine Familie, meine Partnerschaft, meine Kinder. Was mir noch wichtig ist.

Meine Erkrankung, Beginn der ersten Symptome, in was für einer Lebenssituation (was war in meinem Leben kurz vor Symptombeginn belastend)?
Wenn der Patient etwas Wichtiges nicht anspricht, ergänzt der Gruppenleiter seine Ausführungen.

Der Gruppenleiter stellt wie in jeder der nachfolgenden Gruppensitzungen eine „Mentalisierungsfrage", die der Patient nur beantworten kann, wenn er sich von der Entwicklungsstufe, auf der er sich meist befindet (AFFEKT-Stufe: Hier herrschen Gefühle aus dem Moment heraus vor), auf die nächsthöhere Stufe (DENKEN-Stufe: hier denkt der Patient über Ursachen und Folgen von Verhalten nach) begibt. Er fragt: Haben Sie bereits eine konkretere Vermutung, was in Ihrer Lebenssituation so belastend war, dass Ihre Symptome dadurch ausgelöst wurden, also etwas was kurz vor Symptombeginn geschah? Dadurch wird ein kausaler Denkprozess angestoßen, der die zeitliche Abfolge in der Erinnerung durchforstet – ein Wenn-Dann-Denken.
Danach wird mit dem heutigen Gruppenthema begonnen: Ich und meine Symptome. Am Ende der Gruppensitzung sollte für jeden Patienten ein skizzenhaftes vorläufiges Verständnis bei ihm und den anderen GruppenmitgliederInnen entstanden sein, welches psychosoziale oder emotional-motivationale Problem bei ihm zu welcher Symptombildung führte. Hierzu fasst der Gruppenleiter den Bericht des Patienten mit einigen Sätzen zusammen und fügt sein Verständnis der kausalen Zusammenhänge hinzu (analog der Wenn-Dann-Signatur von Mischel & Shoda, 1995; Mischel, 2015). Dies ist die erste (später immer wieder perpetuierte) Intervention, die dazu dient, das Denken und Fühlen der PatientInnen von der prä-mentalen (im Sinne von Fonagy & Bateman, 2008) bzw. von der prä-logischen Entwicklungsstufe (Piaget, 1995) auf die mentale bzw. logische Stufe zu heben: Wenn die Situation X eintritt, reagiere ich mit dem Symptom Y.
Bis zur zweiten Gruppenstunde werden die PatientInnen gebeten, Tagebuch-Aufzeichnungen bezüglich ihres Symptoms und dessen situativen Bedingungen zu machen: Wann genau tritt mein Symptom auf? In welcher konkreten Situation? In Anwesenheit welcher Menschen?

Zweite Gruppenstunde: Symptome, Syndrome, Diagnosen

In der Eingangsrunde berichten die PatientInnen über ihre Beobachtungen bezüglich ihrer Symptomatik.
Mentalisierungsfrage dazu: In welchen Situationen trat das Symptom auf oder wurde es besonders stark und was war der konkrete Auslöser in dieser Situation?
Durch die Mentalisierungsfragen kommen wir der Antwort auf die Frage nach der individuellen Funktion des Symptoms langsam näher. Zwei verschiedene Symptome sind wie zwei Schlüssel zu zwei verschiedenen Schlössern, wer sie nicht als solche versteht, kann auch die Tür zum Verständnis des Patienten nicht aufschließen.
Der Patient kann zuhause und ergänzend zur Gruppentherapiesitzung seine Beschwerden, seine Symptome und sein Syndrom festhalten, indem er die SKT-Arbeitsblätter 1 bis 3 ausfüllt (bzw. er bearbeitet sie in seinem vor Beginn der Gruppentherapie gekauften Praxismanual):

| SKT01: Leiden Beschwerden Symptome |
| SKT02: Welche Symptome habe ich? |
| SKT03: Wie und wozu mein Symptom entstand |

Die SKT-Arbeitsblätter entstammen dem Praxismanual zur Veränderung des Erlebens und Verhaltens (Sulz, 2009).
Damit der Patient nicht zu lange warten muss, bis er selbst etwas tun kann, werden ihm die SKT-Arbeitsblätter 4 und 5 nach Hause mitgegeben:

| SKT04: Mit meinem Symptom umgehen lernen |
| SKT05: Was ich gleich ändern kann und will – mein erster Projektvertrag |

Mit dem Arbeitsblatt SKT04 (mit meinem Symptom umgehen lernen) kann der Patient die Erfahrung machen, dass die Symptome beeinflussbar sind, so dass Hoffnung und die Erwartung von therapeutischer Wirksamkeit entstehen kann.
Wenn es gelingt, den Patienten für das SKT05-Projekt („Was ich gleich ändern kann und will") zu gewinnen, hat er sich schon auf eine Bahn begeben, die ihm erste wichtige Selbstwirksamkeitserfahrungen einbringt.
Wenn die Erkrankung den Patienten noch sehr einschränkt, warten Sie eher noch mit den ersten Veränderungsprojekten.
Ob der Patient sich das Praxismanual selbst anschafft oder Sie ihm bei Bedarf die SKT-Arbeitsblätter kopieren und mitgeben, hängt davon ab, wie sehr Sie sich auf die Arbeitsblätter stützen. Wenn Sie reichlich vom Praxismanual Gebrauch machen, wird er über die Pflicht-Arbeitsblätter hinaus auch weitere, ihn interessierende Blätter bearbeiten. Denn er ist neugierig, mehr über sich zu erfahren und seine zwischenmenschlichen Beziehungen besser zu verstehen. Wenn jeder Patient sein eigenes Praxismanual hat (und mitbringt), sparen Sie sich viel Kopierarbeit und können auch gemeinsam zurückblättern, um frühere Ergebnisse in Erinnerung zu rufen.
Eine wertvolle Vorbereitung auf die nächste Gruppensitzung ist der VDS1-Fragebogen zur Lebens- und Krankheitsgeschichte. Diesen sollte der Patient zuhause ausfüllen. Da der Fragebogen 23 Seiten umfasst, wird ihm empfohlen, sich jeden Abend eine Stunde für das Erinnern und Ausfüllen Zeit zu nehmen.

Dritte Gruppenstunde:
Biographie – elterliche Frustrationen von kindlichen Grundbedürfnissen
Da wir davon ausgehen können, dass die Patienten in der Zwischenzeit ihre Kindheit und ihre Eltern in Erinnerung gerufen haben und dass dabei viele Szenen als Bilder ins Bewusstsein kamen, kann in dieser Gruppensitzung der nächste Schritt getan werden.
Mentalisierungsfrage: Welche Gefühle traten beim Ausfüllen des Fragebogens auf und durch welche Erinnerungen wurden diese ausgelöst. Das ist eine Fragestellung, die die Mentalisierung (Metakognition bzw. Theory of Mind) fördert, indem sie die kausale Verknüpfung eines auslösenden Kontexts mit der emotionalen Reaktion gedanklich herstellt – nicht vom Gruppenleiter ausgesprochen, sondern von den PatientInnen selbst.
Nun wird mit Hilfe von Imaginationen die von den Eltern erfahrenen Frustrationen, bezogen auf die Grundbedürfnisse eines Kindes, in Erinnerung gebracht. Dazu dient der VDS24-Fragebogen Frustrierendes Elternverhalten (alternativ Praxismanualarbeitsblatt SKT07a-c).

Ich möchte Sie einladen, sich an Ihre Kindheitsjahre mit Ihren Eltern zu erinnern. Das geht am besten, wenn Sie die Augen schließen und ein inneres Bild z. B. der Wohnung, in der Sie damals gelebt haben herholen. Sehen Sie dort Mutter und Vater, wie sie damals waren und sich selbst als kleines Kind.

Beginnen wir mit dem Vorschulalter und Ihren Zugehörigkeitsbedürfnissen. Als Sie im Kindergartenalter waren … die Stadt, in der wir wohnten, das Haus, die Wohnung, wo ist meine Mutter, wie sieht sie aus, was macht sie gerade, wenn sie zu mir herschaut, mit welchem Blick, welchen Augen, was sagte sie zu mir, in welchem Ton? Wenn der Vater kommt (wie sieht er aus), wen begrüßt er – wie? Wenn er auf mich zukommt, welcher Blick, welche Augen, was sagt er, mit welcher Stimme?
Ich lese Ihnen nun Sätze vor, die beinhalten, was Sie eventuell bei Mutter und Vater vermisst haben. Wenn Sie danach die Augen wieder geöffnet haben, können Sie mir sagen, was in welchem Ausmaß zutraf. Mir fehlte Willkommensein. Eher von der Mutter, eher vom Vater, von beiden? Usw.

Nach dem Ausfüllen der sieben ersten Frustrationen wird zur zweiten Imagination eingeladen, diesmal Grundschulalter bis zur Pubertät. Es geht jetzt um die sieben Autonomiebedürfnisse.

Zum Schluss eine Imagination, ein Zurückerinnern auf die gesamten Kindheits- und Jugendjahre mit den Eltern. Die sieben Homöostasebedürfnisse: Was hätte nicht sein dürfen, was hätte ich stattdessen gebraucht? Meine Mutter/mein Vater war zu ängstlich, mich zu sehr bange machend vor der Welt draußen, mich zu wütend machend etc.

Falls keine Zeit mehr für das Erheben von heutigen zentralem Bedürfnis, zentraler Angst und zentraler Wut ist, wird den PatientInnen bis zum nächsten Mal der
- SKT09 zentrale Bedürfnisse (alternativ VDS27-Bedürfnis-Fragebogen)
- SKT11a zentrale Angst (alternativ VDS28-Angst-Fragebogen)
- SKT11b zentrale Wut (alternativ VDS29-Wut-Fragebogen)

zum Ausfüllen mit nach Hause gegeben. Sie sollen diese ebenfalls erst nach der in der Instruktion vorgeschlagenen Imagination ausfüllen.

Am besten ist es, sich für die Imaginationsarbeit bezüglich der zentralen Bedürfnisse, Ängste und Wut Zeit in den Gruppensitzungen zu nehmen. Dann können die PatientInnen ihr Erleben austauschen, was wiederum im Sinne der Mentalisierungsförderung empathische und mitfühlende Prozesse anstößt.

Vierte Gruppenstunde: Schemaanalyse (Überlebensregel), Entwicklungs-, Persönlichkeits- und Beziehungsdiagnostik

Die GruppenteilnehmerInnen berichten eingangs über ihre Beobachtungen bezüglich ihres Umgangs mit ihren zentralen Bedürfnissen, ihrer zentralen Angst und mit Wut und Ärger.

Mentalisierungsfrage: Sind sie zufrieden mit dem Ergebnis, wie könnten Sie zu einem befriedigenden Ergebnis kommen? Andere GruppenmitgliederInnen werden noch nicht zu Kommentaren eingeladen, weil sonst die Eingangsrunde zu lang wird.

Falls noch nicht geschehen, werden die GruppenteilnehmerInnen zu einer Imagination eingeladen, in der sie keine Situation erinnern oder vorstellen sollen. Stattdessen sollen sie die vom Gruppenleiter vorgesprochenen drei mal sieben Sätze zu insgesamt einundzwanzig zentralen heutigen Bedürfnissen innerlich nachsprechen, nach jeweils sieben Sätzen die Augen öffnen und ankreuzen, wie wichtig das jeweilige Bedürfnis ist: Ich brauche Willkommensein – 5 Sekunden Pause – Ich brauche Geborgenheit – 5 Sekunden Pause etc. Wenn die PatientInnen zu einem anderen Ergebnis kommen als zuhause, wird dies berichtet.

Wenn die PatientInnen berichten, dass ihnen die Imagination eines heftigen Streits mit einer wichtigen Bezugsperson nicht gelungen ist, wird auch diese Imagination nachgeholt. Dann wird zum heutigen Therapiethema übergegangen.

Schemaanalyse: Die dysfunktionale Überlebensregel
Ziel dieser Therapiestunde ist es, die individuelle **Überlebensregel** (als in der Kindheit entstandenes maladaptives kognitiv-affektives Schema) zu formulieren.
Der Satzbau der dysfunktionalen Überlebensregel ist:
Nur wenn ich immer
    <mich entsprechend meines dysfunktionalen Persönlichkeitsstils verhalte>
Und wenn ich niemals Ärger zeige bzw.
    <das Gegenteil dieses Persönlichkeitsstils tue>
Bewahre ich mir die Befriedigung meines wichtigsten Grundbedürfnisses
    <zentrales Bedürfnis>
Und verhindere das Eintreten meiner
    <zentralen Angst>.
Diese Regel entspricht dem inneren Arbeitsmodell von Bowlby (1975), wurde also in den ersten zwei Lebensjahren gebildet, damit Willkommensein und Geborgenheit erhalten und so eine ausreichende Bindung zu Mutter und Vater entstehen kann. Später ging es um Selbstwert und andere Grundbedürfnisse. Im Lauf des Erwachsenwerdens schälte sich als bestmögliches Verhalten der dysfunktionale Persönlichkeitsstil heraus. Dieser kann aus dem VDS30-Persönlichkeitsfragebogen entnommen werden, den der Patient ja schon ausgefüllt zur zweiten diagnostischen Einzelsitzung mitgebracht hat. Der Patient erkennt sich jedoch sehr gut in den neueren VDS30-Beschreibungen der Persönlichkeitsstile wieder (kostenloser Download „Persönlichkeitsbeschreibungen für Patienten" unter www.serge-sulz.de → Verhaltensdiagnostiksystem). Deshalb werden diese jetzt ausgeteilt, die PatientInnen nehmen sich Zeit, diese zu lesen und ihre drei wichtigsten Persönlichkeitszüge zu benennen.

Mentalisierungsfrage: Welcher dieser drei Persönlichkeitsstile kommt in welchen Situationen oder Kontexten am ehesten vor? (Wenn-Dann-Signatur nach Mischel und Shoda, 1995; Mischel, 2015).

Anschließend füllt jeder Patient das Arbeitsblatt „Meine Überlebensregel" aus und liest diese vor. Der Gruppenleiter hatte sich für jeden Patienten dessen drei Persönlichkeitsstile, sechs wichtigsten Bedürfnisse sowie die zwei wichtigsten Ängste notiert und kann nun vergleichen und ergänzen.
Diese Überlebensregel ist zugleich die innere Weichenstellung zur Symptombildung. Sie gebietet ein Verharren in den alten dysfunktionalen Verhaltensstereotypien, die jedoch zur Lösung des aktuellen Lebensproblems untauglich sind. Wenn bestätigt werden kann, dass die gefundene Überlebensregel tatsächlich das in der symptomauslösenden Situation entscheidende Verbot bewirkt, so spricht dies für ihre Wirksamkeit in der psychosozialen Homöostase des Patienten.

Entwicklungsdiagnostik
Die affektiv-kognitive Entwicklungstheorie legt nahe, dass sich in der symptomauslösenden Situation zeigt, auf welcher Entwicklungsstufe der Patient verharrt. Zur Pro-

blemlösung müssten ihm die Errungenschaften der nächsthöheren Entwicklungsstufe verfügbar sein. Eine einfache Hilfe zur **Entwicklungsdiagnose** sind folgende Vorgaben (für schwierige Situationen mit wichtigen Menschen! – in einfachen Alltagssituationen ist der Patient ebenso wie jeder andere Mensch auf einer höheren Entwicklungsstufe):

Ich bin (noch) … (in dieser schwierigen, für mich kaum lösbaren Situation)
Ich brauche (noch) … (welches der 21 zentralen Bedürfnisse?)
Ich kann schon … (z. B. spüren, was ich will und was ich nicht will)
Ich brauche nicht mehr … (z. B. an die Hand genommen werden)
Ich kann noch nicht … (z. B. sagen, was ich nicht will)
Ich fürchte (noch) … (welche der sieben zentralen Ängste?)

Mein Dilemma bzw. mein Konflikt ist:
Alternative 1: Entweder ich handle so: … (mit dem Vorteil, dass … und dem Nachteil, dass …)
Alternative 2: oder ich handle so: … (mit dem Vorteil, dass … und dem Nachteil, dass …).
Meine Überlebensregel verlangt von mir Alternative Nr. …

Mit großer Wahrscheinlichkeit hat der Patient sich so beschrieben, dass er sich emotional auf der impulsiven oder gar einverleibenden Stufe befindet, also ohne die Fähigkeit, logisch denkend selbst zu einer wirksamen Problemlösung zu kommen.
Wenn wir das eigentliche adäquate Verhalten zur Problemlösung dem tatsächlich in der symptomauslösenden Situation ausgeübten Verhalten gegenüberstellen und dabei den Konflikt und die Befürchtungen vor den Folgen des adäquaten Problemlösens einbeziehen, können wir erkennen, **welche Entwicklungsstufe noch nicht erreicht wurde.**
Die drei Aussagen „Ich brauche noch …", „Ich kann noch nicht …" und „Ich fürchte …" geben die Antwort auf die Frage nach den entwicklungshemmenden Barrieren. Nun ist der Schritt auf die nächste Stufe dran. Das ist in der Regel die souveräne Stufe, in der kausales Denken möglich ist und damit die Vorhersage der Folgen eigenen Verhaltens, aber auch das Erkennen der Ziele, die andere mit deren Verhalten erreichen wollen.
Mentalisierungsfrage: Weshalb hat Ihr Gegenüber in der symptomauslösenden Situation so gehandelt, dass Sie nur noch mit Symptombildung reagieren konnten? Wie hätten Sie reagieren müssen, damit diese Situation für Sie befriedigend ausgeht?
Bis zur nächsten Sitzung erhält der Patient als Vorbereitung auf das nächste Thema die Aufgabe, seine gegenwärtigen Beziehungen auf je einer DIN-A-4-Seite zu beschreiben und dazu je eine konkrete Situation zu beschreiben, die typisch für die Beziehung ist.

Beziehungsdiagnostik

Mit einer Imaginationsübung „Emotionales Erleben wichtiger Beziehungen" (SKT24: „Emotionales Erleben wichtiger Beziehungen", Praxismanual S. 182) kann die Bedeutung der wichtigen Beziehungen erarbeitet werden. Die PatientInnen entscheiden, welche sehr wichtige Bezugsperson und zugleich Problemperson Gegenstand dieser imaginativen Beziehungsklärung sein soll. Dann bitten Sie alle PatientInnen, die Augen zu schließen und instruieren sie dann so (hier wird als Beispiel „mein Mann" eingesetzt): Stellen Sie sich vor, Ihr Mann steht oder sitzt Ihnen gegenüber. Sie sagen ihm was während der Begegnung in Ihnen vorgeht. Nehmen Sie ihn wahr, nehmen Sie dann sich wahr und beginnen zu sprechen. Sagen Sie ihm in der Imagination genau das, was Sie im Moment ihm gegenüber empfinden:

Ich fühle in mir ....
Ich brauche von Dir ....
Ich fürchte von Dir ....
Ich will nicht, dass Du Dich so verhältst ....
Ich mag an Dir ....
Ich mag an Dir nicht ....
Du bist für mich ....

Die in dieser Gruppensitzung durchgeführte Beziehungsdiagnostik ist zugleich ein Versuch, die subjektive Beziehungswirklichkeit zur Beziehungshypothese umzudefinieren und empirische Überprüfungen dieser Hypothese bzw. Grundannahme nach Beck (2004) in operationalisierter Form zu formulieren, zum Beispiel: „Wenn ich meinem Mann sage, dass ich nicht mehr bereit bin, seine abwertenden Äußerungen hinzunehmen und mir diese für die Zukunft verbiete, wird seine Reaktion entweder sein, dass er mich verlässt (Hypothese) oder er ist verwirrt über meine Entschiedenheit und wird sich darauf besinnen, dass er mich doch braucht (ein erster Schritt zur Falsifizierung der Hypothese)". Aus dieser Hypothese wurde ja die dysfunktionale Überlebensregel, die verbietet, genau das zu tun. Also wird der Patient eingeladen, bis zur nächsten Stunde mit der empirischen Prüfung seiner Beziehungs-Hypothese zu beginnen und in einer genau festgelegten Situation genau das zu sagen und zu tun, was die Überlebensregel verbietet.
Außerdem werden die PatientInnen gebeten, das VDS21 Verhaltensanalyse Arbeitsblatt (alternativ SKT03) bis zur nächsten Gruppenstunde auszufüllen.

Mentalisierungsfrage: Wie glauben Sie, werden die GruppenmitgliederInnen und wie der Gruppenleiter reagieren, wenn Sie sich nicht mehr so zurückhalten, sondern frei raus sagen, was Ihnen in den Sinn kommt?

Fünfte Gruppenstunde: Fallkonzeption (Verhaltens- und Zielanalyse, Therapieplan)

Die PatientInnen berichten kurz über das Zwischenergebnis ihrer Verhaltensanalyse mit dem VDS21 Verhaltensanalyse Arbeitsblatt (alternativ SKT03): Symptom – auslösende Lebenssituation, auslösender Aspekt – Auslösezeitpunkt – Welches Verhalten war verboten und wurde durch Symptombildung ersetzt?
In dieser Gruppenstunde muss noch einmal überprüft werden, wann das jetzige Syndrom wirklich begann. Alle GruppenmitgliederInnen, einschließlich des Symptomträgers, sitzen wie ein Expertengremium in der Runde. Die erste Aufgabe ist, **den Zeitpunkt der jetzigen klinischen Syndrombildung** gemeinsam festzulegen. Die zeitliche Abfolge und die kausalen Zusammenhänge verraten die Funktion des Symptoms.

Der zweite Schritt ist die Beleuchtung des auslösenden Aspekts der jetzigen Lebenssituation. Zunächst wird noch einmal gemeinsam die pathogene Lebensgestaltung und die pathogene Beziehungsgestaltung betrachtet. Dann wird das Hinführen beider zur „Sollbruchstelle" der Symptombildung klar herausgearbeitet. Wie reagierte der Patient in dieser Situation? Und noch wichtiger: was unterließ er zu tun? Welche Konsequenzen hätte er befürchtet, wenn er das Unterlassene getan hätte? Welche Veränderung hat er vermieden und was ist der Vorteil der Nichtveränderung?

Dritter Punkt ist die **Reaktion R**, d. h. die Analyse der Reaktionskette zum Symptom: Eine typische beobachtbare **Situation** (die z. B. extrem frustrierend ist) …

1. Die primäre **Emotion** als Antwort auf diese Situation wäre eigentlich (z. B. Wut)
2. Der primäre Handlungs-**Impuls**, der aus dieser Emotion resultieren würde (z. B. Angriff)
3. Der **Gedanke**: Bedenken der Folgen dieses Handelns (z. B. Dann werde ich abgelehnt)
4. Ein gegensteuerndes **sekundäres Gefühl** folgt daraus (z. B. Schuldgefühl, Ohnmacht)
5. Im **Körper** die psychovegetative Begleitreaktion dieses Gefühls (z. B. Schwächegefühl)
6. Mein beobachtbares **Verhalten** (Was habe ich wirklich getan? z. B. tun, was mein Gegenüber will)
7. **Symptom**bildung (z. B. Niedergeschlagenheit: depressives Syndrom)

Die Reaktionskette führt zu einem grundlegenden Verständnis des Prozesses der Symptombildung. Sie kann folgendermaßen mit dem Patienten erarbeitet werden:

Fallkonzeption: horizontale Verhaltensanalyse SORKC
Jeder Patient trägt vor, was er in das SORKC-Schema eintragen wird (Abb. 2). Die Gruppe prüft dessen Logik. Nach einigen Korrekturvorschlägen füllt der Patient das Arbeitsblatt aus. Die Organismus-Variable O, die man heute besser als Personen-Variable bezeichnen sollte, umfasst alle psychischen und somatischen Eigenschaften des Patienten, seine Gewohnheiten ebenso wie seine Einstellungen, Werthaltungen, Erinnerungen und Erfahrungen samt seiner komplexen Lerngeschichte von den ersten Konditionierungen im Mutterleib an bis zum Eintritt in die symptomauslösende Situation. Vereinfachend setzen wir hier nur eine Kurzformulierung der Überlebensregel ein, z. B. „Nur wenn ich immer perfekte Leistungen erbringe, bin ich ein akzeptabler Mensch". Ein Beispiel soll dies verständlich machen:

Das SORKC-Schema als Zusammenfassung der Verhaltensanalyse des Symptoms

Wenn wir alle obigen Variablen berücksichtigen, erhalten wir das SORKC-Schema:

S —> O —> R —K—> C
Situation —> Organismus —> Reaktion — Kontingenz —> Konsequenz

	Makroebene	Ein Beispiel-Fall:
S	1. Die symptomauslösende Lebens-**Situation**	1. Ehemann betrügt die Pat., lässt sie allein, ignoriert sie, wertet sie ab
O	2. Der **Organismus** (Person)	2. dependente Persönlichkeit mit Überlebensregel: Nur wenn ich immer nachgebe und nie kämpfe, bewahre ich Geborgenheit und verhindere Trennung
R	3. Die **Reaktion**skette bis zum Symptom	3. Zuerst Wut, dann Kampfimpuls, dann Angst vor Trennung, dann Ohnmacht, Kraftlosigkeit, dann stilles Dulden, dann Symptombildung: Depression
K / C	4. Die **Consequenzen** und Effekte des Symptoms	4. Die Depression führt dazu, dass die Pat. sich nicht wehren kann, die Geborgenheit der Partnerschaft bewahren kann, folglich auch keine Trennung fürchten muss

Abbildung 2. Das SORKC-Schema als Zusammenfassung der Verhaltensanalyse des Symptoms (aus Sulz, 2012a: Psychotherapie-Grundkurs und Praxisleitfaden, S. 323)

Mentalisierungsfrage: Künftig soll der Patient bei jedem Vorkommen des Symptoms die Funktion des Symptoms mit Hilfe des SORKC-Schemas erfragen und benennen. Abends soll er sich das SORKC-Störungsmodell durchlesen und vergegenwärtigen.

Zielanalyse

Die Gruppe geht mental im Dreierschritt vor:

Problem → Ziel → Weg   oder   Verhalten → Ziel → Therapie

Für jedes Glied des S-O-R-K-C-Schemas wird ein Ziel formuliert. Der Patient trägt sein Ergebnis vor, die Gruppe korrigiert und ergänzt. Danach kann er seine Ziele schriftlich festhalten.

Mentalisierungsfrage: Was sind die Vorteile und was die Nachteile der jeweiligen Zielerreichung?

Für die Imaginationsübung „Attraktive Vision der Zielerreichung" stehen alle GruppenmitgliederInnen auf und hören die Instruktion: *Ich werde alle Schritte auf mein Ziel zu gehen. Ich bin am Ziel angekommen, wenn ich mit der auslösenden Situation gut umgehen kann, wenn ich meine alte Überlebensregel durch eine Erlaubnis gebende Lebensregel ersetzt habe, wenn ich nicht mehr ausweiche, nachgebe, sondern zu dem stehe, was ich will und was mir wichtig ist, wenn ich das Symptom da sein lassen kann, bis es sich von selbst erschöpft hat und verschwindet und wenn ich weiß, dass das, was ich wirklich brauche, auch bekomme, wenn ich klar und bestimmt sage, was ich möchte.*
Stellen Sie sich vor, Sie sind am Ziel angekommen, haben allen Ballast der bisherigen Jahre abgeworfen. Nehmen Sie das gute Gefühl wahr, lassen Sie es auch in Ihren Körper hinein und nehmen Sie eine Körperhaltung an, die für Sie die Erreichung des Ziels ausdrückt: Ich bin angekommen.
Die Patienten werden gebeten, jeden Tag diese Übung selbst durchzuführen und ihre Ziel-Körperhaltung einzunehmen, sie bewusst wahrzunehmen und zu genießen.

Der Therapieplan

Aus der Verhaltensanalyse und der Zielanalyse im Rahmen des SORKC-Schemas entsteht logisch konsequent der Therapieplan als Änderungsstrategie (siehe beispielhaft Abb. 3).

DER BEHANDLUNGSPLAN – Dreierschritt
Störung – Ziel – Therapie fallspezifisch – Beispiel
Wir können uns am Beispielfall unsere Fallkonzeption klar machen, wenn wir alle drei Spalten individuell ausfüllen:

	STÖRUNG	ZIEL	THERAPIE
S	1. Ehemann betrügt die Pat., lässt sie allein, ignoriert sie, wertet sie ab.	1. Die Pat. soll lernen, sich wirksam gegen diese Verhaltensweisen ihres Mannes zu wehren.	1. Selbstbehauptungstraining mit Rollenspielen
O	2. Dependente Überlebensregel: Nur wenn ich immer nachgebe und nie kämpfe, bewahre ich Geborgenheit und verhindere Trennung.	2. Sie soll das Gegenteil dessen tun, was die Überlebensregel befiehlt, um sie zu falsifizieren, also die Erfahrung zu machen, dass deren Vorhersagen nicht zutreffen.	2. Überlebensregel: Empirische Hypothesen-Prüfung nach Beck. Mit Rollenspiel vorbereiten.
R	3a. Zuerst Wut, dann Kampfimpuls, dann Angst vor Trennung, dann Ohnmacht, Kraftlosigkeit, dann stilles Dulden, dann 3b. Symptombildung: Depression	3a. Sie soll Ärger wahrnehmen, ausdrücken und klar aussprechen. 3b. Sie soll lernen, mit der depressiven Symptomatik umzugehen.	3a. Übungen zur Emotionswahrnehmung und zur Kommunikation 3b. Symptomverständnis, Aktivitätenaufbau
K			
C	4. Die Depression führt dazu, dass die Pat. sich nicht wehren kann, die Geborgenheit der Partnerschaft bewahren kann, folglich auch keine Trennung fürchten muss.	4. Sie soll öfter allein etwas unternehmen, Selbständigkeit aufbauen.	4. Selbständigkeitstraining (Unternehmungen mit Freundin, ohne den Mann)

Abbildung 3. Therapieplan Beispiel (aus Sulz: PKP-Grundkurs S. 36)

Mentalisierungsfrage: Wie erreichen Sie von jedem SORKC-Problem aus das jeweilige Ziel?

Entscheidung
Jeder Patient wird gefragt, ob er sich jetzt für diese Änderungsschritte entscheiden kann. Sein Zögern wird von der Gruppe akzeptiert. Sie ermuntert ihn ohne Druck und sichert Unterstützung zu. Beim Patienten ergibt sich nach einer so getroffenen Entscheidung eine deutliche Änderung seines Gefühlszustandes, oft eine Mischung aus befreitem, frohem Aufatmen und aufgeregtem Empfinden.

Mentalisierungsfrage: Woran liegt es, dass diese Entscheidung schwer fällt? Inwiefern kann die Unterstützung der Gruppe hilfreich sein?

Der Vertrag
Die Entscheidung hat als Commitment **Vertragscharakter**. Alle tauchen mit ihrer Unterschrift auf dem Vertragspapier auf: Der Symptomträger und alle GruppenmitgliederInnen. Der Gruppenleiter kann sich hier raushalten. Zwischen den Sitzungen liest der Patient die vertraglichen Vereinbarungen durch und erklärt sich selbst gegenüber, dass er eine Entscheidung gefällt hat und zu dieser Entscheidung stehen wird.

Mentalisierungsfrage: Inwiefern hilft Ihnen die schriftliche Fassung Ihrer Entscheidung als Vertrag mit den anderen GruppenmitgliederInnen bei der Umsetzung Ihrer Verhaltensänderungen?

Sechste Gruppenstunde: Symptomtherapie (Achtsamkeit, Akzeptanz, Bereitschaft, Exposition)

Achtsamkeit
Heute gilt Achtsamkeit als ein unverzichtbarer und selbstverständlicher Teil jeder Therapie (vergl. Hauke, 2009b, 2013). Alles was in unserer Psyche abläuft, nehmen wir im Zustand der Achtsamkeit wahr, verstehen so vieles mehr und können uns besser akzeptieren. Gefühle werden besser wahrnehmbar und steuerbar. Es bieten sich folgende Übungen an, deren Instruktionen z. B. bei Sulz (2017a) im Wortlaut zu finden oder auf der CIP-Medien-Webseite kostenlos downloadbar sind:

Erste Übung – den Körper erkunden
Zweite Übung – Atemübung
Dritte Übung – Sitzmeditation

Mentalisierungsfrage: Wie kann das Beherrschen von Achtsamkeit dazu beitragen, dass Sie Ihre Gefühle so gut steuern können, dass diese Sie nicht mehr von Verhaltensänderungen abhalten?

Symptomtherapie
Der Patient hat schon beobachtet, dass es leichte Besserungen gibt, das Symptom demnach veränderbar ist. Das macht Zuversicht und gibt Kraft und Mut für die vielen thera-

peutischen Aktivitäten, die anstehen. Für jeden einzelnen Patienten werden die beiden zentralen Vorgehensweisen der Symptomtherapie als Trockenübung ausprobiert. Hier die Instruktionen:

Symptom-Exposition AACES
Ob es sich um ein Befindlichkeitssymptom wie Schlafstörung oder Kopfschmerz oder Schwindel oder Angst oder ob es sich um ein Verhaltenssymptom bzw. Symptom-Verhalten handelt, in beiden Fällen können Sie den ersten Schritt zur Bewältigung des Symptoms gehen. Dabei geht es um die fünf Expositionsschritte:
1. *Achtsamkeit (frühes Wahrnehmen des Signals bzw. Symptoms)*
2. *Akzeptanz (Akzeptieren, dass das Symptom noch kommt bzw. ich es noch habe)*
3. *Commitment (Entscheidung, in der auslösenden Situation zu bleiben)*
4. *Exposition (das Symptom bewusst wahrnehmen, ohne etwas dagegen zu tun)*
5. *Selbstverstärkung (Anerkennen, dass ich die Gelegenheit zum Üben genutzt habe und es noch nicht wichtig war, wie gut ich geübt habe)*

Das probieren wir jetzt mal als Trockenübung aus!

Mentalisierungsfrage: Wie wirkt Exposition auf Ihr Symptom?

Reaktionskette zum Symptom ändern
Zuerst vergegenwärtige ich, wie meine Überlebensregel die Entstehung und Aufrechterhaltung meines Symptoms bewirkt und dann lerne ich mit den einzelnen Gliedern der Reaktionskette umzugehen:
Primäre Emotion: Ich nehme mein erstes Gefühl wahr und lasse es zu (z. B. Ärger, Zorn)
Primären Impuls: Ich akzeptiere meinen Impuls mich zu wehren und erlaube ihn, wenn er situationsadäquat ist
Antizipation negativer Folgen, die die Überlebensregel vorhersagt: Die Warnungen sind Übertreibung. Ich muss diese Verbote und Gebote nicht einhalten
Sekundäres gegensteuerndes Gefühl: Wenn trotzdem noch Angst, Schuldgefühl oder Ohnmacht da ist, lasse ich das Gefühl da sein, ohne zu tun, was es will
Bisheriges vermeidendes Verhalten: Ich werde mich jetzt behaupten und wirksam sein. Ich sage deutlich, was ich will
Symptom (wie oben beschrieben 5-schrittige AACES-Symptom-Exposition).

Mentalisierungsfrage: Wie kann es sein, dass Sie bei frühem Eingreifen in die Reaktionskette dafür sorgen können, dass das Symptom geringer und seltener wird? Ab jetzt nutzen die Patienten jede Gelegenheit, diese Änderungsschritte zu üben, wenn möglich täglich.

Siebte Gruppenstunde: Ressourcenmobilisierung
Ressourcenmobilisierung: Neue Aktivitäten und Lebensgewohnheiten
Jetzt sollte etwas geschehen, was nicht schon beim Drandenken unangenehme Gefühle macht. Etwas was Selbstwirksamkeit erfahrbar macht: „Ich mach etwas und ich kann etwas. Und das hat mit dem Problem, das zur Symptombildung führte, nichts zu tun." Zum praktischen Vorgehen können wir das Praxismanual (S. 32-34) heranziehen:

→ SKT05: Was ich gleich ändern kann und will – mein erster Projekt**vertrag**

Besonders wirksam sind (falls der Patient keine eigenen besseren Ideen hat):
a) Sport und Bewegung täglich 30 Minuten (Gehen, Joggen, Radeln, Schwimmen)
b) Entspannung und Achtsamkeitsübungen 30 Minuten
c) Geselligkeit zweimal wöchentlich Treffen mit Freunden
d) Entwicklungsarbeit (was wir in der Therapiesitzung als jeweilige Projektarbeit vereinbaren).

Hier macht sich der große Vorteil der Gruppe besonders bemerkbar. Sie wirkt sehr motivierend. Nur solche Zeitumfänge und Häufigkeiten vereinbaren, bei denen Sie sicher sind, dass der Patient sie auch schaffen kann und will. So spart sich der Gruppenleiter den Frust nicht gemachter Hausaufgaben.

Mentalisierungsfrage: Wie wirken diese vier Übungsaspekte a-d und was ändert sich dadurch?

Bis zur nächsten Gruppensitzung sollen die Patienten je eine Genussmöglichkeit mitbringen (leider kein Alkohol und nur wenige und kleine Süßigkeiten, aber gern Duftstoffe, Musik und Klanginstrumente, Hautcreme, Schminke etc.).

Genusstraining

Das macht in der Gruppe großen Spaß: Wohltuende visuelle, akustische, olfaktorische, gustatorische und kinästhetische Wahrnehmung üben (verstärkende Stimuli in allen Sinnesmodalitäten sammeln und exponieren). Alle bringen zu dieser Sitzung eine Genussmöglichkeit mit.

Sammeln von genussvollen Sinneseindrücken (je 5): Augenweiden – Himmlische Klänge – Bezaubernde Düfte – Wohlmundender Geschmack – Schmeichelnde Berührungen.

Bewusst und konzentriert wahrnehmen – Was? Wie? Was löst es in mir aus? Wie geht es mir damit?

Die Erinnerung daran absichtlich bewahren – gut merken und erinnernd nachspüren des Angenehmen.

Immer mehr Situationen zu diesem konzentrierten Sinneserleben nutzen.

Immer öfter das Bewusstsein weg von Grübeln zur Wahrnehmung des Momentanen lenken. Der Mensch wendet sich intuitiv stets der intensivsten oder der neuesten Wahrnehmung zu. Deshalb müssen wir uns ermuntern, anleiten und begleiten, damit wir uns dem Genuss zuwenden – wir deklarieren das als Pause.

Jeder Patient stellt einen „Strauß" von fünf Genüssen zusammen, durch die er sich täglich fünf bis zehn Minuten verwöhnt.

Mentalisierungsfrage: Wie wirkt Genusserleben auf unser Befinden und welche positiven Folgen entstehen langfristig?

Achte Gruppenstunde: Entgegen der Überlebensregel handeln: von der dysfunktionalen Überlebensregel zur Erlaubnis gebenden Lebensregel

Sie haben mit den PatientInnen der Therapiegruppe ihre Überlebensregel erarbeitet und inzwischen viele Beispiele berichtet bekommen, bei denen sie – obwohl sie es nicht wollten – entsprechend ihrer Überlebensregel gehandelt haben. Ihre Psyche ging den

Weg des geringsten Widerstands bzw. der weniger unangenehmen Gefühle. Wie hätten sie sich gefühlt, wenn sie dieser Regel entgegengehandelt hätten? Die Gruppe erkundet das nun durch folgende Imagination (davor liest jeder Patient noch einmal seine Überlebensregel durch):

Stellen Sie sich vor, Sie müssen ab jetzt zwei Wochen lang genau das Gegenteil dessen tun, was Ihre Überlebensregel gebietet.
Vielleicht spüren Sie, wie Ihre Überlebensregel Sie drastisch warnt und Angst macht beim Gedanken, gegen sie zu verstoßen.
Vielleicht spüren Sie den Konflikt: „Entweder bleibe ich so angepasst und unglücklich in meiner Beziehung oder ich zeige deutlich, was ich brauche und will – riskiere aber Liebesverlust/ Trennung.
Dies können wir jetzt gemeinsam reflektieren (mentalisieren).

Mentalisierungsfrage: Welche Folgen wird Ihr neues Verhalten haben, mit welchen Reaktionen des anderen Menschen ist also zu rechnen.
Durch die Nachbesprechung halten die Patienten die befürchteten Folgen für so unwahrscheinlich, dass sie entgegen ihrer Überlebensregel handeln wollen.

Instruktion: *In welcher Situation mit welcher Bezugsperson werden Sie sich ab jetzt wie verhalten? Es sollte eine sicher in der nächsten Woche auftretende Situation mit einer benannten Bezugsperson sein. Die Situation sollte nur so schwierig sein, dass Sie sicher sind, dass Sie es schaffen. Sie sollten zuversichtlich sein, dass die mental vorhergesehene Folge Ihres Verhaltens auch eintritt.*
Die Gruppenmitglieder schließen einen Pakt, durch den sich alle unterstützt fühlen. Ein Handschlag besiegelt den Vertrag.

Neunte Gruppenstunde: Tiefe emotionale Erfahrung – Gefühle wahrnehmen

Sie laden heute einige PatientInnen ein, mit Ihnen gemeinsam eine belastende Situation mit einer wichtigen Bezugsperson hinsichtlich des emotionalen Hintergrunds und der damit zusammenhängenden Gefühle zu betrachten. Wenn sich ein Patient gemeldet hat, achten Sie beide zu jedem Zeitpunkt des Gesprächs darauf, wann, nach welchem Gedanken oder welcher Erinnerung welches Gefühl auftritt und geben diesem Gefühl Raum. Er kann mit Ihrer behutsamen und einfühlsamen Unterstützung das Gefühl da sein und intensiver werden lassen. Sie sprechen das Gefühl aus, benennen den Auslöser, so dass er den Zusammenhang metakognitiv erfassen kann, während er aber ganz beim Gefühl bleibt. Keine ablenkenden Gedanken, Erinnerungen oder Assoziationen – der Fokus bleibt beim Gefühl und bei dem, was aus diesem Gefühl heraus entsteht oder erinnert wird.

Emotion Tracking – verborgenen Gefühlen auf der Spur
Der Patient muss dabei meist erst lernen, ein Gefühl als Gefühl, einen Gedanken als Gedanke und eine Erinnerung als inneres Bild der Vergangenheit zu identifizieren. Beim Emotion Tracking wird der Patient zum Erkennen der Emotionsauslöser und der Zusammenhänge geführt. So übt er laufend metakognitiv zu denken und seine Theory of Mind zu entwickeln, d.h. zu mentalisieren (Fonagy & Bateman 2008; vergl. Sulz,

Richter-Benedikt & Sichort-Hebing, 2012): Das Gefühl Enttäuschung trat z. B. auf, als die Erinnerung an eine Situation kam, in der die Sehnsucht nach der Begegnung mit dem Vater durch dessen Absage frustriert wurde. Oft ist das Gefühl da und der Patient hat es sich noch nicht bewusst gemacht. Der Gruppenleiter spricht das von ihm beobachtete Gefühl aus und fügt den auslösenden Kontext hinzu: was es vermutlich ausgelöst hat (metakognitives Verständnis). Es ist erstaunlich, wie prompt der Patient zuerst nonverbal und dann verbal zustimmt, wenn das richtige Gefühl erkannt wurde.

Wie es war: Wir können den Patienten in seine Kindheitsbeziehungen führen, so dass er die lerngeschichtliche Herkunft seiner Gefühlsreaktion erkunden kann. Der Patient geht in seiner Phantasie und Erinnerung zurück und erlebt sich wieder als das Kind der damaligen Zeit. Nun wird das Drama dieser Kindheit imaginativ inszeniert und vom Patienten intensiv gespürt.

Wie es hätte sein sollen: In einem weiteren Schritt wird eine neue Bühne eröffnet, in der eine hypothetische und synthetische Kindheit imaginiert wird mit idealen familiären (und gesellschaftlichen) Bedingungen, mit idealen Eltern, so dass der Patient aus seinem Gefühl heraus entwickeln kann, was er wirklich gebraucht hätte und wie es sich angefühlt hätte, das auch zu bekommen. Diese Erfahrung ist beglückend, so dass diese Arbeit nicht nur Klärung, sondern bereits eine eindeutig ressourcenorientierte Methode ist, die ein neues Gedächtnis samt intensiven somatischen Markern schafft.

Zehnte Gruppenstunde:
Widerstandsanalyse (regressive Ziele, das Dilemma, Loslassen)

Regressive Ziele
Obwohl der Patient bereits bei der Zielanalyse die Nachteile der Zielerreichung und die Nachteile des ausgewählten Lösungsweges bedacht und auch emotional vergegenwärtigt hat, ist es notwendig, noch einmal all das gründlich zu analysieren, was ihn in seinem bisherigen Leben davon abgehalten hat, den anstehenden Entwicklungsschritt zu tun.

Die Aussage „Ich brauchte damals von meinen Eltern doch noch ..." beschreibt das kindliche Selbstbild. Der Patient kann nun nachspüren, wieviel davon er auch heute noch braucht (ganz gleich, welche Ziele er sich in der letzten Stunde gesetzt hatte). Gemeinsam mit dem Therapeuten sammelt er nun all das, **was er am liebsten behalten würde und ohne das er sich noch nicht vorstellen kann, leben zu können.** Diese Güter und Gratifikationen der Abhängigkeit müssen möglichst deutlich herausgearbeitet werden, ihre affektive Bedeutung ganz ausführlich erspürt und das Wohltuende an ihnen noch einmal gekostet werden. Patient und Gruppe müssen **akzeptieren, dass diese Bedürfnisse jetzt noch so stark da sind.**

Im Dilemma: Der Konflikt
Daraufhin schwenkt der Scheinwerfer der Aufmerksamkeit auf die Ziele, die in der Zielanalyse erarbeitet wurden. Dadurch wird der Patient sich seines Dilemmas bewusst. Er kann versuchen, diesen **doppelten Annäherungs-Vermeidungs-Konflikt** (Miller, 1944, vergl. Sulz, 2012c) aufleben zu lassen, nicht mehr aus der Perspektive dessen, der ihm ohnmächtig ausgeliefert ist, hin und her gerissen, entscheidungsunfähig. Sondern aus der Perspektive dessen, der sich auf den Weg machen möchte.

Gelang es dem Patienten, die affektive Bedeutung der angestrebten therapeutischen Entwicklung in vollem Ausmaß zu thematisieren, so wird noch einmal versucht, Empathie und **Akzeptanz für das bisherige Sträuben** gegen Veränderung herzustellen. Diese Seite im Patienten ist nicht der Gegner (der Widerständler oder die unfähige Seite), sondern ein liebens- und schätzenswerter Mensch, der es sich nicht leicht gemacht hat und der die äußerst schwierigen Lebensbedingungen der Kindheit und Jugend auf bestmögliche Weise gemeistert hat: Es wird von Anfang an versucht, den Widerstand als eine **weitere Person** miteinzubeziehen, bei allen Entscheidungen zu berücksichtigen und, wie bei der Hypnotherapie, Verhandlungen mit ihr zu führen.

Der Gruppentherapeut arbeitet nun mit einem Patienten. Ihm sitzen eigentlich zwei Personen gegenüber. Das ist die am Symptom leidende änderungswillige Seite des Patienten und als weitere Person diejenige Seite, die sich weigert, Veränderungen zuzulassen, die gegen die Überlebensregel verstoßen und stattdessen das Symptom als kreative Alternative erschaffen hat. Die beiden Seiten des Patienten sind zunächst Gegenspieler. Die eine will Veränderung, die andere will sie nicht und nimmt lieber das Leid der Symptomatik in Kauf.

Mentalisierungsfrage: Wie kam es zustande, dass sich die eine Seite in Ihnen so sehr an die Forderungen der anderen Menschen anpasste und jetzt sich so sehr gegen das Aufgeben der Anpassung wehrt?

Bis zur nächsten Stunde soll der Patient versuchen, sich seine beiden Selbstmodi wie zwei Menschen vorzustellen, die im Konflikt stehen und die aber auch miteinander reden können. Er soll versuchen, die Seite zu akzeptieren und zu verstehen, die es ihm schwer macht, voranzukommen.

Loslassen und Abschied nehmen, um frei zu werden für Neues

Wir haben feststellen müssen, dass es mit einer Entscheidung nicht getan ist, auch wenn sie die eigentliche Weichenstellung darstellt. Die Entscheidung bedeutet Abschied von vielem, was zu den guten Seiten der Kindheit gehörte und was im Erwachsenenalter bewahrt oder bekommen werden sollte.

Als Bild können wir uns folgende Situation vorstellen. Der Patient befindet sich am alten Ufer seines bisherigen Lebens und seiner bisherigen inneren und äußeren Welt. Er hat sich entschlossen, dieses hinter sich zu lassen und mit einem Schiff in ein neues Leben und eine neue Welt zu fahren. Er hat auch schon konkrete Vorstellungen und Erwartungen bezüglich der neuen Welt und des neuen Lebens.

Manches muss er zurücklassen, weil es zur alten Welt gehört und nicht mitgenommen werden kann. Manches will und muss er zurücklassen, weil es ihn hindert, im neuen Leben und in der neuen Welt wirklich etwas anderes herzustellen und zu errichten. Er muss keine Menschen zurücklassen, höchstens die Bedeutung, die diese bisher für ihn hatten. Dies kann mit einer Imaginationsübung ins unmittelbare Erleben gebracht werden (SKT26-Arbeitsblatt „Loslassen, um frei zu werden für Entwicklung" im Praxismanual S. 189ff). Der Patient stellt sich vor, er trage am Ufer all das zusammen, was er mitnehmen kann und will. Und etwas zurück liegt oder steht all das, was er zurücklassen muss. Dies kann mit Gegenständen symbolisch dargestellt werden oder rein imaginativ. Er verabschiedet sich einzeln von den zurückgelassenen Bestandteilen seiner alten Welt und seines alten Lebens.

Mentalisierungsfrage: Weshalb ist Loslassen, Zurücklassen bisheriger Bedürfnisbefriedigungen in altgewohnten Beziehungsmustern erforderlich? Was ist der Gewinn?
Bis zur nächsten Sitzung soll der Patient diesen Moment des Abschieds und Loslassens, des Trauerns in seiner Vorstellung täglich wiederholen.

Elfte Gruppenstunde: Neue Fertigkeiten ausprobieren im Umgang mit mir und mit anderen

Nachdem wir die erste Säule der Therapie – die Symptomtherapie – aufgebaut haben, können wir nun die zweite Säule – das **Fertigkeitentraining** – errichten. Wir haben ja schon etwas Vorarbeit geleistet (Achtsamkeit, Entspannung, Bewegung, Geselligkeit). Jetzt wenden wir uns diesem Thema systematisch zu. Es geht um soziale, kommunikative, kognitive und emotionale Kompetenz.

Soziale Kompetenz
Ideal ist es, wenn gleich zu sozialen Situationen gegangen werden kann, die im Rollenspiel analysiert und dann modifiziert werden und wenn dabei auch gleich die Emotionen und Kognitionen so verändert werden, dass das neue Verhalten erlaubt, ungefährlich, unbedenklich und erfolgsversprechend erscheint. Dazu können Sie allen Gruppenmitgliedern eine Situationsliste geben, so dass sie eine für sie zutreffende auswählen können. Einigen Sie sich mit den PatientInnen darauf, eine oft wiederkehrende eher leichtere Situation zu üben. Was z. B. in München leicht und oft geübt werden kann, ist, eine Person darum zu bitten, bei der Benutzung des Fahrkartenautomaten zu helfen. Der Patient kann nun die Fähigkeiten bestimmen, die bei dieser Übung relevant sind, so dass er darauf achten sollte (z. B. Kontakt, in die Augen schauen, ansprechen, feste Stimme, aufrechte Körperhaltung, Auskunft einholen, eigenen Wunsch aussprechen). Also für den Anfang ein lohnenswertes Unterfangen! Die PatientInnen legen ihr Projekt schriftlich fest und erklären der Gruppe, was sie bei der Übung beachten werden.
Aufgabe der Patienten bis zur nächsten Gruppensitzung ist, das im Rollenspiel geprobte Verhalten bei jeder Gelegenheit auszuüben.

Mentalisierungsfrage: Weshalb ist tägliches Üben notwendig und hilfreich? Welche Wirkungen hat es?

Emotionale Kompetenz – mit Gefühlen umgehen lernen (Emotionsregulation)
Für den Patienten ist eine kleine Einführung in die Emotionspsychologie hilfreich. Dies kann mit dem Bilderbuch von Sulz und Sulz (2005) erfolgen oder mit der Lektüre des Sisyphusbuchs (Sulz, 2012c). Eine umfassende Emotionsarbeit erfolgt mit den beiden Arbeitsblättern des Praxismanuals (Sulz, 2009b) SKT13: „Meine Gefühle – wie ich bisher mit ihnen umging" (S.87-100) und SKT30: „Lernen mit Gefühlen umzugehen" (S.204-230). Wir beginnen mit einer Sammlung: Welche Gefühle habe ich?
Alle PatientInnen berichten nach dem Ausfüllen über ihre acht wichtigsten Gefühle, wie sie damit umgehen und wie dann die betreffende Situation endet.
Danach kommt eine kleine Psychologie der Gefühle:
Mentalisierungsfrage: Wozu haben wir Gefühle? Wozu brauchen wir sie?

Die individuellen dysfunktionalen Arten des Umgangs mit Gefühlen können durch Ausfüllen des zweiten Teils des VDS32-Emotionsfragebogens (Liste dysfunktionaler Arten des Umgangs mit Gefühlen) am leichtesten gefunden werden.

Mentalisierungsfrage: Welche Vor- und Nachteile hat Ihr bisheriger dysfunktionaler Umgang mit Ihrem Gefühl? Wie kam dieser Umgang zustande?

Exposition bei zu schwach oder zu selten auftretendem Gefühl
Jede bisher massiv vermiedene Emotion eignet sich zum Gegenstand eines Expositionsverfahrens, allerdings ist ein solches fast nur bei Phobien und Zwängen in vivo durchführbar. Deshalb ist die Emotions-Exposition im therapeutischen Gespräch ein gangbarer Weg. Analog zur Exposition in imago wird der Patient, nachdem mit ihm Einvernehmen hergestellt wurde, diese Intervention jetzt durchzuführen, an Erinnerungen, Gedanken und Vorstellungen herangeführt, die ihm den Zugang zur affektiven Bedeutung einer Situation ermöglichen. Wenn er angibt, dass er das entsprechende Gefühl, zum Beispiel Trauer, deutlich spürt, gibt der Therapeut ständig Instruktionen, die den Patienten an diesem Gefühl halten.

Mentalisierungsfrage: Inwiefern kann Achtsamkeit die Wahrnehmung zu schwacher Gefühle fördern?
Mit einem freiwilligen Gruppenteilnehmer führt der Gruppenleiter jetzt diese Exposition durch.

Exposition bei zu intensiv oder zu oft auftretendem Gefühl
Zuerst wird geklärt, woher das Gefühl kommt, dass es ein Fehlalarm ist, der aus einer falschen Interpretation der Situation resultiert. Dieser Fehlalarm kann leider nicht abgeschaltet werden, es hilft nur, ihn zu akzeptieren, da sein zu lassen, bis er von selbst verschwindet. Ohne zu tun, was dieser falsche Alarm bezwecken soll. Nur wenn es gelingt, das vom Fehlalarm angestoßene Verhalten zu unterlassen (also z. B. nicht zu fliehen, sich nicht verschämt verstecken, nicht vor Schuldgefühl nachzugeben usw.) kann das Gefühl sich erschöpfen und allmählich verschwinden:
Wir kennen das Expositionsprinzip schon von der Symptomtherapie. Die fünf AACES-Expositionsschritte sind:
1. Achtsamkeit (frühes Wahrnehmen der Emotion)
2. Akzeptanz (Akzeptieren, dass das Gefühl noch kommt bzw. ich es noch habe)
3. Commitment (Entscheidung, in der das Gefühl auslösenden Situation zu bleiben)
4. Exposition (das Gefühl bewusst wahrnehmen, ohne etwas dagegen zu tun)
5. Selbstverstärkung (Anerkennen, dass ich die Gelegenheit zum Üben genutzt habe und es noch nicht wichtig war, wie gut ich geübt habe)

Mit einem Patienten, der sich meldet, geht der Therapeut die fünf Schritte durch. Danach schreiben alle PatientInnen in eigenen Worten ihre fünf Schritte bei dem Gefühl auf, das zu oft oder zu intensiv auftritt. Es folgt eine Trockenübung und ab jetzt soll jede Gelegenheit zum Üben genutzt werden.

Mentalisierungsfrage: Weshalb lässt ein intensives Gefühl nach einiger Zeit nach, wenn ich nicht tue, was es will?

Funktionaler Umgang mit Gefühlen
Ein adäquater Umgang mit der Welt im Sinne einer Handlung, die der psychosozialen Homöostase dient, bleibt aus, wenn die zur Verhaltenssteuerung erforderlichen Gefühle blockiert sind. Wer adäquates Sozialverhalten und eine reife Beziehungsgestaltung entwickeln will, muss auch die Emotionalität entwickeln. Ein Sozialtraining, das nur auf Kognitionen und „Performance" des Verhaltens achtet, mag eine gute, rational gesteuerte Verhaltenstechnologie aufbauen – eine „kühle" Homöostase. Eine „durchblutete", gefühlvolle Beziehung ist dadurch jedoch nicht möglich. Die Schritte eines funktionalen Umgangs mit intensiven Gefühlen werden als Imaginationsübung in der Gruppe durchgeführt (mit geschlossenen Augen sich in der emotionsauslösenden Situation vorstellen): Wahrnehmen – Benennen – Akzeptieren – Prüfen – Ausdrücken – Kommunizieren – dem anderen Zuhören – Verhandeln.

Mentalisierungsfrage: Wie müssen Sie vorgehen, um intensive Gefühle in den Griff zu bekommen (damit sie keinen Schaden anrichten) und sie für die Durchsetzung Ihrer Anliegen zu nutzen?

Kognitive Kompetenz – von emotionaler Impulsivität zu mentaler Souveränität (zugleich Entwicklung Schritt 1)
Wir wollen assoziatives Denken des impliziten Systems der Psyche in kausales Denken des expliziten Systems im Sinne von Piaget überführen. Je öfter der Patient diesen Schritt vollzieht, umso sicherer entwickelt er sich von der AFFEKT-Stufe auf die DENKEN-Stufe. Dadurch kann ein metakognitives Verständnis emotionaler und sozialer Prozesse entstehen, das zu einer mehr realitätsbezogenen Theory of Mind (Theorie des Mentalen) führt. Wir gehen ähnlich wie McCullough (2000, 2007) vor. Das praktische Vorgehen ist im PKP-Grundkurs auf Seite 73-77 beschrieben. Konkretes Verhalten in Situationen und die Erfahrungen mit diesem sind wichtig. Am wichtigsten ist für uns aber, wie die PatientInnen ihre Erfahrungen affektiv und kognitiv in ihrem Gedächtnis speichern. Wir gehen mit ihnen Situations-, Reaktions- und Konsequenzanalysen durch, damit sie gezwungen sind, die Zusammenhänge kausal zu reflektieren und so zu einer mehr realitätsbezogenen Theory of Mind zu kommen, die ihnen künftig wirksame Verhaltensweisen anbieten und ihnen in Interaktion Selbstwirksamkeitserfahrung ermöglicht.

Mentalisierungsfrage: Was ist eine Theorie des Mentalen? Wozu brauche ich diese? Welche Nachteile hat es, wenn ich sie nicht verfügbar habe?

Diese metakognitiven Analysen können nicht oft genug geübt werden. Erst wenn diese Abläufe ganz von selbst und automatisch erfolgen, ist es geschafft und der Patient ist auf der DENKEN-Entwicklungsstufe wirklich angekommen. Das ist die Stufe, auf der er sich selbst zu helfen weiß.

Kommunikative Kompetenz – Beziehungen gestalten durch Empathie und Abgrenzung
Während es bei der allgemeinen sozialen Kompetenz darum geht, eigene Anliegen im Gespräch mit dem Gegenüber zur Geltung zu bringen und durchzusetzen, Selbst-Interessen erfolgreich zu behaupten, Selbstbehauptung zu beherrschen, auch Menschen gegenüber, zu denen keine Beziehung besteht, ist die kommunikative Kompetenz eher

dadurch gekennzeichnet, dass der Kommunikationsprozess als solches so abläuft, dass beide Gesprächspartner ihre Anliegen vorbringen können, dass gegenseitig auf diese eingegangen wird, dass ein faires und gleichberechtigtes Verhandeln erfolgt, sich beide Seiten gleichermaßen gesehen und gewürdigt fühlen und dass so die Chance steigt, dass ein Ergebnis erzielt wird, das beiden Seiten so gerecht wird, dass keiner sich übergangen oder benachteiligt fühlen muss. Positives und Negatives, Schmerzliches und Erfreuliches, Kritisches und Wertschätzendes werden ausgesprochen, so dass eine Offenheit entsteht, die eine Vertrauensbasis schafft für die Tragfähigkeit von gemeinsam ausgehandelten Lösungen.

Mentalisierungsfrage: Weshalb wirkt die Empathische Kommunikation deeskalierend und erhöht die Wahrscheinlichkeit, eigene Bedürfnisse befriedigt zu bekommen? Aufgabe ist es so oft die Empathische Kommunikation anzuwenden, bis sie in Fleisch und Blut übergegangen ist.

Die neuen Erfahrungen: Selbstwirksamkeit
Jeder Schritt der Zielerreichung ist ein Handeln entgegen der Überlebensregel der alten Entwicklungsstufe. Jedes Ausbleiben zum Beispiel von Verlassen werden, Verstoßen werden, nicht mehr geliebt werden, Kontrollverlust oder Identitätsverlust widerlegt die Vorhersage der Überlebensregel. Trotzdem bringt die Angst die PatientInnen wieder in die alte Perspektive, sie denken wieder wie bisher, zum Beispiel „Diesmal hat er mein ungebührliches Verhalten noch durchgehen lassen, er hatte einen guten Tag. Ich bin gerade noch einmal davongekommen." Deshalb ist es sehr wichtig, mit dem Patienten die Erfahrungen der vergangenen Woche ausgiebig nachzubesprechen und hellhörig zu beachten, wie seine Formulierungen Rückfälle in das alte Selbst- und Weltbild sind. Er wird gebeten, diese Aussage zu wiederholen und selbst zu prüfen, welchem Selbst- und Weltbild sie entsprechen. Dann wird er gebeten, die Perspektive der neuen Selbst- und Weltsicht anzunehmen und aus dieser Sichtweise das Gesagte zu wiederholen.
Ein ständiges Explorieren sowohl der kognitiven als auch der affektiven Bedeutungen verhilft zu deren Integration in ein neues stabiles affektiv-kognitives Bedeutungssystem als Theory of Mind oder Metakognition, das weniger anfällig für Rückfälle ist und einen großen Schritt in der Entwicklung von Mentalisierungsfähigkeit ausmacht.

Mentalisierungsfrage: Weshalb ist es nicht ausreichend, etwas erfolgreich zu meistern? Weshalb muss die ganz bewusste Erfahrung hinzukommen, dass ich es war, der das gemeistert hat?

Zwölfte Gruppenstunde: Angst vor Veränderungen – ich stelle mich der Angst und den Gefahren

Wir erinnern uns an die Boots-Übung (Wertvolles am alten Ufer zurücklassen). Ist der Abschied abgeschlossen, wendet sich der Blick und das Gefühl ab von der Stelle des Horizonts, an der das alte Ufer verschwunden ist. Die Aufmerksamkeit richtet sich auf den eigenen Zustand der Veränderung - das alte Selbst und die alte Welt sind verloren, das neue Selbst formt sich und die neue Welt kommt bald in Sicht: eine Überfahrt, ein Übergang zum neuen Selbst-Welt-Gleichgewicht. Die Aufregung wird zur Angst, die im therapeutischen Kontext zur bewältigbaren Furcht wird. Hier ist von therapeutischer Seite aus

eine Mischung von Unterstützung (für die angstvolle kindliche Seite) und Überlassen von Selbstverantwortung (für den erwachsenen Menschen) notwendig. Während der Patient bisher nur schwer Empathie für das Kind aufbringen konnte, nimmt er nun ganz dessen Perspektive ein und tut sich schwer, den erwachsenen Menschen in sich zu spüren. Er will diese Position am liebsten an den Therapeuten delegieren. Der metakognitive Ansatz hilft hier, die erforderliche Struktur der Wahrnehmung und des Denkens präsent werden zu lassen, damit der Patient seine erwachsenen Ressourcen einsetzen kann. Er relativiert im Sinne eines Entkatastrophisierens die Gefahren und Bedrohungen seiner jetzigen Veränderungsschritte. Die realistischerweise verbleibenden Risiken nimmt er bewusst in Kauf, wobei er seine eigenen Fähigkeiten diese zu bewältigen, als ausreichend einschätzt. Auch auf diese Angst kann das AACES-Expositionsprinzip, das die PatientInnen inzwischen sehr gut kennen und auch anwenden können, eingesetzt werden.
Mentalisierungsfrage: Welche Folgen hat Ihre Angst vor Veränderung?
Aufgabe ist, sich so oft wie möglich bei seiner Angst vor Veränderung zu ertappen und sich ihr zu exponieren.

Dreizehnte Gruppenstunde: Neuer Umgang mit Bedürfnis, Angst, Wut, Trauer

Neuer Umgang mit meinem zentralen Bedürfnis
Ein Blick zurück auf die Liste der zentralen Bedürfnisse hilft herauszufinden, welche wichtigen Bedürfnisse unbefriedigt bleiben. Nicht weil andere mir zu wenig geben, sondern weil ich zu wenig tue, damit andere sie befriedigen. Die Auswirkungen des bisherigen Umgangs mit dem Bedürfnis auf die Beziehung mit dem Gegenüber sind ebenso zu berücksichtigen wie das eigene Unbefriedigtbleiben. Änderungsmöglichkeiten und deren Gefahren gilt es klärend zu betrachten, um schließlich zur Entscheidung eines neuen Umgangs mit dem Bedürfnis zu gelangen.
Fassen wir zusammen:
Sie haben folgendes zentrale Bedürfnis: …
Sie gehen oft mit diesem Bedürfnis so um: …
und zwar besonders in folgender Situation: …
Besser wäre es, so mit diesem Bedürfnis umzugehen: …
Können Sie sich entscheiden, ab jetzt so mit diesem Bedürfnis umzugehen?

Mentalisierungsfrage: Wozu dient die Bedürfniswahrnehmung? Weshalb muss ich mein Bedürfnis aussprechen?

Neuer Umgang mit meiner zentralen Angst
Der Umgang mit der zentralen Angst ist von größter Bedeutung für Verlauf und Ergebnis der Gruppentherapie. Die PatientInnen erinnern sich an den Fragebogen zentrale Angst (VDS28) oder das Arbeitsblatt SKT11 im Praxismanual zur Strategischen Kurzzeittherapie (Seite 102 bis 105). Jeder Gruppenteilnehmer berichtet kurz, in welchen Situationen ihm seine zentrale Angst begegnet, wie sie verhindert, dass er eine Situation gut meistert und wie er bisher mit ihr umgeht.

Mentalisierungsfrage: Weshalb ist Ihre zentrale Angst ein Fehlalarm? Wie können Sie mit ihr künftig umgehen, damit sie aufhört, Sie so sehr zu beeinträchtigen?

Fassen wir zusammen:
Sie haben folgende zentrale Angst: ...
Auslöser dieser Angst ist: ...
Sie gehen oft mit Ihrer Angst so um: ...
und zwar besonders in folgender Situation: ...
Besser wäre es, so mit dieser Angst umzugehen: ...
Können Sie sich entscheiden, ab jetzt so mit dieser Angst umzugehen?
Das freut mich, ich glaube, dass es Ihnen gelingen wird und bin gespannt, was Sie beim nächsten Mal berichten werden.

Neuer Umgang mit meiner Wut
Viele TherapeutInnen scheuen die therapeutische Arbeit mit Wut, so dass nicht selten eine Therapie zu Ende geht, ohne dass die PatientInnen einen neuen Umgang mit ihrer Wut erwerben konnten. Hier werden die Schritte der Wut-Therapie in der Gruppe beschrieben (aus Sulz, 2010, S. 185-188).

Wut-Exposition (Imaginationsübung oder Rollenspiel)
Einleitung: Wir müssen dahin kommen, dass nicht mehr Ihre Angst bestimmt, wie Sie mit Ihrer Wut umgehen. Hier ist Wut-Exposition sehr hilfreich. Wenn mich jemand an meiner Bedürfnisbefriedigung hindert, so ist das Frustration. Wenn ich frustriert werde, reagiere ich ärgerlich. Wenn ich sehr frustriert werde, reagiere ich wütend. Also geht es bei psychischen Problemen oft um Wut und Aggression.

Mentalisierungsfrage: Inwiefern nützt es unseren Beziehungen, wenn wir Wut zeigen und aussprechen?
Dies kann am wirksamsten mit der Empathischen Kommunikation geschehen. PatientInnen haben die Aufgabe, diese zum Ausdruck von Wut einzusetzen (eventuell noch ein kurzes Rollenspiel oder eine Demonstration).

Neuer Umgang mit Trauer – Trauerexposition
Die Trauerexposition erfolgt als Dialog mit einem Patienten, während die GruppenmitgliederInnen mitfühlend und unterstützend dabei sind.
Trauerexposition bedeutet Verhindern der Trauervermeidung, sowohl internal als auch external. Wir vereinbaren eine Exposition in fünf Stufen. Zur Veranschaulichung gehen wir davon aus, dass der Ehemann einer Patientin vor einiger Zeit gestorben ist.
1. Erzählen vom gemeinsamen Leben mit ihrem Mann
2. Mit dem Fotoalbum szenische Erinnerungen auffrischen
3. Das Grab besuchen
4. Mit Videos den Ehemann wieder erleben
5. In ihrer Wohnung einen Tag lang bleiben.

Abgeschlossen wird, wenn nach dem Gefühlssturm wieder Gefühlsruhe eingetreten ist.

Mentalisierungsfrage: Weshalb ist es notwendig, auch bei weiter zurückliegenden großen Verlusten den Trauerprozess nachzuholen?
Der Patient erhält die Aufgabe, täglich zu einer festen Uhrzeit eine Trauer-Viertelstunde einzulegen.

Vierzehnte Gruppenstunde: Niederlagen machen „wehrhaft"

Nicht nur die Erfolge des neuen Verhaltens sind wichtige Erfahrungen, sondern auch die Misserfolge. Vielleicht können die Misserfolge sogar mehr dabei helfen, die Angst vor Veränderung zu nehmen. Denn sie zeigen, dass die befürchtete Katastrophe keine Katastrophe ist. Wer sich wehrt, gerät in einen Schlagabtausch, in dem er nicht nur Schläge austeilt, sondern auch einsteckt. Zur Wehrhaftigkeit gehört, dass ich die Schläge, die der andere mir versetzt, einstecken kann. Zum Kämpfen gehört, dass ich mich nicht darauf konzentriere, wie weh mir ein Schlag getan hat, sondern wie ich kontere und zurückschlage (nicht handgreiflich, sondern mit Worten).
Wer konsequent Niederlagen vermeidet, verbannt sie aus seinem Alltag. Er kann nicht lernen, mit ihnen umzugehen. Kommen sie doch, so sind sie die große Katastrophe. In der Therapie ist es wichtig, dass die Gruppe nicht nur über die Niederlage hinwegtröstet, sondern dass der Patient diese als einmalig, begrenzt und nur zum Teil selbst verursacht attribuieren lernt. Ohne Schuldzuweisung wird eine gemeinsame Fehleranalyse zu einem Entwurf der künftigen Meisterung dieser Situation führen. Dadurch wird einer künftigen Vermeidung dieser Situationen vorgebaut und eine Motivation erzeugt, es beim nächsten Mal schaffen zu wollen.

Mentalisierungsfrage: Was ist der Nachteil des Vermeidens von Niederlagen?

Bis zur nächsten Sitzung erhalten die PatientInnen die Aufgabe, praktische Möglichkeiten zum Einsatz von Spielen, bei denen es ums Gewinnen und Verlieren geht, sowie von Kampfspielen oder Kampfsport, zu erkunden, wie beispielsweise Aikido.

Fünfzehnte Gruppenstunde: Umgang mit dysfunktionalen Persönlichkeitszügen

Es geht nicht nur um Änderung der gewohnheitsmäßigen Erlebens- und Verhaltensweisen der dysfunktionalen Persönlichkeitszüge. Durch Mentalisierung sollte der Patient aus der Vogelperspektive auf sich und seinen Persönlichkeitsstil schauen. Wir nähern uns einer systemtheoretischen Betrachtung, indem wir die klinischen Persönlichkeitsstile auf ihre dysfunktionale Überlebensregel zurückführen.
Die PatientInnen erhalten die Aufgabe, noch einmal zu formulieren, welche Überlebensregel dafür sorgt, dass sie ihren maladaptiven Persönlichkeitsstil beibehalten müssen. Dazu lesen sie die Überlebensregeln im Praxismanual durch und schätzen ein, wie gut sie jeweils zu ihnen passt und prüfen dann, ob ihr eigener Persönlichkeitszug resultiert. Diese Überlebensregeln machen verständlich, welche Verhaltens- und Erlebensweisen ein Mensch vermeidet und welche er vorrangig zeigen wird. Sie machen auch die Funktion dieser Verhaltens- und Erlebensweisen deutlich.
Dass eine Änderung der Persönlichkeit ein extrem umfangreiches, arbeits- und zeitaufwendiges Unterfangen ist, könnten wir uns eigentlich vorstellen. Dass die Erfolgsaussichten für einen Menschen, der nicht durch eine Krankheit oder eine Lebenskrise erschüttert wird, sehr gering sind, sollten wir auch wissen.
Es lohnt sich, dem Leitfaden des Praxis-Manuals zur Veränderung des Erlebens und Verhaltens (Sulz, 2009) zu folgen. Man kann an einer zentralen Stelle beginnen: zentrales Bedürfnis, zentrale Angst, zentrale Wut, Umgang mit diesen Motiven, Ersetzen der

gebietenden und verbietenden Überlebensregel durch eine erlaubende Lebensregel und schließlich Punkt für Punkt die ganz konkreten Verhalten-in-Situationen ändern, die den dysfunktionalen Persönlichkeitszug ausmachen. Das geht nicht ohne Verbesserung der Emotionsregulation, viel Selbstwirksamkeitserfahrung und eine immer besser elaborierte Theory of Mind bis hin zu Empathiefähigkeit.
Oft ist ein Rollenspiel hilfreich, in dem das neue Verhalten ausprobiert wird.

Mentalisierungsfrage: Was müssen und können Sie tun, um Ihren inneren Widerstand gegen das neue Verhalten zu überwinden?

Bis zum Ende der Gruppentherapie bleibt es Aufgabe der PatientInnen, sich beim alten Erlebensmuster zu ertappen, ihm dann aber das neue Verhalten folgen zu lassen. Das bleibt nur ein Dauerprojekt, wenn der Gruppenleiter und die anderen GruppenmitgliederInnen hartnäckig am Ball bleiben, den Änderungswillen stärken und den Fortschritt gemeinsam mit dem Patienten verfolgen.

Sechzehnte Gruppenstunde: Entwicklung zur EMPATHIE-Stufe

Der Schritt von der DENKEN-Stufe auf die EMPATHIE-Stufe ist die Entwicklung vom konkreten zum abstrakten logischen Denken und zu interindividuellen Gefühlen. Was der Patient auf Piagets konkret operativer Stufe, die wir DENKEN-Stufe nennen, noch nicht kann, ist:
- Das Denken ist noch egozentrisch
- Der andere Mensch ist noch ein Objekt, das der Bedürfnisbefriedigung dient
- Es wird zwar festgestellt, dass die Bezugsperson anders denkt und fühlt, aber ihre Bedürfnisse interessieren noch nicht
- Es besteht noch keine Empathiefähigkeit
- Es besteht noch kein Anliegen, den anderen zu verstehen und dass es dem anderen gut geht.

Das EMPATHIE-Selbst
ist Beziehung
kann empathisch sein
kann die Perspektive des anderen einnehmen
(kann auf sich selbst mit den Augen des anderen blicken und dabei erleben, was er sich vorstellt, was der andere über ihn denkt und fühlt, als Quelle für seine eigenen, möglicherweise traurigen Gefühle)
kann gut für den anderen und die Beziehung sorgen
kann eigene Interessen zurückstellen
kann tiefgehende und feste (beste) Freundschaft pflegen
Meine Gefühle werden dadurch bestimmt, wie gut es dir mit mir und mir mit unserer Beziehung geht.
Piaget (1995) weist darauf hin, dass Empathiefähigkeit zwei Aspekte hat:
1. das Bedürfnis und die Fähigkeit, vom anderen Menschen verstanden zu werden und
2. das Bedürfnis und die Fähigkeit, den anderen Menschen zu verstehen

Übung zu 1 (sich verständlich machen):
Situation: Die Situation, die ärgerliche Gefühle auslöste …
Frustration: Der Umstand / Dein Verhalten …
Emotion: führte bei mir zu großer/m …
Bedürfnis: Das hat mein Bedürfnis nach … frustriert.
Wunsch: Ich hätte mir gewünscht, dass: …
Befriedigung: Das hätte mein Bedürfnis nach … befriedigt

Übung zu 2 (den anderen verstehen):
Situation: Beschreib mir doch die Situation, die Gefühle auslöste.
Frustration: Der Umstand /das Verhalten …
Emotion: führte bei Dir zu großer/m …
Bedürfnis: Das hat Dein Bedürfnis nach … frustriert.
Wunsch: Du hättest Dir gewünscht, dass: …
Befriedigung: Das hätte Dein Bedürfnis nach … befriedigt

Das wird anhand von individuellen Beispielen im Rollenspiel geübt.

Mentalisierungsfrage: Weshalb hört Streit auf, wenn empathisch kommuniziert wird? Aufgabe ist es, künftig jede Möglichkeit zu nutzen, die Empathische Kommunikation zu üben.

Siebzehnte Gruppenstunde:
Persönliche Werte – vom bedürfnis- zum wertorientierten Menschen

Bedürfnisse sind angeborene oder früh entstandene Motive, die Überleben dadurch sichern, dass das Lebensnotwendige so lange gesucht wird, bis es gefunden wird und genommen werden kann, gesteuert durch unser emotionales Gehirn (autonome Psyche, implizites System, limbisches System).
Werte sind eher wie Leitsterne am Himmel. Sie zeigen uns die Richtung, wir werden sie aber nicht erreichen, werden nie ankommen. Wir sind zufrieden und mit uns im Reinen, wenn es uns gelungen ist, so zu handeln, wie es ein Wert vorgibt.
Es soll die Fähigkeit aufgebaut werden, sich Werte anzueignen und als Orientierungsgeber in der Lebens- und Beziehungsgestaltung verfügbar zu haben – als ressourcenorientierte Haltungsziele im Sinne von Hauke (2001, 2006, 2009a, 2013). Der Wertekreis (Abb. 4) dient der Veranschaulichung der Wertorientierung der Patienten mit den beiden Dimensionen Verändern versus Bewahren und Selbstbezogenheit versus Selbsttranszendenz.

Alle Patienten werden gefragt, wie sie bisher mit ihren Werten umgegangen sind. Dazu kann ihnen die Liste im zweiten Teil des VDS33-Wertefragebogens ausgegeben werden. So kann auch auf die emotionale Bedeutung des Fehlens mancher Werte, der Überbetonung anderer Werte und der Veränderung der Wertorientierung eingegangen werden.
Mentalisierungsfrage: Inwiefern kann mir meine Wertorientierung helfen, meine Ziele zu erreichen?
Die PatientInnen erhalten die Aufgabe, sich täglich zum Abschluss ihrer täglichen Achtsamkeitsübung ihre Werte in Erinnerung zu rufen.

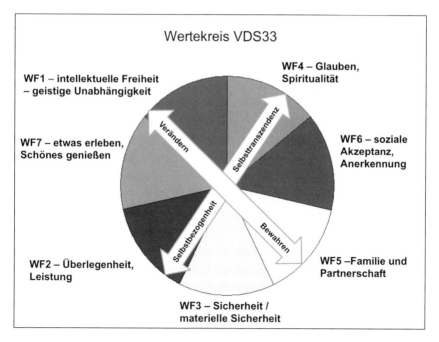

Abbildung 4. Wertorientierung

Achtzehnte Gruppenstunde: primärer, sekundärer und tertiärer Selbstmodus

Das Selbst ist ein Synonym für Psyche:
- Alle psychischen Prozesse und Strukturen betreffend.
- So wie dieser Mensch ist und wahrnimmt, denkt, fühlt, handelt, wie sein Körperempfinden und -ausdruck ist.
- Zudem die Erinnerungen und Motive, Werte, Normen und die unbewussten homöostatischen Regelungen, die diesen Funktionen übergeordnet sind bzw. in deren Dienst sie stehen.

Was ist ein Selbstmodus? Es ist
- ein umgrenzter wiederkehrender Zustand der Psyche
- mit stereotypen Erlebens- und Verhaltensweisen
- hat strategische homöostatische Funktionalität
- ist erkennbar an einem Prozess- und Struktur-Cluster
- ist nur mit großem Energieaufwand zu verlassen.

Ein Moduswechsel beinhaltet eine qualitative Änderung von Selbst und Objekt; ein sekundärer Selbstmodus neigt dazu, allmählich dysfunktional zu werden.

Was ist ein primärer und was ein sekundärer Selbstmodus?
Ein **primärer Selbstmodus** ist
- ein Zustand der Psyche
- nach ungestörter bisheriger Entwicklung
- der der Umwelt so begegnet

- wie es der bisher entwickelten Funktionsfähigkeit seiner Psyche entspricht
- ohne dysfunktionale Verarbeitungsprozesse
- die aufgrund von Trauma, Gewalt, oder permanente Frustration entstehen.

Ein **sekundärer Selbstmodus** ist
- ein Zustand der Psyche
- nach gestörter kindlicher Entwicklung,
- der der Umwelt so begegnet
- dass das emotionale Überleben des Kindes ermöglicht wird
- er entsteht aus dem primären Selbstmodus
- aufgrund von Trauma, Gewalt oder das Kind überfordernder permanenter Frustration.

Welche **Formen** kann ein sekundärer Selbstmodus annehmen?
So individuell wie Kinderschicksale sind, so individuell ist der sekundäre Selbstmodus eines Menschen. Dennoch gibt es häufige Erlebens- und Verhaltensprofile wie die dysfunktionalen Persönlichkeitszüge (selbstunsicher, dependent, zwanghaft, passiv-aggressiv, histrionisch, schizoid, narzisstisch, emotional instabil oder paranoid).
Praktisches Vorgehen:
Zwei Stühle im Therapieraum können **zwei Seiten des Patienten** repräsentieren. Es wird festgelegt, welcher Selbstanteil bzw. welcher **Selbstmodus** (Sulz & Hoenes, 2014) des Patienten zu welchem Stuhl gehört. Je nachdem, was der Patient gerade denkt und fühlt, setzt er sich auf den zugehörigen Stuhl. Kaum kommen Gedanken und Gefühle der anderen Seite auf, setzt sich der Patient auf den anderen Stuhl. Dies geschieht mehrfach während der Stuhlübung.
Das Zusammenwachsen der beiden Selbstmodi zu einem Team lässt sich im Rollenspiel-Dialog zwischen den beiden Selbstmodi inszenieren und affektiv erlebbar machen.
Mentalisierungsfrage: Welchen Vorteil hat es, Kontakt zu dem bisher unterdrückten Selbstmodus aufzunehmen?
Zum Schluss wird vereinbart, diese Teamarbeit im Alltag herzustellen.

Neunzehnte Gruppenstunde: Das neue Selbst und die neue Welt

Zum neuen Selbst gehört der freie Zugang zur Wahrnehmung der eigenen Bedürfnisse, die, neben einer auf einer humanen Ethik basierenden Wertorientierung und den Erfordernissen der sozialen Beziehungen, handlungsleitend sind. Erst die neuen Erfahrungen lassen glaubhaft erscheinen, dass die Bedürftigkeiten des alten Entwicklungsniveaus nicht mehr so drängend sind, dass dieses neue Selbst einfach nicht mehr so viel Geborgenheit, Schutz oder auch Liebe braucht. Die Welt, von der ich nicht mehr so viel brauche, erlebe ich weniger frustrierend, sie löst weniger Wut aus. Einerseits kann ich mehr Wut zulassen, sie übersteigt andererseits aber auch nicht mehr das meiner Umwelt zumutbare Ausmaß. Ich muss also weniger Aggression neutralisieren bzw. unterdrücken. Die psychosoziale Homöostase hat jetzt ihren Sollwert optimiert, während früher ein zu hoch eingestellter Homöostat für nie endende Bemühungen und Strapazen sorgte.
Jeder Patient stellt sich der Gruppe mit seinem neuen Selbst vor (auch wenn vom alten noch einiges da ist). Das neue Denken, das neue Fühlen, die nun wichtiger gewordenen Bedürfnisse, die neue Wertorientierung und vor allem die neue Art, in Beziehung zu sein.

Die Gruppe bestätigt und wertschätzt dies umfänglich.
Mentalisierungsfrage: Wie ist es möglich, durch eigene Entscheidung, das neue Selbst als neues Bündnis der beiden bisherigen Selbstmodi in Aktion zu bringen?
Die PatientInnen erhalten die Aufgabe, jeden Morgen vor dem Spiegel die Entscheidung laut auszusprechen, am heutigen Tag mit dem neuen Selbst in seine neue Welt zu gehen – mit der Körperhaltung, die das neue Selbst symbolisiert.

Zwanzigste Gruppenstunde: Neue Beziehungen

Es geht um die ganz privaten Beziehungen in Partnerschaft, Familie und Freundschaft. Und es geht um die Beziehungen zwischen den GruppenmitgliederInnen. Letztere werden durch eine Übung in Erfahrung gebracht, die als Imagination früher schon aufgetaucht ist. Dieses Mal sitzen sich zwei GruppenmitgliederInnen gegenüber. Dabei sollen, völlig in der Wahrnehmung des anderen und seiner Gefühle, sowie in der Wahrnehmung der eigenen Gefühle, folgende Sätze ergänzt werden:

Ich fühle in mir ... (z. B. Unsicherheit oder Minderwertigkeit).
Ich brauche von dir ... (z. B. Schutz oder Anerkennung).
Ich fürchte von dir ... (z. B. Einengung oder Verachtung).
Ich will von dir nicht ... (z. B. Bemächtigung oder Herabsetzung).
Ich mag an dir nicht ... (z. B. Unzuverlässigkeit oder Gönnerhaftigkeit).
Ich mag an dir ... (z. B. Gelassenheit oder Großzügigkeit).
Du bist für mich ... (z. B. Ruhepol oder bewundertes Idol).

Ohne anschließend durch viele Worte das Gesagte für das Gegenüber bekömmlicher zu machen, wird nur kurz mitgeteilt, wie schwierig in der Übung das Aussprechen und wie schwierig das Zuhören war. Dann stehen beide auf und suchen sich einen neuen Dialogpartner – bis alle mit allen diesen Dialog führten.

Mentalisierungsfrage: Wie erklären Sie es sich, dass dieser Dialog trotz kritischem Feedback zu einer Verbesserung der Beziehung führt?
Aufgabe ist es, mit der wichtigsten Bezugsperson in der kommenden Woche diesen formalisierten Dialog zu praktizieren.

Einundzwanzigste Stunde: Automatisierung, Generalisierung, Selbstmanagement

Niemand will das: Etwas was mir keine sofortige Freude bereitet, unendlich oft üben, bis es automatisch geschieht, ohne dass ich es mir vornehme, ohne dass ich in der Situation daran denken muss, ohne dass ich mich dafür entscheiden muss und ohne dass ich mich überwinden muss, es zu tun.
Es geht darum, zuerst den Änderungswillen herzuzaubern, der die fälligen Änderungsschritte beflügelt. Das Ziel muss so attraktiv und erstrebenswert sein und die gemeinsame Arbeit in der Gruppe so wertvoll, dass Widerstände minimiert werden können. Und dann geht es los:

Wie bei einem spannenden Experiment werden alle Fortschritte vom Patienten selbst benannt und von der Gruppe begeistert rückgemeldet.
Ich bin schon so weit … und es ist nur noch so weit ….
Du bist schon so weit … und es ist nur noch so weit …
Ich bin gut dabei und es ist ein gutes Gefühl, wirklich voranzukommen.
Du bist gut dabei und wir freuen uns, dass Du wirklich vorankommst.
Es ist wie bei einem Marathon-Lauf. Die Zuschauer werden dringend gebraucht, um durchhalten zu können.

Mentalisierungsfrage: Wie kommt es, dass ab dem Moment, an dem ein neues Verhalten ganz von selbst auftritt, ohne sich bewusst dafür zu entscheiden, die lange Durststrecke eigentlich schon zu Ende ist?
Aufgabe ist es, sich viel Selbstverstärkung zu geben und sich viel Verstärkung von anderen zu holen (Wie findest du …).

Zweiundzwanzigste Gruppenstunde: Nach dem Überleben kommt das Leben

Es ist geschafft. Das Überleben ist gesichert. Die Begegnungen mit anderen Menschen erfolgen nicht mehr unter dem Vorzeichen in Frage gestellter Daseinsberechtigung, der Bindung des Partners, des Kampfes um Liebe und Anerkennung, der Versuche, den anderen zu kontrollieren, dem beschwörenden Verhindern von Gegenaggression und dem Ausweichen der Hingabe.
Dadurch wird sehr viel psychische Energie frei. Spielerische Kreativität, Interesse und Neugierde für die Welt ersetzen die frühere angestrengte Wachsamkeit und ängstliche Vermeidungshaltung. Andere Menschen gewinnen nicht mehr dadurch Attraktivität, dass sie potentielle Bedürfnisbefriedigende (zum Beispiel Selbstwertspender) sind, sondern weil sie als Person interessant sind, weil die Begegnung mit ihnen eine Bereicherung des eigenen Horizonts ist. Weder Harmonie noch Problemfreiheit bestimmen das Leben. Weder durchgängige Zufriedenheit noch immerwährendes Glück sind die emotionalen Dauerzustände eines Lebens, das aber doch mehr ist als nur Überleben. Der frühere Überlebenskampf war ein fortwährendes Bestreben, ein homöostatisches Gleichgewicht der autonomen Psyche herzustellen, ein sisyphusartiges Bemühen, das nie zum Erfolg führte. Jetzt ist der Sollwert dieses Regelsystems korrigiert. Er ist tatsächlich erreichbar geworden. Er stellt sich immer wieder ein. Die Abweichungen, d. h. das Ungleichgewicht, nehmen nicht mehr Zeit in Anspruch als die Gleichgewichtszustände. Die Homöostase pendelt um eine Mitte, wie eine Kugel in einer Schale, deren Boden den stabilen Schwerpunkt bildet. Die Gruppe vergegenwärtigt: Was brauche ich weniger, was fürchte ich weniger, wie sehr kann ich jetzt Ärger und Zorn nutzen, wie denke ich heute, wie gehe ich heute mit mir um, wie gehe ich heute mit Beziehungen um, was ist mir wichtig geworden. Wie heißen meine neuen wohltuenden Gefühle? Wie fühlt es sich an, hier angekommen zu sein? Mit welcher Körperhaltung kann ich das noch besser spüren?

Mentalisierungsfrage: Wie ist es mir gelungen, im Umgang mit mir, meinen Bezugspersonen und meinem Leben, hier anzukommen?

Keine neuen Aufgaben von Seiten des Gruppenleiters.

Dreiundzwanzigste Stunde: Rückfallprophylaxe

Das Umgehen mit dem Rückfall ist ein unverzichtbares Therapiethema. Wir beachten dabei drei Kriterien der Rückfallprophylaxe: Die Symptomauslösung geschieht
1. nach einer pathogenen Lebensgestaltung
2. nach einer pathogenen Beziehungsgestaltung
3. in einer problematischen Lebenssituation

Rückfallprophylaxe berücksichtigt alle drei situativen Aspekte.
Erkennen rückfallauslösender **Situationen**
Erkennen früher Rückfall-**Reaktionen**
Rückfallprophylaxe durch Lebensgestaltung – wie, wann, wo?
Rückfallprophylaxe durch Beziehungsgestaltung – wie, wann, wo?

Mentalisierungsfrage: Weshalb gehören Rückschläge zu einem guten Weg der Besserung und Änderung dazu?

Vierundzwanzigste Gruppenstunde – Abschied und Neubeginn

Lösung aus der therapeutischen Beziehung, Abschied
Von Seiten der PatientInnen ist eine emotionale Bindung zur Gruppe und zum Gruppenleiter entstanden, deren hilfreiche Auflösung eine wichtige, unabdingbare Aufgabe zum Ende der Gruppentherapie hin ist.

Abschied, Trauer, Trennung geschieht
a) durch Spüren der emotionalen Bedeutung der Beziehungen zur Gruppe und zum Gruppenleiter.

Durch Trauern um
b) den Verlust, der mit dem Ende der Gruppe und dem Ende dieser Beziehungen verbunden ist
c) durch die Entscheidung, die Bindung loszulassen
d) durch das Bewahren von Verbundenheit und prinzipieller Verfügbarkeit in Krisenzeiten
e) durch ein bewegendes Ritual des Abschiednehmens
f) durch ständiges Ertappen bei den vielen Versuchen, die damit verknüpften Gefühle zu vermeiden

Die Therapie ist beendet – die Selbstentwicklung beginnt.
Die letzten vier Stunden dienen dem Abschließen der Gruppentherapie. Die PatientInnen bereiten sich auf die gruppenlose Zeit vor. Sie erspüren die emotionalen Bindungen, die sie aufgebaut hatten und vergegenwärtigen sich das emotional Positive an diesen Beziehungen, die jetzt beendet werden. Gefühle des Abschiednehmens und Trauerns werden bewusst wahrgenommen und ausgedrückt. Was werde ich nicht mehr haben? Was wird mir fehlen? Was werde ich mitnehmen? Es folgen Zusammenfassungen des gewonnenen Verständnisses der Störung, der Symptombildung, der funktionalen Zusammenhänge. Es wird eine Zielerreichungsskalierung durchgeführt, dabei das Erreichte ebenso gewürdigt,

wie das nicht Erreichte. Die Gruppentherapie wird als erster bewusster Schritt eines lebenslangen Prozesses der Selbstentwicklung definiert. Das Selbstmanagement (Kanfer, Reinecker und Schmelzer, 2012) dieser Entwicklung wird ausführlicher besprochen und bereits erprobt. In den letzten zehn Stunden der Therapie ist der Gruppenleiter nicht mehr der Ideenlieferant, Motor, Lehrmeister oder Fels in der Brandung gewesen.

Zusammenfassung

Diese Darstellung des strategischen Ablaufs der Strategischen Gruppentherapie sollte möglichst anschaulich zeigen, wie beim Patienten eine Entwicklung in Gang gesetzt werden kann, die nach der Gruppentherapie ihre Fortsetzung findet. Dieser strategische Therapieablauf, der eine konsequente Umsetzung der affektiv-kognitiven Entwicklungstheorie ist, wird in der Verhaltenstherapie überlagert durch störungsspezifische Ziele und Therapieinterventionen. Ohne diese spezifischen Therapieinhalte ist oben skizzierte strategische Durchführung einer Kurzzeittherapie ein elaborierter Therapieansatz zur Behandlung von Persönlichkeitsstörungen. Insgesamt macht die hier dargestellte Entwicklungstheorie psychischer Störungen deutlich, dass Eltern zwei grundlegende Fehler machen.

Erstens gehen sie irrtümlicherweise davon aus, dass Kinder im Vorschulalter gleiche affektive und kognitive Verarbeitungsprozesse haben wie Erwachsene. Sie können die qualitativ andere Art der Informationsverarbeitung der Kinder nicht erkennen und scheitern mit ihrem Versuch der Empathie. Dies führt zum zweiten grundlegenden Fehlverhalten der Eltern, zu Aggressivität und Feindseligkeit gegenüber dem Kind, das wie ein Akku durch diese Aggression aufgeladen wird.

Da das Kind noch keine Ambivalenztoleranz hat, kann es seine Eltern entweder nur lieben oder nur hassen. In der realen Abhängigkeit von den Eltern muss es für sein Überleben die Liebe zu diesen bewahren und seine Aggression unterdrücken und schließlich völlig aus dem Bewusstsein entfernen. Um dies zu schaffen, entwickelt es Verhaltensstereotypien, die im Erwachsenenalter dysfunktional und Ausdruck einer kindlichen Überlebensregel sind, die eine Weiterentwicklung der Persönlichkeit verhindert und schließlich zur Symptombildung führt. Solche Menschen haben ein Ungleichgewicht zwischen Abhängigkeits- und Autonomiebedürfnissen. Sie haben nur noch ein beschränktes Repertoire an Emotionen.

Wegen der zentralen Bedeutung der Emotionen für die Verhaltenssteuerung bleiben nur noch wenige stereotype Verhaltensweisen übrig, die zu den bekannten klinischen Persönlichkeitstypen führen. Die bewussten Kognitionen des Menschen spielen dabei eine untergeordnete Rolle.

Sie zeigen, dass die kognitive Entwicklung des Kindes eine realitätsgerechte Verarbeitung von chronisch oder intensiv frustrierendem oder traumatisierendem Elternverhalten nicht ermöglicht. Es resultiert eine verzerrte Selbst- und Weltsicht, die bis ins Erwachsenenalter hinein nicht korrigierbar bleibt, zum Beispiel die Überzeugung, dass Aggressivität gefährlich ist, dass sie die Menschen zerstören würde. Deshalb muss diese Aggressivität durch extreme Zwanghaftigkeit neutralisiert werden.

Entwicklungstheorien (siehe Sulz, 2017b) zeigen, dass die affektive Entwicklung des Kindes, im Vergleich zur kognitiven Entwicklung, verzögert abläuft. Traumatisierendes Elternverhalten führt dazu, dass das Kind seine Emotionen und Impulse mit Hilfe von Angst unterdrücken muss. Dadurch kommt die affektive Entwicklung zum Stillstand. Denn die Verknüpfung von Affekten mit zugehörigen Kognitionen, die den Prozess der Mentalisierung im Sinne einer Theory of Mind TOM ausmachen, wird unmöglich. Die Affekte und Impulse können nicht „zivilisiert" werden, bleiben dadurch bedrohlich. Sie können nicht in eine ganzheitliche affektiv-kognitive Bedeutungsstruktur eingegliedert werden und sind deshalb einer bewussten kognitiven Steuerung nicht zugänglich. Wichtiger Bestandteil einer Psychotherapie ist es deshalb, die psychosoziale Homöostase des Menschen, die bisher durch den dysfunktionalen „Sollwert" einer kindlichen Überlebensregel blockiert war, wieder zu befähigen, ein gesundes Fließgleichgewicht herzustellen. Hierzu ist die Balancierung von Abhängigkeits- und Autonomiebedürfnissen notwendig (motivationale Therapiestrategie). Außerdem muss der Zugang zu den blockierten Gefühlen ermöglicht werden (affektive Therapiestrategie). Diese müssen mit zugehörigen Kognitionen zu affektiv-kognitiven Bedeutungen verknüpft werden (affektiv-kognitive Therapiestrategie). Schließlich muss die kindliche Selbst- und Weltsicht und die Grundannahme über das Funktionieren der Welt korrigiert und die dysfunktionale Überlebensregel falsifiziert werden (kognitive Therapiestrategie). Letztendlich ist der Abbau der dysfunktionalen Verhaltensstereotypien erforderlich (Handlungs-Therapiestrategie).

Sind diese Blockierungen der psychosozialen Entwicklung behoben, so kann der Übergang zur nächsten Entwicklungsstufe ermöglicht werden. Die dabei erforderlichen Therapieschritte wurden in der Beschreibung der Strategischen Gruppentherapie dargestellt (Widerstand, Entscheidung, Loslassen, Veränderung, neue Erfahrungen, Entwicklung, Niederlagen, neues Selbst- und Weltbild, neue Beziehungen, Leben, Selbstentwicklung). Dieser strategische Therapieablauf kann einerseits als zu reflektierender Hintergrundprozess jeglicher Psychotherapie verstanden werden. In der Verhaltenstherapie laufen dann im Vordergrund die verhaltensmodifizierenden Interventionen ab. Andererseits kann diese Durchführung, vor allem bei Persönlichkeitsstörungen, als ein affektiv-kognitiver Ansatz zur Veränderung des Erlebens und Verhaltens angewandt werden.

Das Vorgehen ist direktiv mit ständigen kognitiven Klärungen und Konfrontation mit den „pathologischen bzw. pathogenen" Gefühlen der Angst und des Schuldgefühls, sowie der unterdrückten „primären bzw. gesunden" Gefühle. Die emotionale Haltung des Therapeuten wechselt zwischen deutlich ausgedrückter Empathie und Herausforderung bzw. Konfrontation (vgl. Linehan, 2016a,b). Das Vorgehen ist eine Übertragung des ursprünglich bei Angst, Zwang und Trauer angewandten Expositionsverfahrens auf Emotionen allgemein: Emotionsexposition, gefolgt von der konsequenten Verknüpfung des Gefühls mit Kognitionen zur affektiv-kognitiven Bedeutung. Dies schafft die Voraussetzung für die empirische Hypothesenprüfung nach Beck (2004): permanentes Handeln entgegen der alten Überlebensregel, um diese zu falsifizieren und zu beweisen, dass Überleben auch anders möglich ist" (Sulz, 2017a, S. 274).

Eine ausführlichere Beschreibung der Strategischen Gruppentherapie (Gruppentherapiemanual) kann kostenlos als pdf heruntergeladen werden: (www.serge-sulz.de).

Literatur

Algermissen, C., del Pozo, M. A. & Rösser, N. (2017). *Psychiatric Short-Term Group Psychotherapy*. Vortrag auf dem WPA Weltkongress für Psychiatrie in Berlin (19.10.2017).

Beck, A. T. (2004). *Kognitive Therapie der Depression*. Weinheim: Beltz.

Bowlby, J. (1975). *Bindung*. München: Kindler.

Bowlby, J. (1976). *Trennung*. München: Kindler.

Fonagy, P. & Bateman, A. (2008). Attachment, Mentalization and Borderline Personality. *European Psychotherapy, 8*, 35-48.

Graßl, S. (2018). *Psychiatrische Kurz-Psychotherapie PKP chronischer Schmerz: Handbuch*. München: CIP-Medien.

Gräff-Rudolph, U. & Sulz, S. K. D. (2014). *Strategische Kurzzeit-Therapie (SKT) – die erste deutsche Psychotherapie der 3. Welle*. Psychotherapie in Psychiatrie, Psychotherapeutischer Medizin und Klinischer Psychologie, 19(2), 9-26.

Grawe, K. (1998). *Psychologische Therapie*. Göttingen: Hogrefe.

Grawe, K. (2004). *Neuropsychotherapie*. Göttingen: Hogrefe.

Hauke, G. (2001). Persönliche Werte. *Psychotherapie, 6*, 5-28.

Hauke, G. (2006). From need oriented to value oriented living. *European Psychotherapy, 6*, 77–115.

Hauke, G. (2009a). Vom bedürfnis- zum wertorientierten Menschen. In S. K. D. Sulz & G. Hauke (Hrsg.), *Strategisch-Behaviorale Therapie SBT: Theorie und Praxis eines innovativen Ansatzes* (S. 58-92). München: CIP-Medien.

Hauke, G. (2009b). Selbstregulation und Achtsamkeit. In S. K. D. Sulz & G. Hauke (Hrsg.), *Strategisch-Behaviorale Therapie SBT: Theorie und Praxis eines innovativen Ansatzes* (S. 93-123). München: CIP-Medien.

Hauke, G. (2013). *Strategisch-Behaviorale Therapie (SBT): Emotionale Überlebensstrategien – Werte – Embodiment*. Berlin: Springer.

Hauke, G. & Dall'Orcchio, M. (2015). *Emotionale Aktivierungstherapie: Embodimenttechniken im Emotionalen Feld*. Stuttgart: Schattauer.

Hauke, G., Jahn, E. B. (2019). *EAT: Embodimenttechniken in der Gruppentherapie: Vom IQ zum WeQ*. Psychotherapie (23)

Hoenes, A., Gräff-Rudolph, U., Richter-Benedikt, A. J., Sichort-Hebing, M., Backmund-Abedinpour, S. & Sulz, S. K. D. (2014). *Entwicklung als Therapie - Therapiemodul der Strategisch-Behavioralen Therapie (SBT)*. Psychotherapie in Psychiatrie, Psychotherapeutischer Medizin und Klinischer Psychologie, 19(2), 167-189.

Hoenes, A., Richter-Benedikt, A. J., Sichort-Hebing, M., Gräff-Rudolph, U. & Sulz, S. K. D.(2014). *Das Selbstmoduskonzept in der Strategisch-Behavioralen Therapie – vom dysfunktionalen sekundären Selbstmodus zum reifen tertiären Selbstmodus*. Psychotherapie in Psychiatrie, Psychotherapeutischer Medizin und Klinischer Psychologie, 19(2), 190-215.

Jacobson, N. S. & Christensen, A. (1992). Behavioral Couple Therapy: A new beginning. *Behavior Therapy, 23*, 493-506.

Jänsch, P. & Sulz, S. K. D. (2014). *Die Strategisch-Behaviorale Therapie der Zwangsstörung – ein integrativer Ansatz zur Behandlung von Zwängen*. Psychotherapie in Psychiatrie, Psychotherapeutischer Medizin und Klinischer Psychologie, 19(2), 320-338.

Kanfer, F. H. Reinecker, H. & Schmelzer, D. (2012). *Selbstmanagement-Therapie* (5. Aufl.). Berlin: Springer.

Kaufmayer, T. (2018). Behandlungserfolg und Prädiktoren der therapeutischen Veränderung bei ambulanter Depressionsbehandlung mit Psychiatrischer Kurz-Psychotherapie (PKP). München: 2018

Linehan, M. M. (2016a). *Handbuch der Dialektisch-Behavioralen Therapie zur Behandlung aller psychischen Störungen: Band 1 - DBT Skills Training Manual.* München: CIP-Medien.

Linehan, M. M. (2016b). *Handbuch der Dialektisch-Behavioralen Therapie zur Behandlung aller psychischen Störungen: Band 2 - Arbeitsbuch für Therapeutinnen und Patientinnen.* München: CIP-Medien.

Liwowsky, I., Mergl, R. & Padberg, F. (2014). SBT-Depressionstherapie in und mit der Gruppe – Konzeption und Evaluation im stationär-psychiatrischen Setting. In S. K. D. Sulz (Hrsg.), *Strategische Therapien: SKT, SBT, SJT, PKP – Forschung – Entwicklung – Praxis* (S. 106-121). München: CIP-Medien.

McCullough, J. (2000). *Treatment for Chronic Depression: Cognitive Behavioral Analysis System of Psychotherapy (CBASP).* New York: Guilford.

McCullough J. (2007). *Therapie von Chronischer Depression mit dem Cognitive Behavioral Analysis System of Psychotherapy (CBASP): Trainingsmanual.* München: CIP-Medien.

Miller, N. (1944). *Experimental studies of conflict.* In: McV. HJ, ed. Personality and the behavioral disorders. New York: Ronald Press, 431-465.

Mischel, W. (2015). *Der Marshmallow-Test.* München: Siedler-Verlag.

Mischel, W. & Shoda, Y. (1995). A cognitive affective system theory of personality: reconceptualizing situations, dispositions, dynamics, and invariance in personality structure. *Psychological Review, 102,* 246-68.

Peters, M., Sulz, S.K.D. (2018). *Wirksamkeit der Psychiatrischen Kurz-Psychotherapie (PKP): Ist Kurzzeittherapie der Depression einer Langzeittherapie ebenbürtig? Eine vergleichende Studie.* Psychotherapie, 23-1, 151-164

Piaget, J. (1995). *Intelligenz und Affektivität in der Entwicklung des Kindes.* Frankfurt: Suhrkamp.

Sulz, S. K. D. (1994). *Strategische Kurzzeittherapie.* München: CIP-Medien.

Sulz, S. K. D. (1995). *Praxismanual zur Strategischen Kurzzeittherapie.* München: CIP-Medien.

Sulz, S. K. D. (2009). *Praxismanual zur Strategischen Entwicklung des Selbst und der Beziehungen: Experimentierbuch mit einem 25-Wochenprogramm und 34 Experimenten.* München: CIP-Medien.

Sulz, S. (2010). *Wut ist eine vitale Kraft, die durch Wutexposition in der Psychotherapie nutzbar wird.* München: CIP-Medien.

Sulz, S. K. D. (2012a). *Grundkurs und Praxisleitfaden: Therapiedurchführung in Klinik und Praxis --PKP-Handbuch.* München: CIP-Medien.

Sulz, S. K. D. (2012b). *Therapiebuch II - Strategische Kurzzeittherapie.* München: CIP-Medien.

Sulz, S. K. D. (2012c). *Als Sisyphus seinen Stein losließ oder: Verlieben ist verrückt! Ein psychologisches Lesebuch über menschliche Überlebensformen und individuelle Entwicklungschancen.* München: CIP-Medien.

Sulz, S. K. D. (2012d). Entwicklungspsychologische Grundlagen der Verhaltenstherapie. In A. Batra, R. Wassmann & G. Buchkremer (Hrsg.), *Verhaltenstherapie. Grundlagen – Methoden – Anwendungsgebiete* (S. 46-49). Stuttgart: Thieme.

Sulz, S. K. D. (2014). *Störungs-, Therapie- und Gesundheitstheorie der Strategischen Therapien (SKT, SBT, SJT, PKP): Von der Strategie des Symptoms zur Strategie der Therapie.* Psychotherapie in Psychiatrie, Psychotherapeutischer Medizin und Klinischer Psychologie, 19(2), 27-63.

Sulz, S. K. D. (2014). *Vier Kernstrategien der Emotionstherapie: Emotionsregulationstraining -Emotions-Exposition - Emotion Tracking - Metakognitiv-mentalisierende Reflexion von Gefühlen.* Psychotherapie in Psychiatrie, Psychotherapeutischer Medizin und Klinischer Psychologie, *19*(2), 122-144.

Sulz, S. K. D. (2014). *Wissenschaftliche Untersuchungen der Konstrukte, Konzepte und Interventionen des Strategischen Therapieansatzes (SKT, SBT, PKP und SJT).* Psychotherapie in Psychiatrie, Psychotherapeutischer Medizin und Klinischer Psychologie, 19(2), 339-363.

Sulz S. K. D. (2017a). *Gute Kurzzeittherapie in 12 plus 12 Stunden: Für PsychotherapeutInnen, die sich in Kurzzeittherapie einarbeiten wollen*. München: CIP-Medien.

Sulz S. K. D. (2017b). *Gute Verhaltenstherapie lernen und beherrschen - Band 1: Verhaltenstherapie-Wissen: So gelangen Sie zu einem tiefen Verständnis des Menschen und seiner Symptome*. München: CIP-Medien.

Sulz S. K. D. (2017c). *Gute Verhaltenstherapie lernen und beherrschen - Band 2: Verhaltenstherapie-Praxis: Alles was Sie für eine gute Therapie brauchen*. München: CIP-Medien.

Sulz, S. K. D., Antoni, J., Hagleitner, R. & Spaan, L. (2012a). *Psychotherapiekarten für die Praxis: Alkoholabhängigkeit – PKP-Handbuch*. München: CIP-Medien.

Sulz, S. K. D., Antoni, J., Hagleitner, R. & Spaan, L. (2012b). *Psychotherapiekarten für die Praxis: Alkoholabhängigkeit – Therapiekarten*. München: CIP-Medien.

Sulz, S. K. D. & Deckert, B. (2012a). *Psychotherapiekarten für die Praxis: Depression - PKP-Handbuch*. München: CIP-Medien.

Sulz, S. K. D. & Deckert, B. (2012b). *Psychotherapiekarten für die Praxis: Depression – PKP-Therapiekarten*. München: CIP-Medien.

Sulz, S. K. D., Hauke, G. (Hrsg.) (2009). *Strategisch-Behaviorale Therapie SBT: Theorie und Praxis eines innovativen Ansatzes*. München: CIP-Medien.

Sulz, S. K. D. & Höfling, S. (2010). *... und er entwickelt sich doch! Entwicklung durch Therapie*. München: CIP-Medien.

Sulz, S. K. D. & Hoenes, A. (2014). „Ich liebe dich" – „Ich mich auch" – Strategische Psychotherapie des narzisstischen Selbstmodus. *Psychotherapie in Psychiatrie, Psychotherapeutischer Medizin und Klinischer Psychologie, 19*(1), 107-124.

Sulz, S. K. D., Richter-Benedikt, A. J. & Hebing, M. (2012). Mentalisierung und Metakognition als Entwicklungs- und Therapieparadigma in der Strategisch-Behavioralen Therapie. In S. K. D. Sulz & W. Milch (Hrsg.), *Mentalisierungs- und Bindungsentwicklung in psychodynamischen und behavioralen Therapien* (S. 133-150). München: CIP-Medien.

Sulz, S. K. D., Sichort-Hebing, M. & Jänsch, P. (2015a). *Psychotherapiekarten für die Praxis: Angst & Zwang – PKP-Handbuch*. München: CIP-Medien.

Sulz, S. K. D., Sichort-Hebing, M. & Jänsch, P. (2015b). *Psychotherapiekarten für die Praxis: Angst & Zwang - Therapiekarten*. München: CIP-Medien.

Sulz, S. K. D. & Sulz, J. (2005). *Emotionen: Gefühle erkennen, verstehen und handhaben*. München: CIP-Medien.

Westen, D. (2013). Discovering What Works in the Community: Towards a Genuine Partnership of Clinicians and Researchers. In S. G. Hofmann & Weinberger J. (Hrsg.), *The Art and Science of Psychotherapy* (S. 31-47). New York: Routledge.

Korrespondenzadresse

Prof. Dr. Dr. Serge K. D. Sulz
Katholische Universität Eichstätt | Serge.Sulz@ku-eichstaett.de
Nymphenburger Str. 155 | 80634 München | Tel. 089-120 222 79

Peter Wollschläger

Gruppentherapie. Ja oder Nein. Eine Fallgeschichte zur Psychodynamischen Gruppentherapie

Group therapy. Yes or no. A case history on psychodynamic group therapy

Einer ängstlich depressiven Patientin gelingt es im Rahmen einer tiefenpsychologisch fundierten Gruppenpsychotherapie ihre anfängliche Vermeidungshaltung aufzugeben und einen notwendigen Entwicklungsschritt zu wagen.

Schlüsselwörter
tiefenpsychologisch fundierte Gruppenpsychotherapie, Indikation für Gruppentherapie, Matrix, Grundannahmen, Minimalstrukturierung, Foulkes, Bion

As part of a psychodynamic group psychotherapy an anxious depressive patient succeeds in giving up her initial avoidance behaviour venturing a necessary developmental step.

Keywords
psychodynamic group psychotherapy, indication for group psychotherapy, matrix, sasic assumptions, minimal structuring, Foulkes, Bion

„Kann ich nicht doch lieber in Einzeltherapie kommen?"
Die junge Apothekenhelferin, Frau O. hatte noch schnell den Moment abgepasst, bevor ihre dritte Sitzung im Kreis von sieben Frauen beginnen sollte und mich vor der Türe des Behandlungszimmers abgefangen.
Sie hatte mir in den Anamnesegesprächen ihre Angst vor anderen Menschen geschildert: wie schwer es ihr in der Schule gefallen war, vor anderen an der Tafel zu stehen. Am schlimmsten seien die Referate gewesen. Da habe sie vor Angst keinen Ton herausgebracht. Und jetzt in der Gruppe gehe es ihr wieder so. In der Gruppe könne sie einfach nichts sagen.
Das, was die junge Frau in diesem Moment äußerte, ist ein typisches Phänomen am Beginn einer Gruppentherapie. Die unbekannten Menschen rufen Erinnerungen an frühere Begegnungen wach. Dieser Effekt wird noch gesteigert, wenn es in der Gruppe keine Vorgabe gibt, worüber geredet werden soll. Die damaligen Erlebnisse waren für die Patientin sehr belastend und sie fürchtete sich deshalb vor der Gruppensituation.

S. H. Foulkes, Wegbereiter der Gruppentherapie in Europa, geht davon aus, dass jeder Mensch in seiner Ursprungsfamilie in einem Netzwerk von Interaktionen aufwächst. Hier werden dem Kind Regeln für das Verhalten, den Ausdruck von Emotionen und die Befriedigung von Bedürfnissen vermittelt. Das setzt sich später im erweiterten sozialen

Umfeld, im Kindergarten, in der Schule und im Kreis von Gleichaltrigen fort. Wir Menschen entwickeln im Laufe der Zeit eigene, auf diese Systeme bezogene Positionen[1]. Als Frau O. in die Gruppe kam, war ihr Erleben von früheren Erfahrungen geprägt. Sie projizierte ihre Rollenerwartungen auf die anderen Gruppenmitgliederinnen und auf mich und brachte uns dazu, uns entsprechend zu verhalten[2]. Dadurch, dass alle Gruppenteilnehmerinnen ihre eigenen Lebenserfahrungen einbringen, entsteht in der Gruppe ein komplexes Beziehungsgeflecht. Foulkes spricht von der Gruppenmatrix.

Solche Prozesse finden in vielen Begegnungen statt, ohne dass uns das bewusst wird. Ziel einer analytischen oder tiefenpsychologischen Gruppentherapie ist es, sie zu erkennen und einer Reflexion zugänglich zu machen[3]. Dadurch können wir eine Vorstellung davon bekommen, welche unbewussten Motive unser Verhalten und unsere Gefühle beeinflussen. Wir können entscheiden, ob sie in der heutigen Lebenssituation noch angemessen sind und gegebenenfalls unser Erleben und Verhalten modifizieren.

Wie dies Frau O. gelungen ist, möchte ich im Folgenden schildern:
Die Patientin ist das fünfte Kind eines Technikers (+38) und seiner sieben Jahre jüngeren Frau. Ihre Brüder sind zwei, sechs, acht und zehn Jahre älter als sie. Zwei haben studiert, zwei ein Handwerk erlernt, einer mit abgeschlossener Meisterprüfung. Ihren Vater beschreibt sie als ehrgeizig und leistungsorientiert. Er nähme die Dinge genau, wisse immer, wie man etwas zu tun habe. In der Erziehung legte er Wert auf Korrektheit und Ordnung. Die Mutter sei dagegen emotional, habe ihr vieles durchgehen lassen. Von den älteren Brüdern habe sie immer das Gefühl vermittelt bekommen: „Das kannst du sowieso nicht!". Bis heute sei sie in ihrer Herkunftsfamilie „die kleine Prinzessin, der man nicht zu viel zumuten darf". Als sie in den Kindergarten gehen sollte, habe sie nur geweint und ihre Mutter habe sie daraufhin wieder mit nach Hause genommen. In der Grundschule sei sie schüchtern und zurückhaltend gewesen. Situationen an der Tafel hätten sie rot anlaufen lassen. Sie habe nur noch gestottert und wäre am liebsten im Boden versunken. Trotzdem gelang es ihr, mit guten schriftlichen Leistungen einen Realschulabschluss zu erreichen und anschließend eine Lehre zur kaufmännisch technischen Assistentin erfolgreich zu absolvieren. Vor drei Jahren lernte sie ihren Freund, einen Lagerarbeiter, kennen, für den sie mit ihren langen blonden Locken "wie ein Engel" war. Sie freute sich zwar über seine Komplimente, konnte sie ihm aber nicht glauben, weil sie sich selber als unattraktiv empfand. Sie hatte sich deshalb schon länger von Freunden und Bekannten abgeschottet. Ihren Kolleginnen aus der Apotheke hatte sie versprochen, sie einmal zu treffen. Mit jedem Monat der verstrich, wuchs ihr schlechtes Gewissen, weil sie das noch immer nicht wahr gemacht hatte.

Frau O. hatte bereits mehrere Therapien hinter sich. Anlass war, dass sie fürchtete, bei ihrer Arbeit in der Apotheke Fehler zu machen und damit den Kunden einen nicht wieder gut zu machenden Schaden zuzufügen. Sie steigerte sich so sehr in diese Befürchtung hinein, dass sie nachts nicht mehr schlafen konnte. Bereits aus nichtigem Anlass begann sie stark zu zittern. Ihr Hausarzt hatte sie deshalb seit Monaten arbeitsunfähig geschrieben. Als ich ihr vorschlug, ihre Arbeit wieder aufzunehmen und sich in der konkreten Situation mit den auftretenden Problemen auseinanderzusetzen, empfand sie das als völlig undenkbar. Der Aufnahme in eine halb-offene therapeutische Gruppe von sieben Frauen stimmte sie schließlich trotz erheblicher Bedenken zu.

Ich nahm an, dass es ihr leichter fallen würde, ihre Themen zunächst in einer gleichgeschlechtlichen Gruppe[4] zu besprechen. In dieser Gruppe hatten gerade mehrere Wechsel stattgefunden[5]. Gemeinsam mit Frau O. fing die sechzigjährige Frau B. an. Diese wandte sich nach einer kurzen Schweigepause direkt an mich und fragte, was sie denn habe und wie lange es in der Gruppentherapie dauern würde, bis sie wieder gesund sei. Als ich darauf nicht gleich antwortete, erzählte sie den anderen Teilnehmerinnen ausführlich ihre Krankengeschichte.

Eine dritte Patientin, Frau K., meinte schließlich, sie könnten sich doch erst einmal einander vorstellen. Frau K. war in der Produktion eines pharmazeutischen Unternehmens tätig. Sie hatte sich dort aus einer ungelernten Position bis zur Vorarbeiterin hochgearbeitet. Ihre Mitarbeiterinnen habe sie oft gefordert, aber immer gerecht behandelt. Die Firmenleitung hat die Produktionsziele aber immer weiter nach oben geschraubt. Sie hat versucht, dem gerecht zu werden, hat aber wegen des hohen Krankenstandes in ihrer Abteilung die Zahlen nicht mehr bringen können. Sie bekam daraufhin Migräneattacken und Verdauungsstörungen. Als sie sich endlich gegen die unerfüllbaren Vorgaben wehrte wurde sie abgemahnt und schließlich das Arbeitsverhältnis gekündigt. Das hat ihr vollends den Boden unter den Füßen weggezogen und sie wurde mit einer schweren depressiven Symptomatik ins psychiatrische Bezirkskrankenhaus eingewiesen. Anschließend gelang es ihr nicht, sich aktiv um eine neue Arbeit zu bemühen.

Frau O. griff das auf und erzählte von ihren seit Jahren immer wiederkehrenden Depressionen und ihren Selbstzweifeln. Ständig lebt sie in der Angst, dass sie einen Fehler machen und anderen dadurch einen Schaden zufügen könnte. Sie kontrolliert alles, was sie macht, immer wieder und macht dadurch viele unbezahlte Überstunden.

Frau F., eine selbstbewusst auftretende, attraktive Mittzwanzigerin, die bis vor einem Jahr im Vertrieb für Versicherungen gearbeitet hat, meinte, dass sie sich auf keinen Fall mehr für andere aufarbeiten werde. Sie will sich nur noch auf sich selbst konzentrieren. Sie wäre gerne Mutter, aber ihr langjähriger Freund will sich bisher nicht auf eine Familiengründung einlassen. Sie hängt noch sehr an ihm, aber ohne eine definitive Perspektive sieht sie keine Zukunft für die Beziehung.

Die deutlich übergewichtige Frau H. griff das Thema Arbeit auf. Sie beschrieb weitschweifig Probleme mit ihrer Vorgesetzten in einem Fast Food Restaurant. Von ihr und von den anderen Mitarbeitern werde sie immer wieder „gemobbt". Die Vorgesetzte verlange von ihr Putzarbeiten, für die sie aber nicht eingestellt sei. Mit ihrem Sonderschulabschluss habe sie aber wenige Chancen auf eine bessere Arbeit.

Frau M. wollte zunächst gar nichts sagen. Sie ist bereits zum zweiten Mal in Therapie. In der ersten Gruppentherapie vor drei Jahren hatte sie monatelang nur geschwiegen, kaum gewagt, etwas von ihrer desolaten familiären Situation zu berichten. Sie war bereits mit 17 Jahren zum ersten Mal schwanger und hatte mit 26 Jahren bereits fünf Kinder. Wegen eines Gefängnisaufenthaltes ihres Mannes hatte sie über Jahre kaum Geld zur Verfügung. Sie ist stolz darauf, nie Sozialhilfe in Anspruch genommen zu haben. Jetzt erwähnte sie, dass sie in die Gruppe gekommen war, weil ihr Mann sich im letzten Jahr das Leben genommen hatte und sie sich Vorwürfe macht, das nicht verhindert zu haben.

Frau H. erwähnte daraufhin, dass auch sie schon mehrfach auf der Fensterbank ihrer Wohnung im dritten Stock gesessen hat und überlegt hat, sich hinunterzustürzen.

In dieser Situation habe ich aktiv eingegriffen. Ich habe meine Befürchtung geäußert, dass sie solche Gedanken auch in die Tat umsetzen könnte: Wenn sie in der Gruppe bleiben und ambulant behandelt werden wolle, müsse ich mich darauf verlassen können, dass sie sich Hilfe suchen würde, wenn sie wieder solche Impulse bei sich spüre. Wir mussten einige Zeit miteinander ringen, weil sie anfangs auswich und sich nicht festlegen wollte. Erst nachdem sie glaubhaft zusagen konnte, sich nichts anzutun, habe ich die anderen Teilnehmerinnen wieder einbezogen. In einem Blitzlicht habe ich sie der Reihe nach schildern lassen, wie es ihnen in der Situation gegangen ist. Ich hatte meine zurückhaltende Art aufgegeben, war direkt auf die Suizidphantasien von Frau H. eingegangen und hatte danach das Gespräch so strukturiert, dass ich von jeder Teilnehmerin eine kurze Mitteilung über ihre Befindlichkeit bekam.
In einer gut eingespielten Gruppe wäre eine solche Klärung möglicherweise auch durch die anderen Teilnehmerinnen erfolgt. In dieser Situation mit einer starken Verunsicherung der Gruppenmitglieder und nach vielen Wechseln, war ich dagegen gefordert, aktiv einzugreifen.

Die minimal strukturierende Vorgehensweise des Leiters einer analytischen oder tiefenpsychologischen Gruppe bedeutet für die TeilnehmerInnen eine große Herausforderung. Die unbekannte Situation setzt Ängste frei und löst eine starke Regression aus. Der englische Psychiater Winfried Bion beschreibt, dass eine Gruppe intuitiv nach einem Führer sucht, der ihr in einer solchen Situation Orientierung gibt[6]. Frau K. bot sich mit ihrem Vorschlag, die einzelnen TeilnehmerInnen sollten sich der Reihe nach vorstellen, zunächst für diese Rolle an. Andere anzuleiten, war ihr aus ihrer Arbeit vertraut. Auch in ihrer Herkunftsfamilie hatte sie als älteste von mehreren Geschwistern oft bestimmt, was gemacht werden sollte. Zunächst war es aber noch meine Aufgabe, aktiv einzugreifen und für einen sicheren Rahmen zu sorgen.

Bion hat sich während seiner Arbeit als Leiter einer militärischen psychiatrischen Rehabilitationseinrichtung gefragt, welche Eigenschaften ein guter Gruppenleiter haben müsse. Er verglich ihn mit "einem Offizier, der sich seiner Schwächen bewusst ist, die Würde seiner Leute achtet und weder ihren guten Willen noch ihre Feindseligkeit fürchtet"[7].
Bei der Leitung der von ihm beschriebenen Rehabilitationsstation überließ er den Soldaten die Freiheit, sich verschiedenen Arbeitsgruppen anzuschließen oder sich in einen Ruheraum zurückzuziehen. Jeden Tag sollten sich die Soldaten mittags zu einem gemeinsamen Gespräch zusammenfinden und über ihre Erfahrungen berichten. Er erhoffte sich, dass sie die Neurosen als Problem der Gruppe erkennen und deren Aufdeckung als gemeinsames Ziel begreifen würden. Wir sprechen heute bei einem solchen Vorgehen von einer therapeutischen Gemeinschaft, die sich als wichtiger Wirkfaktor stationärer Psychotherapien erwiesen hat.
Bion nahm bei seiner Arbeit mit Gruppen wahr, dass sich bestimmte Abläufe regelhaft wiederholten, was ihn zu der Annahme brachte, dass es unterhalb der Arbeitsebene der Gruppe eine zweite – unbewusste – Ebene geben müsse, die er Grundannahmengruppe nennt. Auf dieser Ebene unterschied er drei Modi: Versorgung, Kampf und Flucht und Paarbildung[8].

In unserem Fall hatte Frau B. mit ihrem Anliegen, ihr eine Diagnose zu sagen und eine Prognose über die Dauer der Therapie abzugeben ihren Wunsch nach Versorgung zum Ausdruck gebracht.
Als ich ihre Frage unbeantwortet ließ, hatte sie sich an die Gruppe gewandt. Ihr langer Monolog entlastete die anderen zwar von der vorangegangenen Spannung des Schweigens. Sie brachte aber noch kein Gespräch zustande.
Frau K. wollte den Gruppenprozess durch ihren Vorschlag einer Vorstellungsrunde in Gang bringen und Frau F. stellte zur Diskussion, ob es nicht besser sei, sich nur noch um die eigenen Anliegen zu kümmern. Allerdings war auch sie auf die Kooperation ihres Freundes angewiesen, wenn sie ihrem Ziel einer Familiengründung näher kommen wollte. Frau H. wiederum wies mit ihren parasuizidalen Ankündigungen auf das destruktive Potential einer Gruppensituation hin, wie sie sie in ihrer Arbeit erlebte. Es könnte ja durchaus sein, dass auch diese Gruppe in einem Desaster enden würde[9].

Frau O. hatte an dieser Sitzung weitgehend passiv teilgenommen und sich still in eine Nische zurückgezogen. Bei mir entstand die Frage, ob ich sie mit den schwierigen Themen der Gruppe überfordert hatte und ob ich in der Lage war, sie ausreichend zu schützen. Ich hatte mit meiner ersten Anregung, die Arbeit wieder aufzunehmen, bereits ähnlich reagiert, wie das früher wohl auch ihr Vater getan hätte. Dadurch hatte ich ihre Versagensängste verstärkt. Jetzt fühlte ich mich eher wie die Mutter, die sie vor der Kindergartensituation bewahrt hatte.

Wie sollte ich mich verhalten? Durfte ich sie ermutigen, weiter zur Gruppe zu kommen oder musste ich befürchten, das Gefühl von Unfähigkeit noch zu verstärken, das ihre älteren Brüder ihr so oft vermittelt hatten? Ich entschied mich für die Gruppe und es folgte eine lange Episode, in der sich die Patientin so unsichtbar machte, dass ich in dieser Zeit kaum Eintragungen in den Gruppenprotokollen über sie machte. Erst nach zwei Monaten berichtete sie den anderen über ihre ständigen Befürchtungen, etwas falsch zu machen und dadurch schwere Schuld auf sich zu laden.

Daraufhin brachte sich Frau W., eine sechzigjährige Sekretärin, ein. Sie erzählte, dass sie ein ähnliches Gefühl hatte, nachdem ihr Vater die Familie verlassen hatte. Sie war bis dahin sein Lieblingskind gewesen und konnte nicht verstehen, warum er einen Tag vor Weihnachten, als sie gerade sieben Jahre alt geworden war, von ihnen weggegangen war. Immer wieder hatte sie sich gefragt, was sie denn falsch gemacht hatte. Nach seinem Weggang hatte sie sich eng an die Mutter geklammert, aus Angst, diese auch noch zu verlieren. Bis heute hat sie die ständige Sorge, durch Unachtsamkeit eine Katastrophe heraufzubeschwören.

Yolom beschreibt als einen wichtigen Wirkfaktor für Gruppentherapie das Gefühl der Universalität des Leidens[10]. Frau O. konnte die Erfahrung machen, mit ihren Ängsten nicht alleine zu sein. Ihre anfängliche Angst vor der Gruppe wandelte sich in ein Interesse für das Schicksal der anderen Teilnehmerinnen. In der nächsten Stunde erzählte sie, dass es ihr in der letzten Woche besser gegangen sei. Sie habe viel unternommen und sei kaum zum Grübeln gekommen.

Jetzt übernahmen es andere Patientinnen, Frau O. zu ermutigen. Sie meldeten ihr zurück, wie hübsch sie aussähe, dass sie sicher Freunde finden könne und wiesen sie auf die Möglichkeiten einer Umschulung hin. Frau O. hielt sich auch in den nächsten Wochen noch zurück, nahm aber interessiert wahr, wie die anderen Teilnehmerinnen sich mit ihren eigenen Themen und Herausforderungen auseinandersetzten[11]. Sie hatte inzwischen ihren festen Platz in der Gruppe und signalisierte, dass sie sich dort wohl und aufgehoben fühlte. Gleichzeitig stagnierte allerdings ihre berufliche Entwicklung. Das Krankengeld lief aus und sie stand vor der Frage, ob sie bereits mit fünfundzwanzig Jahren eine Rente beantragen sollte.

In dieser Situation bewirkte erneut die Ankunft eines neuen Gruppenmitgliedes eine Veränderung. Frau Z. ist seit vielen Jahren an einer paranoid-halluzinatorischen Psychose erkrankt. Sie bekommt Neuroleptika und hat dadurch eine stark nuschelnde Sprache entwickelt, so dass sie oft nur schwer zu verstehen ist. Weil sie starke Rückenprobleme hat, kann sie ihrer Arbeit als Gärtnerin in einer beschützenden Einrichtung nicht mehr nachgehen. Sie wohnt mit ihrem ebenfalls psychisch kranken Freund in einer gemeinsamen Wohnung und bezieht eine kleine Rente. Nach Jahren stützender Einzeltherapie hatte ihre Therapeutin es wohlwollend gefördert, dass sie eine Gruppentherapie aufnehmen wollte. Mir schilderte die Therapeutin am Telefon, wie bedrückend es für sie war, über Jahre den zunehmenden geistigen Abbau der Patientin mitzuerleben. In den ersten Sitzungen erlebte ich Frau Z. wenig bezogen auf die anderen Teilnehmerinnen. Sie beklagte sich über ihre Wohnsituation und ihren Freund. Sie erzählte, dass sie regelmäßig Cannabis konsumieren würde um die Tage herumzubringen und ärgerte sich über ihre geringe Rente. Schließlich kam es in der dritten Stunde zu einer heftigen Auseinandersetzung mit den anderen Teilnehmerinnen. Anlass war ihre Beschwerde, dass sie die Fahrt zur Therapie aus eigener Tasche bezahlen muss. Sie hätte sich aufgrund ihres Behindertenstatus gewünscht, umsonst mit dem Bus fahren zu können.

Die anderen Teilnehmerinnen fragten sie, worin denn ihre Behinderung besteht, warum sie eine Rente bezieht und konfrontierten sie damit, dass sie durchaus in der Lage ist, zu laufen und Bus zu fahren. Frau Z. war empört, verteidigte ihren Status als Frührentnerin aufgrund ihrer psychischen Erkrankung und meinte schließlich, dass sie es nicht einsieht, ihr Geld mit Putzen zu verdienen. Darüber kam es zum Eklat. Frau M., die für sich und ihre Kinder kaum Geld hat und seit Jahren in einer Schule putzt, verließ empört den Raum.

Frau O. aber, die bis dahin geschwiegen hatte, nahm ihren ganzen Mut zusammen, sprach Frau Z. direkt an und meinte: „So wie Du möchte ich nicht enden!".
Nach 40 Gruppensitzungen beschloss sie, keine weitere Verlängerung mehr zu beantragen. Sie wolle ihr Leben jetzt selber in die Hand nehmen, sich eine Arbeitsstelle mit weniger Kundenkontakt suchen und sei optimistisch, dass ihr das auch gelingen werde.

Frau Z. aber hat inzwischen gut in die Gruppe hineingefunden. Sie unterzog sich zwischenzeitlich einer Knieoperation. Nach einem halben Jahr nahm sie die Therapie wieder auf, dankbar für einen Ort, an dem sie in ihrer Eigenart toleriert und inzwischen auch akzeptiert wird.

Ich fasse zum Schluss noch einmal die wichtigsten Charakteristika einer tiefenpsychologischen Gruppentherapie zusammen: Die Minimalstrukturierung durch den Leiter fördert bei den TeilnehmerInnen eine starke Regression, was frühere Lebenserfahrungen mobilisiert. Diese werden in der Gruppe erneut erlebbar und einer Bearbeitung zugänglich. Jede TeilnehmerIn bringt in die Gruppe ihren persönlichen Hintergrund aus Interaktionen und Kommunikationsstilen ein. Indem die TeilnehmerInnen sich miteinander austauschen entsteht eine gemeinsame Gruppenmatrix. Das Verständnis füreinander und die gegenseitige Hilfe bewirken ein Wir-Gefühl und die Hoffnung auf Veränderung. Durch Identifikation und Imitation können die TeilnehmerInnen voneinander profitieren. In dem geschützten Rahmen der Gruppe können bisherige Annahmen und Verhaltensweisen hinterfragt und neue Erfahrungen möglich werden. Dadurch ändern sich nach und nach auch die eigenen inneren Bilder, Empfindungen und Verhaltensmuster. Der Vorteil einer ambulanten Gruppe besteht in ihrer langen Dauer (in der Regel ein bis zwei Jahre) und der Möglichkeit, Erfahrungen aus der Gruppe im Alltag zu erproben.

Aufgabe der Gruppenleitung ist es, für einen sicheren Rahmen zu sorgen. Einige Regeln gebe ich explizit vor: Die TeilnehmerInnen mögen ihre Gedanken und Ideen so frei wie möglich äußern. Sie sollen einander zuhören und nicht mehrere Gespräche gleichzeitig führen. Ich weise auf die Schweigepflicht hin und die Notwendigkeit, regelmäßig und pünktlich zu den Gruppensitzungen zu kommen. Bei Abwesenheit habe ich ein Ausfallhonorar vereinbart. Alle wichtigen Dinge sollen in den Gruppensitzungen und nicht außerhalb besprochen werden und wenn jemand die Gruppe beenden möchte, soll sie/er es den anderen rechtzeitig mitteilen.

In zwei bis drei Vorgesprächen erhebe ich die Anamnese und mache mir ein Bild von den Beziehungserfahrungen der GruppenmitgliederInnen. Mir hilft die grafische Darstellung der Familie in Form eines Genogramms.[12] Bei der Zusammenstellung der Gruppe achte ich auf eine gute Passung der TeilnehmerInnen. Eine wohlwollende und bestätigende Haltung erleichtert neuen GruppenmitgliederInnen den Einstieg. Zu Beginn ist es oft auch nötig, zu strukturieren, Ängste aufzunehmen und für einen sicheren Rahmen zu sorgen. Später greife ich in den laufenden Prozess nur noch minimal ein. Das kann eine freundliche Nachfrage sein, wenn jemand lange schweigt oder die Fokussierung auf ein Gefühl, welches jemand zum Ausdruck bringt, aber noch nicht in Worte fassen kann. Interventionen, die sich an die ganze Gruppe richten, steigern das Gefühl der Zusammengehörigkeit. Ideen, die von den TeilnehmerInnen selber geäußert werden, stärken das Gefühl der eigenen Kompetenz. Ich habe gelernt, dass es sich oft lohnt abzuwarten, bevor ich meine Gedanken äußere.

Es gelingt mir inzwischen immer besser, PatientInnen für die Arbeit in Gruppen zu motivieren. Dafür frage ich bereits in den Anamnesegesprächen gezielt nach sozialen Erfahrungen, sei es in der Familie, am Arbeitsplatz oder in der Freizeit. Ich weise darauf hin, dass es normal ist, dass man einer neuen Gruppe gegenüber erst einmal skeptisch ist, sich das in den ersten Sitzungen aber meist legt. PatientInnen können in der Gruppe Erfahrungen machen, die ihnen in einer Einzeltherapie nicht möglich gewesen wären. Die gegenseitige Unterstützung der TeilnehmerInnen und das Feedback der anderen helfen, Entwicklungsprozesse in Gang zu setzen, die sich auch außerhalb der Gruppe bemerkbar machen.

Literaturverzeichnis

1. Sandner, Dieter (2013). Die Gruppe und das Unbewusste. S. 243, Heidelberg: Springer
2. Sandner , Dieter. S. 34
3. Foulkes, S.H. (1964). Therapeutic Group Analysis. S. 76, London: George Allen
4. Ich biete neben mehreren gemischtgeschlechtlichen Gruppen auch eine reine Frauengruppe an, was sich zum Beispiel bei starkem Schamempfinden, nach Gewalterfahrungen oder nach sexuellem Missbrauch als hilfreich erwiesen hat.
5. Quint, Hans (1971). Eine Gruppe erhält neue Mitglieder. In: Heigl-Evers Anneliese (Ed.) Gruppenanalyse und Gruppe, S. 62 – 71, Göttingen: Vandenhoeck
6. Bion, Wilfred Ruprecht (1990). Erfahrungen in Gruppen, S. 20 ff.. Frankfurt: Fischer (Stuttgart 1971, Klett)
7. Bion: Erfahrungen in Gruppen, S. 8
8. Rioch Margaret (1973). Die Arbeit Wilfred Bions mit Gruppen. In: Ammon, Günter: Gruppenpsychotherapie, S.48. Hamburg: Hoffmann und Campe
9. Nitsun, Morris (1992). Beyond the anti group. East Sussex: Routledge
10. Yalom, Irvin D. (1974). Gruppenpsychotherapie, Grundlagen und Methoden. Ein Handbuch. S.26. München: Kindler
11. Yalom, Irvin über den Wirkfaktor nachahmendes Verhalten. Ebenda S. 30
12. Mc. Goldrick, Monica & Gerson, Randy (2000). Genogramme in der Familienberatung, 2. Auflage, Bern: Huber

Korrespondenzadresse

Dr. med. Peter Wollschläger
Taubenmarkt 11, 83278 Traunstein
Tel.: 0861 1669292, dr.peter.wollschlaeger@t-online.de

Annette Richter-Benedikt

Die Anwendung der Strategischen Jugendlichentherapie (SJT) im Gruppensetting

The application of Strategic Youth Therapy (SJT) in group settings

Dieser Artikel möchte die Anwendung der Strategischen Jugendlichentherapie (SJT) in ihrer gruppentherapeutischen Variante darstellen. Hierbei sollen nach einer allgemeinen Einführung in die theoretischen Grundlagen dieses integrativ-verhaltenstherapeutischen Ansatzes sowohl für therapeutische Jugendlichengruppen, als auch für Elterntrainings spezifische SJT-Module vorgestellt werden. Darüber hinaus soll das Rollenverständnis des SJT-Gruppentherapeuten skizziert werden, wobei eine prozessorientiert reflektierte therapeutische Beziehungsgestaltung neben einer differenzierten theoretischen Basis als Boden für den Einsatz von SJT-Techniken thematisiert wird.

Schlüsselwörter
Strategische Jugendlichentherapie (SJT), Jugendalter, Gruppentherapie, Elterntraining , therapeutische Beziehung, affektiv-kognitive Entwicklungstheorie, Bedürfnisse, Ängste, Wutimpulse, therapeutische Entwicklungsförderung, Emotions- und Beziehungsregulation

This article aims to present the application of the Strategic Youth Therapy (SJT) in its group therapy variant. Following a general introduction to the theoretical foundations of this integrative behavioral therapeutic approach, specific SJT modules will be presented for both therapeutic adolescent groups and parent training. In addition, the understanding of the SJT group therapist's role will be outlined, whereby a process-oriented, reflected therapeutic relationship design as well as a differentiated theoretical basis as the ground for the use of SJT techniques will be discussed.

Keywords
Strategic Adolescent Therapy (SJT), Adolescence, Group Therapy, Parent Training, Therapeutic Relationship, Affective Cognitive Developmental Theory, Needs, Fears, Aggressive Impulses, Therapeutic Development Support, Emotional and Relationship Regulation

1. Einführung:
Die Strategische Jugendlichentherapie (SJT) und ihre theoretischen Grundlagen

Um den therapeutischen Wert einer gruppentherapeutischen Maßnahme mit Jugendlichen einzuleiten, möchte ich den nachfolgenden Artikel mit einem Zitat nach Möller (2007) beginnen: „Die Gruppe entspricht einem sozialen Mikrokosmos. Ein Teil, die Gruppe, steht für das Ganze, die bisherige soziale Lebenserfahrung des Patienten. Im Hier und Jetzt der Gruppe kann Verhalten erlebt, verstanden und verändert werden" (S. 589).

An dieser Stelle möchte ich darauf hinweisen, dass in den nachfolgenden Ausarbeitungen personenbezogene Bezeichnungen in der Regel in der Form des generischen Maskulinums verwendet werden, was mit der besseren Lesbarkeit begründet wird.
Möllers Gedanke, der im Rahmen psychodynamischer Verfahren die interaktiven Gruppenprozesse in den Vordergrund stellt, kann auch im Sinne eines integrativen verhaltenstherapeutischen Denkens, welches dem hier vorgestellten therapeutischen Ansatz entspricht, aufgegriffen und „verwertet" werden. Dabei hat der „soziale Mikrokosmos" (2007, S. 589) gerade für die therapeutische Behandlung von Jugendlichen einen besonderen Stellenwert. So fordert der Entwicklungsabschnitt der Adoleszenz mit seiner übergeordneten Entwicklungsaufgabe der „Ablösung", der Individuation das familiäre System bzw. die intrapsychischen Regulationsmöglichkeiten und -grenzen auf besondere Weise heraus: Die Jugendlichen sind in der entwicklungspsychologisch intensiven und einschneidenden Phase ihres Lebens oftmals so in sich selbst verstrickt, dass sie zunächst ein Gefühl für sich und die ihnen wichtigen Beziehungen (vornehmlich Eltern, Peers, Partner) entwickeln müssen. Die Interaktion zwischen Eltern und Kind wird hierdurch nicht selten belastet, die Peergrouporientierung gewinnt zeitgleich an Bedeutung. Biographisch erworbene und intrapsychisch gefärbte Mechanismen der Emotions- und Beziehungsregulation schlagen sich auf Basis adoleszentenspezifischer Entwicklungsaufgaben in einem für diese Altersgruppe besonderen Beziehungskontext nieder – und das auch im Sinne der Symptombildung bzw. -aufrechterhaltung.

Vor diesem Hintergrund erklärt sich der besondere Wert einer gruppentherapeutischen Behandlung von jugendlichen Patienten:
1. Der Mikrokosmos „Gruppe" kann die „bisherigen sozialen Lebenserfahrungen" der Jugendlichen und deren Einfluss auf das aktuelle eigene Erleben und Verhalten therapeutisch angeleitet gemeinsam mit Gleichaltrigen auf eine entwicklungsförderliche Weise mentalisierungsfähig machen.
2. Das aktuelle Erleben und Verhalten kann darüber hinaus, wie Möller (2007) schreibt, im Peerkontext, d. h. dem naturgegeben für Jugendliche zentralen Entwicklungsraum, angeleitet „erlebt, verstanden und verändert werden". D. h. die Jugendlichen können im verhaltenstherapeutischen Kontext im Kontakt zu ihren Peers für die Autonomieentwicklung intra- und interpsychisch relevante Fertigkeiten entwickeln bzw. auf- und ausbauen.

Hierfür bietet die Strategische Jugendlichentherapie (SJT, Richter-Benedikt, 2014, 2015a; Sedlacek, 2015; Sedlacek, Peukert & Richter-Benedikt, 2018) auf Basis der s. g. affektiv-kognitiven Entwicklungstheorie nach Sulz (2017, a, b, c) klar definierte therapeutische Strategien, die direkt und indirekt symptomreduzierende Wirkung haben.

Die SJT versteht ihrem Konzept nach gruppentherapeutische Maßnahmen für die jugendlichen Patienten und deren elterlichen Bezugspersonen – neben einzel- und familientherapeutischen Maßnahmen und intensiver Elternarbeit – als „besonders relevant". „Besonders" im Dienste der Autonomieförderung jugendlicher Patienten und damit als therapeutische Ressource, „besonders" aber auch hinsichtlich der Herausforderung für den die Gruppentherapie anleitenden Therapeuten und für die daran teilnehmenden Patienten bzw. Eltern.

Dabei möchte die gruppentherapeutisch ausgerichtete Variante der Strategischen Jugendlichentherapie bis zu einem gewissen Grad für sich die verfahrensunabhängigen, dem Gruppensetting impliziten, 11 Wirkfaktoren nach Yalom (2010) nützen:

1. Das Wecken von Hoffnung: Mittels eines Zuversicht und Hoffnung vermittelnden Therapeuten und ggfs. anderen Gruppenteilnehmer, die über Fortschritte oder konstruktivem Umgang mit Leid oder Belastung berichten bzw. Selbiges signalisieren, können die Jugendlichen/Eltern selbst mehr Hoffnung und Zuversicht entwickeln. Zuversicht in Richtung
   - Symptomlinderung
   - eines entlastenden Umgangs mit Symptomatik
   - Bewältigung persönlicher Belastungen/Lebensumstände im Sinne von Problembewältigung.
2. Die Demonstration einer gewissen Universalität von Leiden: Die Jugendlichen/Eltern erfahren im Kontakt zu den Peers/anderen Eltern, dass sie nicht als Einzige unter bestimmten psychischen bzw. Alltagsbelastungen, Beziehungskonflikten, als aversiv empfundenen Gefühlen und Gedanken leiden. Sie werden durch die im Gruppenkontext aufkommenden Themen hinsichtlich ihres Leidens auf eine sehr wahrscheinlich neue und entlastend-integrierend wirksame Art und Weise validiert.
3. Durch die Vermittlung von Informationen hinsichtlich ihres Krankheitsbildes, adoleszententypischer Probleme und Belastungen, deren entwicklungspsychologischen Hintergründe etc., kann die Compliance gefördert werden.
4. Altruistisches Selbsterleben: Jugendliche, die in Abhängigkeit von ihrem Entwicklungsalter eine mehr oder weniger egozentrische Perspektive in die Gruppe einbringen, erfahren, dass sie durch eigene Präsenz, Selbstöffnung und Unterstützungsbereitschaft den Peers gegenüber eine Wichtigkeit und Wirksamkeit erlangen, was sich zum einen positiv auf das Selbsteffizienzerleben, zum anderen aber auch positiv auf das Selbstwertgefühl auswirken kann. Selbiges kann auch ein Effekt in den Elterngruppen sein.
5. Korrigierende Beziehungserfahrungen: Im Kontakt zu Therapeuten und zu den Peers/anderen Eltern können durch den therapeutisch moderierten Lern- und Entwicklungsraum „Gruppe" generell neue, entwicklungsförderliche Erfahrungen gemacht werden, die sich letztlich der affektiv-kognitiven Entwicklungstheorie (Richter-Benedikt, 2015a, b; Sulz, 2017a, b, c) nach positiv auf die Symptomatik auswirken können (s. Gliederungspunkt 1.1).
   Beispielsweise wird das Abgrenzungsbedürfnis eines Teilnehmers – entgegen der Erfahrungen aus der Kernfamilie – von den anderen Teilnehmern akzeptiert und kann im Gruppekontext auf adaptiv-funktionale Weise im Sinne des sozialen Lernens immer konstruktiver umgesetzt und ausdifferenziert und in den Alltag transferiert werden.

6. Mit eben angedeutetem Beispiel wird bereits der nächste von Yalom definierten Wirkfaktoren angesprochen: die Entwicklung und Ausweitung sozialer Kompetenzen.
7. Auch das Imitationslernen spielt im Gruppengeschehen eine bedeutsame Rolle: So haben die Jugendlichen/Eltern die Möglichkeit, die anderen Teilnehmer in der Gruppe z. B. hinsichtlich des Aufbaus von Problemlösestrategien zu beobachten und für sich (in Anteilen) zu übernehmen.
8. Gleichermaßen besteht für die Jugendlichen im Kontakt zu den Peers bzw. für die Eltern im Kontakt zu anderen Elternteilen die Möglichkeit, im direkten Gruppenerleben interpersonelle Kompetenzen im Sinne interpersonalen Lernens zu erweitern.
9. Als weiteren Wirkfaktor gruppentherapeutischen Vorgehens benennt Yalom die Gruppenkohäsion, die letztlich als konstruktive Arbeitsbasis für gruppentherapeutisches Vergehen zu verstehen ist.
10. Im integrativ-verhaltenstherapeutischen Kontext ist der nächste Wirkfaktor Yaloms, die Katharsis, nicht von expliziter Bedeutung. Allerdings ist der Affektausdruck im Dienste einer adaptiv-funktionalen Emotionsregulation sehr wohl ein explizites, aus der affektiv-kognitiven Entwicklungstheorie (Sulz, 2017 a, b, c) direkt ableitbares Therapieziel (s. Gliederungspunkt 2.1) in der Behandlung von Jugendlichen und der Arbeit mit den elterlichen Bezugspersonen.
11. Der Wirkfaktor „Existenzielle Faktoren" bezieht sich auf das „Unveränderliche", das das Leben mit sich bringt. Therapeutischerseits eine dahingehende Bewustheit zu schaffen und Veränderbarkeit vs. Akzeptanz und Integration des Unveränderlichen zu bahnen, kann für den einzelnen Gruppenteilnehmer einen entwicklungsförderlichen Prozess darstellen.

Drei kontrollierte Evaluationsstudien zum Einsatz der Strategischen Jugendlichentherapie im Einzel- und im Gruppensetting sprechen dabei für die Wirksamkeit des Verfahrens: Die Strategische Jugendlichentherapie reduziert die Symptomatik jugendlicher Patienten signifikant und wirkt sich deutlich positiv auf die Emotions- und Beziehungsregulation der Patienten aus (siehe Richter-Benedikt, 2015a; Peukert, 2018; Sedlacek, 2015).

1.1. Die affektiv-kognitive Entwicklungstheorie nach Sulz (2017, a, b, c)
Nachfolgend soll es darum gehen, die theoretischen Grundlagen der Strategischen Jugendlichentherapie (Richter-Benedikt, 2014, 2015a; Sedlacek, 2015; Sedlacek et al. 2018) und den sich daraus ableitenden therapeutischen Ansatz darzustellen.

Die theoretische Grundlage der Strategischen Jugendlichentherapie bildet die s.g. affektiv-kognitive Entwicklungstheorie, die Sulz (2017 a, b, c) bereits in den 90iger Jahren für die integrativ-verhaltenstherapeutische Behandlung von Erwachsenen erarbeitete und fortlaufend weiterentwickelt. Das der Strategischen Jugendlichentherapie äquivalente Behandlungskonzept erfuhr innerhalb der Jahrzehnte eine Umbenennung: aus der Strategischen Kurzzeittherapie (SKT, s. Sulz, 1992, 1994, 1995, 1999a, 1999b, 2000) wurde die Strategisch Behaviorale Therapie (SBT, s. Sulz 2009a, 2009b, 2017 a, b, c). Aus den theoretischen Überlegungen zu und der praktischen Umsetzung der Strategisch Behavioralen Therapie wurde die Strategische Jugendlichentherapie als ein therapeutisches Konzept abgeleitet, das sich auf das Entwicklungsalter und die sich hieraus ergebenden therapeutischen Implikationen für das Jugendalter konzentriert (Richter-Benedikt, 2014, 2015a).

Die affektiv-kognitive Entwicklungstheorie ist als eine Theorie von Persönlichkeitsentwicklung zu verstehen, die neben theoretischen Annahmen zu einer salutogenen Persönlichkeitsentwicklung im Schwerpunkt ein Verständnis dahingehend beinhaltet, wie psychische Belastungen bzw. eine Symptomatik entsteht und aufrechterhalten wird. Vor allem auf Basis differenzierter lerntheoretischer, entwicklungspsychologischer, bindungstheoretischer Annahmen, Konzepten der Grundlagenforschung und seit mehreren Jahren zunehmend neurophysiologischem Verständnisses (s. hierzu z. B. Sulz, 2004) bietet die affektiv-kognitive Entwicklungstheorie für das therapeutische Handeln eine bedingungsanalytisch differenzierte Basis. Die bisherigen Wirksamkeitsstudien sprechen, wie einleitend bereits angedeutet, hinsichtlich der therapeutischen Behandlung von Erwachsenen (Graßl, 2013; Hebing, 2013; Hoy, 2014; Liwowsky, 2015; Kaufmayr, 2018; Peters, 2018) und Jugendlichen (Richter-Benedikt, 2015a; Peukert, 2018; Sedlacek, 2015) für die Wirksamkeit des therapeutischen Konzepts.

Der affektiv-kognitiven Entwicklungstheorie nach entwickelt sich Persönlichkeit durch das Zusammenspiel verschiedener Faktoren, wobei der frühen Eltern-Kind-Interaktion – analog zu Annahmen der Bindungstheorie (Bowlby, 2006, 2008) – ein besonderer Stellenwert beigemessen wird. Dem Kind immanente entwicklungsphasenspezifische Grundbedürfnisse werden von den Eltern mehr oder weniger „angemessen" im Sinne eines „Zu-Viels" oder eines „Zu-Wenigs" beantwortet, was die Persönlichkeitsentwicklung entsprechend prägt. Sowohl eine maladaptiv-dysfunktionale, als auch eine (tendenziell) adaptiv-funktionale Bedürfnisfrustration führen zu Wutimpulsen, die das Kind entsprechend seines nahen Bezugspersonenkontextes zum Ausdruck bringt und ihrerseits mehr oder weniger im Dienste der Entwicklungsförderung beantwortet bekommt. Wird das (Aus-)Leben von durch Bedürfnisfrustration entstandenen Wutimpulsen in der Beziehung zu den Eltern als bedrohlich oder beziehungsschädigend erlebt, entsteht im Kontakt zu den Eltern Angst. Angst, die die Wutimpulse zugunsten der Eltern-Kind-Beziehung eindämmt. Im Schwerpunkt wird die sich herausbildende Persönlichkeit eines Menschen nach Sulz durch drei zentrale Handlungsmotive reguliert, die aus der intrapsychischen Verarbeitung von Interaktionserfahrungen und Temperamentsmerkmalen des Kindes erwachsen und eine regulative intrapsychische Funktion erlangen: die s. g. zentralen Bedürfnisse, zentralen Ängste und zentrale Wutimpulse etablieren sich als zentrale vorbewusste Motive. Sie wurden von Sulz entwicklungsstadienspezifisch definiert und faktorenanalytisch extrahiert und lassen sich Sulz zufolge zu personimmanenten, vorbewussten affektiv-kognitiven Grundannahmen verdichten, die er „Überlebensregeln" nennt" (Sulz & Müller, 2000; Sulz 2017 a, b, c). Selbige beeinflussen das individuelle Erleben und Verhalten auf personen- bzw. persönlichkeitstypische Weise, die ihrerseits als vorbewusst und reflexhaft wirkend zu verstehen sind (s. hierzu Abbildung 1).

1.2. Die Symptombildung und -aufrechterhaltung in der affektiv-kognitiven Entwicklungstheorie

Zur Symptombildung kommt es diesen theoretischen Annahmen nach vor dem Hintergrund von s. g. „Entwicklungslöchern" (Sulz & Theßen, 1999) bzw. Entwicklungshemmungen, zumeist im Zusammenspiel mit normativen oder non-normativen kritischen Lebensereignissen, die das intrapsychische Gleichgewicht über die Maßen herausfordern. Das mit seinem individuellen Temperament ausgestattete Kind hat in der Interaktion mit beispielsweise den Eltern gelernt,

- dass ein zentrales Bedürfnis (z. B. Liebe erhalten) nur durch Unterdrückung von zentralen Wutimpulsen, wie der Wut unkontrolliert Luft zu machen, befriedigt wird. Daraus ergibt sich für das Kind u. U., dass es Wutimpulse stark vermeidet bzw. nicht mehr spürt
- dass ein zentrales Bedürfnis (z. B. Aufmerksamkeit und Beachtung) nur angesichts eines bestimmten Verhaltens, wie angepasst und leistungsfähig zu sein, befriedigt wird. Daraus ergibt sich für das Kind u. U., dass es Wertschätzung als „bedingtes Gut" erfährt, was sich negativ bzw. destabilisierend auf den eigenen Selbstwert auswirken kann
- dass ein zentrales Bedürfnis auf Kosten eines anderen zentralen Bedürfnisses befriedigt wird: z. B. übermäßiges Gewähren auf Kosten des Bedürfnisses, Grenzen gesetzt zu bekommen. Daraus ergibt sich für das Kind u. U., dass es im Kontakt zu anderen Bezugspersonen eine sehr geringe Frustrationstoleranz bei Grenzsetzungen aufweist
- dass zentrale Ängste reduziert werden, wenn bestimmte Verhaltensweisen und Gefühle, wie die der Hilfsbereitschaft und Fröhlichkeit, gezeigt werden. Daraus ergibt sich für das Kind u. U., dass es v. a. diese Gefühle regulieren lernt und damit assoziierte Verhaltensweisen als persönlichkeitstypisch übernimmt
- dass zentrale Ängste reduziert werden, wenn es bestimmte Verhaltensweisen und Gefühle nicht zeigt, wie Grenzen zu setzen und Traurigkeit. Daraus ergibt sich für das Kind u. U., dass es v. a. diese Gefühle nicht regulieren lernt und keine Verhaltens- bzw. Umgangsweisen damit etabliert.

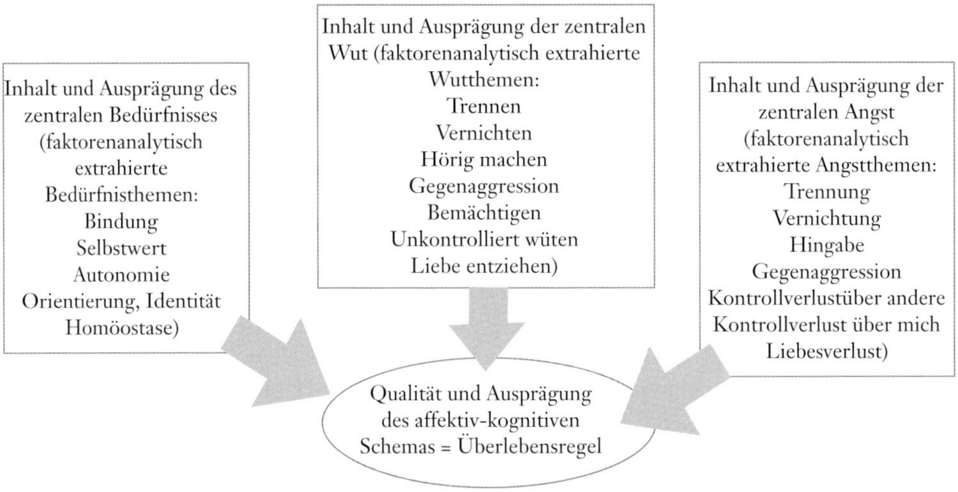

| Inhalt und Ausprägung des zentralen Bedürfnisses (faktorenanalytisch extrahierte Bedürfnisthemen: Bindung Selbstwert Autonomie Orientierung, Identität Homöostase) | Inhalt und Ausprägung der zentralen Wut (faktorenanalytisch extrahierte Wutthemen: Trennen Vernichten Hörig machen Gegenaggression Bemächtigen Unkontrolliert wüten Liebe entziehen) | Inhalt und Ausprägung der zentralen Angst (faktorenanalytisch extrahierte Angstthemen: Trennung Vernichtung Hingabe Gegenaggression Kontrollverlust über andere Kontrollverlust über mich Liebesverlust) |

→ Qualität und Ausprägung des affektiv-kognitiven Schemas = Überlebensregel

Abbildung 1: Affektiv-kognitives Schema und seine zentralen Motivinhalte nach Sulz (2017 a, b, c)

Vor dem Hintergrund dieser Annahmen ist bezüglich der Symptombildung und -aufrechterhaltung von affektiv-kognitiven und verhaltensbezogenen Entwicklungsdefiziten auszugehen, die sich nach Sulz (2017 a, b, c) bestimmten Entwicklungsphasen zuordnen lassen, die wir Menschen – v. a. in Abhängigkeit von den psychosozialen Angeboten unserer Lebenswelt bzw. unseres Entwicklungsraums – mehr oder weniger adaptiv-funktional durchlaufen. Das defizitäre Durchwandern eines Entwicklungsstadiums lässt die o. g. „Entwicklungslöcher" entstehen, wobei Patienten v. a. Entwicklungslöcher auf der „impulsiven" bzw. „souveränen" Entwicklungsstufe aufweisen. Diese Entwicklungslöcher hemmen das Erleben und Verhalten zusammengefasst dahingehend,

a) Impulsivität unterdrückt, nicht erlebt und gelebt zu haben bzw. haben zu dürfen (Entwicklungsloch auf der impulsiven Entwicklungsstufe)
b) sich intra- und interpersonell als nicht wirksam, Einfluss nehmend zu erfahren bzw. selbiges nicht aktiv zu (er-)leben (Entwicklungsloch auf der souveränen Entwicklungsstufe).

Normative und nicht-normative Lebensereignisse, die die psychische Homöostase eines Menschen angesichts der Qualität oder Quantität der Ereignisse auf Basis seines aktuellen Entwicklungstandes (und damit noch nicht entwickelter psychosozialer Kompetenzen) oder angesichts von Entwicklungslöchern übermäßig herausfordern, können im Sinne eines multimodalen Modells psychische und Verhaltensstörungen erzeugen. Hierzu nachfolgende Abbildung:

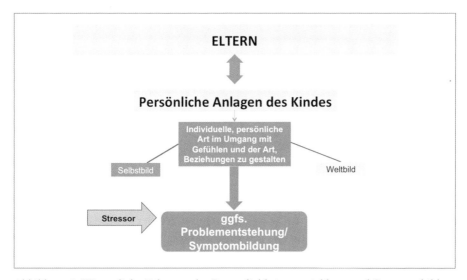

Abbildung 2: Wesentliche Faktoren der Persönlichkeitsentwicklung und Symptombildung

Anhand des nachfolgenden Fallbeispiels soll dieses multifaktorielle Modell zur Symptombildung und -aufrechterhaltung kurz veranschaulicht werden:
Die 14-jährige Jugendliche L. zeigt seit einem Jahr deutliche Stimmungsschwankungen, Antriebslosigkeit, „Schwierigkeiten im Aushalten negativer Gefühle, wie Enttäuschung und Scham durch Zurückweisung". Zudem ist sie eigenen sowie elterlichen Angaben nach im „übersteigerten Maße selbstkritisch". Seit dem Übertritt auf das Gymnasium, der mit dem Beginn der Pubertät zusammenfällt, besteht ein über die Jahre zunehmender Leistungsanspruch und -druck von Seiten des ebenfalls sehr selbstkritischen Vaters, der sich in seiner Selbstdefinition als „guter Vater" stark von der Leistungsfähigkeit seiner Tochter abhängig macht und im Kontakt zu seinem Kind insgesamt verschlossen-zurückhaltend ist. Die emotional-impulsive Mutter überfordert ihre Tochter emotional und kognitiv ebenfalls, indem sie von klein auf von ihr Verständnis für das Gegenüber und das Zurückstellen eigener Bedürfnisse bzw. Wutimpulse erwartet. Das entsprechende multifaktorielle Störungsmodell kann nun orientierend folgendermaßen skizziert werden:

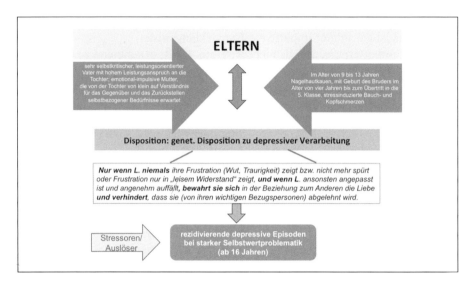

Abbildung 3: Fallbeispiel – Wesentliche Faktoren der Persönlichkeitsentwicklung und Symptombildung

Für die Strategische Jugendlichentherapie ergeben sich hieraus nachfolgende theoretische Kernannahmen zur Persönlichkeitsentwicklung und zur Symptombildung/-aufrechterhaltung (aus Richter-Benedikt, 2018):
1) Frühe (Eltern-Kind-)Bindungserfahrungen bilden auf Basis entwicklungsphasenspezifischer Interaktionserfahrungen bzw. damit einhergehender Bedürfnisfrustrationen individuell definierbare zentrale Motive heraus, die intrapsychisch und im interpersonellen Kontakt als vorbewusste handlungsleitende Größen der Psyche fungieren und sich als persönliche affektiv-kognitive Schemata verfestigen.
2) Die sich individuell herausbildenden Schemata werden ihrerseits für das weitere Erleben und beobachtbare Verhalten der/des Einzelnen als relevante Größen angesehen, da sie sich sehr konkret auf die individuelle Regulation von Emotionen und Beziehungen auswirken.
3) Auf Basis eines multimodalen Verständnisses zur Entstehung psychischer bzw. Verhaltensstörungen können sie letztlich in Abhängigkeit von ihren adaptiv-funktionalen und ihren maladaptiv-dysfunktionalen Anteilen hinsichtlich der Emotions- und Beziehungsregulation symptomerzeugende und -aufrechterhaltende Wirkung haben.
3) Letztlich kann die Entstehung von psychischen, psychosomatischen und Verhaltensstörungen als „psychosoziale Entwicklungshemmung" verstanden werden.

2. Die Strategische Jugendlichentherapie im Gruppenmodus

Die Strategische Jugendlichentherapie ist im Gruppenmodus als integrativ verhaltenstherapeutisches Konzept zu verstehen, das einzelfallorientiertes Arbeiten in der Jugendlichen- bzw. Elterngruppe mit interaktiven Gruppenübungen unter Einbezug aller Gruppenteilnehmer im Dienste des Fertigkeitsauf- und ausbaus kombiniert. Dabei werden Themen vom Gruppentherapeuten vorgegeben, d. h., es besteht eine vordefinierte

Zielorientierung, die dem Therapeuten und den Jugendlichen/Eltern als struktur- und haltgebender Rahmen eine Richtung weist. Gruppendynamiken werden vom Therapeuten im Sinne des Schaffens und Aufrechterhaltens einer förderlichen Arbeitsatmosphäre moderiert und gegebenenfalls eingegrenzt.

Zumeist wird die Strategische Jugendlichentherapie im Gruppenmodus als transdiagnostisches Gruppenkonzept in der Behandlung von Jugendlichen mit heterogenen Störungen eingesetzt, wobei es sich auch in diesem Kontext empfiehlt, eine „gekonnte Durchmischung" von jugendlichen Patienten mit externalisierenden und internalisierenden Störungen zu reflektieren und umzusetzen, um hierdurch eine stabile Arbeitsbasis der Gruppe zu fördern (siehe auch Richter-Benedikt, 2015 a, b; Sedlacek, 2015).

Auch als störungsspezifische Gruppe ist der SJT-Ansatz derart konzipiert, dass v.a. bedingungsanalytisch relevante „Entwicklungsthemen" bezüglich der Emotions- und Beziehungsregulation therapeutisch definierte Ziele darstellen, so dass es hier zu einer klaren inhaltlichen Überschneidung mit störungsunspezifischen Jugendlichengruppen kommt. Einzig der Einsatz störungsspezifischer psychoedukative Elemente werden in erstem Fall den bedingungsanalytisch relevanten SJT-Teilzielen vorangestellt.

Parallel zur therapeutischen Arbeit mit den Jugendlichen findet in der SJT zumeist obligatorisch eine die Therapie mit den Jugendlichen säumende Elternarbeit statt. Entgegen des nicht selten anzutreffenden Vorgehens, im Rahmen von Jugendlichentherapien die Elternarbeit im Sinne der Autonomieförderung der Jugendlichen zurückzustellen, sieht die Strategischen Jugendlichentherapie auf Basis ihres bedingungsanalytischen Verständnisses zur Symptomentstehung und -aufrechterhaltung Elternarbeit als konstruktive, regelrecht unabdingbare Größe für ein förderliches therapeutisches Vorgehen an: Mittels der Elternarbeit soll der Versuch erfolgen, vor dem Hintergrund einer sehr konkreten Vermittlung von Skills hinsichtlich der eigenen und kindbezogenen Emotionsregulations- und Beziehungsgestaltungskompetenzen korrigierende, entwicklungsförderliche Eltern-Kind-Erfahrungen zu ermöglichen - und dadurch letztlich eine adaptive Autonomieförderung zu bahnen.

Jugendliche Patienten befinden sich in der Regel in einer emotional grundsätzlich destabilisierenden Entwicklungsphase und bringen zudem eine gewisse, zum Teil erhebliche, Symptombelastung mit. Angesichts dessen empfiehlt es sich zur Schaffung einer stabilen Compliance des Einzelnen, an der Herausforderung „Gruppentherapie" teilzunehmen, die gruppentherapeutischen Einheiten mit einzeltherapeutischen Sitzungen zu kombinieren, um durch letztere die gruppentherapeutischen Prozesse weitgehend konstruktiv aufrechtzuerhalten. Nicht selten wird im Rahmen der ambulanten Behandlung mit der Strategischen Jugendlichentherapie deshalb die gruppentherapeutische Behandlung der Einzeltherapie als Folgetherapie angehängt oder es werden einzel- und familientherapeutische Einheiten zwischen die Gruppeneinheiten geschaltet. Nachfolgende Abbildung aus Richter-Benedikt (2015a) demonstriert für die ambulante Vorgehensweise die Einbettung der SJT-Gruppentherapie in die Einzelbehandlung:

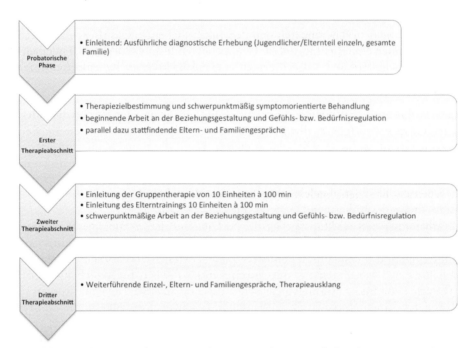

Abbildung 4: Therapeutische Stationen der Strategischen Jugendlichentherapie (aus Richter-Benedikt 2015a)

Angesichts der Richtlinienreform vom 01. April 2017 (PTV-Leitlinien, 2017; Schäfer, 2017) gestaltet sich die praktische Umsetzung eines Einzel-Gruppen-Mischsettings hinsichtlich der Abrechnungsmodalitäten gesetzlich versicherter Patienten in diesem Zusammenhang glücklicherweise einfacher.

Auch im teilstationären Setting hat sich für die Strategische Jugendlichentherapie eine Kombination von einzel- und gruppentherapeutischen Einheiten bewährt (s. hierzu Sedlacek, 2015; Sedlacek, et al, 2018). Im Gegensatz zum ambulanten Setting, wo sie als geschlossenes Konzept angeboten wird, kann bzw. muss sie im (teil-)stationären Setting angesichts der dortigen wirtschaftlich-zeitlichen Rahmenbedingungen häufig als halboffene Gruppe angeboten werden.

2.1. Grundsätzliche Ziele der Strategischen Jugendlichentherapie als gruppentherapeutisches Verfahren

Was die grundsätzliche Zielorientierung von SJT-Gruppen mit Jugendlichen und deren Eltern auf Grundlage des Entwicklungsaspekts anbelangt, so soll es v.a. darum gehen, therapeuticherseits dahingehend Unterstützung zu geben, die Gruppenteilnehmer hinsichtlich der Reflexion intrapsychischer bzw. interaktiver Prozesse zu unterstützen. Zudem sollen Fertigkeiten im Dienste einer adaptiv-funktionaleren Emotionssteuerung und Beziehungsgestaltung aufgebaut werden - unter besonderer Berücksichtigung des Entwicklungsabschnittes „Adoleszenz" auf Seiten der Eltern und der Jugendlichen. Selbiges kann gerade im Kontakt zu den Peers der Identitätsfindung besonders zuträglich sein: Individuation und (Selbst-)Differenzierung kann in Interaktion mit Gleichaltrigen therapeutisch moderiert nicht zuletzt durch ein erweitertes Selbstverständnis und durch selbstwertförderliche, korrigierende Beziehungserfahrungen persönliches Wachstum und Anstoß für bzw. Bahnung von adaptiv-funktionale(r) Autonomieförderung bedeuten. Die inhaltlichen Schwerpunkte bzw. thematischen Teilziele für die Jugendlichen- und Elterngruppe stellen dabei dar:

- symptomorientierte Psychoedukation bzw. Interventionen oder psychoedukative Aufklärung im Sinne eines multifaktoriellen Modells zur Entstehung und Aufrechterhaltung psychischer und Verhaltensstörungen (TZ1)
- der Aufbau von Achtsamkeit und Akzeptanz (TZ2)
- die Erarbeitung der Überlebensregel (TZ3)
- die Erarbeitung häufiger/abgelehnter/gefürchteter Gefühle (TZ4)
- die Erarbeitung des bisherigen Umgangs mit Gefühlen (TZ5)
- die Erarbeitung eines funktional-adaptiveren Umgangs mit bestimmten Gefühlen durch Erlernen entsprechender Skills – intrapsychisch (TZ6)
- die Erarbeitung eines funktional-adaptiveren Umgangs mit bestimmten Gefühlen durch Erlernen entsprechender Skills – interpersonell (s. auch Aufbau von Problemlösestrategien) (TZ7)
- die Erarbeitung von Stärken und Ressourcen (TZ8).

Das übergeordnete Ziel der Jugendlichentherapie im Gruppenmodus kann formuliert werden als „Symptomreduktion bei Entwicklungsförderung im Kontext". Hierfür bietet die SJT als Zwei-Ebenen-Ansatz im Einzel- und Gruppenmodus therapeutische Interventionen auf Symptom- und Bedingungsebene an:

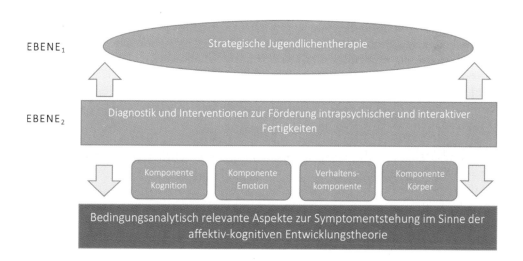

Abbildung 5: Interventionsebenen in der Strategischen Jugendlichentherapie (aus Richter-Benedikt, 2018

Gerade im Gruppenkontext besteht dabei vor dem Hintergrund der therapeutischen Gruppenteilziele und des Settings eine klare Methodenauswahl, die in Relation zum SJT-Einzelsetting deutlich weniger variiert. Allerdings können die Teilziele bzw. die Methoden und deren konkrete Techniken im ambulanten Rahmen in Abhängigkeit von der jeweiligen Jugendlichen- bzw. Elterngruppe angepasst und damit vertieft, nur gestreift oder ausgeklammert werden.

2.2. Umsetzung der Strategischen Jugendlichentherapie in die gruppentherapeutische Praxis

Die SJT-Maßnahmen sind als metaebenengeleitete Interventionen zu verstehen, die unter Einbezug des affektiv-kognitiven Entwicklungsaspekts darum bemüht sind, die Jugendlichen emotional sowie kognitiv nicht zu überfordern, sondern in Abhängigkeit von den individuellen Entwicklungslöchern bzw. -stufen (s. Richter-Benedikt, 2015 a, b; 2018 Sulz, 2017 a, b, c; Sulz & Theßen, 1999) zu fördern. Hierbei sind die meisten Interventionen, wie eingangs skizziert, mit großer Wahrscheinlichkeit auf Defizite hinsichtlich der impulsiven und souveränen Entwicklungsstufe ausgerichtet.

Vor dem Hintergrund des bedingungsanalytischen Verständnisses gilt es dabei therapeutischerseits für die Jugendlichen- und Elterngruppen Interventionen anzubieten, die
- einer individuellen und gruppenbezogenen Stabilisierung
- einem Aufbau adaptiv-funktionaler Verhaltensweisen im zwischenmenschlichen Kontakt
- einem Aufbau einer adaptiv-funktionaleren Emotionsregulation
- einer Förderung der metakognitiven Fertigkeiten
- einer Ressourcenaktivierung
dienlich sind.

Das Gruppenkonzept der Strategischen Jugendlichentherapie gliedert sich in klar definierte und strukturierte Einheiten, im Folgenden SJT-Module genannt. Die jeweilige Schwerpunktsetzung und Durchführung wird hierbei an das jeweilige therapeutische Setting (ambulant vs. (teil-)stationär) angepasst. Vor diesem Hintergrund variiert die zeitliche Dimension der Durchführung erfahrungsgemäß zwischen 8 und 15 Gruppensitzungen à 100 Minuten. Was die Indikationsstellung für die Teilnahme an einer SJT-Gruppe anbelangt, so ist diese in Abhängigkeit vom Setting mit spezifischen Rahmenbedingungen assoziiert, die nachfolgende Tabelle veranschaulichen und zusammenfassen soll:

Tabelle 1: SJT-Gruppenkonzept im ambulanten vs. (teil-)stationären Setting

	SJT-Gruppe im ambulanten Rahmen	SJT-Gruppen (teil-)stationären Rahmen
Störungsbereiche	- Angststörungen - Zwangsstörungen - Depressive Störungen - Essstörungen - AD(H)S - Sozialverhaltensstörungen - PTSD - Persönlichkeitsakzentuierungen bzw. tendenzielle Persönlichkeitsfehlentwicklungen	Angststörungen - Zwangsstörungen - Depressive Störungen - Essstörungen - AD(H)S - Sozialverhaltensstörungen - PTSD - Persönlichkeitsakzentuierungen bzw. tendenzielle Persönlichkeitsfehlentwicklungen
Kontraindikationen	- Mangelnde Bündnisfähigkeit - Sucht - schwere Fehlentwicklungen der Persönlichkeit - Psychotische Entwicklungen - Autismus-Spektrum-Störungen - selbst- und fremdgefährdende sexuelle Deviationen - schwere körperliche Erkrankungen bzw. mangelnde Compliance zur medikamentösen Behandlung selbiger - akute Selbst- und Fremdgefährdung	- Mangelnde Bündnisfähigkeit - schwere Fehlentwicklungen der Persönlichkeit - Psychotische Entwicklungen - Autismus-Spektrum-Störungen - selbst- und fremdgefährdende sexuelle Deviationen - akute Selbst- und Fremdgefährdung
Störungsspezifität	möglich, aber nicht nötig	möglich, aber nicht nötig
Strukturiertheitsgrad der Gruppe	mittel bis hoch	hoch bis sehr hoch
Zielorientierung	relative Flexibilität im Rahmen der vordefinierten SJT-Teilziele	wenig Flexibilität im Rahmen der vordefinierten SJT-Teilziele
Motivationsarbeit durch Therapeuten	gering bis mittel	mittel bis hoch
Teilnehmerzahl	Empfehlung von 6 Teilnehmern	8-10 Teilnehmer
Therapeutenzahl	ein Therapeut	zwei Therapeuten
Therapieeinheiten	Gruppe ≥ 15 Einheiten à 100 min	8 Einheiten ≥ Gruppe ≤ 15 Einheiten zwischen 50 und 100 min
Setting	Einzel-Gruppe-Mischsetting bzw. Gruppe als Folgetherapie nach Einzelsetting	Einzel-Gruppe-Mischsetting
Altersspannen	gestaffelt, in der Regel 13-15 Jahre, 16-18 Jahre, 19-21 Jahre	gestaffelt, in der Regel 13-15 Jahre, 16-18 Jahre, 19-21 Jahre
Elterntraining	obligatorisch	sehr zu empfehlen, wenn umsetzbar

2.2.1 Die einzelnen Module der Strategischen Jugendlichentherapie zur Durchführung von Jugendlichengruppen

Die Strategische Jugendlichentherapie bietet für eine gruppentherapeutische Durchführung mit den Jugendlichen und den Eltern jeweils vordefinierte therapeutische Module an, die im Praxistransfer in Abhängigkeit von der Bedarfs- bzw. Bedürfnislage der Gruppe betont oder nur gestreift werden können (Richter-Benedikt, 2015a; Sedlacek, 2015; Sedlacek, Peukert & Richter-Benedikt, 2018). Auch greifen die Einheiten in der therapeutischen Praxis häufig ineinander, werden zueinander in Bezug gesetzt und im Verlauf der Gruppensequenz wieder aufgefrischt. Sie sind folglich nicht als starr-isolierte Einheiten zu verstehen, sondern leben und wirken durch kognitive und emotionale Verzahnung. Nachfolgend sollen die einzelnen Module in ihrer inhaltlichen Schwerpunktsetzung zunächst für die Jugendlichen, in der Folge für die Eltern, skizziert und deren zeitliche Abfolge dargestellten werden.

Gerade zu Beginn des Gruppenprozesses ist die Festigung der Gruppenkohäsion von vordergründiger Bedeutung, da die Jugendlichen nicht selten starke Berührungsängste haben und das Thema der Selbstoffenbarung – nicht zuletzt assoziiert mit psychischer bzw. psychosomatischer Symptomatik – in der Pubertät schambesetzt bzw. sehr ambivalent besetzt sein kann. Vor diesem Hintergrund erscheint es umso bedeutsamer, gerade zu Beginn der Gruppentherapie für eine „sichere und entspannte Atmosphäre" zu sorgen, so dass sich die Jugendlichen „willkommen" fühlen und sich auf den therapeutischen Prozess einlassen können. Hierfür ist eingangs explizit die **erste Gruppeneinheit (SJT-GRT-J-Modul 1)** vorgesehen: Eine allgemeine Einführung zum Gruppenprogramm soll dem Jugendlichen Transparenz und Überschaubarkeit vermitteln. Das gemeinsame Aufstellen von Gruppenregeln dient darüber hinaus der Festigung eines Kontrollgefühls bzw. von Einflussnahme und Sicherheit. Diese Vermittlung eines geschützten Rahmens impliziert dabei ebenfalls die Thematisierung persönlicher Grenzen, des gegenseitigen Respekts und einer konkreten Definition dieser Thematiken auf der Verhaltensebene. Zudem werden mit dem vorrangigen Ziel einer Förderung der Mentalisierungfähigkeit und eines Transfers des Erarbeiteten in den Alltag der Jugendlichen Gruppentagebücher eingeführt.

Im Rahmen der **zweiten Gruppeneinheit (SJT-GRT-J-Modul 2)** soll mit den Jugendlichen auf Basis der affektiv-kognitiven Entwicklungstheorie ein allgemeines, validierend-tragendes multifaktorielles Modell zum „persönlichen Gewordensein" und zur Entstehung und Aufrechterhaltung von psychischen und Verhaltensproblemen in einer gemeinsamen Reflexion analog Abbildung 6 psychoedukativ erarbeitet werden. Die therapeutische Vermittlung und Verankerung störungsspezifischen Wissens ist hierbei von der störungsspezifischen Homogenität der Gruppe abhängig.

Die **dritte Gruppeneinheit (SJT-GRT-J-Modul 3)** zum Thema „Soziale Wahrnehmung" lässt sich chronologisch gut daran anschließen, weil die damit assoziierten Selbstöffnungselemente am Anfang wenig konkret und damit wenig „bedrohlich" für gefühlsphobische oder sozial unsichere Jugendliche sind. Das Thema der „sozialen Wahrnehmung" wird dabei zunächst theoretisch kurz eingeleitet, um die Jugendlichen dann dazu zu motivieren, sich in ihrer persönlichen Realitätskonstruktion und -sicht mit Hilfe von Bildvorlagen einzubringen: Soziale Situationen werden zunächst „fern von den Jugendlichen" vorgegeben, wobei die Jugendlichen dahingehend ihre persönliche Interpretation der Situation darlegen. Anschließend wird in der Diskussion mit den anderen Gruppenteilnehmern deren Situationsinterpretation diskutiert. In diesem Zusammenhang soll im ersten Schritt gezeigt werden, wie unterschiedlich soziale Situationen bzw. deren Hintergründe gesehen werden können. Es geht dabei nicht darum, die Jugendlichen in ihrer Realitätssicht zu widerlegen, sondern vielmehr die Hintergründe der Realitätskonstruktion herauszuarbeiten und zu differenzieren. Die Ansicht der Jugendlichen ist im ersten Moment ebenso zu validieren, wie die Ansicht eines anderen Gruppenmitglieds. Ziel ist es ausschließlich, zu verstehen, warum der eine die Situation ähnlicher oder unterschiedlich interpretiert als der andere. Die einleitend bereits erwähnte jugendliche Egozentrik bzw. selbstempfundene Marginalposition findet dabei im Sinne einer von den Jugendlichen nicht selten als schmerzhaft empfundene Realitätskonstruktion Beachtung und werden hinterfragt. Auch die Kindheitserfahrungen sind dabei prägend. Genau das gilt es den Jugendlichen zu vermitteln: „Deine Realität ist nicht immer meine Realität" – unter Berücksichtigung dessen, dass es Überlappungen und konformen Wahrnehmungselemente gibt, ohne die eine zwischenmenschliche Verständigung nicht möglich wäre. Bestimmte soziale Signale können als klar interpretierbar definiert werden und müssen von den Jugendlichen erst als solche erkannt werden. Dazu sollen von den Jugendlichen erst im zweiten Schritt verifizierbare Elemente des Bildmaterials herausgearbeitet werden. Die dritte Therapieeinheit ist als einleitender Fertigkeitsaufbau auf Basis einer differenzierten sozialen Wahrnehmung zu verstehen, was es im weiteren Verlauf der Gruppentherapie vor dem Hintergrund der individuellen Überlebensregel unter Berücksichtigung und Herausarbeitung der bestehenden Selbst- und Weltbilder immer wieder zu überprüfen und zu differenzieren gilt. D. h. die Einflüsse eigener Empfindungen, Erinnerungen und Erfahrungen werden zunehmend herausgearbeitet und damit der Ich-Bezug zu den neutralen Situationen hergestellt.

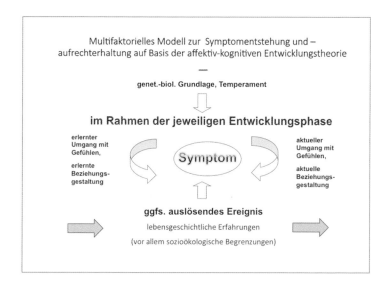

Abbildung 6: Multifaktorielles Modell zur Symptomentstehung und -aufrechterhaltung auf Basis der affektiv-kognitiven Entwicklungstheorie (angelehnt an Sulz, 2017 a, b, c)

Eine Vermittlung des Konzepts für „soziale Wahrnehmung" bzw. ihrer erfahrungs- bzw. erwartungsassoziierte Färbung (Richter-Benedikt, 2015a) bahnt den Weg hin zur gemeinsamen Erarbeitung der Überlebensregeln der einzelnen Jugendlichen, was den Schwerpunkt der **vierten Gruppeneinheit (SJT-GRT-J-Modul 4)** darstellt: Diese hat zum Ziel, den Jugendlichen das Konzept der Überlebensregel als kognitiven Rahmen für die therapeutische Arbeit an und mit Gedanken, Gefühle und Verhalten darzulegen, d.h. dem Jugendlichen die Prägung der Persönlichkeit durch die eigene Biographie zu verdeutlichen. Gleichzeitig soll dem Jugendlichen die Bewusstwerdung von Einflussnahme auf Situationen im Sinne einer erhöhten Selbstwirksamkeit vermittelt werden, d.h. die Erkenntnis angestoßen werden, dass der Jugendliche trotz und mit seiner ihn prägenden Biographie in aktuellen Situationen auch entgegen seiner Überlebensregel handeln und anteilig eine adaptiv-funktionalere Emotionsregulation aufbauen kann. Mittels der Vermittlung des Konstrukts der „Überlebensregel" im Sinne eines Erklärungsmodells soll der Jugendliche in seiner Persönlichkeit und auch hinsichtlich der Symptombildung Validierung erfahren ohne Eigenverantwortlichkeit und Einflussnahmemöglichkeiten des Jugendlichen aus dem Auge zu verlieren.

Mit der **fünften Gruppentherapieeinheit (SJT-GRT-J-Modul 5)** beginnt die Gruppe, sich zunehmend explizit auf die Gefühlsarbeit zu konzentrieren. Durch ein eher psychoedukatives und spielerisches Hineinarbeiten in die Thematik wird die Wahrscheinlichkeit der emotionalen Vermeidung (gefühlsphobischer) Jugendlicher entgegengewirkt. Die vorausgegangenen Einheiten können in diesem Zusammenhang auch als erste Annäherung und Anstöße zur Selbstreflexion bei gleichzeitiger Stärkung der Gruppenkohäsion verstanden werden. Auf zunächst allgemeiner Ebene werden „Gefühle des Menschen" gesammelt und Funktion und Ausdrucksmöglichkeiten von Gefühlen analysiert. Im Anschluss daran überlegen die Jugendlichen gemeinsam, wozu Gefühle eigentlich gut sind, um letztlich ihre Existenz schätzen und würdigen zu lernen. Auch Jugendliche empfinden Gefühle nicht selten als Belastung, wissen nicht, wie sie damit umgehen sollen oder fühlen sich ihnen hilflos ausgeliefert. Zentral erscheint in diesem Zusammenhang die Vermittlung einer grundsätzlichen Akzeptanz jeglichen gefühlsmäßigen Erlebens. Zudem beinhaltet diese therapeutische Einheit eine Schärfung der Körperwahrnehmung und die Erarbeitung des Einflusses von Körpersprache auf die soziale Interaktion.
Das hierdurch therapeutisch angestoßene Arbeitsmotto „Kein mir angenehmes oder unangenehmes Gefühl und Körperempfinden ist zu werten, sie alle gehören zum Menschsein. Ich selbst entscheide, wie ich damit umgehen möchte" soll in diesem Zusammenhang die Brücke zur gemeinsamen Erarbeitung und Reflexion häufiger, abgelehnter und gefürchteter Gefühle gebaut werden. In der Auseinandersetzung mit häufigen, abgelehnten und gefürchteten Gefühlen lernt der Jugendliche, seine Gefühlswelt zu differenzieren und besser zu verstehen. Zudem soll durch eine Förderung von Akzeptanz und Integration verschiedener Gefühlsqualitäten in das Selbstbild ein funktionaler und gesundheitsförderlicher Umgang mit Gefühlen unterstützt werden. Wichtig erscheint es hier, auf den Grad der gruppenspezifischen „Gefühlsphobie" zu achten. Dabei gilt es, die einzelnen Jugendlichen dahingehend zu beobachten, wie sehr sie bei gefühlsbezogenen Fragen bagatellisieren, abblocken, sich darüber lustig machen etc. Auch wenn die Jugendlichen im Einzelsetting relativ schnell und gut über ihre Gefühle sprechen können, so stellt die Gruppensituation insofern eine andere Herausforderung dar, als dass die Jugendlichen mit Gleichaltrigen konfrontiert sind, bei denen sie „ankommen" oder vor deren (ver-

meintlichem) Spotten sie sich schützen müssen. Deshalb sollte der Therapeut zunächst umso selbstverständlicher mit dem Gefühlsthema und dabei ggfs. empathisch und gelassen mit anfänglich möglichen Widerständen umgehen. In Abhängigkeit von der Bereitschaft bzw. sozialen Angst der einzelnen Gruppenmitglieder können die Gefühle auch mittels Interaktionsspielen in der Gruppe erarbeitet werden (s. Gliederungspunkt 2.3).

Die sich daran anschließende **sechste Gruppeneinheit (SJT-GRT-J-Modul 6)** befasst sich mit der Unterscheidung adaptiv-funktionaler vs. dysfunktionaler-maladaptiver Formen der Emotionsregulation von häufigen, abgelehnten und gefürchteten Gefühlen - zunächst generell, im Verlauf zunehmend situations- und individuumsbezogen, d.h. mit gesteigertem Differenzierungsgrad. Der Therapeut beginnt unter Berücksichtigung der erarbeiteten Überlebensregeln bzw. Selbst- und Weltbilder damit, sich zunehmend explizit auf die Emotions- und Beziehungsregulation der einzelnen Jugendlichen zu konzentrieren. Durch ein schrittweises, psychoedukativ begleitetes und spielerisches Hineinarbeiten in die Welt der Emotionen wird der Wahrscheinlichkeit der emotionalen Vermeidung entgegengewirkt. Die vorausgegangenen Einheiten können in diesem Zusammenhang auch als erste Annäherung an persönliche, emotional besetzte Themenbereiche und Anstöße zur Selbstreflexion verstanden werden. Die Herangehensweise an gefühlsbezogene Themen bzw. dem intrapsychischen und interpersonellen Umgang mit Gefühlen kann dabei in Abhängigkeit von der aktuellen Gruppensituation verschieden sein. So kann der Therapeut in Abhängigkeit davon, was die Jugendlichen an emotional bewegenden Ereignissen während des Anfangsblitzlichtes thematisieren, z. B. folgendermaßen vorgehen:

a) Herausgreifen eines durch das Gruppenblitzlicht aufgekommenen Themas: z. B. erzählt ein Jugendlicher von einem „heftigeren Streit mit den Eltern" oder von „schlechter Laune wegen einer Fünf in Mathe", was die Gruppenteilnehmer emotional anspricht. Der Therapeut kommentiert kurz auf validierende Weise das Gefühl, um sich dann an die Gruppe zu wenden und einen wahrscheinlichen bzw. möglichen emotionalen Umgang hiermit zu thematisieren.
b) „Spaß- und Frusterfahrungen oder -themen dieser Woche" und den Erfahrungen bzw. Möglichkeiten zum emotionalen Umgang damit erfragen.
c) Einleitung des Gruppenthemas durch die Frage „Wisst Ihr, was mich interessieren würde: Wer von Euch ist eigentlich eher ein Gefühls-, wer ein Kopfmensch? In welchen Situationen merkt Ihr das?". Durch derart beschaffene Fragen kann auf relativ „leichte Art und Weise" Zugang zur Erarbeitung verschiedenen bzw. bisherigen Umgangs mit Gefühlen geschaffen werden.

Nachdem die Jugendlichen ihre typischen Umgangsformen zusammengetragen haben, reflektieren sie mit der **siebten Gruppeneinheit (SJT-GRT-J-Modul 7)** die Vor- und Nachteile derselben intensiver. Wichtig ist während der gemeinsamen Reflexion, dass die Jugendlichen die Chance erhalten, ihren typischen Umgang zu hinterfragen und aus der Distanz zu beurteilen, ohne dabei von anderen Gruppenmitgliedern angegriffen zu werden. Die Kritik der anderen sollte konstruktiv und unterstützend formuliert werden, um vom Einzelnen reflektiert werden zu können. Um einen (generell bzw. situationsabhängig) maladaptiv-dysfunktionalen Umgang ablegen oder modifizieren zu können, müssen Alternativen zur Verfügung stehen, die den Jugendlichen auf längere Sicht mehr überzeugen, als z. B. bestimmte Gefühle wegzuschieben oder zu vermeiden. Neben der Modellfunktion, die Jugendliche sich gegenseitig geben können, ist die explizite gemeinsame Erarbeitung alternativer, funktionalerer Umgangsweisen zentral: das Gefühl sollte grundsätzlich zugelassen und erlaubt werden, damit es hinterfragt werden kann. D. h. der Jugendliche sollte angst- und schamreduziert lernen, das Gefühl bewusst wahrzunehmen und damit eine Achtsamkeit für die ihn bewegenden (vornehmlich gefürchteten und abgelehnten) Gefühle zu entwickeln, anstatt sie zu übergehen und wegzuschieben. Im nächsten Schritt macht er sich auf die Suche nach den Gefühlsauslösern und den damit verbundenen Gefühlsgedanken, um adäquate intrapsychische und interpersonelle Bewältigungsstrategien im Umgang mit sich selbst in der entsprechenden Situation zu entwickeln. Außerdem gilt es für den Therapeuten, die Aufmerksamkeit nicht ausschließlich auf Dysfunktionalitäten im Umgang mit Gefühlen zu richten, sondern bereits an dieser Stelle von den Jugendlichen thematisierte funktionale Umgangsformen einen angemessenen Raum zu geben und als Modellverhalten zu verstärken. Die Jugendlichen sollen erleben und erfahren, welche Skills für sie die richtigen und wozu Transferübungen im Alltag wichtig sind (Richter-Benedikt, 2014, 2015a; Sedlacek, 2015; Sedlacek et al., 2018). In diesem Zusammenhang sollen soziale Kompetenzen (s. nicht zuletzt die Etablierung von Problemlösestrategien) gesteigert und ein adäquater Umgang mit Erfolgs- und Misserfolgserlebnissen gefördert werden, was letztlich einer funktionalen Emotionsregulation zuträglich ist.

Mit der achten **Therapieeinheit (SJT-GRT-J-Modul 8)** wird der Betrachtung von Wutgefühlen und dem Umgang mit denselben ein besonderer Stellenwert eingeräumt. Viele Jugendliche berichten in diesen Bereichen über Unsicherheiten und Hemmungen. Bei der Symptomentstehung kommt gerade dem dysfunktional-maladaptiven Umgang mit Wutgefühlen eine nicht zu unterschätzende Bedeutung zu. Aus diesem Grund zielt diese Therapieeinheit darauf ab, die Wahrnehmung von Wutgefühlen ebenso zu schärfen, wie deren Signalfunktion und konstruktives Potential zu vermitteln. Daraus resultierend soll ein funktionalerer Umgang damit erkannt und in die Praxis umgesetzt werden.

Wichtig erscheint in diesem Zusammenhang zunächst eine psychoedukativ unterlegte Einführung in die Thematik, die das Ziel hat, Wutgefühle als natürlich und menschlich zu validieren, sogar wertzuschätzen. Mögliche Aspekte, die der Gruppentherapeut vermitteln kann, sind z. B.,

- dass Wut ein Grundgefühl des Menschen ist, das eine Signalfunktion hat und sogar überlebensnotwendig sein kann
- dass Menschen sich hinsichtlich des Zeitpunktes und Anlasses, wann sie Wut spüren, in Hinblick auf das Ausmaß, in dem sie Wut spüren und in ihrer Art, auf Wutgefühle zu reagieren, unterscheiden
- dass ein maladaptiv-dysfunktionaler Umgang mit Wutgefühlen zu psychischen bzw. psychosomatischen Beschwerden führen kann
- dass ein adaptiv-funktionaler Umgang mit Wut helfen kann, psychisch und körperlich gesund zu werden/bleiben
- dass ein adaptiv-dysfunktionaler Umgang mit Wut anderen schaden und Beziehungen verschlechtern kann
- dass ein adaptiv-funktionaler Umgang mit Wut konstruktiv für die zwischenmenschlichen Beziehungen sein kann.

Grundsätzlich wird eine Veränderung im Umgang mit Wut vor dem Hintergrund einer durch das Training verbesserten sozialen bzw. differenzierteren und reflektierte(re)n Gefühlswahrnehmung und eines Aufbaus von Skills angestrebt, was durch eine gemeinsame Analyse und Differenzierung von Wutsituationen und der therapeutisch begleiteten Erarbeitung von Regulationsstrategien bzw. lösungsorientierten Handelns gefördert werden kann.

Die **neunte Therapieeinheit (SJT-GRT-J-Modul 9)** ist explizit um die Mentalisierungskompetenzen der Jugendlichen bemüht, wobei es auf Basis der bisher erfahrenen, erlebten und reflektierten Elemente der Gruppentherapie eine weiterführende „Selbstdefinition" im Dienste der „Identitätsarbeit" zu fördern gilt. Durch Gruppenübungen angeleitet und in Einzelarbeiten weitergeführt, kommen die Jugendlichen in Kontakt mit unterschiedlichen „Ich-Anteilen" und (vermeintlichen) Selbst- und Fremdbildern. Den Jugendlichen wird dabei therapeutischerseits die Möglichkeit geboten, sich über sich selbst Gedanken zu machen bzw. durch die gemeinsame Arbeit den Sinn für sich selbst zu schärfen. Bei der Identitätsarbeit erscheint es zentral, herausgearbeitete „Stärken und Schwächen" als eine den Jugendlichen „ausmachende Einheit" zu validieren und nicht ausschließlich Stärken im Sinne einer Selbstwirksamkeitssteigerung zu fördern. Eine einseitige Konzentration auf die Stärken der Jugendlichen birgt die Gefahr in sich, einen „bedingten positiven Selbstwert zu fördern", ohne eigene Schwächen als für den Selbstwert nicht schädigend zu integrieren. Für den Therapeuten geht es hierbei v. a. darum, kognitiv und bestenfalls emotional zu vermitteln,
- dass jeder Mensch Stärken und Schwächen besitzt
- dass es für den einen Jugendlichen schwerer, für den anderen leichter ist, Stärken bzw. Schwächen zu erkennen bzw. anzuerkennen und wertzuschätzen
- dass die Suche und Integration von Stärken und Schwächen ein stetiger (intra-)psychischer Prozess mit Entwicklungspotential ist.

Für die **zehnte Gruppentherapieeinheit (SJT-GRT-J-Modul 10)** soll in Abhängigkeit davon, ob das Gruppenprogramm als geschlossene oder halboffene therapeutische Maßnahme angeboten wird, ein eher formaler bzw. persönlicherer Abschluss gefunden werden. Die Ritualisierung des Abschieds einer gemeinsamen Zeit in der Gruppe sollte vom Therapeuten bewusst reflektiert und im Gruppenrahmen platziert werden, nicht zuletzt, weil dieser Prozess beim Jugendlichen „biographisch relevante Abschiede" aktivieren und als relevante Erfahrung für die Gestaltung zwischenmenschlicher Bindungen wirken kann: Es geht ganz konkret eine gemeinsame Zeit zu Ende, die durch ein gemeinsames Bearbeiten sehr persönlicher und privater Themen gekennzeichnet war. Vor dem Hintergrund dessen ist direkt ableitbar, dass die Beendigung der gemeinsamen Gruppe einer Ritualisierung bedarf. Deren Elemente können z. B. sein:
- Eine gemeinsam geplante und organisierte Gruppenaktivität, wie Eis essen gehen, ein Picknick etc.
- Eine gemeinsame Reflexion über den Gruppenprozess bzw. über die eigenen Entwicklungen und Veränderungen innerhalb der Gruppe
- Eine gemeinsame Reflexion über das „Abschiednehmen" in Anlehnung an die Beendigung der Gruppe
- Die Vergabe von Namens- und Adresslisten zur Möglichkeit der Kontaktaufnahme
- Das Knipsen eines Gruppenfotos
- Das Mitbringen von kleinen Glücksbringern bzw. Geschenken/Versen/individuellen Geleitsätzen (vom Gruppenleiter verteilt und/oder gegenseitig unter den Jugendlichen).

2.2.2. Die einzelnen Module der Strategischen Jugendlichentherapie zur Durchführung von Elterngruppen

Über das Gruppentherapieprogramm für Jugendliche hinaus existiert für die SJT eine Version des Trainingsmanuals, die als Gruppenformat an die Eltern der jugendlichen Patienten gerichtet ist (Richter-Benedikt, 2015a; Sedlacek, 2015; Peukert, 2018). Neben der Peergroup bzw. über letztere hinaus bilden die Eltern die wichtigsten Bezugspersonen für die Jugendlichen und sind in der Regel emotional stark mit den Jugendlichen verbunden, was gemeinsame Herausforderungen für und Entwicklungsaufgaben an das Familiensystem heranträgt. Letztlich birgt das Jugendalter für die Adoleszenten und deren Eltern funktionales wie dysfunktionales Potential, d.h. Jugendliche und deren Eltern benötigen Bewältigungsmechanismen, die eine salutogene Entwicklung und einen Symptomabbau bzw. eine Symptomreduktion wahrscheinlicher machen. Hierfür sollen elterlichen Bezugspersonen im Rahmen des SJT-Elterntrainings Elternskills mit nachfolgenden zentralen Aspekten an die Hand gegeben werden:

1. Das Elterntraining hat zum Ziel, die Eltern-Kind-Interaktion zu entlasten und das familiäre Miteinander auf konstruktive Weise zu stärken. Was den psychischen Stabilisierungsprozess der Jugendlichen angeht, geht es darum, die Eltern als „Mitverantwortliche" zu verstehen
2. Jedes Familienmitglied gibt so viel, wie es zum momentanen Zeitpunkt geben kann und muss in der therapeutischen Arbeit „an dieser Stelle abgeholt werden".
3. Das Elterntraining beinhaltet eine intensivere emotionale Selbstreflexion als manch anderes Training, d.h. jedes Elternteil, das sich mit dem Training auseinandersetzt, verdient zunächst Anerkennung
4. Das Elterntraining hat zum Ziel, Familienressourcen zu erkennen und zu nützen.

Das Elterntraining umfasst ebenfalls mehrere Module mit spezifischen inhaltlichen Schwerpunkten, die psychoedukative und Selbstreflexionselemente umfassen und im zeitlichen Verlauf miteinander verzahnt werden. Die einzelnen Inhalte sind dabei im Sinne des Gedankens, das Familiensystem zu stärken, an das Gruppentherapieprogramm für Jugendliche angelehnt bzw. darauf abgestimmt. In der Folge werden die einzelnen Module kurz zusammengefasst:

Auch für die Eltern gilt es, innerhalb der **ersten Elterntrainingseinheit (SJT-GRT-E-Modul 1)** einen Gruppenrahmen zu schaffen, der bei ihnen eine geschützte, vertrauens- und verständnisvolle, nicht anklagende oder beschuldigende Atmosphäre erweckt. Die allgemeine Einführung, das Aufstellen von Gruppenregeln und das Aufzeigen „persönlicher Grenzen" bieten in diesem Zusammenhang Kontrollierbarkeit, Überschaubarkeit und Perspektive. Psychoedukative Elemente lenken von „zu Persönlichem und Emotionalem" ab und stellen die Voraussetzungen für gemeinsame Arbeitsbedingungen dar. Die Besprechung der Inhalte und des allgemeinen Ablaufs des Trainings bieten den Eltern eine gemeinsame Zieldefinition in diesem Zusammenhang eine Perspektive an, die zukunftsorientiert, validierend und unterstützend formuliert ist. Hierbei wird innerhalb der ersten Trainingseinheit die Besonderheit des Entwicklungsabschnittes „Adoleszenz" für die Eltern und deren Kinder betont und (individualisiert) herausgearbeitet. In der Literatur werden schwerpunktmäßig die Herausforderungen betont, die der Lebensabschnitt „Jugend" an die Heranwachsenden stellt. Weitaus weniger berücksichtigt wird zumeist, was diese Ablösung für die Eltern bedeutet. Gerade und nicht zuletzt dieser Punkt ist im

Rahmen dieses Elterntrainingsprogramms aber zentral. Das Elterntraining soll es möglich machen, über sich als Elternteil in der Beziehung zum jugendlichen Kind zu reflektieren, sich Probleme bewusst zu machen und damit adaptiv-funktionaler umgehen zu lernen, um durch die eigene emotionale Entlastung zur Entlastung des Entwicklungsprozesses beizutragen.

Mit der **zweiten Elterntrainingseinheit (SJT-GRT-E-Modul 2)** wird „Der Mensch in Interaktion mit seinen zentralen Beziehungen" zunächst psychoedukativ und verallgemeinert angesprochen: Den Eltern soll zunächst vermittelt werden, dass jeder Mensch in der Interaktion Erwartungen und Bedürfnisse an sein Gegenüber heranträgt, was den Gefühlshaushalt auf bestimmte Weise beeinflusst. Umgekehrt verhält es sich mit dem anderen in der Interaktion mit uns. Die Beziehungen zu nahen Bezugspersonen definieren sich durch für die jeweilige Beziehung typischen Bedürfnissen, Ängsten, Wutformen etc. D.h., den Eltern wird das allgemeine Konzept der Überlebensregel und ihr Einfluss auf die individuellen Beziehungsgestaltung schrittweise vermittelt. Die zweite Trainingseinheit bietet zudem die Möglichkeit, dass die Eltern anhand von Fragebögen ihre ureigenen Überlebensregeln erarbeiten und reflektieren, um zu einem besseren Selbstverständnis, zu einer anteiligen Reflexion über die Überlebensregel ihrer Kinder und zur Erstdefinition der Familienüberlebensregel zu gelangen. Den Eltern wird Verantwortung für die Entwicklung ihres Kindes signalisiert und gleichzeitig werden innerhalb der gemeinsamen Elternreflexionen subjektiv empfundene Veränderungsmöglichkeiten und Ressourcen expliziter, d. h. alte Muster werden reflektiert und u. U. aufgeweicht. Zudem soll an Folgendes erinnert werden: auch das andere Elternteil hat seine Geschichte mit der daraus resultierenden Überlebensregel. Eine Bewusstmachung dieser Aspekte kann der erste Schritt zur Veränderung in eine konstruktive Richtung sein.

Die **dritte Elterntrainingseinheit (SJT-GRT-E-Modul 3)** konkretisiert in Anlehnung an die vorausgegangene Bearbeitung der Überlebensregel den damit assoziierten, bisherigen Umgang mit Gefühlen und dessen Einfluss auf das eigene Denken und Handeln. Bevor die Eltern sich auf Übungen zur Reflexion über die eigenen Gefühle einlassen, soll ein psychoedukativer Teil (in Anlehnung an Sulz, 2000) dazu dienen,
- den Sinn/Nutzen von Gefühlen zu erarbeiten und damit Gefühle als naturgegeben zu erkennen
- die Bandbreite an Gefühlsqualitäten zu erarbeiten, und damit die Existenz aller grundsätzlich Gefühle zu validieren
- durch oben Genanntes Berührungsängste und Widerstände der Eltern mit dieser Thematik zu reduzieren.

Auch können die Eltern therapeutisch angeleitet lernen, einen Perspektivenwechsel vorzunehmen und sich anhand konkreter Alltagsbeispiele zunehmend differenziert auf der Basis vertiefender psychoedukativer Elemente zur Emotionsregulation auf die Gefühlswelt ihrer Kinder einlassen.

Innerhalb der **vierten Elterntrainingseinheit (SJT-GRT-E-Modul 4)** intensivieren die Eltern die zweite und die dritte Elterntrainingseinheit hinsichtlich eigener häufiger/ starker, abgelehnter und gefürchteter Gefühle bzw. um ihre Reaktion darauf, wenn sie selbige bei ihren nahen Bezugspersonen, insbesondere ihrem Kind, wahrnehmen.

Mit der **fünften Elterntrainingseinheit (SJT-GRT-E-Modul 5)** werden konkrete Skills (Gefühlswahrnehmung und -einschätzung, Gefühlsablenkung, Gefühlskommunikation) zu einer adaptiv-funktionaleren Gefühlssteuerung und letztlich besseren Beziehungsgestaltung vermittelt. Selbige zielen auf die physiologischen Ebene, die Verhaltens-/Handlungsebene, die kognitiven und auf die emotionale Ebene ab, um und letztlich damit einhergehend einer adaptiv-funktionaleren Beziehungsgestaltung zuträglich zu sein. Im Konkreten gilt es für den Trainingsleiter, auf der Basis von Arbeitsblättern und damit einhergehender Explorationen gemeinsam mit den Eltern Strategien zu entwickeln und im Rollenspiel zu erproben, die dazu beitragen, konstruktive Anteile des Umgangs mit Gefühlen (situations- und alltagsbezogen) zu festigen bzw. anteilig alternative Umgangsweisen zu erlernen. Doch auch hier erfasst der Trainingsleiter vor dem Hintergrund der individuellen Erfahrungen bereits bestehende Skills und Ressourcen, um selbige in der Elterngruppe aufzuzeigen und zu würdigen, bevor er alternative Strategien im Umgang mit Gefühlen anbietet.

Die **sechste Elterntrainingseinheit (SJT-GRT-E-Modul 6)** richtet ihr Augenmerk, wie auch beim Gruppenprogramm der Jugendlichen, sehr konkret auf den Aufbau eines adaptiv-funktionalen Umgangs mit Wutgefühlen zur befriedigenderen Beziehungsgestaltung. Elemente der vorausgegangenen Trainingseinheiten werden auch hier genutzt. Neben „entwicklungsphasenassoziierten" Frustrationen auf der Eltern- und Jugendlichenseite und den jeweils individuellen Wutbiographien bestehen typisch, familiär-systemisch etablierte Umgangsweisen bzw. eingespielte Muster im Umgang mit Wut. Deren bewusste Reflexion soll nicht zuletzt dazu führen, ein vertieftes Verständnis dahingehend zu entwickeln, wie bedeutsam die Eltern in ihrer Modellfunktion gegenüber dem eigenen Kind dahingehend sind, dem Jugendlichen einen adaptiv- funktionalen Umgang mit Wut vorzuleben und zu bahnen. Hierzu führt ein psychoedukativer Teil an das Thema „Wut" heran, wodurch sie als naturgegebenes Gefühl des Menschen validiert und damit „erlaubt" wird. Wie den Jugendlichen wird auch der Elterngruppe hierbei zunächst nahe gelegt, dass

- Wut ein Grundgefühl des Menschen ist, das eine Signalfunktion hat und sogar überlebensnotwendig sein kann
- Menschen sich hinsichtlich des Zeitpunktes und Anlasses, wann sie Wut spüren, in Hinblick auf das Ausmaß, in dem sie Wut spüren und in ihrer Art, auf Wutgefühle zu reagieren, unterscheiden
- ein maladaptiv-dysfunktionaler Umgang mit der eigenen Wut mir selbst und der Beziehung schadet. Blockierte Gefühle, nicht zuletzt blockierte Wutgefühle, können die Ursache für psychische und psychosomatische Beschwerden wie Depressionen, Angststörungen, Muskelverspannungen, Kopfscherzen etc. sein
- ein adaptiv-funktionaler Umgang mit Wut mir helfen kann, psychisch und körperlich gesund zu bleiben/werden
- ein adaptiv-funktionaler Umgang mit Wut konstruktiv für die zwischenmenschlichen Beziehungen sein kann.

Konkret geht es innerhalb dieser Trainingseinheit - wie bei den Jugendlichen - auch bei den Eltern darum, Kompetenzen im Umgang mit der eigenen Wut zu fördern, indem sie erkennen lernen,

- dass sie eine Situation wütend macht (die Wut wahrnehmen lernen)
- welche Aspekte einer Situation sie wütend macht (den Wutauslöser entdecken lernen und damit die Wutwahrnehmung intensivieren)

- welcher Gedanke mit der Wutsituation verbunden ist (den Wutgedanken finden und damit die Wutwahrnehmung intensivieren)
- wie sie reflexartig reagieren würden (die Wuthandlung steuern lernen)
- wie sie in der Situation/Interaktion mit dem eigenen Kind bzw. Partner konstruktiv(er) handeln sollten bzw. wollten (über die Wuthandlung reflektieren lernen)
- wie sie bestmöglich reagieren können (die Wuthandlung konstruktiv gestalten lernen).

Die **siebte Elterntrainingseinheit (SJT-GRT-E-Modul 7)** zielt darauf ab, die Eltern vor dem Hintergrund der bisher eingeübten Skills darin zu unterstützen, v.a. innerhalb der Familie als Mediatoren für einen konstruktiveren Umgang mit Konflikten bzw. Problemen zu fungieren und konstruktives Problemlösen zu versuchen. Dieses Modul setzt Reflektionsfähigkeit und -bereitschaft ebenso voraus wie ein empathisches Einfühlen in die beteiligten Personen bzw. ein funktionales Äußern von Bedürfnissen und Gefühlen, weshalb dies eher am Ende des Elterntrainings vermittelt wird. Hierzu erarbeiten die Eltern zunächst entweder im Rahmen einer Gruppenreflexion oder aber mit Hilfe des Trainingsblattes „Unsere Problemliste" in Einzelarbeit typische bzw. wiederkehrende Probleme mit wichtigen Bezugspersonen. Die jeweils typischen Probleme werden vom Gruppentrainer am Flipchart gesammelt zu einem besseren Verständnis einer genaueren Bedürfnis-, Angst- und Wutanalyse unterzogen. D.h. nach einer konkreten Problemdefinition erfolgt eine subjektiv wahrgenommene Problemanalyse, die den Schwerpunkt weg von der anderen Person hin zu einem gemeinsamen Problem verschiebt. Hierzu erfragt der Gruppentrainer die (vermeintlichen) Bedürfnisse, Ängste und Wutimpulse der am Problem beteiligten Bezugspersonen, die anderen Eltern unterstützen und beraten dabei das Elternteil, das sein Problem schildert. Nicht selten verstecken sich hinter Elternteil-Kind-Problemen vielmehr Paarprobleme, die im Rahmen dieses Elterntrainings zwar nicht gelöst, aber „anreflektiert" und als solche erkannt werden können.
Grundsätzlich ist das Ziel dieser Trainingseinheit, dass der Gruppentrainer vorrangig versucht, zu einem besseren Verständnis für die jeweils bestehende Problematik, ggfs. zu einer eventuellen Verlagerung des Problemfokus, zu einer Steigerung der Empathie gegenüber Beteiligten und damit zu einem Perspektivenwechsel anzuregen, um im Kreis der Familie ein Klima für konstruktives Problembewusstsein schaffen. Hierdurch kann eher lösungsorientiert gehandelt oder auch das „bewusste und gemeinschaftliche (Er-) Tragen" eines problematischen Zustandes als Lösungsmöglichkeit beschlossen werden. Sofern die Eltern ihre eigenen Probleme im Gruppensetting nicht zum Thema machen möchten oder der Trainer beschließt, anhand weiterer, weniger persönlicher Situationen die Problemlösestrategien zu vermitteln, können therapeutischerseits Übungsbeispiele vorgegeben werden (z.B. Der Sohn von Herrn K. möchte länger ausgehen und kommt manchmal nicht pünktlich nachhause. Vater und Sohn liegen sich deshalb regelmäßig in den Haaren).

Innerhalb der **achten Elterntrainingseinheit (SJT-GRT-E-Modul 8)** wird mit den Eltern die Technik der „positiven Aufmerksamkeit" als Ressource für die Beziehungsgestaltung herausgearbeitet. Die Förderung einer positiven Aufmerksamkeit sich selbst und anderen gegenüber kann v.a. in Belastungssituationen im Sinne eines Umdenkens und damit als kognitives Umstrukturieren in Verbindung mit konstruktiven emotionalen Prozessen verstanden werden. Sich als Eltern in der Beziehung zum eigenen Kind zu vergegenwärtigen, was an der Beziehung oder einfach am Kind selbst positiv ist, kann es ermöglichen, sich selbst beispielsweise in seiner Elternrolle besser anzunehmen. Selbiges gilt es den Eltern zu Beginn dieses Moduls zunächst psychoedukativ näherzubringen und zugleich ambivalente Einstellungen oder Gefühle hinsichtlich dieser Thematik Raum zu geben. Diesem schließen sich Arbeitsblätter und Gruppenreflexionen zu alltagsnahen Beispielen an, anhand derer „positive" und „negative" Aufmerksamkeit exploriert und hinsichtlich ihrer Hintergründe differenziert werden, um letztlich in Verhaltensexperimenten zu erproben, wie sich „positive Aufmerksamkeitslenkung" intrapsychisch auf physiologischer, kognitiver und emotionaler Ebene bzw. im Beziehungskontext des Familiensystems niederschlägt.

Mit der **neunten Elterntrainingseinheit (SJT-GRT-E-Modul 9)** sollen die Eltern die Möglichkeit bekommen, über ihr „Stressmanagement" zu reflektieren und dazu motiviert werden, „Wohlfühlmomente" für sich zu entdecken, was als präventives Ziel zu verstehen ist. Der Schwerpunkt liegt letztlich dabei darin, sich grundlegende Gedanken im Umgang mit alltäglichen Stressoren und gegenregulierenden Kraftquellen zu machen. Nach einer psychoedukativen Einführung in die Thematik erfragt der Gruppentrainer mögliche Äußerungsformen von Stress, die die Eltern an sich und anderen erkennen. Hierbei wird auf das Vier-Ebenen-Modell Körper-Gedanken-Gefühle-Motorik Bezug genommen. Im Anschluss daran schließt der Trainer die Diskussion an, wie sich Stress auf den Alltag der Eltern, insbesondere auf das familiäre Zusammenleben auswirkt. Hier sollte die Selbstwirksamkeitsüberzeugung der Eltern, abgestimmt auf die jeweilige Lebenssituation und Persönlichkeit, mittels Ressourcenanalysen individuell reflektiert werden.
Thematische Schwerpunkte können in diesem Zusammenhang sein:
1. Wie gehen Sie mit Stress im Alltag um und wie viel Raum hat die Entspannung/ das Auftanken?
2. Wie wirkt sich das auf das (Familien-)Leben aus?
3. Was gibt Ihnen Kraft und Entspannung im Alltag?
4. Welche Tätigkeiten, Hobbys und Interessen, die Sie genießen, haben keinen Platz mehr in Ihrem Leben?

Die **letzte Elterntrainingseinheit (SJT-GRT-E-Modul 10)** sieht einen zusammenfassenden Rückblick und die Verabschiedung vor. Der Trainingsleiter kann hierfür z. B. die eingangs vorgesehenen Ziele des Trainings benennen und mit den Elternteilen hinsichtlich der persönlichen Zielerreichung reflektieren.

2.2.3. Fallbeispiel: Verlauf der gruppentherapeutischen Behandlung mit der 14-jährigen L. und mit deren Eltern

L. (s. Abbildung 3) zeigte sich einer gruppentherapeutischen Maßnahme gegenüber grundsätzlich offen, wobei eine vorausgehende einzeltherapeutische Behandlung von etwa 30 Stunden in diesem Zusammenhang als sicherheitsstiftend und motivationssteigernd betrachtet werden muss. So zeigte sich L. gegenüber den einführenden Kennenlernübungen in der Gruppe aufgeschlossen, war dabei v. a. den anderen Mädchen in der Gruppe zugewandt. Das wiederholte Erarbeiten eines multifaktoriellen Modells zur Symptomentstehung und -aufrechterhaltung auf Basis psychoedukativer Elemente konnte angesichts der schon bestehenden tragfähigen therapeutischen Beziehung von der Patientin im Gruppenkontext um einiges „selbstverständlicher, differenzierter und tendenziell integrierter" erfolgen, als das zu Beginn der einzeltherapeutischen Maßnahme möglich war. Es machte den Eindruck, als habe die Patientin ich selbst gegenüber Empathie und Verständnis für die auslösenden und aufrechterhaltenden Bedingungen ihrer Anpassungsproblematik und den damit einhergehenden autoaggressiven Impulsen etabliert, wobei letztere in der Gruppe zunächst nicht thematisiert wurden. Entgegen ihrer Tendenz zur sozialen Erwünschtheit erschien die Patientin im Verlauf der Gruppentherapie bezüglich belastender Themen immer authentischer. Durch die Einführung von Skills zur Emotionsregulation (Reaktionsverhinderung bei Einsatz ihres individuellen Notfallkoffers) konnten autoaggressive Impulse nach einiger Zeit im Gruppenkontext thematisiert und bearbeitet werden. Eine akute Krise, die sich vor dem Hintergrund schulbezogener Probleme v.a. auf darauf bezogene Konflikte mit den Eltern bezog, wurde zunächst mit Hilfe zwischengeschalteter Einzeltermine und eines Therapeuten-Patienten-Krisentelefons bewältigt. Die Patientin nahm mit der Therapeutin vereinbarte, kurze Telefonate in belastenden Phasen zuverlässig in Anspruch, was es ihr leichter möglich machte, im Gruppenrahmen an dem Auf- und Ausbau von Skills zur Emotionsregulation zu arbeiten. Im Verlauf lernten sowohl die Eltern (v. a. die Mutter) als auch die Tochter durch die Einleitung eines Kommunikationstrainings und die Einführung eines regelmäßigen Familienrats – was zunächst im therapeutischen Setting der Jugendlichen- und der Elterntrainingsgruppe eingeübt wurde – Bedürfnisse und Bedürfnisfrustration zu kommunizieren und in konstruktiveren Eltern-Kind-Kontakt zu treten. Gerade in diesem Zusammenhang konnten beachtliche Fortschritte in der Interaktion zwischen Eltern und Tochter aufgebaut werden. Schulbezogenen Interventionen, die mit dem Aufbau intrinsischer Leistungsmotivation zusammenhingen, stand die Patientin auch im Peerkontakt lange Zeit sehr ambivalent gegenüber. Hierbei konnte die Arbeit auf der kognitiven Ebene im Sinne eines reattribuierenden Vorgehens zu maladaptiven Grundannahmen mit Hilfe der Peers in der Gruppe konstruktiver bearbeitet werden als die emotionale Ebene, wo L. immer wieder Blockaden aufbaute. Generell lernte L. im gruppentherapeutischen Kontext zunehmend, sich mit maladaptiven Grundannahmen emotional differenzierter auseinanderzusetzen. Der Einsatz erlebnisorientierter Medien in Verbindung mit gezielten gefühlsbezogenen Interventionen und Mikroanalysen machte es der Patientin möglich, auch vermiedene Gefühle (wie Traurigkeit, Enttäuschung, Wut) mehr zuzulassen. Im Rollenspiel übte sie, ihre Bedürfnisse und ihre Bedürfnisfrustrationen konstruktiv in Beziehungen einzubringen. Den Eltern gegenüber gelang es der Patientin dabei bedeutend besser, emotional klarer zu sein und sich auf konstruktivere Weise abzugrenzen. Hier stellten einzelne Gruppenmitglieder wichtige Rollenmodelle dahingehend dar, was ein Verhalten entgegen passiv-aggressiver und (über-) angepasster Tendenzen anbelangte. Zusammenfassend kann in Bezug auf die Elternarbeit im Rahmen des Elterntrainings folgender Prozess skizziert werden: Mit beiden Elternteilen – die jeweils unterschiedlichen Elterntrainingsgruppen zugeteilt wurden – konnten deren maladaptive Interaktionsanteile der Tochter gegenüber herausgearbeitet werden, wobei sich die Mutter in der Umsetzung förderlichen Elternverhaltens (gerade was schulbezogene Themen anbelangte) auf der Handlungsebene tendenziell konstruktiver und tragender zeigte. Die Mutter-Tochter-Beziehung konnte hierdurch eine deutliche Entspannung erfahren, wohingegen zwischen Vater und Tochter in Phasen Streitigkeiten aufkamen. Zentral erschienen hier für die Patientin die Gruppenübungen und -imaginationen zur Gefühlsexposition zur Steigerung der Konflikt- und Durchsetzungsfähigkeit, die entgegen der Konfliktunfähigkeit bzw. der früheren autoaggressiven Tendenzen im Rollenspiel ausgebaut wurden.

2.3. Rollenverständnis des SJT-Therapeuten im Gruppenmodus und seine eingesetzten Methoden und Techniken

Die Strategische Jugendlichentherapie setzt im Rahmen ihres einzel- und gruppentherapeutischen Settings vielfältige Techniken ein, die sich der Methodik einer integrativen Verhaltenstherapie zuordnen lassen. Bevor im Rahmen dieses Gliederungspunktes dahingehend eine Zusammenschau erfolgt, soll das Rollenverständnis des SJT-Gruppentherapeuten näher ausgeführt werden, um den über die Techniken hinausgehenden zentralen Stellenwert der therapeutischen Beziehungsgestaltung in der Strategischen Jugendlichentherapie zu markieren (Richter-Benedikt, 2015b).

Die Strategische Jugendlichentherapie sieht in der bewusst reflektierten, differenziert-entwicklungs- und prozessorientiert modulierten therapeutischen Beziehungsgestaltung das Fundament für den Einsatz ihrer Techniken und lehnt sich damit den Ergebnissen der Psychotherapieforschung an, die durch Möller (2007), wie folgt, sehr treffend zusammengefasst werden: „Die conditio sine qua non für eine erfolgreiche Therapie in der Gruppe ist, wie auch in der Einzeltherapie, eine stabile, tragfähige therapeutische Beziehung. Die Qualität der Beziehung entwickelt sich unabhängig von der therapeutischen Richtung und abhängig von der Haltung und Einstellung des Therapeuten. Keine technische Überlegung ist wichtiger als die Einstellung, Haltung und die Art und Weise der Beziehungsgestaltung. Entscheidend ist weiter, ob sich der Patient durch den Therapeuten ausreichen geschützt und gesehen erlebt. Auch für symptomorientierte und verhaltenstherapeutische Ansätze ist die Fokussierung auf interpersonelle Prozesse und Veränderung notwendig" (S. 589-590).

Weil die Gruppe Schutz gebend und tragend gestaltet werden und eine konstruktive Arbeitsatmosphäre bieten soll, ist es aus Sicht der Strategischen Jugendlichentherapie relevant, sowohl individuelle zentrale Bedürfnisse, Ängste und Wutimpulse der einzelnen Jugendlichen/Elternteile in die therapeutische Beziehungsgestaltung einfließen zu lassen, als auch gruppenorientierte Bedürfnisse, Ängste und Wutimpulse aktiv reflektiert und supportiv zu begleiten. Konkret bedeutet das z. B., dass zunächst Kohäsion und Sicherheit oder das Willkommensein als Gruppenmotiv befriedigt werden müssen, um im Verlauf Individuation, ggfs. mittels des Ausdrucks von Wutimpulsen oder „souverän-individuellen Gedanken und Handlungsentscheidungen", auf Basis der tragenden Gruppe zu ermöglichen. Oder aber, dass (Pseudo-)Individualität der einzelnen Teilnehmer angesichts des Schutzraums einem zunehmenden emotionalen Einlassen und Zulassen von Zugehörigkeitsbedürfnissen weichen kann. Die zentralen Motive der Jugendlichen- oder Elterngruppe werden durch die Individualmotive der einzelnen Teilnehmer und deren Umgang damit beeinflusst. So erklärt es sich, dass eine bedingungsanalytische, aus der affektiv-kognitive Entwicklungstheorie abgeleiteten Eingangsdiagnostik (s. hierzu Richter-Benedikt, 2015a, 2018) für den SJT-Gruppentherapeuten zuträglich bzw. zeitökonomisch sein kann.

Ein zentrales Rollenverständnis des SJT-Therapeuten in der Gruppe ist es also, a) Beziehung zu den einzelnen Teilnehmern herzustellen und b) einen Schutzraum für die Gruppe als therapeutische Arbeitsgemeinschaft herzustellen.

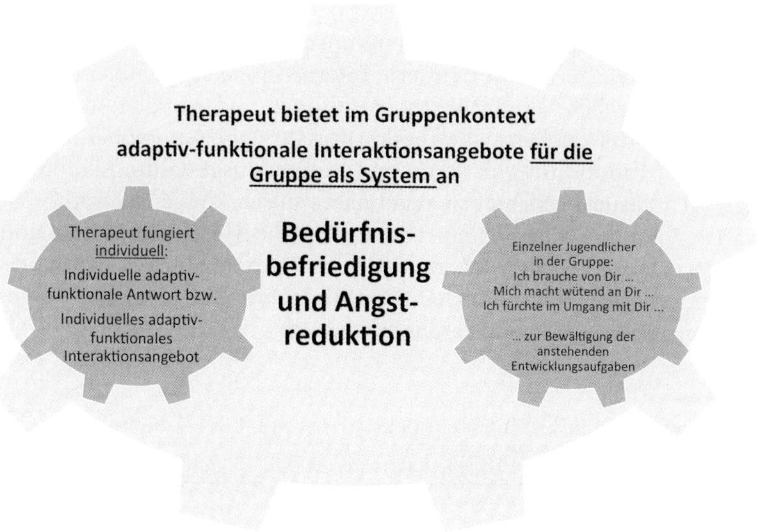

Abbildung 7: Therapeutische Beziehungsgestaltung im SJT-Gruppensetting

Über die therapeutische Beziehungsgestaltung hinaus ist der SJT-Gruppentherapeut dazu angehalten, auf der bedingungsanalytischen Ebene relevante intrapsychische und interpersonelle Prozesse für die Symptombildung und -aufrechterhaltung in der Gruppe zu reflektieren, weitgehend zu verstehen und konstruktiv zu begleiten. Selbiges stellt eine therapeutische Aufgabe dar, die jede Gruppe bzw. die Definition ihrer Schwerpunktthemen und den Einsatz der konkreten Techniken zu einer „besonderen Herausforderung" macht. In Abhängigkeit von der Bereitschaft des Therapeuten, sich auf das jeweilige Gruppensetting einzulassen und selbiges hinsichtlich seines konstruktiven, aber auch destruktiven Potentials zu reflektieren, kann die Individualität der Gruppe im Sinne eines Entwicklungsraumes genutzt werden. SJT-spezifische Teilziele und SJT-Techniken werden dabei an die spezifischen Gruppen- und Individualbedürfnisse angepasst und müssen ausbalanciert werden. Die damit verbundene Herausforderung, die sich für den Therapeuten stellt, ist es, auf Basis der nötigen Strukturiertheit und Zielorientierung Gruppenprozesse zu konstruktiven Erfahrungen zu machen, die die Emotionsregulation und Beziehungsgestaltungskompetenzen der Jugendlichen und deren Eltern auch im „realen Leben" positiv beeinflussen – d. h. nachhaltig wirken.

Bei einer grundsätzlich respektvollen Grundhaltung hat der SJT-Gruppentherapeut das Ziel, sowohl die Gruppe als Ganzes, als auch einzelne Teilnehmer individuell in ausgewogenem Maße zu validieren und zu konfrontieren. Dabei gilt es, Grenzen der Teilnehmer zu akzeptieren und von dysfunktional-maladaptiver Verweigerungshaltung zu unterscheiden. Im Gegensatz zu psychodynamisch orientierten Gruppen moderiert der SJT-Gruppenleiter hierbei interaktive Prozesse und grenzt sie aktiv ein: implizit durch die vorgegebenen Teilziele und die damit verbundenen Interventionen/Übungsangebote, explizit durch direkte Eingrenzung von destruktivem Verhalten einzelner Gruppenmitglieder.

Wie bereits anklang, bietet die Strategische Jugendlichentherapie zur therapeutischen Bearbeitung ihrer (Teil-)Ziele für das Einzel- und für das Gruppensetting vielfältige

Interventionen bzw. Techniken an, die an den Ebenen der Kognition, der Emotion, der Physiologie und des beobachtbaren Verhaltens ansetzen. Ziel der Strategischen Jugendlichentherapie ist es dabei, erlebnisorientierte Interventionen gegenüber dem kognitiven Arbeiten Vorrang zu geben. Kognitive Interventionen und psychoedukative Elemente säumen und stützen das erlebensnahe therapeutische Arbeiten, wobei das Gesamtziel der Förderung von Emotionsregulations- und Beziehungsgestaltungskompetenzen bei Bahnung der Mentalisierungsfähigkeit regelmäßig durch kleine Achtsamkeitsübungen unterstützt wird. Gerade für das Gruppensetting hat die SJT in diesem Zusammenhang verschiedene, teilzielfokussierte Arbeitsblätter entworfen, um ein zeitökonomisches Arbeiten in der Gruppe zu ermöglichen. Nachfolgende Tabelle soll Selbiges für die Jugendlichengruppen exemplarisch veranschaulichen:

Tabelle 2: Beispiele für Techniken/ Interventionen zu den SJT-GRT-J-Modulen

Therapeutisches SJT-GRT-J-Modul	Beispiele für Intervention/ Technik
SJT-Eingangsdiagnostikbögen (s. Richter-Benedikt, 2015a; Sedlacek, 2015)	VDS1-KJa-Basisbogen VDS1-KJe-Zusatzbogen für Kinder im Schul- und Jugendalter VDS-KJf-Eigenanamnese für Schul- und Jugendalter VDS-14-J: Psychischer Befund VDS27-J: Bedürfnisskala VDS28-J: Angstskala VDS29-J: Wutskala VDS30-J: Persönlichkeitsskala VDS31-J: Entwicklungsskala VDS32-J: Emotionsskala
SJT-GRT-J-Modul 1: Einführung	- Psychoedukation - Reflexionsübungen: „Erwartung und Befürchtungen", „Wollen- müssen-nicht wollen" - Interaktives Kennenlernspiel - Visualisierung der erarbeiteten Gruppenregeln im gemeinsam gestalteten „Gruppenregelplakat" - Einführung in das Gruppentagebuch - Abschließendes Achtsamkeitsblitzlicht
SJT-GRT-J-Modul 2: Vermittlung eines multifaktoriellen Modells zur Symptomentstehung und -aufrechterhaltung	- Einleitendes Achtsamkeitsblitzlicht - Psychoedukative Elemente und Erarbeitung des Modells (generell und individualisiert) - Abschließendes Achtsamkeitsblitzlicht
SJT-GRT-J-Modul 3: Training der sozialen Wahrnehmung	- Einleitendes Achtsamkeitsblitzlicht - Psychoedukation: EEV-Kreislauf (Erfahrung-Erfahrung-Verhalten) - Übung: „Deine Realität ist nicht immer meine Realität" anhand von Bildmaterial, „So war's, nein so war's" - Differenzierungslernen zur sozialen Wahrnehmung anhand von Bildkärtchen und Arbeitsblätter hierzu - Abschließendes Achtsamkeitsblitzlicht

SJT-GRT-J-Modul 4: Erarbeitung der Überlebensregel	- Einleitendes Achtsamkeitsblitzlicht - Psychoedukation: „Ich in meiner Beziehung zu anderen Menschen" - Gruppenübung: „Bedürfniskompass" - Arbeitsblätter: „Bedürfnisse, Angst, Wut, Persönlichkeit", „Meinen Rucksack packen", „Das Leben ist ein bunter Strauß" - Übung „Wanderermetapher" - Abschließendes Achtsamkeitsblitzlicht
SJT-GRT-J-Modul 5: Einführung in die Welt der Gefühle	- Einleitendes Achtsamkeitsblitzlicht - Externalisierungsübungen: „Ich sag´s mit Musik/ Farben/ Tönen", „Gefühlstabu" - Arbeitsblätter: „Mach auf, schau rein", „Gefühlspyramide" - Abschließendes Achtsamkeitsblitzlicht
SJT-GRT-J-Modul 6: Erarbeitung des bisherigen Umgangs mit Gefühlen	- Einleitendes Achtsamkeitsblitzlicht - Arbeitsblatt: „Achtung, Angst", „Mein Gefühlskompass – innerer Richtungsweiser" - Abschließendes Achtsamkeitsblitzlicht
SJT-GRT-J-Modul 7: Vor- und Nachteile des bisherigen Umgangs mit Gefühlen und Erarbeitung eines funktional-adaptiveren Umgangs mit Gefühlen Von der Überlebensregel zur Lebensregel	- Einleitendes Achtsamkeitsblitzlicht - Arbeitsblätter: „Meinen Rucksack packen und aussortieren", „Schritt für Schritt" - Übung: „Wer hilft mir beim Brückenbauen?", „So kann ich auch sein", „Wollen, sollen, können, müssen", „Wenn mein Bedürfnis, meine Angst und meine Wut sich unterhalten" - Mikroanalysen, Imaginationsübungen, Rollenspiele und Transferübungen hierzu - Abschließendes Achtsamkeitsblitzlicht
SJT-GRT-J-Modul 8: Erarbeitung eines funktional-adaptiveren Umgangs explizit mit Wutgefühlen	- Einleitendes Achtsamkeitsblitzlicht - Übungen: „Meine Grenzen sind verschieden", „Stopp heißt Stopp", „Über die Brücke gehen" Arbeitsblätter: „Wutfass", „Der Tiger im Käfig", „Wut-Mut-Gut" - Aufbau von Skills: „Meine Helfer" (s. hierzu Richter-Benedikt, 2015) - Mikroanalysen, Imaginationsübungen, Rollenspiele und Transferübungen hierzu - Abschließendes Achtsamkeitsblitzlicht
SJT-GRT-J-Modul 9: „Stärken" und „Schwächen"	- Einleitendes Achtsamkeitsblitzlicht - Übungen: „Ich habe so viele Farben", „Ein Buch von mir", „Mein Garten", „Schatzmeister sein" - Arbeitsblätter: „Glücksmomente", „Wertvoll ist…", „Ich bin ich und Du bist Du" - Abschließendes Achtsamkeitsblitzlicht
SJT-GRT-Modul 10: Abschied	- Einleitendes Achtsamkeitsblitzlicht - Übung: „Das möchte ich Dir mitgeben", „Schatz-/ Kraftkiste", „Scheinwerfer an"

Beispiele für gängige VT-Techniken in der SJT-Gruppe	Psychoedukation, Rollenspiele, Verhaltens- und Problemanalysen, Teilearbeit/ Externalisierungsübungen, Emotionsexposition, kognitive Umstrukturierung, Kommunikationstraining, euthyme Techniken, Achtsamkeitsübungen, sokratische Dialogführung.

Sie finden im Rahmen des gruppentherapeutischen Settings vor dem Hintergrund einer (anteilig konfrontierenden) supportiven Gesprächsführung ihren Einsatz.

3. Abschließende Diskussion und Beurteilung

Das entwicklungspsychologisch fundierte bedingungsanalytische Störungs- bzw. Arbeitsmodell der Strategischen Jugendlichentherapie schafft ein individuelles Problem- und Entwicklungsverständnis für den jeweiligen Jugendlichen und seinen familiären Kontext. Hieraus werden in der Strategischen Jugendlichentherapie zahlreiche therapeutische Techniken abgeleitet, die auf einzel- und gruppentherapeutische Maßnahmen abgestimmt klar definierbare therapeutische Teilziele verfolgen. Sie sind derart konzipiert, dass sie die metakognitiven Kompetenzen der Jugendlichen zwar herausfordern, doch darum bemüht sind, sie nicht zu überfordern, sondern sich deren Förderung zum Ziel machen. Zeitlich ökonomisches Arbeiten und die Betonung einer konstruktiv-tragenden therapeutischen Beziehungsgestaltung stellen dabei gerade an den SJT-Gruppentherapeuten besondere Anforderungen. Diese können durch die bedingungsanalytische Fundierung und die auf das Gruppensetting abgestimmten Techniken ihrerseits grundsätzlich therapeutisch konstruktiv gehandhabt werden. Mittlerweile existieren drei Evaluationsstudien zur einzel- und gruppentherapeutischen Behandlung von Jugendlichen, die die Wirksamkeit des Verfahrens als signifikant aufzeigen. Auch die Ergebnisse für die in diesen Studien begleitend durchgeführten Elterntrainings sprechen dafür (s. hierzu Richter-Benedikt, 2015a; Peukert, 2018; Sedlacek, 2015).

Nichtsdestoweniger birgt die dem Entwicklungsalter der Patienten implizite Ablösungsthematik im Kontakt zum erwachsenen Gegenüber hin zu den Peers auf der Basis zahlreicher kognitiver und emotionaler Ambivalenzen bzw. neurologischer Umstrukturierungsprozesse des Gehirns mögliche Stolpersteine für den Therapeuten - v.a. im Gruppenkontext, wo die individuelle Beziehungsarbeit nur bedingt möglich ist. Auch kann, sofern die Jugendlichen neben den Gruppenstunden keine Einzeltherapie bekommen, die Compliance u.U. nur schwer geschaffen werden, weshalb zumindest einige wenige, die Gruppenstunden einführende und ihnen zwischengeschaltete Einzelstunden sinnvoll erscheinen. Dabei kann eine erhöhte Symptombelastung die Umsetzung von aufgebauten Fertigkeiten in den familiären und außerfamiliären Alltag der Jugendlichen erschweren. Umso relevanter erscheint es in der Strategischen Jugendlichentherapie, dass die Elternarbeit neben der Therapie mit den Jugendlichen einen zentralen Stellenwert bekommt. Die SJT-Elterngruppen können dies auf effiziente Weise leisten.

Literatur

Bowlby, J. (2006). Bindung und Verlust: Band 3. Verlust – Trauer und Depression. München: Reinhardt.

Bowlby, J. (2008). Bindung als sichere Basis: Grundlagen und Anwendungen der Bindungstheorie. München: Reinhardt.

Graßl, S. (2013). Analyse Impliziter und Expliziter Prozessfaktoren in der Psychotherapie. München: CIP-Medien.

Hebing, M. (2013). Evaluation und Prädiktion therapeutischer Veränderung im Rahmen der Strategisch-Behavioralen Therapie (SBT). München: CIP-Medien.

Hoy, V. (2014). Evaluation des strategisch-behavioralen Therapiemoduls „Entwicklung als Therapie". München: CIP-Medien.

Kaufmayr, T. (2018). Behandlungserfolg und Prädiktoren der therapeutischen Veränderung bei ambulanter Depressionsbehandlung mit Psychiatrischer Kurz-Psychotherapie (PKP). München: CIP-Medien.

Liwowsky, I. (2015). Strategisch-Behaviorale Gruppen-Therapie der Depression: Konzeption und Evaluation im stationär-psychiatrischen Setting. München: CIP-Medien.

Möller, C. (2007). Gruppentherapie im Jugendalter. Praxis der Kinderpsychologie und Kinderpsychiatrie, 56, 589-603.

Peters, M. (2018). Vergleich von Kurzzeittherapie und Langzeittherapie in der Depressionsbehandlung. München: CIP-Medien.

Kassenärztliche Bundesvereinigung KBV (2017). PTV3-Leitfaden zur Erstellung des Berichts an den Gutachter (seit April 2017).

Peukert, S. (2018). „Im Umgang mit mir und meiner Umwelt" Veränderung von Emotionsregulation und Beziehungsgestaltung durch die Strategische Jugendlichentherapie (SJT): Evaluationsergebnisse, deren Bedeutung und Implikationen für die psychotherapeutische und pädagogische Arbeit mit Heranwachsenden und ihren Eltern. München: CIP-Medien.

Richter-Benedikt, A. (2014). Strategische Jugendtherapie (SJT) - Jugendliche lernen, Selbst, Emotionen und Beziehungen regulieren. Psychotherapie, 2, 253-286.

Richter-Benedikt, A. (2015a). Strategische Jugendlichentherapie (SJT): Konzeption und Evaluation eines integrativ-verhaltenstherapeutischen Ansatzes im kombinierten Einzel- und Gruppensetting zur psychotherapeutischen Behandlung von Jugendlichen. München: CIP-Medien.

Richter-Benedikt, A. (2015b). Was Jugendliche in der therapeutischen Beziehung tatsächlich brauchen – Die Bedeutung der therapeutischen Beziehung in der Strategischen Jugendlichentherapie (SJT). Psychotherapie, 20, 226-251.

Richter-Benedikt, A. (2018). Die Strategische Jugendlichentherapie (SJT) als kurzzeittherapeutische Maßnahme: ein Ansatz zur entwicklungsförderlichen therapeutischen Arbeit mit Jugendlichen im Kurzzeitverfahren. Psychotherapie, 23, 57-82.

Richter-Benedikt, A. & Sulz, S. (im Druck). Strategische Jugendlichentherapie (SJT): ein Praxislehrbuch zur integrativ-verhaltenstherapeutischen Behandlung von Jugendlichen. München: CIP-Medien.

Schäfer, S. (2017). Die Psychotherapierichtlinien ab 01. April 2017 – Neuerungen in der Gruppentherapie. Vortrag der LPK Berlin am 21.06.2017.

Sedlacek, F. (2015). Strategische Jugendlichentherapie (SJT) bei internalisierenden Störungen und Schulverweigerung: Eine Evaluationsstudie. München: CIP-Medien.

Sedlacek, F., Peukert, S. & Richter-Benedikt, A. (2018). Strategische Jugendlichentherapie (SJT) bei internalisierenden Störungen und Schulverweigerung: Ein Therapiemanual. München: CIP-Medien.

Sulz, S. (1992). Das Verhaltensdiagnostiksystem VDS: Von der Anamnese zum Therapieplan. München: CIP-Medien.

Sulz, S. (1994). Strategische Kurzeittherapie: Wege zur effizienten Psychotherapie. München: CIP-Medien.

Sulz, S. (1995). Praxismanual zur Strategischen Kurzzeittherapie. München: CIP-Medien.

Sulz, S. (1999a). Materialmappe zum Verhaltensdiagnostiksystem VDS. München: CIP-Medien.

Sulz, S. (1999b). Strategische Therapieplanungsmappe. München: CIP-Medien.

Sulz, S. (2000). Lernen, mit Gefühlen umzugehen: Training der Emotionsregulation. In: S. Sulz & G. Lenz (Hrsg.), Von der Kognition zur Emotion: Psychotherapie mit Gefühlen (S. 407-447). München: CIP-Medien.

Sulz, S. (2004). Repetitorium: Biopsychologische Grundlagen – Von zellulären und Systemprozessen zu psychischen Reaktionen. Psychotherapie, 9, 136-145.

Sulz, S. (2009a). Praxis der Strategisch-Behavioralen Therapie: wirksame Schritte zur Symptomreduktion, zur Persönlichkeitsentwicklung und zur adaptiv-funktionalen Beziehungsentwicklung. In S. Sulz & G. Hauke (Hrsg.), Strategisch-Behaviorale Therapie SBT: Theorie und Praxis eines innovativen Psychotherapieansatzes (S. 38-57). München: CIP-Medien.

Sulz, S. (2009b). Von der Strategie des Symptoms zur Strategie der Therapie: Selbstregulation und -organisation als Therapieprinzip. In S. Sulz & G. Hauke (Hrsg.), Strategisch-Behaviorale Therapie SBT: Theorie und Praxis eines innovativen Psychotherapieansatzes (S. 1-37). München: CIP-Medien.

Sulz, S. (2017a). Verhaltensdiagnostik und Fallkonzeption: Verhaltensanalyse – Zielanalyse – Therapieplan - Bericht an den Gutachter. München: CIP-Medien.

Sulz S. (2017b). Gute Verhaltenstherapie lernen und beherrschen - Band 1: Verhaltenstherapie-Wissen: So gelangen Sie zu einem tiefen Verständnis des Menschen und seiner Symptome. München: CIP-Medien.

Sulz S. (2017c). Gute Verhaltenstherapie lernen und beherrschen - Band 2: Verhaltenstherapie-Praxis: Alles was Sie für eine gute Therapie brauchen. München: CIP-Medien.

Sulz, S. & Müller, S. (2000). Bedürfnisse, Angst und Wut als Komponenten der Persönlichkeit. Psychotherapie, 5, 22-37.

Sulz, S. & Theßen, L. (1999). Entwicklung und Persönlichkeit: Die VDS-Entwicklungskalen zur Diagnose der emotionalen und Beziehungsentwicklung. Psychotherapie, 4, 31-44.

Yalom, I. D. (2010). Theorie und Praxis der Gruppenpsychotherapie: Ein Lehrbuch. Stuttgart: Klett-Cotta.

Korrespondenzadresse

Dr. phil. Dipl.-Psych. Annette Richter-Benedikt
Psychologische Psychotherapeutin, Kinder, Jugendliche, Erwachsene, VT, Supervisorin
Ausbildungsleitung CIP, KJ-VT, CIP Akademie GmbH, Rotkreuzplatz 1, 80634 München
Tel. 089-54047949, Fax 089-54047950, annette.richter-benedikt@cip-akademie.de

Christian Algermissen und Nina Rösser

Psychiatrische Kurz-Psychotherapie von depressiven Störungen in kombinierter Gruppen- und Einzeltherapie – ein Behandlungskonzept für Versorgungskliniken

Psychiatric Short-term psychotherapy of depression in combined group- and single-therapy – a therapeutic concept for psychiatric departments

Die durchschnittliche Behandlungsdauer von stationären psychiatrischen Patienten mit affektiven Störungen bzw. der Diagnose einer (unipolaren) Depression in der Mehrzahl der Fälle wird mit etwa 35 Tagen angegeben (Statistisches Bundesamt, 2017). Diese Rahmenbedingungen machen es erforderlich, den Therapieprozess unmittelbar zielorientiert und effizient zu gestalten.
Die Psychiatrische Kurz-Psychotherapie (PKP) ist eine Kurzform der Strategisch-Behavioralen Therapie (Sulz et al., 2011). Etablierte kognitive Behandlungstechniken und wesentliche Aspekte anderer Psychotherapiemethoden sind in diese Therapieform integriert (Sulz & Hauke, 2009). Als neuartige Therapietechnik nutzt die Psychiatrische Kurz-Psychotherapie insbesondere Kurzinterventionen zum Aufbau einer Behandlungsstrategie und ist besonders geeignet, einen Therapiefortschritt während des begrenzten stationären Behandlungszeitraums herzustellen.
Die Inhalte der PKP können als kombiniertes gruppen- und einzeltherapeutisches Behandlungskonzept in allgemeinpsychiatrisch und psychotherapeutisch orientierten Stationen einer Versorgungsklinik implementiert werden. Die Ergebnisse einer wissenschaftlichen Evaluation (n = 1196) dieses innovativen Therapiekonzeptes in der Klinik für Psychiatrie, Psychotherapie und Psychosomatik am Klinikum Braunschweig erlaubt eine positive Bilanz. Das Therapiekonzept ist effektiv, ressourcenschonend und erfährt eine hohe Akzeptanz bei Patienten. In Kooperation mit einer Psychiatrischen Institutsambulanz oder niedergelassenen Fachärzten sind sektorenübergreifende Behandlungspfade umsetzbar.

Schlüsselwörter
Depression – Psychiatrische Kurz-Psychotherapie – Verhaltenstherapie – Strategisch-behaviorale Therapie – Gruppentherapie – Versorgungskliniken – Kurzinterventionen

The average treatment duration of hospitalized psychiatric patients with affective disorders such as the diagnosis of a (unipolar) depression is given as around 35 days in the majority of cases (Statistisches Bundesamt, 2017). This situation makes it necessary to organize the therapy process efficiently and target-oriented.
Psychiatric short-term psychotherapy (PSP) is a short form of strategic-behavioural therapy (Sulz et al., 2011). Established cognitive therapy techniques and essential aspects of

other psychotherapy methods are integrated in this therapy form (Sulz & Hauke, 2009). As an innovative therapy technique, psychiatric short-term psychotherapy particularly uses short interventions to build up a treatment strategy and is especially suited for generating progress in therapy during the limited inpatient treatment period.
The content of PSP can be implemented as a combined group- or individual therapy treatment concept at general psychiatric and psychotherapeutic wards of a supply clinic. The results of a scientific evaluation (n = 1196) of this innovative therapy concept in the Clinic for Psychiatry, Psychotherapy and Psychosomatics at the Klinikum Braunschweig allow us to draw a positive balance. The therapy is effective, resource-sparing, and highly accepted by patients.
Cross-sectoral treatment routes can be implemented in cooperation with a psychiatric institute outpatient department or private consultants.

Key words
Depression – psychiatric short-term psychotherapy – behavioural therapy – strategic-behavioural therapy – group therapy – supply clinics – short interventions

Einführung

Parallel zur Entstehung der grundlegenden Psychotherapieverfahren und Behandlungsmethoden haben sich ausgehend von der kognitiv-behavioralen Therapie (Beck, Rush, Shaw & Emery, 1986; Hautzinger, 2013) und psychodynamischen Theorie differenzierte und in den letzten Jahrzehnten hochspezifische Therapieansätze zur Psychotherapie von Depressionen entwickelt, u.a. die Interpersonelle Therapie (IPT; Klermann, Weissman, Rounsaville & Chevron, 1984) oder das Cognitive Behavioral Analysis System of Psychotherapy (CBASP; McCullough, 2006).

Die Effektstärken von stationärer Depressionsbehandlung zeigen überwiegend eine hohe therapeutische Ergebnisqualität. Etwa 40 % der behandelten PatientInnen beurteilen „einzeltherapeutische Gespräche als das wichtigste Element, das weit vor allen anderen Therapieangeboten lag" (Härter et al., 2004, S. 1088). Dennoch erhält ein signifikanter Anteil der stationären PatientInnen keine störungsspezifische Therapie für Depressionen. Im Routine-Alltag der stationären psychiatrischen Versorgung mit knappen zeitlichen und personellen Ressourcen bzw. außerhalb spezieller stationärer Therapiesettings finden überwiegend wenig strukturierte psychotherapeutische Interventionen statt. Die PatientInnenkontakte sind meist bedarfsorientiert ausgerichtet, unmittelbar bestimmt durch die vom Patienten geäußerten Beschwerden (Sulz & Deckert, 2012a). Der zunehmende Mangel an Fachkräften im Fachgebiet Psychiatrie und Psychotherapie verstärkt diese Entwicklung.

Dieses Dilemma aus einerseits verfügbaren und wirksamen Psychotherapieansätzen für Depressionen und anderseits unzureichenden Rahmenbedingungen für die Umsetzung spezieller Psychotherapiekonzepte in der stationären psychiatrischen Versorgung versucht das Behandlungskonzept der Psychiatrischen Kurz-Psychotherapie (PKP) zu berücksichtigen und soweit möglich aufzulösen. Das PKP-Behandlungskonzept basiert auf einer modular aufgebauten Gruppen- und Einzeltherapie, die in der stationären Therapiesituation berufsgruppenübergreifend organisiert werden kann.

Psychiatrische Kurz-Psychotherapie (PKP)

Die Psychiatrische Kurz-Psychotherapie ist durch eine innovative und methodenintegrative Therapietechnik charakterisiert, die gut evaluierte und sowohl störungsspezifische als auch störungsübergreifend relevante Kurzinterventionen als kleinste therapeutische Einheit aus verschiedenen Therapieansätzen schulenübergreifend integriert und dennoch als leitliniengerechte Behandlungsstrategie transparent, personalisiert und unmittelbar zielführend bleibt (Deckert, 2014)

Die Psychiatrische Kurz-Psychotherapie besitzt als Kurzform der Strategisch-Behavioralen Therapie (Sulz & Hauke, 2009) einen umfassenden therapietheoretischen Hintergrund. Mit der fortgesetzten Erweiterung der Therapietechnik stellt PKP eine zeitgemäße Optimierung der Kognitiv-Behavioralen Therapie für verschiedene Störungsbilder (z. Zt. Depression, Angst- und Zwangsstörung, Alkoholabhängigkeit, Chronischer Schmerz, Persönlichkeitsstörungen) dar. Die übergeordnete Behandlungsstrategie leitet sich von einer eigenständigen Therapietheorie ab, die insbesondere durch die theoretischen Konzepte der Selbstregulation (Kanfer, Reinecker & Schmelzer, 2006) und Selbstorganisation (Haken & Schiepek, 2005; Bischof, 1993) sowie Erkenntnissen der kognitiven Entwicklungspsychologie (Piaget & Inhelder, 1981; Kegan, 1986) beeinflusst wurde und den Konstruktivismus der Palo-Alto-Gruppe (Watzlawik, 1981) und die „Körper-Gefühls-Theorie" (Damasio, 2003) als moderne neurobiologische Emotionstheorie in den theoretischen Hintergrund integriert.

Grundlegend für die Strategisch-Behaviorale Therapie und damit auch konstituierend für das therapeutische Vorgehen in der Psychiatrischen Kurz-Psychotherapie ist die Annahme, dass die menschliche Psyche stets einen stabilen Zustand (Homöostase) anstrebt und das beobachtbares Verhalten, Denken, inneres Erleben und Wahrnehmungen einer Person bei Störungen aus der Umwelt dazu dienen, diesen stabilen Zustand durch Vorgänge der Selbstregulation und Selbstorganisation wiederherzustellen. Sind als Folge der individuellen Entwicklungsgeschichte relevante Defizite im verfügbaren Verhaltensrepertoire entstanden oder bestehen inadäquate Verhaltensstereotypien und starre Verhaltensmuster im Erwachsenenalter weiter fort, folgen daraus mittel- bis langfristig erhebliche Nachteile für die erfolgreiche Steuerung und das Erreichen eines stabilen psychischen Zustandes (Homöostase). „Dominiert der dysfunktionale Anteil dieser Verhaltensstereotypien, so kommt es zu pathogener Lebens- und Beziehungsgestaltung", die das homöostatische System der Psyche überfordert und „in einer spezifischen Auslösesituation zur Symptombildung führt" (Sulz & Hauke, 2009, S. 39).

Dysfunktionale Verhaltensstereotypien, die mehr mit der Person als mit der Situation korrelieren, sind einerseits mit falschen *kognitiven Grundannahmen* (Beck et al., 1986) über das Funktionieren des Selbst und der Welt bzw. mit *generalisierten Verhaltensgeboten* (Grawe, 1998) verbunden. In gleicher Relevanz werden Verhaltensstereotypien jedoch auf emotionaler Ebene von einem biographisch ableitbaren, kaum abwandelbaren Muster von zwischenmenschlichen Bedürfnissen und Ängsten einer Person bestimmt. Aus diesen stereotypen Bestandteilen eines pathogenen Verhaltensmusters kann prinzipiell für jeden Menschen eine Verhaltensregel als sogenannte „Überlebensregel" formuliert werden. Die verhaltensbestimmende „Überlebensregel" diente in einer entwicklungspsychologisch vulnerablen Kindheitsphase dazu, im Sinne einer Anpassungsleistung des Kindes (z. B. emotionales „Überleben" durch Fleiß und Gehorsam) einen psychisch stabilen Zustand (Homöostase) herzustellen. Dieses erworbene, rigide emotional-kognitive Schema kann als motivationaler Hintergrund für nachteiliges Verhalten noch im Erwachsenenalter erkannt werden. Die (dysfunktionale) Bedeutung der „Überlebensregel" für die menschliche Psyche wird z. B. bei der Manifestation depressiver oder ängstlicher Symptome in einer spezifischen Lebenssituation mit veränderten realen Erfordernissen (z. B.erwachsene Selbstbehauptung statt kindliche Anpassung durch Fleiß und Gehorsam) des Erwachsenenalters sichtbar. Für die therapeutische Arbeit ist die Fähigkeit zur *konstruktivistischen* Betrachtungsweise der eigenen Wirklichkeit und die Bereitschaft zum Wahrnehmen, korrektem Ausdruck und zur Reflexion von Emotionen nach dem *Achtsamkeits- und Akzeptanzprinzip* eine ggf. erst zu schaffende Voraussetzung.

Die gleichwertige Berücksichtigung von Kognitionen und Emotionen als therapeutische Ansatzpunkte, die Anwendung des Achtsamkeits- und Akzeptanzprinzips und des Schemabegriffs machen die Strategisch-Behaviorale Therapie zu einem Behandlungsansatz der sogenannten 3. Welle der Verhaltenstherapie. Aufgrund der integrativen Therapietheorie bestehen inhaltliche Bezüge zu den bereits o. g. Therapieansätzen der Interpersonellen Psychotherapie (IPT; siehe Schramm, 2010) und dem Cognitive Behavioral Analysis System of Psychotherapy (CBASP; siehe Röttgers & Konrad, 2017; Sulz, 2007b) wie auch der Schematherapie (Young, Klosko, & Weishaar, 2005; siehe auch Roediger, 2016; Sulz, 2007a). Alleinstellungsmerkmal der Strategisch-Behavioralen Therapie ist ein heuristisches psychologisches Erklärungsmodell, das die angenommene Multifaktorität einer psychischen Störung ergänzt um eine therapeutische Perspektive auf die Funktionalität eines Symptoms im Rahmen der homöostatischen Selbststeuerung der Psyche. Darüber wird eine ausgeprägt personalisierte Therapiestrategie möglich (s. u.).

Psychiatrische Kurz-Psychotherapie von depressiven Störungen
Auch wenn sich Depressionen nicht ausschließlich psychologisch erklären lassen, setzt eine störungsorientierte Psychotherapie eine Hypothese zur Depressionsentstehung voraus, um spezifische therapeutische Interventionen zu begründen. Kognitionen stellen in vielen Fällen einen sehr günstigen Ansatzpunkt zur Veränderung der depressiven Reaktionskette dar. In anderen Fällen ist es jedoch die direkte Modifikation von Emotionen oder ein verändertes Verhalten im Umgang mit den zentralen Bedürfnissen und Beziehungsthemen, die zum Inhalt der strategischen Depressionsbehandlung werden. Emotionen, Bedürfnisse und Beziehungen werden gleichwertig zu Kognitionen in der Funktionsanalyse und der Therapiestrategie berücksichtigt (Gräff-Rudolph & Sulz, 2009).

In der Psychiatrischen Kurz-Psychotherapie wird das strategisch-behaviorale Erklärungsmodell mit Fokus auf die Funktionalität der depressiven Verstimmung (nicht der Depression) in Ergänzung zu den wichtigsten Störungsmodellen für Depressionen (u.a. Lewinsohn, 1974; Seligman, 1979; Beck, 1986) genutzt. *„Man kann die depressive Verstimmung bezüglich ihrer Folgen auf die Psyche des Menschen betrachten. [...] die Konsequenzen können probatorisch als Funktion der Depression betrachtet werden"* (Gräff-Rudolph & Sulz, 2009, S. 172). Im Unterschied zu Emotionen wie Freude, Wut, Trauer oder Angst, die sich auf ein Ereignis, auf einen Menschen oder als Reaktion auf dessen Verhalten beziehen und rasch beginnen, sich schnell ändern, kurz dauern, aber insbesondere intensiv und auch bedrohlich werden können, haben Stimmungen wie Depressivität keinen unmittelbaren Bezug auf ein Ereignis, einen Menschen oder dessen Verhalten. Stimmungen entstehen und ändern sich nicht schnell, dauern aber meist länger und werden vor allem nicht so intensiv oder bedrohlich. Bewertet man diese Unterschiede als funktional, so kann die heuristische Aussage formuliert werden: Die Funktion einer depressiven Verstimmung besteht in der Vermeidung nachteiliger oder bedrohlicher Folgen intensiver Emotionen bzw. schmerzhafter Affekte, z. B. von Wut und Trauer und damit verbundener affektiver Handlungen. Die depressive Verstimmung wird aufrechterhalten durch negative Verstärkung, das Verhindern eines aversiven Ereignisses (Gräff-Rudolph & Sulz, 2009; Sulz, 1998).

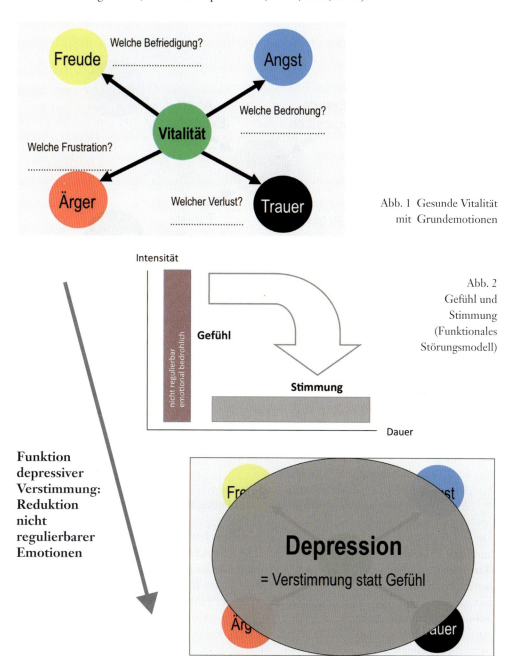

Abb. 1 Gesunde Vitalität mit Grundemotionen

Abb. 2 Gefühl und Stimmung (Funktionales Störungsmodell)

Funktion depressiver Verstimmung: Reduktion nicht regulierbarer Emotionen

Abb. 3. Depression (Verstimmung statt Gefühl)

Aus diesem funktionalen heuristischen Modell der depressiven Verstimmung lassen sich strategisch-behaviorale Interventionsstrategien ableiten. *„Wenn die Strategie der Depression darin besteht, Gefühle durch Depression zu ersetzen, so besteht die Therapiestrategie darin, Depression durch Gefühle zu ersetzen. Dies erfolgt nach dem Prinzip der Exposition"* (Gräff-Rudolph & Sulz, 2009, S. 172).

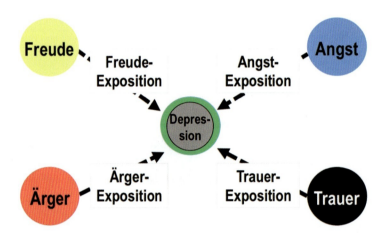

Abb. 4 Emotionsexposition: Gefühl statt Verstimmung

Innerhalb der strategisch-behavioralen Depressionsbehandlung nimmt die Emotionsexposition eine zentrale Stellung ein, konzeptualisiert ist die „Freudeexposition" durch z. B. Aktivitätenaufbau oder Genusstraining und die Angst-, Ärger- und Trauerexposition. *„In einem zweiten Schritt lernt der Patient, mit diesen Gefühlen umzugehen, in der Regel durch kognitive Selbststeuerung und durch kompetente Interaktions- und Beziehungsgestaltung"* (Gräff-Rudolph & Sulz, 2009, S. 172). Strategisch-Behaviorale Depressionsbehandlung hat dadurch drei emotionsfokussierte Schwerpunkte:

- Emotionsexposition
- Aufbau kognitiver Selbststeuerung der Gefühle
- Aufbau kompetenter Interaktions- und Beziehungsgestaltung.

Die Therapietechnik der Psychiatrischen Kurz-Psychotherapie von depressiven Störungen folgt dem strategisch-behavioralen Therapiekonzept und ordnet die therapeutischen Kurzinterventionen auf drei Ebenen (= Therapiesäulen) an, der Therapie auf (1) Symptomebene, der Arbeit auf der (2) Ebene persönlicher Ressourcen und (interaktioneller) Fertigkeiten und (3) der motivationalen Klärung für dysfunktionale Verhaltensstereotypien auf der Persönlichkeitsebene.

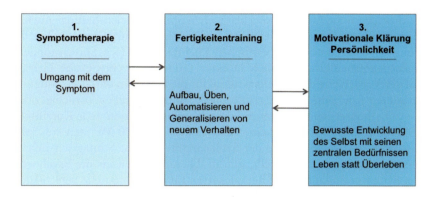

Abb. 5 Drei Ebenen der Therapie (Säulenarchitektur)

Die depressiven Symptome beeinträchtigen die psychischen Funktionen des Betroffenen in der akuten Behandlungssituation oft so erheblich, dass ein unmittelbarer psychotherapeutischer Prozess unmöglich wird. Am Anfang der Psychiatrischen Kurz-Psychotherapie steht daher die „Symptomtherapie" mit dem Ziel, einen lindernden Umgang mit den depressiven Symptomen zu erlernen und die Voraussetzungen für eine psychotherapeutische Arbeit zu schaffen, oftmals auch psychopharmakologisch unterstützt.

Im weiteren Behandlungsverlauf geht es um den Einsatz persönlicher Ressourcen (z.B. Aufbau positiver Aktivitäten) zur Überwindung der depressiven Störung, es geht um Emotionsexposition zur Bewältigung störungsrelevanter Gefühle wie Trauer, Ärger/Wut bzw. Angst und vielfach um den Aufbau interaktioneller Fertigkeiten zur befriedigenderen Gestaltung bedeutsamer Beziehungen und oft um die Erarbeitung einer angemessenen Selbstbehauptung.

Sobald in der Therapiesituation erkennbar wird, dass ein wesentlicher Persönlichkeitszug relevant und nachteilig für die erfolgreiche Überwindung der depressiven Verstimmung wird, z.B. fehlende Eigenständigkeit und mangelndes Selbstvertrauen als notwendige Voraussetzung für den Aufbau positiver Aktivitäten, erfolgt die „motivationale Klärung" dieser Verhaltensstereotypie auf der Persönlichkeitsebene (3. Säule). Anhand des zentralen kognitiv-emotionalen Schemas, der „Überlebensregel", d.h. einem Bedingungsgefüge bestehend aus dem zentralen emotionalen Bedürfnis, der zentralen Angst und dem (dysfunktionalen) Persönlichkeitszug, wird ein Handlungsmotiv für das rigide und wiederkehrende Verhalten geklärt. Für die PatientIn wird das Handlungsmotiv im Sinne der versuchten homöostatischen Selbststeuerung nachvollziehbar gemacht (s.u.). Die weitere Arbeit auf der Persönlichkeitsebene, d.h. die Entwicklung von Varianten und erfolgreicheren Verhaltensmöglichkeiten im Gegensatz zum rigiden kognitiv-emotionalen Schema der Überlebensregel, hat dabei das begrenzte Ziel, das Erlernen von selbstwirksamen Fertigkeiten (2. Säule), hier der Selbstständigkeit und Eigeninitiative als Voraussetzung für den Aktivitätenaufbau, zu unterstützen und mittelbar eine Kontrolle über depressive Symptome (1. Säule) und ein Überwinden der Depression zu erreichen. Die damit verbundene positive Persönlichkeitsentwicklung steht zunächst nicht im Fokus der psychiatrischen Kurz-Psychotherapie.

Ausgehend von diesem strategisch-behavioralen Therapieansatz wurde zunächst eine modulare Kurzzeittherapie auf der Basis von psychotherapeutischen Kurzinterventionen für die einzeltherapeutische Arbeit im psychiatrischen Sprechstunden-Setting entwickelt und an den Leitlinienempfehlungen orientiert. Der Praxisbezug wurde insbesondere durch die Einführung von etwa 60 störungsspezifischen Therapiekarten (syn. Sprechstundenkarten) im Karteikastenformat erhöht (Sulz & Deckert, 2012b). Jede entwickelte Therapiekarte bietet auf der Vorderseite das Arbeitsmaterial für die PatientIn und unterstützt die TherapeutIn auf der Rückseite durch Erläuterungen zum praktischen Vorgehen oder durch Hinweise zum theoretischen Hintergrund der Kurzintervention. Jede Kurzintervention ist im „Sprechstundenformat" für eine Zeitspanne von 10-20 Minuten konzipiert. Die Therapiekarten sind entsprechend der Säulenarchitektur der Strategisch-Behavioralen Therapie in drei Gruppen aufgeteilt, d.h. in Therapiekarten für die Psychoedukation (1. Säule: Symptomtherapie), in Therapiekarten für die Submodule verschiedener Bewältigungsstrategien (2. Säule: Fertigkeitentraining), u.a. für den Aktivitätenaufbau und „Freude-Exposition" sowie Angst-, Ärger- und Trauerexposition und Therapiekarten für den Aufbau sozialer Fertigkeiten. 12 Therapiekarten leiten die Arbeit auf der Persönlichkeitsebene (3. Säule) an, d.h. die Erarbeitung der persönlichkeitsbezogenen Motive und der entsprechenden „Überlebensregel".

Stationäres PKP-Behandlungskonzept am Klinikum Braunschweig
Die Gesamtheit dieser Kurzinterventionen zur Depressionsbehandlung bildet die Grundlage für das hier vorgestellte stationäre Behandlungskonzept der Psychiatrischen Kurz-Psychotherapie. Entwickelt, implementiert und evaluiert wurde das Behandlungskonzept auf einer offen geführten allgemeinpsychiatrischen und Psychotherapiestation mit zusammen 34 Behandlungsplätzen der Klinik für Psychiatrie, Psychotherapie und Psychosomatik am Klinikum Braunschweig (Klinikleitung: PD Dr. A. Diehl). Für die beiden Stationen bestanden keine Therapieschwerpunkte. Gerontopsychiatrische und suchttherapeutische Patienten wurden bevorzugt auf anderen, entsprechend spezialisierten Stationen der Klinik behandelt.
Wesentliches Ziel des stationären Therapiekonzeptes ist es, die spezifische Situation an Versorgungskliniken mit begrenzten personellen und finanziellen Ressourcen zu berücksichtigen. Als Voraussetzung wird eine realistische Patientenverweildauer von vier bis sechs Wochen für Patienten mit Depressionen zugrunde gelegt. Innerhalb dieser Limitationen ist unserer Ansicht nach nur ein kombiniertes, gruppen- und einzeltherapeutisches Behandlungskonzept zielführend. Ein modularer Aufbau der Gruppentherapie ermöglicht einerseits die Bearbeitung einzelner Therapiethemen in geschlossenen Gruppensituationen, andererseits die wöchentliche Aufnahme neuer Patienten in das vierwöchige Gruppenkonzept. Zusätzlich wird der Therapieprozess durch eine Einzeltherapie mit thematischem Bezug zur PKP-Depressionsgruppe begleitet. Eine berufsgruppenübergreifende Organisation des stationären Behandlungskonzeptes bot insbesondere die Gelegenheit, die Inhalte der Psychiatrischen Kurz-Psychotherapie ressourcenschonend, synergistisch und in natürlicher Weise in das stationäre Therapiegeschehen zu implementieren.

Organisationsform der „PKP-Depressionsgruppe"
Die für das Behandlungskonzept zentrale PKP-Depressionsgruppe besteht aus den Modulen 1-4, wobei Modul 1 + 2 als Gruppe A (Psychoedukation/Aktivitätenaufbau) und Modul 3 + 4 als Gruppe B (Emotionsexposition/zentrales Verhaltensschema) zeitlich parallel organisiert sind. Die Gruppen A und B werden jeweils von einer (psychologischen) GruppenleiterIn geführt.

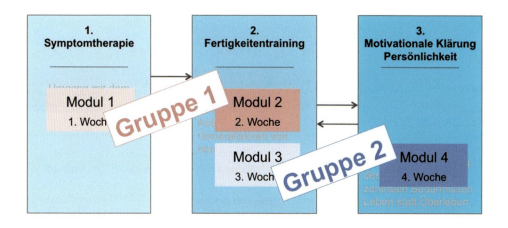

Abb. 6 Gruppentherapie und Säulenarchitektur

Jedes Modul besteht aus drei Therapiesitzungen á 75 Minuten, die innerhalb einer Woche (z. B. Montag/Mittwoch/Freitag) stattfinden und sich aufeinander beziehen. Jedes Modul behandelt ein Therapiethema in der Gruppe so weitgehend, dass eine weitere personalisierte Bearbeitung des Therapiethemas in der Einzelpsychotherapie anschließen kann. Das Durchlaufen aller vier Module dauert dementsprechend insgesamt vier Wochen bzw. beinhaltet die Teilnahme an 12 Sitzungen.
Sämtliche Therapiematerialen (überarbeitete Therapiekarten) sind als Arbeitsblätter im DIN A4 Format digitalisiert und zentral abgelegt, so dass sie ausgehend von jedem PC der Klinik jederzeit ausgedruckt und unmittelbar durch die verschiedenen Berufsgruppen und in unterschiedlichen Therapiesituationen verfügbar sind.

Bei mehr als der Hälfte der in das Gruppenkonzept aufgenommenen PatientInnen wird der Wechsel von Gruppe A (10-12 Teilnehmende) nach Gruppe B (6-8 Teilnehmende) nach den ersten beiden Wochen und nach Durchlaufen der ersten beiden Module (Psychoedukation/Aktivitätenaufbau) empfohlen. Ein Teil der PatientInnen beendet die Gruppentherapie mit der Teilnahme an Gruppe A, da eine weiterführende emotionsfokussierte Arbeitsweise in den Modulen 3 und 4 der Gruppe B (Emotionsexposition/zentrales Verhaltensschema) entweder zum Therapiezeitpunkt oder z. B. aufgrund vorwiegend biologischer Begleitfaktoren der depressiven Störung nicht indiziert ist.

Die unterschiedliche Reihenfolge von Modul 1 und 2 bzw. von Modul 3 und 4, die sich aus den verschiedenen Startzeitpunkten der Teilnehmenden ergibt, ist gleichwertig, da alle Module in sich abgeschlossen sind.

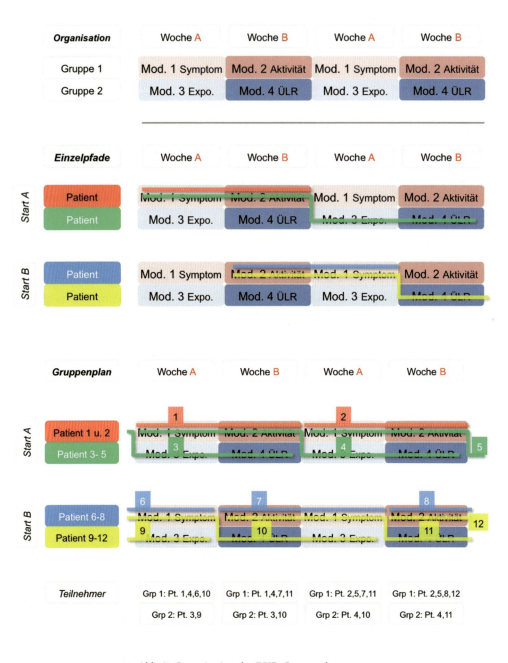

Abb. 7 Organisation des PKP-Gruppenkonzept

Therapieinhalte der „PKP-Depressionsgruppe"

Modul 1 – Psychoedukation

Ein initial wesentliches Ziel im Modul 1 besteht darin, depressive Symptome innerhalb der Gruppe richtig zu beschreiben und bei sich selbst und anderen Teilnehmenden zu erkennen. Mit dem Benennen der eigenen depressiven Symptome und dem Bewusstwerden, dass vergleichbare depressive Symptome auch von anderen erfahren werden, ist häufig ein besseres Verständnis für das Störungsbild „Depression" und eine erste psychische Entlastung verbunden. Anhand von Arbeitsblättern werden die Teilnehmenden aufgefordert, die Diagnose einer Depression für sich nachzuvollziehen und angeleitet zu „überprüfen", um eine für die Behandlung vorteilhafte Krankheitsakzeptanz zu erreichen. Zusätzlich erhalten die Gruppenteilnehmenden psychoedukative Informationen über die „Krankheit" Depression und lernen die verschiedenen Erklärungsmodelle zur Entstehung und Aufrechterhaltung der Depression kennen. Ausgehend vom Vulnerabilitäts-Stressmodell wird die Indikation für eine (meist) kombinierte psychopharmakologische und psychotherapeutische Behandlung erläutert. Gleichzeitig eröffnet die Frage nach einer Funktionalität der Depression („Was geschah unmittelbar bevor Sie depressiv wurden?") die Perspektive darauf, dass die depressive Verstimmung möglicherweise vor intensiven und bedrohlich erlebten Emotionen „schützt" (Emotionsvermeidung, s. o.). Die Relevanz der Grundgefühle Angst, Wut und Trauer für die Entstehung und Aufrechterhaltung von Depressionen wird im Gruppengespräch verdeutlicht und ebenso die Rationale für eine Emotionsexposition (im Modul 3) und den bewussten „Umgang mit schwierigen Gefühlen" dargestellt. Depressionstherapie kann das schrittweise Ersetzen der depressiven Verstimmung durch vitale Gefühle zum Ziel haben, die in ihrer Intensität für den Einzelnen wieder regulierbar werden.

Dabei geht es um die korrigierende Erfahrung von Selbsteffizienz (bei der Bewältigung von Angst), Selbstbehauptung (beim Umgang mit Wut und Ärger) und Offenwerden für Neues (bei der Überwindung der Trauer).

Eine personalisierte Erarbeitung der Diagnose einer depressiven Störung und die Funktionsanalyse der Depression kann bedarfsweise durch die Einzeltherapie unterstützt werden.

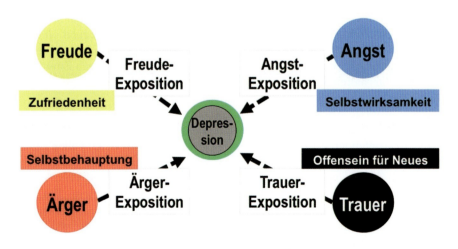

Abb. 8 Depressionstherapie = Gefühl statt Verstimmung

Modul 2 – Aufbau positiver Aktivitäten
Verhaltensaktivierung und der Einsatz von Verstärkern beim Aufbau positiver Aktivitäten ist ein wirksamer Bestandteil aller kognitiv-behavioraler Therapieansätze zur Depressionsbehandlung (Hautzinger, 2013). Angenehm erlebte Aktivitäten können auch als eine geplante „Exposition" mit positiven Emotionen wie z. B. „Freude" und „Zufriedenheit" aufgefasst und „geübt" werden. Antriebsstörungen, negative Erwartungen sowie die Erfahrung anhaltender und kaum überwindbarer Freudlosigkeit erschweren jedoch die Eigeninitiative depressiver PatientInnen. Häufig bestimmen vorrangig Pflicht- und Verantwortungsgefühle das Verhalten und beeinträchtigen positives Erleben. Ziel dieses Moduls ist daher die gemeinsame Suche nach voraussichtlich angenehmen oder sinnstiftenden Aktivitäten im Gruppenkontext und die Konkretisierung dieser individuell geeigneten Aktivitäten in Form von Tagesplänen und Durchführungsprotokollen. Dabei ist es hilfreich, die Selbstbeobachtung von Stimmungsveränderungen anzuleiten, da graduelle Stimmungsverbesserungen von depressiven PatientInnen oftmals nicht wahrgenommen oder in der Bewertung negativ verzerrt werden. Die Bedeutung von Bewegung und Sport, von Entspannungstraining, Genussübungen und Sinneserleben als Quellen von positivem Erleben werden erarbeitet und in die Planung positiver Aktivitäten integriert.

Gerade in diesem Bereich ist die berufsgruppenübergreifende Organisation der Therapieinhalte ein bedeutsamer Vorteil. Die Verhaltensaktivierung z. B. durch konkrete Planung positiver Aktivitäten und die Anleitung zur Selbstbeobachtung kann durch die psychiatrische Fachpflege erheblich verdichtet und effizient begleitet werden. Bewegungs-, Sport- und KreativtherapeutInnen können ergänzende Angebote zum Aufbau positiver Aktivitäten machen oder Quellen für positives (Sinnes-)Erleben erschließen.

Modul 3 – Umgang mit schwierigen Gefühlen (Emotionsexposition)
Depressive Verstimmung kann entsprechend des strategisch-behavioralen Störungsmodells (s.o.) in einer bestimmten Lebenssituation die Funktion haben, vor unkontrollierbar intensiven Emotionen wie z. B. existenzieller Angst, unüberwindbarer Trauer oder aggressiver Wut zu schützen. In der Umkehrung des Störungsmodells gilt es, die damit verbundene Vermeidung von Emotionen durch Interventionen zur Emotionsexposition zu vermindern. Mit dem zeitgleichen Erlernen einer wirksamen Regulation der bedrohlich intensiven Emotion wird eine schrittweise Emotionsverarbeitung in der Therapie ermöglicht. Dann wird die depressive Verstimmung nicht mehr durch Emotionsvermeidung aufrechterhalten. Mit der Rückbildung depressiver Verstimmung kann die gesunde Vitalität der Gefühle neu erlebt werden.
Die emotionsfokussierte Therapiearbeit in einer Gruppengröße von 6-8 Teilnehmenden ist anspruchsvoll, aber bei geeigneten stationären Rahmenbedingungen und begleitet von einer vertiefenden Einzelpsychotherapie gut möglich. In vielen Fällen ist der Gruppenkontext auch vorteilhaft, z. B. durch die Multiperspektivität und das größere Erfahrungswissen der Gruppe. Die Grundemotionen Angst, Trauer und Wut/Ärger werden jeweils in einer 75-minütigen Therapiesitzung behandelt. Mit einem „Brainstorming" über eigene Erfahrungen mit einer dieser Grundemotionen und den verschiedenen körperlichen Wahrnehmungen im Zusammenhang mit einer Emotion wird das jeweilige Emotionsschema aktiviert. Die grundlegende Funktion der bearbeiteten Grundemotion (Angst – Erkennen von Gefahr, Trauer – Loslassen, Ärger/Wut – Selbstbehauptung) und

typische Auslösesituationen werden erarbeitet und die bereits bei den Gruppenteilnehmenden vorhandenen Strategien im Umgang mit den Emotionen Angst, Trauer und Wut abgefragt und ggf. in Pro- und Kontralisten bewertet. Bereits dadurch wird ein hilfreiches Verhaltensrepertoire in der Gruppe sichtbar.

Ausgehend vom Gruppenergebnis werden die spezifischen antidepressiven PKP-Interventionen zur jeweiligen Emotionsexposition beschrieben. Um die Bedeutung interpersoneller Themen bei der Depressionsentstehung zu berücksichtigen, finden sich im PKP-Therapiekonzept zur Angst-Exposition insbesondere Kurzinterventionen eines Selbstbehauptungs-, Kommunikations- und Selbstständigkeitstrainings, zusätzlich eine häufig bedeutsame „Lust-statt-Pflicht"-Übung für depressive Patienten mit hohen Selbstansprüchen, ausgeprägtem Verantwortungsbewusstsein, starker Selbstdisziplin und dysfunktionaler Gewissenhaftigkeit.

Zur Ärger-/Wutexposition finden sich Kurzinterventionen zum Wahrnehmen, Zulassen bzw. Aussprechen von Ärger und Wut, zur Adäquatheit und zum „Konstruktiv Verhandeln" auf den Hintergrund von Ärger/Wut. Insbesondere eine Übung zur Diskrimination von Gefühl und Handeln bzw. von Phantasie und Realität im Zusammenhang mit intensivem Ärger und Wut eignet sich zur gemeinsamen Durchführung in der Gruppe.

Die Durchführung einer Trauer-Exposition im Kontext der Kleingruppe macht eine besondere Aufmerksamkeit für einzelne Teilnehmende während und nach der Therapiesitzung erforderlich, ggf. auch eine flexible Gestaltung der Gruppensituation. Hier geht es um das Erinnern an das Wertvolle/Geliebte, das verloren ging und um das Spüren, wie sehr es vermisst wird und wie sich der Moment des Verlustes anfühlte, welcher Schmerz, welche Verzweiflung und Trauer bestand. Es geht um die Bereitschaft, die schmerzhaften Trauer- und Verlustgefühle zuzulassen anstatt zu vermeiden. Im Gruppenkontext dient eine Imaginationsübung („Bootsübung") zur Annäherung an ein Trauerthema. Die genannten Kurzinterventionen finden in der Regel im intensiveren Einzelsetting statt. Übergeordnetes Ziel dieses Moduls ist die Klärung für den Patienten, ob die Vermeidung bestimmter Emotionen für die Entstehung und Aufrechterhaltung der depressiven Verstimmung relevant ist und welcher Qualität die vermiedene Emotion ist. Der Gruppenteilnehmende soll zur weiteren emotionsfokussierten Arbeit im einzeltherapeutischen Setting motiviert werden. Der stationäre Behandlungsrahmen bietet für Emotions-Exposition in der Regel eine unterstützende und gut geeignete Therapiesituation.

Modul 4 – „Überlebensregel" als zentrales Verhaltensschema

Bestimmte Lebenssituationen können dann eine depressive Episode auslösen, wenn wesentliche Verhaltensmöglichkeiten zur Bewältigung einer belastenden Lebenssituation (z. B. Autonomie und Selbstständigkeit in einem Beziehungskonflikt) fehlen und von der betroffenen Person nicht unmittelbar erlernt werden können. Vielfalt und Variabilität der Verhaltensmöglichkeiten im Erwachsenenalter stehen entwicklungspsychologisch in einem Zusammenhang mit der Erfahrungsbreite im Verlauf der individuellen Entwicklungs- und Lerngeschichte im Kindesalter (Piaget & Inhelder, 1981; Kegan, 1986; Sulz 2007b). Sowohl emotional bedrohliche bzw. frustrierende Erfahrungen als auch häufig begrenzte Möglichkeiten zur Befriedigung zentraler Bedürfnisse in den Beziehungen der frühen Biographie führen zur Ausbildung entsprechender kognitiv-emotionaler Schemata und Verhaltens- bzw. Beziehungsmuster (s. o). Das jeweilige Schema war in der Kindheit erfolgversprechend, das emotionale „Überleben" zu garantieren und stellte häufig eine positive Anpassungsleistung dar. Persistieren diese erlernten kognitiv-emotionalen Schemata jedoch in der veränderten Erwachsensituation, bleiben diese auch bestimmend für zwischenmenschliches Verhalten und die Beziehungsgestaltung des Erwachsenen und werden in ihrer Rigidität und Unbewusstheit häufig dysfunktional (s.o.).

Das Auftreten starker (primärer) Emotionen von z. B. Angst, Wut oder Trauer aktivieren diese Schemata und führen zu einer tendenziell immer gleichen (sekundären) emotionalen Reaktion (z. B. Gefühl von Hilflosigkeit und Unterlegenheit). Das Erkennen und die Beschreibung des zentralen emotional-kognitiven Schemas, der sog. „Überlebensregel", ist Ziel des Moduls 4. Durch das Konstrukt der „Überlebensregel" kann maladaptives und die Depression aufrechterhaltendes Verhalten in zwischenmenschlichen Beziehungen erklärt und damit therapeutisch veränderbar werden. Ausgehend von dem vorrangigen Persönlichkeitszug (z. B. „Ich bin zurückhaltend und angepasst") und den zentralen Bedürfnissen und Ängsten einer Person wird eine personalisierte „Überlebensregel" erarbeitet, d. h. ein Bedingungssatz formuliert:
„Nur wenn ich immer …(entsprechend meines Persönlichkeitszuges handle) und wenn ich niemals … (entgegen meines Persönlichkeitszuges handle), bewahre ich mir … (das zentrale Bedürfnis) und verhindere … (die zentrale Angst). Im Falle einer selbstunsicher-dependenten Persönlichkeit könnte die Überlebensregel lauten:

Überlebensregel – abhängiger Persönlichkeitszug

Nur wenn ich immer gemäß den Wünschen meiner Bezugsperson denke, fühle und handle,
und wenn ich niemals eigene Bedürfnisse zulasse, die mit den ihren nicht vereinbar sind,
bewahre ich mir den Schutz, die Wärme und die Geborgenheit
und verhindere, verlassen zu werden.

Die Erarbeitung von „Überlebensregeln" im Gruppenkontext ist in einer vereinfachten ersten Ausformung gut möglich und soll vor allem zur fortgesetzten Arbeit an der Klärung der eigenen, für die Entstehung der Depression relevanten Verhaltensmotive und zur weiteren Persönlichkeitsentwicklung anregen. Als Grundlage für die therapeutische Arbeit ist jedoch eine weitere Ausdifferenzierung und Überprüfung der „Überlebensregel" erforderlich. Dieses Anliegen wird wiederum in die PKP-Einzeltherapie delegiert. In gleicher Weise wird eine erste „Entwicklungsregel" („Indem ich nicht mehr … und stattdessen …, werde ich frei … für mich Selbst und für echte Beziehungen") im Gruppenkontext erstellt und zur konkreten Ausgestaltung in die Einzeltherapie delegiert. Die „Entwicklungsregel" dient als Ausgangspunkt für individuelle Veränderungsprojekte und zum Aufbau gegensätzlicher bzw. alternativer Verhaltensmöglichkeiten zur „Überlebensregel". Dadurch erhält sie in der weiteren Einzeltherapie einen besonderen Stellenwert. Auch die Entstehung einer weniger veränderungsorientierten Selbstakzeptanz kann zum Ziel der Psychiatrischen Kurz-Psychotherapie werden.

PKP-Einzeltherapie

Die PKP-Einzeltherapie wird parallel zur Gruppentherapie durch die jeweiligen stationären BezugstherapeutInnen durchgeführt. Anfangs ist eine einfache therapeutische Unterstützung und ergänzende Erläuterung zu den Gruppensitzungen erforderlich, da die PatientInnen noch von depressiven Symptomen und verminderter Aufmerksamkeitsspanne beeinträchtigt sind. Im Verlauf allerdings werden die jeweils relevanten Therapiethemen aus der Gruppentherapie aufgenommen, personalisiert fortgesetzt und vertieft. Der gruppentherapeutische Prozess liefert vielfache therapeutische Ansatzpunkte, deren Bearbeitung durch die BezugstherapeutIn verschieden gewichtet und mit unterschiedlicher Zielsetzung bzw. Therapiestrategie erfolgen kann. Dementsprechend muss die BezugstherapeutIn das Gruppenkonzept und die Therapieinhalte der Psychiatrischen Kurz-Psychotherapie kennen bzw. mit den Grundzügen der Strategisch-Behavioralen Therapie, insbesondere mit den Techniken der Emotionsexposition und der Arbeit mit der „Überlebensregel" vertraut sein. Die abgeschlossene Teilnahme an den Modulen 3 und 4 des PKP-Therapiekonzeptes ist gleichzeitig der Beginn einer intensiven einzeltherapeutischen Arbeit an der Veränderung der „Überlebensregel" und an der Weiterentwicklung der eigenen Person.

PKP-TherapeutInnenkonferenz

In vierzehntägigen Abständen dient eine TherapeutInnenkonferenz dazu, die Kommunikation zwischen GruppenleiterInnen und BezugstherapeutInnen zu intensivieren und sowohl Einzelfälle als auch organisatorischen Fragen zusätzlich zum alltäglichen fallbezogenen Informationsaustausch zu erörtern.

Sektorenübergreifende Organisation der Psychiatrischen Kurz-Psychotherapie

Das primär stationär ausgerichtete PKP-Gruppenkonzept kann auch für ambulante PatientInnen geöffnet werden, sofern eine PKP-Einzeltherapie auch im ambulanten Kontext verfügbar ist, z. B. in der Psychiatrischen Institutsambulanz oder durch eine qualifizierte ambulante ärztliche oder psychologische PsychotherapeutIn. Das Angebot einer weiteren ambulanten Teilnahme an der PKP-Depressionsgruppe ist auch für PatientInnen sinnvoll, die im Zeitraum der PKP-Gruppentherapie aus verschiedensten Gründen aus der stationären Behandlung entlassen werden und die Depressionsbehandlung in dieser Weise auch ambulant abschließen können.

PIA-Gruppe zur Arbeit an der Überlebensregel

Eine Projektarbeit zur Veränderung der Überlebensregel, zur Verbesserung der eigenen Emotionsregulation und persönlichen Entwicklung kann auch im Rahmen eines speziellen Gruppenangebotes in der Psychiatrischen Institutsambulanz fortgesetzt werden.

Evaluation des stationären PKP-Behandlungskonzeptes

Die bisher noch vorläufigen Daten aus einer mehrjährigen Evaluation der PKP-Depressionsgruppe zwischen August 2011 und Dezember 2016 lieferten deutliche Belege dafür, dass sich dieses spezielle Therapieangebot am Klinikum Braunschweig dazu eignet, einen effektiven Behandlungsprozess für stationäre PatientInnen mit Depressionen auf einer allgemeinpsychiatrischen und Psychotherapiestation zu generieren.

Methode: Nach einer Phase der Konzeptimplementierung (8/2011-6/2012) wurde die Evaluation des PKP-Behandlungskonzeptes im Juli 2012 begonnen und bis Dezember 2016 als kontinuierliche Maßnahme zur Qualitätssicherung durchgeführt. Innerhalb der klinischen Routine wurden mehrere Messinstrumente (BDI-II; Hautzinger, Keller & Kühner, 2006; SCL-18; Franke, 2017; CGI-Scale; Guy, 2000) parallel zur Gruppenintervention angewendet. Ziel dieser „Klinischen Evaluation" war es, den Therapieverlauf im Zeitraum der Gruppenintervention zu ermitteln. Ergänzend wurden die subjektiven Bewertungen der Teilnehmenden zur Relevanz der erarbeiteten „Überlebensregel" abgefragt. Weitere katamnestische Daten von etwa 130 PatientInnen zur Veränderung der Überlebensregel befinden sich in der Auswertung.

Abb. 9 Evaluation

Ergebnisse: Im Zeitraum vom Beginn der PKP-Depressionsgruppe im August 2011 bis zum Ende der Evaluation im Dezember 2016 nahmen insgesamt 1196 PatientInnen an der PKP-Depressionsgruppe bzw. dem kombinierten stationären PKP-Behandlungskonzept teil, vorwiegend PatientInnen der allgemeinpsychiatrischen und Psychotherapiestation. Mehr als die Hälfte (58,2 %), d.h. 696 Teilnehmende, beendeten die PKP-Depressionsgruppe vollständig (Modul 1-4). 206 Teilnehmende (17,2 %) der Gruppentherapie beendeten die PKP-Depressionsgruppe planmäßig nach Modul 1 und 2, z. B. weil die Indikation zur Teilnahme an der Gruppe B (Emotionsexposition/Überlebensregel) nicht gestellt wurde (s. o.). Bei weiteren 118 Gruppenteilnehmenden (9,86 %) endete die Gruppenteilnahme während der Teilnahme an Gruppe B (Modul 3-4) und nach Abschluss von Modul 1 und 2, z. B. durch vorzeitige Entlassung. Bei 157 Teilnehmenden (13,1 %) endete die Gruppentherapie entweder nach Teilnahme an nur einem Modul (114 PatientInnen) oder nach den ersten Gruppensitzungen (43 PatientInnen). 14 PatientInnen (1,2 %) nahmen nach therapeutischer Abwägung ausschließlich an Gruppe B (Emotionsexposition/Überlebensregel) teil. Fünf Teilnehmende an der Depressionsgruppe zeigten eine unsystematische Teilnahme (Modul 1/3, 1/4 oder 2/3).

Bei den 1196 Teilnehmenden wurden insgesamt 7 Therapieabbrüche (0,6 %) aus spezifischen Gründen dokumentiert (Aktualisierung von Traumaerleben, akute Manie, Psychotische Symptome u. a.). Über die Psychiatrische Institutsambulanz nahmen 32 PatientInnen (2,6 %) ambulant an der Depressionsgruppe teil.

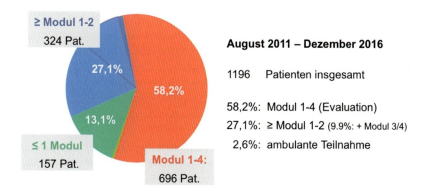

Abb. 10 Grundgesamtheit

Während der vierwöchigen PKP-Depressionsgruppe reduzierten sich die Werte im Beck-Depressions-Inventar (BDI-II; dt. Hautzinger et al., 2006) bei den Teilnehmenden mit der vollständigen Teilnahme am PKP-Therapiekonzept (n =696) signifikant (p < 0,001) und effektstark (d = 1,144). Auch die Werte für das Suizid-Item im BDI-II (p < 0.001, d = 0,626) verminderten sich.

Die Aussagekraft der Ergebnisse ist allerdings durch die unterhälftige Rücklaufquote eingeschränkt. Die Teilnehmenden erhielten gleichzeitig weitere Therapieverfahren wie Psychopharmakotherapie und komplementäre Therapien der Standardbehandlung.

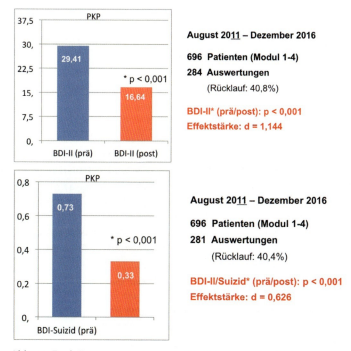

Abb. 11 Beck-Depressions-Inventar (II): Prä-/Post-Vergleich

Beginnend im August 2012 wurde die klinische Evaluation um die SCL-18 (Symptom-Checkliste, syn. Mini-SCL) und eine Skala zum ‚Klinischen Gesamteindruck' erweitert. Die SCL-18 ist eine für Psychotherapiepatienten gut validierte Kurzform der Symptom-Checkliste (SCL-90-S), reduziert auf die 3 Skalen für Somatisierung, Depressivität und Ängstlichkeit mit je 6 Items (Derogatis, 1977; Franke et al. 2011; Franke, 2014, 2017). Der ‚Klinische Gesamteindruck' entspricht dem international gebräuchlichsten Fremdbeurteilungsinstrument, der Clinical Global Impression-Scale (CGI-Severity), in deutscher Übersetzung (Guy, 2000; CIPS, 2005).

Auf allen Skalen der SCL-18 zeigten sich signifikante ($p < 0{,}001$) Symptomreduktionen. Der Effekt manifestierte sich auf der Depressionsskala am stärksten ($d = 1{,}067$), gefolgt von Effekten auf der Angstskala ($d = 0{,}714$) und der Skala für Somatisierung ($d = 0{,}641$). Auch der in guter Korrelation mit einer klinischen Besserung stehende „Global Severity Index" (GSI) der Symptom-Checkliste zeigte eine gute Effektstärke, ($d = 1{,}022$), eingeschränkt lediglich durch eine geringe Rücklaufrate von 39 %. Die Fremdbeurteilung anhand der Skala zum ‚Klinischen Gesamteindruck' (Clinical Global Impression-Scale/CGI-S) bestätigte eine signifikante psychische Besserung ($p < 0.001$) im statistischen Vergleich der Prä-/Post-Rohwerte ($d = 1{,}166$).

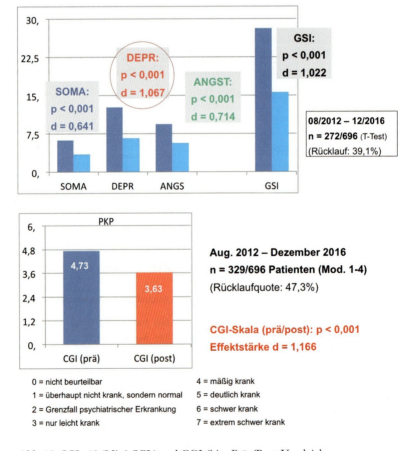

Abb. 12 SCL-18 (Mini-SCL) und CGI-S im Prä-/Post-Vergleich

Gleichzeitig mit der Erarbeitung der „Überlebensregel", d.h. des zentralen emotional-kognitiven Schemas und übergeordneten Verhaltensmotivs, wurde abgefragt, wie relevant das Thema „Überlebens-/Lebensregel" von den Teilnehmenden eingeschätzt worden ist und ob eine weitere therapeutische Bearbeitung gewollt sei. Etwa 59,4 % der auswertbaren Teilnehmenden (n = 249) schätzten das Thema als sehr relevant für sich ein, weitere 30,5 % als „mittel" relevant, nur 2 % der Teilnehmenden an der PKP-Depressionsgruppe konnte keine Relevanz des Themas für sich erkennen. 79,5 % wünschten eine weitere Bearbeitung des Therapiethemas.

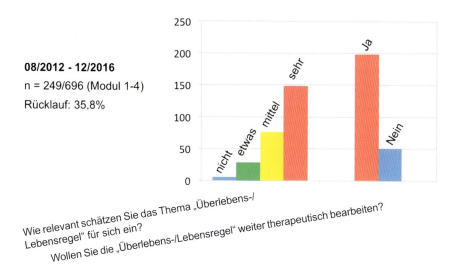

Abb. 13 Relevanz und Akzeptanz der Überlebensregel für Teilnehmende

Diskussion

Vorrangiges Ziel des hier vorgestellten stationären Behandlungskonzeptes war die Realisierung einer speziellen Psychotherapie für Depressionen und die Erprobung des Konzeptes in einer akuten Versorgungsklinik für Psychiatrie und Psychotherapie mit typischen Limitierungen in der Verweildauer und den personellen Ressourcen. Entstanden ist eine kombinierte Gruppen- und Einzeltherapie mit engem Bezug zu den Inhalten und der Therapietechnik der Psychiatrischen Kurz-Psychotherapie.

Während der Entwicklung des Behandlungskonzeptes war unklar, wie die Organisationsform mit parallelen Gruppen in wöchentlich wechselnder Zusammensetzung und zum Teil stark emotionsfokussierten oder hoch personalisierten Inhalten von den PatientInnen akzeptiert werden würde. Auch bestanden Unsicherheiten, ob die gewünschten Behandlungseffekte im Sinne des strategisch-behavioralen Therapieansatzes durch ein derartiges gruppenorientiertes Konzept erreichbar sein würden. Diese

Skepsis hat sich in beiden Punkten als unbegründet erwiesen. In der Praxis entstanden kaum Probleme dahingehend, ausreichend homogene Gruppenatmosphären auch für die Arbeit mit Emotionen oder der „Überlebensregel" zu schaffen. Die Einbettung des Behandlungskonzeptes in zwei organisatorisch verbundene Stationen begünstigte die Entstehung einer unterstützenden PatientInnengemeinschaft, andererseits behielten die Gruppen genügend Offenheit für jeweils neue PatientInnen oder auch einzelne ambulante Teilnehmende. Der Komplexität des Behandlungsansatzes wurde durch die begleitende Einzeltherapie ausreichend Rechnung getragen. Die Erarbeitung von therapeutischen Themen im Gruppenkontext und die Delegation dieser Themen zur weiteren Bearbeitung in der Einzeltherapie stellte eine effiziente Organisationsform des strategischen Therapieprozesses dar. Zusätzlich konnten positiven Gruppeneffekte (u. a. wechselseitige Modell-, Anregungs- und Feedbackfunktionen, Vermittlung von Hoffnung) genutzt werden (Fiedler, 2005).

Das interdisziplinäre Zusammenwirken der Berufsgruppen setzte bei allen MitarbeiterInnen eine ausreichende Kenntnis der PKP-Behandlungsstrategie von Depressionen voraus. Vor der Einführung des PKP-Behandlungskonzeptes war deshalb eine berufsgruppenübergreifende Schulung obligat. Dies war auch deshalb erforderlich, da Inhalte der Psychiatrischen Kurz-Psychotherapie zusätzliche Überschneidungen mit anderen indikativen Gruppenangeboten aufwies, z. B. mit dem Gruppentraining Sozialer Kompetenzen (GSK; Hinsch & Pfingsten, 2015). Hier konnten Inhalte so „aufgeteilt" werden, dass Synergieeffekte entstanden. Es ist sinnvoll, dass sukzessive alle Berufsgruppen in der Depressionsgruppe als zentralen Baustein des Behandlungskonzeptes „hospitieren", um mit den Therapieinhalten vertraut zu werden und auf Anliegen der PatientInnen im Zusammenhang mit dem Behandlungskonzept eingehen zu können. Auch Nachschulungen für neue Mitarbeitende oder Folge-Workshops waren für die Aufrechterhaltung des Konzeptes zu planen. Mit der Zeit entstand so eine zunehmende Anzahl an „PKP-qualifiziertem" Personal, die eine hohe Stabilität des Konzeptes auch in Vertretungssituationen ermöglichte. Die Übergabe der PKP-Depressionsgruppe an neue Mitarbeitende wurde jeweils angeleitet. Hilfreich war auch eine Qualitätssicherung durch Teilnahme neuer Mitarbeitenden an PKP-Workshops auf dem jährlichen DGPPN-Kongress, Berlin und im Centrum für Integrative Psychotherapie, München. Durch die berufsgruppenübergreifende Organisation der PKP-Inhalte und wechselseitige Hinweise (z. B.: „Erste Aktivitäten können für Sie auch die Teilnahme an der Ergotherapie und Sportgruppe auf Station sein") wurde für PatientInnen eine Gesamtbehandlungsstrategie sichtbar, bei der Sport- und Bewegungsangebote ebenso als Bestandteil des übergeordneten PKP-Konzeptes zur Behandlung von Depressionen erlebt wurde wie die Teilnahme etwa an einer Genuss- und Achtsamkeitsgruppe oder dem genannten Gruppentraining sozialer Kompetenzen. Nicht zuletzt förderte die interdisziplinäre Zusammenarbeit das Interesse aller Berufsgruppen an diesem Behandlungskonzept und motivierte zur Mitarbeit und Weiterentwicklung des PKP-Behandlungskonzeptes vor Ort.

Die Organisationsform des PKP-Behandlungskonzeptes erwies sich als gute Voraussetzung für sektorenübergreifende Behandlungspfade, sofern eine ergänzende Einzeltherapie durch die ambulante Weiterbehandlung in einer Psychiatrischen Institutsambulanz bzw. bei einer niedergelassenen „PKP-TherapeutIn" parallel zur Teilnahme an der PKP-Depressionsgruppe möglich war. Auch eine ambulante Gruppe zur Begleitung von individuellen Entwicklungsprojekten im Sinne der erstellten „erlaubnisgebenden Lebensregel", z. B. als Angebot der Psychiatrischen Institutsambulanz, ist denkbar.

Mit den bisherigen Ergebnissen der klinischen Evaluation wurde dokumentiert, dass sich innerhalb des ersten vierwöchigen Zeitraumes des PKP-Behandlungskonzeptes und mit Teilnahme an der Depressionsgruppe signifikante positive Therapieeffekte und Rückbildungen depressiver Syndrome zeigen und methodisch zu erwarten sind. Der jeweilige Stellenwert der verschiedenen Therapieelemente stationärer Depressionsbehandlung für die klinische Besserung, etwa die Teilnahme an der Psychiatrischen Kurz-Psychotherapie gegenüber der Wirksamkeit einer antidepressiven Psychopharmakotherapie oder auch ergänzende Effekte anderer komplementärer Therapien und stationärer Milieufaktoren, lässt sich anhand unserer Evaluation nicht bestimmen. Für derartige Aussagen fehlten geeignete Kontrollbedingungen. Zusätzlich schränkte die unbefriedigende Rücklaufquote, begründet vor allem in der Arbeitsverdichtung einer regionalen Versorgungsklinik und dem Fehlen wissenschaftlichen Personals, die Aussagekraft der klinischen Evaluation ein. Dennoch erbrachte die klinische Evaluation unserer Ansicht nach im Ganzen und vor allem aufgrund der hohen Fallzahl den Nachweis, dass eine wirksame und effektstarke stationäre Depressionsbehandlung unter Anwendung des stationären PKP-Behandlungskonzeptes realisiert werden konnte. Dabei entspricht die kombinierte psychotherapeutische und psychopharmakologische Therapiestrategie in den meisten Fällen dem Wunsch des Patienten, ist evidenzbasiert und leitlinienkonform (Nationale Versorgungsleitlinie Unipolare Depression, 2017).

Die hohe Relevanz, die dem zentralen Konstrukt des PKP-Behandlungskonzeptes, der Überlebensregel, von Teilnehmenden zugestanden wird, weist auch auf eine hohe Akzeptanz für das Behandlungskonzept und das zugrundeliegende funktionale Störungsmodell insgesamt hin. Dies war auch unsere alltägliche Erfahrung. Zusammenfassend ließ sich das PKP-Behandlungskonzept mit einer Kombination aus gruppen- und einzeltherapeutischen Therapieelementen gut in das stationäre Therapieangebot einer mittelgroßen Versorgungsklinik implementieren. Das Konzept konnte in den letzten Jahren mit hoher Stabilität und Akzeptanz von Seiten der PatientInnen aufrechterhalten werden. Dies wurde dadurch unterstützt, dass Stationsmitarbeitende und KreativtherapeutInnen, insbesondere aber sämtliche psychologischen GruppenleiterInnen der PKP-Depressionsgruppe einen einfachen Zugang zum PKP-Behandlungskonzept fanden, gerne damit arbeiteten und die Praxisbezogenheit und rasche Anwendbarkeit der Therapietechnik schätzten.

Die Evaluation der weiteren therapeutischen Arbeit mit dem zentralen kognitiv-emotionalen Schema der Überlebens- bzw. Lebensregel steht im Kontext unseres Behandlungskonzeptes noch aus. Ebenso ist die Reproduktion unserer Ergebnisse für die Verifizierung der positiven Bewertung des stationären PKP-Behandlungskonzeptes wesentlich. Dieser Übersichtsartikel hat deshalb auch zum Ziel, die Erprobung des stationären PKP-Behandlungskonzeptes andernorts in vergleichbarer Form zu ermöglichen.

Literatur

Beck, A.T., Rush, A.J., Shaw, B.F. & Emery, G. (1986). Kognitive Therapie der Depression. Weinheim: Beltz.

Bischof, N. (1993). Untersuchungen zur Systemanalyse der sozialen Motivation: Die Regulation der sozialen Distanz – von der Feldtheorie zur Systemtheorie. Zeitschrift für Psychologie, 201, 5-43.

CIPS Collegium Internationale Psychiatriae Scalarum (2005). Internationale Skalen für Psychiatrie. Göttingen: Hogrefe.

Damasio, A. (2003). Der Spinoza-Effekt: Wie Gefühle unser Leben bestimmen. München: List.

Deckert, B. (2014). Psychiatrische Kurz-Psychotherapie (PKP) der Depression. Psychotherapie, 19, 287-304.

Derogatis, L.R. (1977). SCL-90-R, administration, scoring & procedures manual-I for the R(evised) version. John Hopkins University School of Medicin: Eigendruck.

DGPPN, BÄK, KBV, AWMF (2017). Nationale Versorgungsleitlinie Unipolare Depression. Heidelberg: Springer.

Fiedler, P. (2005). Verhaltenstherapie in Gruppen: Psychologische Psychotherapie in der Praxis. Weinheim: Beltz.

Franke, G.H., Ankerhold, A., Haase, M., Jäger, S., Tögel, CH., Ulrich, C. & Frommer, J. (2011). Der Einsatz des Brief Symptom Inventory 18 (BSI-18) bei Psychotherapiepatienten. PPMP Psychotherapie Pychosomatik Medizinische Psychologie, 61, 82-86.

Franke, G.H. (2014). SCL-90-S. Symptom-Checklist-90-Standard. Göttingen: Hogrefe (Testzentrale).

Franke, G.H. (2017). Mini-SCL. Mini-Symptom-Checklist. Göttingen: Hogrefe (Testzentrale).

Gräff-Rudolph, U. & Sulz, S.K.D. (2009). Strategische Depressionstherapie: Die Energie der Gefühle für befriedigende Beziehungen nutzen lernen. In: S.K.D. Sulz & G. Hauke (Hrsg.), Strategisch-Behaviorale Therapie (SBT): Theorie und Praxis eines innovativen Psychotherapieansatzes. München: CIP Medien.

Grawe, K. (1998) Psychologische Therapie. Göttingen: Hogrefe.

Guy, W. (2000) Clinical Global Impressions (CGI) Scale, Modified. In: J.A. Rush (Hrsg.), Handbook of Psychiatric Measures. Washington DC: American Psychiatric Association.

Haken, H. & Schiepek, G. (2005). Synergetik in der Psychologie: Selbstorganisation verstehen und gestalten. Göttingen: Hogrefe.

Härter, M., Sitta, P., Keller, F., Metzger, R., Wiegand, W., Schell, G., Stieglitz, R.-D., Wofersdorf, M., Felsenstein, M. & Berger, M. (2004). Stationäre psychiatrisch-psychotherapeutische Depressionsbehandlung. Nervenarzt , 75, 1083-1091.

Hautzinger, M., Keller, F. & Kühner, C. (2006). Beck Depressions-Inventar Revision. Göttingen: Hogrefe.

Hautzinger, M. (2013). Kognitive Verhaltenstherapie bei Depressionen. Weinheim: Beltz.

Hinsch, R. & Pfingsten, U. (2015). Gruppentraining sozialer Kompetenzen GSK. Weinheim: Beltz.

Kanfer, F.H., Reinecker, H. & Schmelzer, D. (2006). Selbstmanagement-Therapie. Heidelberg: Springer Medizin.

Kegan, R. (1986). Die Entwicklungsstufen des Selbst: Fortschritte und Krisen im menschlichen Leben. München: Kindt.

Klermann, G.L., Weissman, M.M., Rounsaville, B.J. & Chevron, E.S.M.S. (1984). Interpersonal Psychotherapy of Depression. New York: Basic Books.

Lewinsohn, P.M. (1974). A Behavioral Approach to Depression. In: R.J. Friedman & M.M. Katz (Hrsg.), The Psychology of Depression (S.194-209). New York: Wiley.

McCullough, J.P. (2006). Psychotherapie der chronischen Depression: Cognitive Behavioral Analysis System of Psychotherapy - CBASP. München: Urban & Fischer.

Piaget, J. & Inhelder, B. (1981). Die Psychologie des Kindes. Frankfurt: Fischer.
Roediger, E. (2016). Schematherapie: Grundlagen, Modell und Praxis. Stuttgart: Schattauer.
Röttgers, H.-O. & Konrad, C. (2017). Praxis des Cognitive Behavioral Analysis System of Psychotherapy (CBASP). In: C. Konrad (Hrsg.), Therapie der Depression: Praxisbuch der Behandlungsmethoden (S.117-140). Berlin: Springer.
Schramm, E. (2010). Interpersonelle Psychotherapie. Stuttgart: Schattauer.
Seligman, M.E.P. (1992). Erlernte Hilflosigkeit. Weinheim: Beltz.
Statistisches Bundesamt (2017). Diagnosedaten der Krankenhäuser (Eckdaten der vollstationären Patienten und Patientinnen). http://www.gbe-bund.de/oowa921-install/servlet/oowa/aw92/dboowasys921.xwdevkit/xwd_init?gbe.isgbetol/xs_start_neu/&p_aid=i&p_aid=43944074&nummer=815&p_sprache=D&p_indsp=-&p_aid=28380234
Sulz, S.K.D. (1998). Therapeutische Strategien bei Depression. In: S.K.D. Sulz (Hrsg.), Das Therapiebuch. München: CIP-Medien.
Sulz, S.K.D. (2007a). Die Schematherapie Jeffrey Youngs: ein integrativer Therapieansatz zur Behandlung von Persönlichkeitsstörungen. Psychotherapie, 12, 183-195.
Sulz, S.K.D. (2007b). Entwicklung als Therapie: von Piaget Entwicklungstheorie zu McCulloughs CBASP und zur strategischen Kurzzeittherapie. Psychotherapie, 12, 60-76.
Sulz, S.K.D. & Deckert, B. (2012a). Psychiatrische Kurzzeittherapie PKP: Handbuch Depression. München: CIP Medien.
Sulz, S.K.D. & Deckert, B. (2012b). Psychiatrische Kurz-Psychotherapie: PKP – Depression-Therapiekarten. München: CIP-Medien.
Sulz, S.K.D., Deckert, B. & Gräff-Rudolph, U. (2011). Strategische Depressionstherapie als Psychiatrische Kurz-Psychotherapie (PKP): Arbeit mit Sprechstundenkarten. Psychotherapie,16, 324-330.
Sulz, S.K.D. & Hauke, G. (2009). Strategisch-Behaviorale Therapie (SBT): Theorie und Praxis eines innovativen Psychotherapieansatzes. München: CIP-Medien.
Watzlawik, P. (1981). Die erfundene Wirklichkeit. München: Piper.
Young, J.E., Klosko, J.S. & Weishaar, M.E. (2005). Schematherapie: Ein praxisorientiertes Handbuch. Paderborn: Junfermann.

Korrespondenzadressen

Dr. Christian Algermissen, Chefarzt
Klinik für Psychiatrie, Psychotherapie und Psychosomatik
Harzklinikum Dorothea Christiane Erxleben
Thiestraße 7-10, 33889 Blankenburg
T: +49 3944 96-2187, F: +49 3944 96-2350

Dr. Nina Rösser, Ltd. Psychologin
Klinik für Psychiatrie, Psychotherapie und Psychosomatik
Städtisches Klinikum Braunschweig
T: +49 531 595-2870, F: +49 531 595-2271

Iris Liwowsky

Die Arbeit mit der Überlebensregel in der Gruppentherapie depressiver PatientInnen

Working with the "suvival strategy" in grouptherapy of depressive patients

Die Anzahl der Menschen, die unter Depression leiden ist weiterhin erschreckend hoch. Gleichzeitig bestehen für die Psychotherapie Versorgungsengpässe mit teils monatelangen Wartezeiten. Eine Möglichkeit hier Abhilfe zu schaffen, wäre das vermehrte Angebot von Therapie in Gruppen. Leider gibt es im Bereich der Gruppentherapie nur wenige evaluierte Behandlungsprogramme. Es ist daher dringend nötig, bestehende, hochwirksame Ansätze auch für die Anwendung in der Gruppe auszuarbeiten. Die strategisch behaviorale Therapie (SBT) bietet einen integrativen Ansatz für die Behandlung depressiver PatientInnen. Neben den symptomorientierten Interventionen ist ihr zentrales Element die „Überlebensregel". Die strategisch behaviorale Therapie hat ihre Wurzeln sowohl in der kognitiven Verhaltenstherapie als auch in der psychodynamischen Psychotherapie. Beide Denkrichtungen sollen zur Ableitung des Störungsmodells der SBT kurz stilisiert werden. Die Heuristik der SBT betrachtet Depression als Vermeidungsverhalten, welches der Abschwächung zu intensiver Emotionen und deren innewohnenden Handlungsimpulsen dient. Daraus abgeleitet beinhaltet die strategisch behaviorale Therapie der Depression als wesentliche Schwerpunkte den Aufbau von Fertigkeiten der Emotionsregulation, Emotionsexposition, sowie den Aufbau kompetenter Interaktions- und Beziehungsgestaltung. Im Mittelpunkt dieses Artikels steht die Arbeit mit der Überlebensregel in der Gruppe. Zum Abschluss der Überlegungen werden ausgewählte Studienergebnisse in Bezug auf einen durch die Therapie veränderten Umgang mit zentralen Bedürfnissen, Angst und Wut vorgestellt.

Schlüsselwörter
Depression, SBT, Überlebensregel, Bedürfnisse, Emotion, Gruppentherapie, integrative Therapie

The number of people suffering from depression continues to be alarmingly high. At the same time there is a bottleneck in psychotherapeutic supply with waiting times of several months. Grouptherapy could offer a possible solution to this problem. Unfortunately, there are only few evaluated treatment programs for group therapy of depression. Thus, it seems highly necessary to elaborate already existing and effective therapies also for application in the group. The strategic behavioral therapy (SBT) provides an integrative approach for the treatment of depressive patients. Apart from the symptom-oriented interventions; their central element is „the survival strategy". The SBT has its roots in both cognitive behavioral psychotherapy and psycho-dynamic psychotherapy. In order to derive the SBT depression-model both schools of thought will be briefly outlined. SBT regards depression as an avoidance behavior serving the reduction of intense emotions and their inherent impulses to act. Derived from this model, SBT aims to foster the development of emotion regulation, the ability to express emotions as well as good interaction and relationship skills. This article focuses on working with the "survival strategy" in the group. Finally, some selected SBT study-results regarding the handling of central needs, anxiety and anger are presented.

Keywords
depression, SBT, survivals strategy, needs, emotion, group therapy, integrative therapy

Einleitung

„Immer wieder Depression" könnte man fast denken, dennoch zeigen neueste Zahlen, wie bedeutsam dieses Thema, trotz zahlreicher Bemühungen, das Leid der Betroffenen zu lindern, weiterhin ist. Die Depression ist in Deutschland noch immer die am häufigsten auftretende psychische Störung. Das Lebenszeitrisiko einer depressiven Erkrankung liegt für Männer bei 12-16 %, für Frauen bei 20-26 %. Auch junge Erwachsene zwischen 18 und 29 Jahren sind zunehmend von depressiven Ersterkrankungen betroffen (Hautzinger, 2018). Zusammen mit einer hohen Komorbiditäts- (75-90 %) und Chronifizierungsrate (10-30 %) ist die Depression eine für die Betroffenen, sowie für die Gesellschaft enorm beeinträchtigende Erkrankung. Nicht zuletzt aus diesen Gründen existiert für die Behandlung der Depression mittlerweile ein breites Spektrum anerkannter Methoden.

Im vorliegenden Artikel wird das Entstehungsmodell der Depression aus Sicht der strategisch behavioralen Therapie (SBT; Sulz, 1994, 1998; Sulz & Hauke, 2009) vorgestellt. Besonderes Augenmerk soll dabei dem Verständnis und der Bedeutung der Überlebensregel, insbesondere der konkreten Arbeitsweise damit in der Gruppe, gelten. Der Artikel nimmt Bezug auf eine Studie, die an der Ludwig-Maximilians-Universität München zur Umsetzbarkeit der SBT in der stationären Gruppentherapie mit depressiven PatientInnen durchgeführt wurde (Liwowsky, 2014).

„Ich kann mich mit meinen Problemen niemandem gegenüber öffnen" und „Endlich fühle ich mich verstanden und bin nicht alleine" sind zwei häufig verwendete Aussagen, die im Hinblick auf die Wirksamkeit von psychotherapeutischen Gruppeninterventionen unterschiedlicher nicht sein könnten. Gerade vor dem Hintergrund einer zutiefst zwischenmenschlichen Komponente der Depression kann die Therapie in der Gruppe eine zusätzliche Chance beinhalten, multiple, korrigierende Beziehungserfahrungen zu machen. Zentrale Themen wie Kohäsion und Zusammengehörigkeit, Offenheit, Vertrauen, Unterstützung und kooperatives Miteinander ermöglichen einen supportiven Austausch von Betroffenen.

Ein Blick auf die Forschung mit Fokus auf gruppentherapeutische Interventionen soll zeigen, ob Menschen, die unter depressiven Symptomen leiden, von Gruppentherapie profitieren können. Die Nationale Versorgungsrichtline Depression führt im Unterkapitel Psychotherapie alle gängigen Interventionsansätze auf. Leider wird bei dieser differenzierten und ausführlichen Darstellung aller gängigen Behandlungsansätze die „Psychotherapie in Gruppen" nur am Rande erwähnt. Wortwörtlich heißt es hier: „Die auf die Behandlung der Depression bezogenen Konzepte für Gruppentherapie entsprechen im Wesentlichen denen, die auch in der Einzeltherapie erfolgreich eingesetzt werden. Im deutschen Sprachraum sind verschiedene Manuale mit kognitiv-verhaltenstherapeutischen, strukturierten Programmen über 8 bis 16 doppelstündige Sitzungen für unterschiedliche Zielgruppen veröffentlicht worden." (NVL S3-Leitlinie, Langfassung, 2015, S. 101). In der Kurzfassung der Leitlinien findet die Gruppenpsychotherapie gar keine Erwähnung.

Auch die Ergebnisse einer für diesen Artikel durchgeführten Literaturrecherche aktueller Forschungsergebnisse zu Effizienz und Effektivität von Gruppentherapien bei Depression bringt nur wenige Ergebnisse. Zu den bekanntesten aktuellen Arbeiten zählt die Metaanalyse von Jank & Pieh (2016). Herangezogen wurden hierzu empirische Befunde aus sieben Metaanalysen (N=140 Studien) seit dem Jahr 2000. Obwohl die Einzeltherapie sich in einigen Studien überlegen zeigte und weniger PatientInnen die Therapie abbrachen, ziehen die Autoren den Schluss, dass Gruppenpsychotherapie bei depressiven PatientInnen durchaus effektiv und effizient sei. Gruppentherapien sind hauptsächlich im stationären Kontext verbreitet und sollten unbedingt auch im ambulanten Setting breitere Verwendung finden. Hautzinger empfiehlt nach stationärer Behandlung im ambulanten Kontext eine weiterführende Gruppentherapie, um auch im Alltag Bewältigungsstrategien zu erproben, mit Belastungen funktional umzugehen, Rückfall- und Krisenpläne zu erarbeiten und das soziale Umfeld mit einzubeziehen (Hautzinger, 2010). Aufgrund der hohen Rezidivraten wurden spezifische Gruppentherapien zur Rückfallprophylaxe entwickelt. Besondere Erwähnung findet in diesem Rahmen die achtsamkeitsbasierte kognitive Therapie der Depressionen (Mindfulness-Based Cognitive Therapy, MBCT; Segal, Williams, Teasdale, 2002). Kuyken, Warren, Taylor und Kollegen (2016) fanden an 10 randomisiert kontrollierten Studien mit 1258 PatientInnen, dass die MBCT unabhängig von Demographie, Geschlecht und Beziehungsstatus gleichwertig zu einer medikamentösen Rezidivprophylaxe zur Rückfallreduktion führt. Marwitz (2016) fasst die positiven Effekte verhaltenstherapeutischer Gruppeninterventionen auf drei Ebenen zusammen: individuelle Ebene (z. B. Symptomverbesserung), Gruppenebene (z. B. kohäsives Gruppenklima) und institutionelle Ebene (z. B. Förderung eines therapeutischen Umgangs). Hier wird ein besonders breitflächiger Nutzen deutlich, der in der klassischen Einzeltherapie nicht zum Tragen kommen kann. Nur ein geringer Teil von ca. 20 % der Gruppenprozesse ist tatsächlich beobachtbar, zu den anderen nicht beobachtbaren 80 % gehören Prozesse bezüglich Beziehung, Empathie, Akzeptanz, Wertschätzung und Ressourcenaktivierung (Latocha, 2015). Aufgrund dieser Befunde kann davon ausgegangen werden, dass der beachtliche Anteil nicht beobachtbarer Prozesse auch nur schwer empirisch nachgewiesen oder erhoben werden kann.

Wie eingangs anhand typischer PatientInnenenaussagen beschrieben, kann nicht jede PatientIn von Gruppen profitieren. Um mögliche Nebenwirkungen zu erheben, wurde an der Hochschule Tübingen ein Fragebogen entwickelt (Drobinskaya, 2018). In der Pilotstudie mit 168 ProbandInnen konnten folgende Belastungsfaktoren gefunden werden: Reaktualisierung eigener negativer Erfahrungen, Berichte Anderer und die Notwendigkeit, sich vor Gruppenmitgliedern zu öffnen. Inwiefern diese potenziellen Nebeneffekte klinische Relevanz haben und funktionale Zugewinne überlagern, ist zu diesem Zeitpunkt nicht geklärt und somit eine wichtige Forschungsfrage.

Obwohl die Wirksamkeit von Gruppenpsychotherapie bei depressiven PatientInnen empirisch nachgewiesen ist (Jank & Pieh, 2016), werden Gruppentherapien besonders im ambulanten Kontext selten genutzt. Im Hinblick auf die oben dargestellten hohen Prävalenzraten, Rezidiverkrankungen und Komorbiditäten und den aktuell langen Wartezeiten für ambulante Psychotherapie, sollte diese Behandlungsmethode nicht nur im stationären, sondern auch im ambulanten Kontext dringend zugänglicher gemacht werden.

Hintergrund zum Störungsmodell

Die strategisch behaviorale Therapie (SBT) als integratives Konzept hat ihre Wurzeln sowohl in der kognitiven Verhaltenstherapie als auch in der psychodynamischen Psychotherapie. Beide Denkrichtungen sollen kurz stilisiert werden, da dies für die Ableitung des Störungsmodells und die theoretische Fundierung der Interventionen nötig ist. Die in der kognitiv verhaltenstherapeutisch ausgerichteten Forschung zur Ätiologie der Depression am meisten beachteten Modelle sind zweifelsohne die Theorie der erlernten Hilflosigkeit nach Seligman (Seligman, 1975), das kognitive Modell nach Beck (1974), das aus der Life-Event-Forschung entstandene Diathese-Stress-Modell (Singer & Hautzinger, 1988), das Verstärker-Verlust-Modell nach Lewinsohn (1979) und das Selbstregulationsmodell nach Kanfer & Hagermann (1987). Den kognitiv-verhaltenstherapeutischen Hypothesen zur Entstehung und Aufrechterhaltung depressiver Syndrome ist gemeinsam, dass bestimmte Symptomanteile als auslösend und/oder aufrechterhaltend betrachtet werden (z. B. Rückzug, Grübeln). Damit besitzen diese Symptome eine erhebliche Handlungsrelevanz, weshalb es in der Behandlung bedeutsam ist, sie zu modifizieren (Hautzinger, 2003). Die Gestaltung der therapeutischen Beziehung basiert auf Transparenz und Wertschätzung. Die weitergehende Gestaltung der therapeutischen Beziehung ist eng verknüpft mit den zu therapierenden Symptomen und den damit verbundenen Interventionsverfahren.

Eine darüberhinausgehende Betrachtung der therapeutischen Beziehungsebene ist das große Verdienst der Psychoanalyse. In psychodynamischen Theorien werden in der Kindheit auftretende Verlust-, Verunsicherungs- oder Enttäuschungserlebnisse als zentrale Entstehungsfaktoren von depressiven Erkrankungen betrachtet. Auch ein inkonsistenter Wechsel von Verwöhnung und Versagung oder unzureichende emotionale Förderung und Anerkennung in der Bezugsperson-Kind-Interaktion schaffen den Boden auf dem Depression sich entwickeln kann. In der Folge bilden sich Annahmen über das Selbst und die Welt, wie: „Keiner kümmert sich um mich, ich bin niemandem etwas wert". Diese Annahmen unterfüttern die im Kontext von Depression typische Selbstwertproblematik mit einem Gefühl von Minderwertigkeit, negativen Einstellung gegen sich selbst, eine oft hohe Verletz- und Kränkbarkeit sowie einem starken Bedürfnis nach emotionaler Zuwendung, Anerkennung und Wertschätzung. Der Grundkonflikt depressiver Menschen besteht nach der psychodynamischen Theorie in einem spezifischen emotionalen Dilemma von Bindungswunsch auf der einen Seite und Autonomiebestreben auf der anderen. Durch verunsicherte Bindungsmuster entsteht eine übermäßige Abhängigkeit von äußeren oder inneren Objekten. Diese übermäßige Abhängigkeit wiederum führt zu oft unbewussten Spannungen bzw. Aggressionen. Der Ausdruck dieser Aggression ist dem Betreffenden nicht möglich. Er fürchtet dadurch, für ihn existentielle Bindungen zu verlieren. Aus diesem Dilemma entsteht eine Vielzahl schwieriger und unbefriedigender Interaktionen, welche die vorbestehende Unsicherheit der zur Depression neigenden Personen bestätigen. Die Depression an sich ist als eine Art Gegenregulation zum Zusammenbruch der bisherigen Konfliktbewältigung zu betrachten. Sie ist eine Schutzreaktion, die dazu dient, angesichts einer Situation, in der die bisherigen Konfliktbewältigungsstrategien nicht mehr greifen, die Bindung an die schutzgebende Bezugsperson zu sichern. Diese Sichtweise konnte durch John Bowlby (1973) und die Bindungsforschung maßgeblich untermauert werden. Er befasste sich explizit mit der Entstehung von Depression. Dabei gelang es ihm, die Auswirkungen des Verlusts einer wichtigen Bindungsfigur in den ersten Lebensjahren als maßgeblichen Vulnerabilitätsfaktor für eine psychopathologische Entwicklung aufzuzeigen (Bowlby, 1988).

Er schreibt: „Bedeutsam für die Entwicklung von emotionalen Störungen ist die Intensität der Gefühle im Zusammenhang mit der Art und Weise, wie sich Beziehungen zwischen dem gebundenen Individuum und seinen Bindungspersonen entwickeln. Verlaufen sie gut, dann sind sie begleitet von Freude und Gefühlen der Sicherheit; werden sie indessen unterbrochen, werden häufig Trauer und Depressionen erlebt. Die Organisation des Bindungsverhaltens im späteren Leben ist in hohem Maße abhängig von den Bindungserfahrungen, die in der Ursprungsfamilie gemacht wurden" (Bowlby, 1988, S.4).

Längsschnittstudien belegen, dass ein Verlustereignis vor dem elften Lebensjahr eine depressive Entwicklung begünstigt. Durch inadäquate Versorgung eines Kindes nach einer solchen Verlusterfahrung verdoppelt sich dieses Risiko. Depressive PatientInnen beschreiben ihre Eltern als weniger hilfreich und abweisender als gesunde Personen (Raskin, Boothe, Reating, Schulterbrandt & Odel, 1971). In einer Metaanalyse über die Verteilungen der Bindungsrepräsentationen in klinischen und nichtklinischen Gruppen zeigte sich, dass die depressiven Störungen vermehrt den „unsicheren" Bindungsrepräsentationen angehörten (Bakermans-Kranenburg & Van Ijzendoorn, 2009). Unsichere Bindungen gehen bei Erwachsenen mit mangelnder Emotionsregulationsfähigkeit einher. Solche Personen zeigen im Umgang mit negativen Emotionen kein hilfreiches, sondern ein eher irrationales, emotionales Verhalten (Zimmermann, 1999). Die klinische Evidenz für frühe Verlusterfahrungen als Risikofaktor für die Depression wurde durch eine Vielzahl von überwiegend retrospektiven und auch längsschnittlichen Studien belegt (Buchheim, Taubner & George, 2012).

In der strategisch behavioralen Depressionsheuristik wird die Depression als Vermeidungsverhalten betrachtet. Vermieden werden intensive Emotionen und deren innewohnende Handlungsimpulse. Der Wegfall antizipierter negativer Konsequenzen muss dabei als negative Verstärkung verstanden werden. Empirische Befunde der Psychotherapieforschung zeigen, dass depressive PatientInnen mehr Vermeidungsmotivation aufweisen als gesunde (Grosse Holforth, Grawe, Egger & Berking, 2005) und diese hohe Vermeidung sich negativ auf den Therapiefortschritt auswirkt. Auch das in der achtsamkeitsbasierten kognitiven Therapie viel beachtete Konzept der Rumination, die bei Depressiven sehr häufig vorkommt, wird als eine Form von Vermeidung diskutiert. Schwierigkeiten bei der Emotionsregulation erhöhen die Gefahr einer psychischen Erkrankung sowohl bei Erwachsenen (Ehring, Fischer, Schnülle, Bösterling & Tuschen-Cafier, 2008) als auch bei Kindern und Jugendlichen (Trosper, Buzella, Bennett & Ehrenreich, 2009). In Übereinstimmung damit konnte gezeigt werden, dass im Selbstreport angegebene Schwierigkeiten der Emotionsregulation mit der Ausprägung berichteter Depressionssymptome positiv korrelieren. Konkret beobachtet man ein häufigeres Verwenden dysfunktionaler Emotionsregulationsstrategien, wie Grübeln und Katastrophisieren sowie reduzierte Verwendung funktionaler Strategien wie z. B. Positive Neubewertung. Weiterhin zeigen depressive PatientInnen eine reduzierte Fähigkeit zu emotionalem Verständnis, fehlen emotionaler Akzeptanz und geringere Erwartung in Bezug auf adaptiv regulierte Emotionen (Garnefski & Kraaij, 2006). Ergänzend zu den beschriebenen Forschungen zu Emotionsvermeidung gibt es im Kontext affektiver Störungen drei Hypothesen. Depressive weisen eine erhöhte emotionale Reaktivität bezüglich negativer emotionaler Stimuli und eine erhöhte negative emotionale Antwort auf negative Stimuli auf. Viele Untersuchungen stützen diese Hypothese. Sie zeigten zusätzlich, dass Depressive auch neutrale Stimuli oft negativ bewerten und insgesamt eine stärkere selektive Aufmerksamkeit für negative Stimuli aufweisen (Rottenberg, Kasch, Gross & Gotlib, 2002; Gotlib & McCain, 1984). Joormann & Gotlib (2010) fanden bei depressiven PatientInnen Schwierigkeiten, negativ behaftete Informationen zu hemmen, was zu wiederholten negativen Denkstrukturen, wie z. B. Grübelneigung führt. In Gegenposition dazu steht die Hypothese der Abschwächung positiver Emotion. Sie beschreibt die Tatsache, dass Depressive im Vergleich zu Gesunden in einigen Untersuchungen ein geringeres Maß an positiven Emotionen wahrnehmen (Rottenberg, 2005). Studien belegen reduzierte emotionale Antworten auf positiv bewertete Stimuli und ein geringeres Empfinden von Freude beim Betrachten positiver und angenehmer Stimuli im Vergleich zu gesunden Probanden (Dunn, Dalgleish, Lawrence, Cusack & Ogilvie, 2004; Liverant, Brown, Barlow & Roemer, 2008; Renneberg, Heyn, Gebhard & Bachmann, 2005; Rottenberg et al., 2002). Letztlich zeigte sich in den Untersuchungen von Rottenberg (2005) bei Depressiven eine eingeschränkte Reaktivität sowohl auf positive als auch auf negative Stimuli. Rottenberg vermutet daher, dass die Depression die Variationsbreite der emotionalen Reaktionen auf verschiedene Stimuli minimiert, also das emotionale Erleben insgesamt verflacht.

Nimmt man wie in der SBT und den eben dargestellten Studienergebnissen an, dass Depressive über eine eingeschränkte Emotionalität verfügen, intensive Gefühle meiden und leichter in negative Stimmungen geraten, folgt daraus, dass ein wesentlicher Teil der therapeutischen Interventionen zur Behandlung der Depression sich auf das Verständnis von und die Verbesserung im Umgang mit Emotion konzentrieren sollte. PatientInnen sollen befähigt werden, sich ihren Gefühlen zuzuwenden, diese zu erkennen, zu benennen und letztlich zu regulieren, um den aus den Emotionen resultierenden Handlungsimpulsen adäquat folgen zu können.

Die SBT-Depressionstherapie beinhaltet als wesentliche Schwerpunkte den Aufbau von Fertigkeiten der Emotionsregulation, die Emotionsexposition, sowie den Aufbau kompetenter Interaktions- und Beziehungsgestaltung. Die Modifikation der Beziehungsgestaltung erfolgt vor dem Hintergrund der Auswirkung und unreflektierten Übertragung früher Beziehungserfahrungen auf aktuelle zwischenmenschliche Situationen. Diese in der SBT Überlebensregel genannten Annahmen erwiesen sich zum Zeitpunkt des Erwerbs als ausgesprochen sinnvoll und notwendig. Sie sicherten das emotionale Überleben der Person im damaligen System. Dabei ist die Überlebensregel ein kognitiv-affektives-behaviorales Schema. Sie identifiziert für die individuelle Bedürfnisbefriedigung relevante Situationen und ordnet sie bezüglich der Erfolgswahrscheinlichkeit des Gelingens ein. Neben den Bedürfnissen spielt im motivationalen System auch der Umgang mit den Gefühlen der

Angst und der Wut eine große Rolle. Frühe Beziehungserfahrungen verursachen gewisse Ängste. Angst vor Trennung, Angst vor Liebesverlust, Angst vor Kontrollverlust seien hierfür als Beispiele genannt. Zentrale Ängste und Vermeidungstendenzen sind wichtige Einflussfaktoren menschlichen Handelns. Ebenso bilden sich im Kontakt mit den frühen Bezugspersonen zentrale Aggressionstendenzen heraus, die es zu verstehen gilt.

SBT Depressionstherapie

Für die Anwendung im stationär-psychiatrischen Setting wurde die SBT-Depressionsgruppe für zwölf Doppelstunden konzipiert. Die Gruppen wurden mit maximal acht TeilnehmerInnen durchgeführt und von jeweils zwei TherapeutInnen angeleitet. Im ambulanten Setting wäre es sicher sinnvoll, für manche Inhalte mehr Zeit für Entwicklung und Umsetzung zu gewähren.
Die Inhalte werden stets erfahrungsnah dargeboten und durch Visualisierung am Flipchart unterstützt. Zusätzlich erhalten die TeilnehmerInnen zu jeder Einheit ein Handout, welches die wesentlichen Inhalte zusammenfasst und Übungsaufgaben enthält. Ein wesentlicher Vorteil der Gruppe besteht in der Möglichkeit, von TeilnehmerInnen beschriebene Situationen darstellen zu lassen und neues, erwünschtes Verhalten im Rollenspiel zu üben. Dies unterstützt die TeilnehmerInnen vom reinen Denken ins Erleben zu kommen und nachhaltige Erfahrungen zu machen. In den ersten sechs bis sieben Einheiten werden alle grundlegenden Konzepte der SBT-Depressionstherapie den PatientInnen vermittelt, um im Weiteren intensiv mit Situationsanalysen und deren Bezug zu Überlebensregeln arbeiten zu können.
Ein zentrales Ziel der SBT ist die Befähigung der PatientInnen zu funktionaler Emotionsregulation. In Vorbereitung auf die Emotionsexposition im Verlauf der weiteren Therapie erscheint es unerlässlich an dieser Fähigkeit von der ersten Stunde an zu arbeiten. Folglich beginnt jede Gruppenstunde mit einer Achtsamkeitsübung. Um die PatientInnen zur aktiven Mitarbeit und zur Umsetzung der dargebotenen Inhalte zwischen den Sitzungen zu motivieren, wurde ein Arbeitsblatt entwickelt, in dem die PatientInnen, ihre durchgeführten Übungen protokollieren.
Die Inhalte der Therapie können hier nur überblicksartig dargestellt werden. Eine ausführliche Darstellung findet sich in Liwowsky (2014). Die SBT-Gruppentherapie ist modular aufgebaut. Neben den Elementen, die in diesem Artikel beschrieben werden und mehr dem Verständnis des eigenen "Gewordenseins", der Erweiterung grundlegender Schemata, der Verbesserung der Beziehungsgestaltung und verbesserten Emotionsregulation dienen, enthält sie die vier großen Bereiche der Freudeexposition, der Angstexposition, der Trauerexposition und der Wutexposition. Die Module können je nach Bedürfnis des/der Patienten/Patientin gewichtet und ausgewählt werden. Es empfiehlt sich bei allen depressiven PatientInnen mit dem Modul Freudeexposition zu beginnen. Dieses Modul enthält viele Parallelen zur Aktivitätenplanung der kognitiv verhaltenstherapeutischen Therapie und vermittelt die notwendigen Fertigkeiten in Emotionsregulation, die zur Vorbereitung der Emotionsexpositionen grundlegend sind. Beispielhafte Inhalte sind: Achtsamkeit, Genusstraining, Aufbau positiver Aktivitäten, Bewegung und Sport, Entspannungstraining, Dankbarkeit, Psychoedukation zu Emotion, Strategien der Emotionsregulation.
Das Modul Angstexposition setzt sich vor allem mit sozialen Ängsten auseinander. Es bestehen Ähnlichkeiten mit den Inhalten des sozialen Kompetenztrainings.

Neben Selbstbehauptungstraining geht es auch um Akzeptanz (wenn ich alles versucht habe und sich nichts verändern lässt). Der Fokus liegt dabei auf erfahren, erleben, tun. Nein sagen, etwas fordern, sich abgrenzen, sich behaupten, eine eigene Meinung vertreten und einen eigenen Geschmack entwickeln sind Themen mit denen sich die PatientInnen auseinandersetzen. Vertieft werden diese Themen in allen Modulen durch die Verbindung mit Reaktionsketten, Überlebensregel und Rollenspielen.

Für den Bereich der Arbeit mit Trauer startet das Modul mit einem edukativen Teil. Die PatientInnen setzen sich zunächst mit der Funktion dieses Gefühls auseinander, mit ihren Befürchtungen und mit hilfreichen Dingen wie etwa Ritualen zum Umgang mit Trauer. Ergänzend zum SBT Modell wird das duale Prozessmodell nach Stroebe & Schut (1999) angeboten, das erlaubt zwischen den Polen verlustorientierte Bewältigung und wiederherstellungsorientierte Bewältigung zu oszillieren. Im letzten Schritt üben die PatientInnen sich der Trauer zuzuwenden, sie da sein zu lassen bis sie von alleine wieder geht, um so das rhythmische Anschwellen und Abflauen zu beobachten, in dem die Psyche sich bewegt und Vertrauen darin zu finden, dass die Trauer, wenn ich sie zulasse, sich automatisch reguliert.

Das vierte Modul gilt dem Gefühl Wut, den ärgerlichen Impulsen. Die PatientInnen lernen hier mit ihrer Wut umzugehen, statt sie wegzudrücken. Als Analogie dient eine Metapher vom Hund im Käfig. Der Hund im Käfig, um den sich niemand kümmert, ist unberechenbar, bissig, gehorcht nicht. Man hat Angst vor ihm. Was müsste man tun um diesen Hund zu domestizieren? Man muss ihm Zeit widmen, sich um ihn kümmern, mit ihm sprechen, spazieren gehen, füttern, streicheln etc. Nach einer Weile wird dieser Hund zu einem friedlichen, treuen Begleiter der, wenn nötig, zu meiner Verteidigung an meiner Seite steht. In diesen Modul beschäftigen die PatientInnen sich intensiv mit dem Gefühl der Wut. Sie üben Ärger und Wut wahrzunehmen und zuzulassen. Sie beschäftigen sich mit der wichtigen Unterscheidung von Gefühl und Handlung. Sie ertappen sich dabei, wie sie ihre Wut wegmachen oder kleinhalten. Sie üben ihre Wut auszusprechen und zu prüfen ob sie adäquat ist.

Die ersten Stunden der Therapie dienen neben der Vermittlung expliziter Konzepte vor allem dem sicheren Ankommen in der Gruppe, sowie dem Beziehungsaufbau. Je besser die PatientInnen in der Gruppe ankommen, sich wohl und angenommen fühlen und miteinander in Kontakt kommen, desto besser kann der Gruppenprozess gelingen. Diesen theoretischen Erkenntnissen wird durch einen Vielzahl von Übungen Rechnung getragen. Um das Störungsmodell zu entwickeln, werden zunächst die Symptome zusammengetragen, durch die eine Depression definiert ist. Gemeinsam wird überlegt, mit welchen Situationen die depressive Entwicklung in Zusammenhang stehen könnte. Als theoretischer Input wird der Unterschied zwischen Gefühl und Stimmung beschrieben. Gefühl als ein Zustand, der sich auf ein Ereignis oder einen Menschen bezieht, intensiv und in der Regel von kurzer Dauer ist. Stimmung dagegen verliert diesen Bezug zum Ereignis bzw. zur Person, ist diffus und lang andauernd. Depression verwandelt Gefühle in Stimmungen. Sie vermeidet zu intensive Emotionen und die mit diesen Emotionen in Zusammenhang stehenden Handlungen. Diese Veränderung des Gefühlsspektrums ist belastend, schützt in gewisser Weise aber auch. Meist wird das Konzept, auch durch die anschaulichen Grafiken dazu, von den PatientInnen gut aufgenommen und als plausibel erlebt. Um die bereits im Störungsmodell angestoßenen metakognitiven Prozesse weiter zu verstärken, sowie die Emotionsregulation weiter zu befördern, schließt hier eine ausführliche Psychoedukation zu Gefühlen an. Wozu sind Gefühle eigentlich gut? Was geschieht, wenn ich sie vermeide? Durch Rollenspiele zu verschiedenen Gefühlen und zur Unterdrückung dieser Gefühle sollen die PatientInnen spüren, welche Auswirkung z. B. unterdrückter Ärger auf die Fähigkeit zur Freude hat. Über die intensive Auseinandersetzung mit Emotionen bemerken die TeilnehmerInnen Ähnlichkeiten und Unterschiede zwischen sich und den anderen GruppenteilnehmerInnen. Dies ebnet den Weg dafür, darüber nachzudenken wie diese unterschiedlichen Wahrnehmungen entstehen, womit sie zu tun haben. Hier wird zunächst das Konzept der autonomen Psyche eingeführt. In Analogie zum autonomen Nervensystem kann eine autonome Psyche angenommen werden, die meist ohne bewusstes Zutun wichtige Motive wie Ängste, Ärger, Bedürfnisse eines Menschen regelt. Als für die PatientInnen leicht nachvollziehbares Beispiel dient hier die Szene zweier Menschen (in der Gruppe vormachen lassen) im Gespräch, wobei einer etwas heranrückt (weil er mehr Nähe braucht) und der andere etwas zurückweicht (weil er mehr Distanz braucht).

An dieser Stelle sind die PatientInnen bereits etwas vertraut mit der SBT-Sichtweise der Depression und der Funktion der menschlichen Psyche. Sie haben sich mit Emotion beschäftigt, eine Idee erhalten, inwiefern Emotion und Depression etwas miteinander zu tun haben, sie kennen die Vorstellung von einem selbstregulatorischen psychischen Apparat und vom Einfluss früherer Lebenserfahrungen auf verhaltenslenkende Regeln. Die Erarbeitung der individuellen Überlebensregel in der Gruppe erfolgt sensu Hauke (2012). Die TeilnehmerInnen werden in einer Imagination angeleitet, sich die frustrierende Situation, die sie aus der Hausaufgabe mitgebracht und bereits vorgestellt haben, noch einmal herzuholen und sich bildlich vorzustellen. Die Situation soll mit allen Gefühlen, Gedanken und Körpersensationen wiedererlebt werden, so dass die Geschichte sich zu einer Szene verdichtet. An diesem Punkt bittet die GruppenleiterIn die PatientInnen zu überlegen, was sie in dieser Situation gebraucht hätten: "Überlegen Sie bitte noch mal, was das frustrierende an dieser Situation war? Was hätten Sie stattdessen gebraucht. Was wäre in dieser Situation gut für Sie gewesen?" Dabei wird das zentrale Bedürfnis der PatientIn erfragt. Im nächsten Schritt wird das Verhalten erfragt: "Was tun Sie, wie verhalten Sie sich um diese Situation durchzustehen? Wie ist Ihr Vorgehen? Was müssen Sie einsetzen?". „Überlegen Sie als nächstes, was Sie auf gar keinen Fall tun dürfen, was Sie vermeiden oder verhindern müssen." Diese Frage zielt auf die verbotenen Wut- oder Lustimpulse ab.

Um den PatientInnen etwas Zeit zu geben und die Kosten des bisherigen Verhaltens bewusst zu machen wird hier zunächst zusammengefasst und validiert. „Wenn Sie sich in dieser Übung vergegenwärtigen, was Sie in so einer Situation so alles tun, dann spüren Sie vielleicht wie anstrengend das ist. Spüren Sie einmal hin wie viel Kraft und Anstrengung Sie das kostet und dann überlegen Sie, wozu sie die Anstrengung aufbringen. Was fürchten Sie in dieser Situation? Was könnte passieren, wenn Sie dies nicht tun? Damit wird als letztes Element der Überlebensregel die zentrale Angst erfragt. Nachdem alle Elemente der Überlebensregel erarbeitet sind, wird die Gruppe durch zwei geteilt, wenn möglich jeweils zusammen mit einer TherapeutIn. Als Hilfsmittel hat jede Gruppe die Arbeitsblätter zu den zentralen Ängsten, zentralen Bedürfnissen, der zentralen Wut und eine Liste mit typischem Verhalten (Persönlichkeitseigenschaften) vorliegen. Die Überlebensregel wird innerhalb der Kleingruppe gemeinsam erarbeitet.

Die Vorgehensweise zur Erarbeitung der Überlebensregel hat sich aus der formativen Evaluation entwickelt. In den Probeläufen der offenen Gruppe wurden anfangs versucht, die PatientInnen nach der Imagination die Überlebensregel allein erstellen zu lassen. Grundlage für diese Vorgehensweise war die Vermutung, dass dies für die PatientInnen einfacher und weniger schambesetzt sein würde. Damit fühlten sich viele PatientInnen überfordert. Es war ihnen nicht möglich, die Erfahrungen aus der Imagination ohne Unterstützung durch einen Therapeuten in die Überlebensregel zu übersetzen. Die Umsetzung in den Kleingruppen funktionierte sehr gut und enthielt weitere Vorteile. Die aktive Diskussion der Überlebensregel in der Kleingruppe, die Wiederholung (es wurden vier Überlebensregeln pro Gruppe durchgesprochen), das Lernen von den Anderen und das Mitdenken für die Anderen, erhöhte die Bedeutung der Überlebensregeln für die PatientInnen. Es ist sehr wichtig die Überlebensregeln immer wieder zu validieren. Die Überlebensregeln sind aus gutem Grund entstanden. Sie schützen und lenken uns. Sie beinhalten große Stärke und es ist gut über diese Fähigkeiten zu verfügen. Kosten entstehen nur dann, wenn diese Regeln nicht mehr hinterfragt werden.

Vor der Veränderung der Überlebensregel und des daraus resultierenden Verhaltens soll zunächst die Wirkung der Überlebensregel im Alltag beobachtet werden. Wo begegnet diese mir ganz offensichtlich, wo arbeitet sie versteckt, im Geheimen? Diese Erfahrungen werden zusammen mit der Überlebensregel in der Gruppe berichtet. So nimmt die Überlebensregel immer mehr Gestalt an. Die GruppenteilnehmerInnen kennen die Regeln der Anderen. Sie finden Raum und Verständnis für ihre Erfahrungen in der Gruppe und können von den Erfahrungen der MitpatientInnen profitieren. Zur Unterstützung der Gestaltbildung kann es hilfreich sein, die Überlebensregel zu visualisieren, ihr eine Figur, ein Wort etc. zuzuordnen. In der Gruppe wird eine UnterstützerIn gewählt, die die Aufgabe und die Erlaubnis hat, den MitpatientInnen bei der „Erweiterung der alten Überlebensregel durch neue Lebensregeln" zu unterstützen. Dies kann in freier Wahl oder durch das Ziehen von Namenskärtchen geschehen. Um die UnterstützerInnen von der Sorge zu entlasten, sich die Überlebensregel nicht merken zu können, werden diese auf Karteikarten notiert und den UnterstützerInnen in jeder Stunde zu Verfügung gestellt. Diese Vorgehensweise hat sich zweifach bewährt. Sie etabliert eine wohlwollende externe BeobachterIn und sie ermöglicht es, den depressiven PatientInnen die Rolle einer BeraterIn und UnterstützerIn einnehmen zu lassen. Dieser Rollenwechsel verbindet sich häufig mit einer positiven Veränderung der Selbstwahrnehmung, der Stimmung und damit einhergehend auch des Antriebs. Bevor die TeilnehmerInnen eine neue Lebensregel etablieren, ist es im Sinne der Motivationsförderung essenziell, sie darauf aufmerksam zu machen, wie schwierig es sein kann, alte Regeln zu modifizieren. Es gilt die Gefühle herauszuarbeiten, die bei der Vorstellung gegen die Überlebensregel zu handeln, bei PatientInnen entstehen und diesen Gefühlen, Bedenken und Widerständen Raum zu geben. Am Ende sollen die PatientInnen eine neue Lebensregel formulieren und festlegen, welches Verhalten sie in welcher Situation zeigen möchten. Die Lebensregel wird auf der Rückseite der Karteikarte mit der Überlebensregel niedergeschrieben, um für die weiteren therapeutischen Interventionen immer beides zur Verfügung zu haben. Das neue Verhalten soll zunächst in der Vorstellung geübt werden, bevor es in konkreten kleinen Schritten im Rollenspiel und später in der Praxis umgesetzt wird. Für die weitere Auseinandersetzung mit der Überlebensregel benötigen die GruppenteilnehmerInnen die Fähigkeit, die einzelnen Komponenten einer Situation Schritt für Schritt zu betrachten. Die SBT bietet hierfür die Struktur der Reaktionsketten an. Die Reaktionsketten untersuchen eine Situation nach der darin enthaltenen primären Emotion, der Antizipation der negativen Folgen bei Ausdruck dieser primären Emotion, der gegensteuernden sekundären Emotion, dem beobachtbaren Verhalten und der Auswirkung auf das Symptom. Um die Vorgehensweise verständlich zu machen, soll hier der Ablauf an einem Beispiel aus der Gruppe gezeigt werden.

Situation: Eine Patientin aus der Klinik berichtet, sie sei vor zwei Tagen zum ersten Mal mit einer Mitpatientin im Garten gesessen und habe sich ganz gut unterhalten. Zufällig sei zu dieser Zeit ihr Mann zu Besuch gekommen. Nachdem er sie nicht im Zimmer angetroffen habe, sei er verärgert in den Garten gekommen. Er sei sehr unfreundlich gewesen und habe gesagt: "Was fällt dir eigentlich ein. Da sehe ich ja wie gut es dir geht. Wenn du hier im Garten herumsitzen kannst, dann geh gefälligst nach Hause und kümmere dich um unser Kind."

Die primäre Emotion wird nicht gespürt, sondern durch eine sekundäre erlernte Emotion überlagert: Nach ihrem Gefühl befragt, antwortet die Patienten sie habe sich schlecht und schuldig gefühlt, fühle sich immer noch schlecht und schuldig.

Erlerntes Verhalten: Sie sei stumm geblieben, habe keinen Ton gesagt, habe in den Boden geschaut, die Situation über sich ergehen lassen.

Körper: Ihr Körper sei ganz krumm geworden. Zudem habe sie sich schwach und müde gefühlt. Die ganze Energie, die sie zuvor im Gespräch mit der Mitpatientin nach so langer Zeit einmal wieder gespürt habe, sei weg gewesen.

Symptom: Ich glaube die Depression hat wieder zugenommen.

Nach dieser Sequenz wird die Gruppe angesprochen. Wie sehen Sie die Situation? Gibt es jemanden, der anders reagiert hätte? Wenn wir die Situation noch mal genau betrachten, gibt es auch andere Gefühle, die in dieser Situation entstehen könnten?

Einige TeilnehmerInnen stimmen zu, sagen ich hätte mich auch so schuldig gefühlt. Andere geben die Rückmeldung, dass das Verhalten des Ehemannes nicht in Ordnung war. Es sei unfair von diesem, die Patientin so zu beschimpfen. Langsam nehmen die Gruppe und auch die Patientin diesen Aspekt der Situation auf.

Primäres Gefühl: Der Gruppenleiter befragt die Patientin nochmals. Sie solle genau überlegen, was das ganz erste Gefühl gewesen sei, das sie dort im Garten, vielleicht auch nur ganz kurz oder ganz leicht, verspürt habe. Die Patientin antwortet Ärger.

Verhalten: Und aus diesem Gefühl heraus, was hätten Sie da am liebsten getan oder gesagt? Die Patientin sagt mit funkelnden Augen „Stronzo!" (was so viel bedeutet wie Idiot, die Patientin war Italienerin).

Körper: Was passiert in Ihrem Körper, wenn Sie sich vorstellen sich so zu verhalten? Mein Herz klopft. Ich habe Angst und Wut. Aber ich werde nicht so krumm und ich spüre mehr Energie.

Symptom: Wenn ich mich so verhalte, führt das nicht zu einer Verstärkung der Depression. Der Gruppenleiter fasst die beiden Verhaltens- und Gefühlsvarianten noch einmal zusammen und fragt: Wie kommt das, dass Sie in der Situation im Garten keinen Ton gesagt haben? Was befürchten Sie, wenn sie sich so verhalten würden wie gerade eben hier?

Die Patientin wird ganz traurig und sagt: „Dann würde mein Mann nicht mehr mit mir sprechen und das halte ich nicht aus." Auf die Frage warum das so schlimm wäre, beginnt die Patientin von ihrer Mutter zu erzählen. Die Mutter habe sie immer mit Schweigen und Nichtbeachtung bestraft. Sie seien eine große Familie gewesen. Alle hätten funktio-

nieren müssen. Eigene Wünsche, eigene Meinung oder gar sich zu widersetzen sei nicht möglich gewesen.
Der Gruppenleiter fragte nach der Überlebensregel der Patientin und ob sie einen Zusammenhang erkenne zwischen der Regel und ihrem Erleben in der eben beschriebenen Situation. Die Überlebensregel der Patientin lautete:
Nur wenn ich immer still bin und mich anpasse
Und wenn ich niemals eigene Bedürfnisse äußere
Dann bewahre ich mir Zugehörigkeit und Liebe
Und verhindere ausgestoßen und einsam zu sein.

Jede TeilnehmerIn analysiert im Laufe der Gruppe mindestens einmal eine Situation, die sie als schwierig erlebt hat. Die wiederholte Durchführung von Reaktionsketten in der Gruppe, sensibilisiert die PatientInnen für die Auswirkungen von automatisierten kognitiv-emotional-behavioralen Schemata. Wichtiges Element der Reaktionskette ist der Bezug zur Überlebensregel. Am Ende der Situationsanalyse steht immer ein Rollenspiel mit neuem Verhalten. Um den PatientInnen eine positive Erfahrung zu ermöglichen, beginnen die Rollenspiele in der Gruppe zunächst sehr einfach und immer mit Unterstützung. Nach einer Weile, wenn die PatientInnen geübter sind, steigt das Schwierigkeitsniveau der Übungen an. Die PatientInnen sollen lernen, sich auf ihr Verhaltensziel zu konzentrieren, egal welche störenden Gedanken oder Gefühle in ihnen auftauchen. Dazu wird eine RollenspielerIn eingeführt, die während die PatientIn ihr Zielverhalten übt, diese stört und ihr die alte Überlebensregel einflüstert. Die PatientIn wendet sich der alten Überlebensregel zu, spricht freundlich mit ihr und bedankt sich. Sie sagt der alten Überlebensregel, sie dürfe sich beruhigen und darauf vertrauen, dass jetzt eine andere Zeit und eine andere Situation sei und weist ihr einen Platz zu. Die neue Lebensregel kann ebenso als RollenspielerIn eingebracht werden. Die PatientIn positioniert diese vielleicht an ihrer Seite, in ihrem Rücken oder als Gegenüber je nach Bedürfnis. Die Lebensregel formuliert unterstützende Sätze, die sich aus ihr ableiten. Die PatientIn führt dann mit der beruhigten Überlebensregel und der Unterstützung der Lebensregel ihr Rollenspiel mit dem neuen gewünschten Verhalten durch. Die repetitive Durchführung von Reaktionsketten zu verschiedenen Situationen der PatientInnen mit anschließenden Rollenspielen bildet neben den Emotionsexpositionen den zentralen Teil der SBT-Depressiontherapie. Nach der Darstellung des Aufbaus und Inhalts der SBT Depressionstherapie in der Gruppe soll zum Abschluss noch ein Blick auf das Veränderungspotential dieser Vorgehensweise geworfen werden.

Ausgewählte Ergebnisse in Bezug auf Emotion, Bedürfnisse, Ängste und Wut

Die Studienergebnisse beziehen sich auf eine an der Klinik für Psychiatrie und Psychotherapie der Universität München umgesetzte standardisierte SBT-Gruppentherapie. Es wurden acht Gruppen mit jeweils acht TeilnehmerInnen ensprechend des Programms behandelt. Nähere Angaben zur Studienbeschreibung und Stichprobe, sowie zu den verwendeten Untersuchungsinstrumenten finden sich in Liwowsky, Mergl und Padberg (2014). Hier sind ebenfalls die Ergebnisse in Bezug auf die Symptomveränderung und die Anwendbarkeit der SBT in der Gruppe ausführlich dargestellt. Die SBT erwies sich dabei als hochwirksam und gut anwendbar.

Wie in diesem Artikel dargestellt, stehen neben der Symptomtherapie in der SBT Depressionstherapie die Förderung eines funktionalen Umgangs mit Emotion sowie die Fähigkeit zur verbesserten Beziehungsgestaltung im Zentrum. Da die Kombination von Emotionsexposition und intensiver Arbeit mit der Überlebensregel auf eine Veränderung der Beziehungsgestaltung, sowie auf einen veränderten Umgang mit Emotionen, zentralen Bedürfnissen, Ängsten und Aggressionstendenzen abzielt, sollen im Folgenden die Ergebnisse aus dem Inventar zur Erfassung Interpersonaler Probleme (IIP-D; Horowitz, Strauss & Kordy, 2000), dem Reading the Mind in the Eyes Test (Baron-Cohen, Wheelwright, Hill, Raste & Plumb, 2001), die Ergebnisse des Facial-Emotion-Identification-Task (Kerr & Neale, 1993), des Facial-Emotion-Discrimination-Task (Erwing et al., 1992) sowie die Ergebnisse aus den Fragebögen 27, 28, 29, 32 aus dem Verhaltensdiagnostiksystem (VDS; Sulz, 1991, 2001) dargestellt werden.

Ergebnisse des Inventars interpersoneller Probleme (IIP-C)
Menschliche Motive, also die Frage, warum sich Menschen auf eine bestimmte Art und Weise verhalten, spielen im Rahmen der Konzeptualisierung der SBT eine große Rolle. Gerade im klinischen Kontext erweist sich die Möglichkeit, unangepasste Aspekte zwischenmenschlichen Verhaltens zu erfassen, von großer Bedeutung. So sind zwischenmenschliche Schwierigkeiten häufig ein Auslöser depressiver Episoden. Die Ergebnisse der IIP-C zeigen eine hochsignifikante Reduktion in sechs von acht Bereichen. Lediglich die Skala autokratisch-dominant und die Skala fürsorglich-freundlich zeigten keine signifikante Veränderung (siehe Abbildung 1).

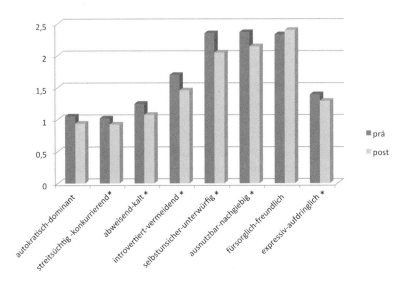

Abbildung 1. Veränderung des interpersonellen Verhaltens
* = p ≤ .05

Ergebnisse ReMitE, FEIT, FEDT
Da emotionale Kompetenz im Kontext von Depression eine Rolle spielt, wurden die PatientInnen in drei computerisierten Tests daraufhin untersucht, ob ihre Fähigkeit

Emotionen in Gesichtern, bzw. in den Augen anderer Menschen zu erkennen oder zu unterscheiden, sich nach Ende der Gruppentherapie verändert hat. Für den Bereich der Emotionserkennung kann zusammenfassend gesagt werden, dass die PatientInnen ihre Fähigkeit, Emotionen in Augenpaaren (ReMitE) zu erkennen zwar verbesserte, diese Verbesserung aber nicht signifikant war. Die Fähigkeit, Emotionen in Gesichtern zu erkennen (FEIT) und Emotionen voneinander zu diskriminieren (FEDT) konnte signifikant verbessert werden. Die Ergebnisse der drei Emotions-Erkennungs-Tests sind in Abbildung 2 zusammenfassend dargestellt.

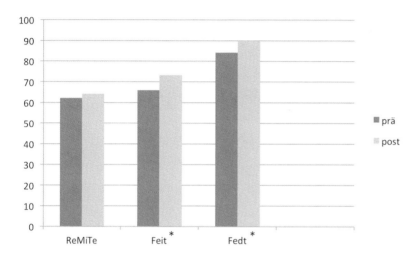

Abbildung 2. Veränderungen der Emotionserkennung
$* = p \leq .05$

Ergebnisse der VDS-Fragebögen

Bei den VDS Fragebögen 27, 28, 29 und 32 handelt es sich um komplexe Fragebögen, die zunächst verschiede Kategorien von Bedürfnissen, Ängsten, Wut und Emotion erfassen. Im zweiten Teil der Fragebögen werden mögliche Strategien zum Umgang mit diesen angeboten. An dieser Stelle soll aus den jeweiligen Fragebögen ausschließlich der Umgang mit den jeweiligen Bereichen dargestellt werden.

VDS 32 Umgang mit Emotion

Der VDS 32 nennt 13 Strategien, die PatientInnen anwenden, um mit Emotion umzugehen, die letztlich alle dysfunktional sind. Ziel einer gewollten Veränderung im Sinne der SBT wäre demnach eine Abnahme der dysfunktionalen Strategien. Die TeilnehmerInnen konnten im Verlauf der Gruppentherapie dysfunktionale Strategien im Umgang mit Emotion reduzieren. Der durchgeführte Wilcoxon-Test, einem non-parametrischen Vorzeichen-Rang-Test, der anhand von Differenzen zwischen zwei Messzeitpunkten Veränderungen auf deren Signifikanz prüft (Bühner & Ziegler, 2009), zeigte am Ende der Gruppentherapie signifikante Veränderungen für die Items: „Ich nehme kein Gefühl wahr", „Ich nehme ein unpassendes Gefühl wahr", „Ich reagiere körperlich", „Ich bleibe am Gefühl hängen", „Ich verstumme" und „Ich werde bewegungslos" (siehe Abbildung 3).

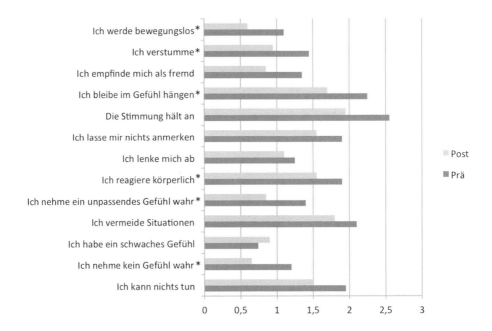

Abbildung 3. Veränderung des Umgangs mit Emotion
* = p ≤ .05

VDS 27 Veränderung des Umgangs mit zentralen Bedürfnissen I

Im Bereich „Umgang mit Bedürfnissen" finden sich verschiedene mögliche Reaktionsweisen auf eine Verletzung zentraler Bedürfnisse. Im Verlauf der SBT-Gruppentherapie nehmen fast alle dieser Strategien ab. Die Strategie: "Ich mache einfach, was ich will und brauche" nimmt etwas zu. Betrachtet man die Ergebnisse in Bezug auf statistische Relevanz, so ergibt sich in der Prä/Post Erhebung der PatientInnen folgendes Bild: In statistisch relevantem Maß reduzieren sich die Strategien „ Ich warte und hoffe, dass jemand mein Bedürfnis spürt und mir gibt was ich brauche" und "Ich bin sehr vorsichtig bei der Auswahl meiner engen Bezugspersonen" (siehe Abbildungen 4 und 5).

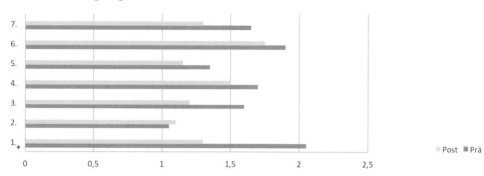

6. Ich verzichte oft auf meine Wünsche und Forderungen, um Streit zu vermeiden.
5. Ich vergesse einfach mein Bedürfnis, spüre es nicht mehr.
4. Ich tue nichts, sage nichts, lasse mir nichts anmerken.
3. Ich zeige mit so viel Gefühl, was ich brauche, damit der andere das Gefühl bekommt, mir einfach mein Bedürfnis befriedigen zu müssen.
2. Ich mache einfach, was ich will und brauche.
1. Ich warte und hoffe, dass jemand mein Bedürfnis spürt und mir gibt, was ich brauche.

Abbildung 4. Veränderung des Umgangs mit zentralen Bedürfnissen 1
* = p ≤ .05

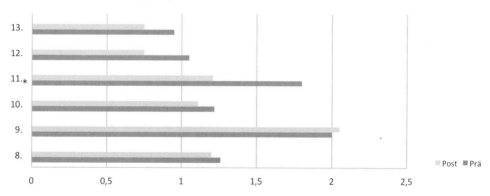

13. Ich brauche eigentlich nichts von anderen.
12. Außerhalb meiner vertrauten Beziehungen spüre ich meine Wünsche kaum.
11. Ich bin sehr vorsichtig bei der Auswahl meiner engen Bezugspersonen.
10. Ich suche mir einen anderen Menschen, der mir mein Bedürfnis bereitwilliger zugesteht.
9. Ich gebe anderen, was ich selbst brauchen würde.
8. Ich ziehe mich in mich zurück, wenn ich einen Wunsch an andere habe.

Abbildung 5. Veränderung des Umgangs mit zentralen Bedürfnissen 2
* = p ≤ .05

VDS 28 Veränderung des Umgangs mit Angst

Im VDS 28 werden verschieden Kategorien von Angst und abschließend der dysfunktionale Umgang mit der Angst erfasst. Die Ergebnisse deuten darauf hin, dass die PatientInnen im Verlauf der Gruppentherapie neue Umgangsweisen mit ihrer Angst erlernen konnten, die eher denen einer gesunden Population entsprechen. Betrachtet man die abgebildeten Unterschiede bezüglich ihrer statistischen Signifikanz, gaben PatientInnen zum Zeitpunkt T1 signifikant seltener an, sie könnten nichts gegen ihre Angst tun, weniger häufig vor ihrer Angst flüchten, weniger häufig vorsorglich aufpassen, dass sie in keine Situation geraten in der sie Angst bekommen, sich weniger häufig ablenken und ihre Angstsignale ignorieren und sich weniger häufig nichts anmerken lassen. Abbildung 6 zeigt einen Überblick der Ergebnisse.

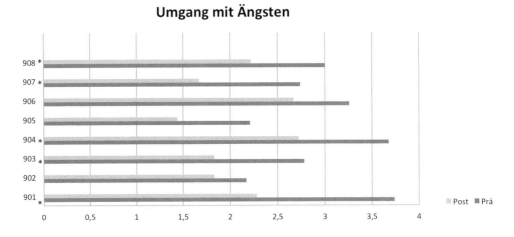

908 Ich lasse mir nichts anmerken, reagiere wie einer, der keine Angst hat.
907 Ich lenke mich ab und ignoriere die Angstsignale.
906 Ich halte mich an Regeln und achte darauf, dass andere dies auch tun, damit nichts Beängstigendes passiert.
905 Ich sorge dafür, dass immer Menschen um mich sind, so dass die Angst nicht kommt.
904 Ich passe vorsorglich gut auf, dass ich in keine Situationen gerate, in der ich diese Angst bekomme.
903 Ich flüchte, entferne mich rasch.
902 Ich rufe meine Bezugsperson zur Hilfe und sage, dass ich Angst habe.
901 Ich kann nichts gegen meine Angst tun, spüre sie lähmend.

Abbildung 6. Veränderung des Umgangs mit Angst
* = $p \leq .05$

VDS29 – Veränderungen des Umgangs mit Wut

Gerade der Fähigkeit mit Wut umzugehen wird in der Depressionstherapie viel Beachtung geschenkt. Ein aktiver, funktionaler Umgang mit Wut als motivationale Kraft und Indikator für die Frustration eigener Bedürfnisse ist Ziel der SBT-Depressionstherapie. Der Fragebogen VDS29 betrachtet zehn dysfunktionale Strategien mit Wut umzugehen. Eine Veränderung im erwünschten Sinne würde darin bestehen, sich weniger häufig dieser

Strategien zu bedienen. Im Verlauf der SBT-Gruppentherapie ergaben sich signifikante Reduktionen für die Strategien „Ich sage nichts, koche aber innerlich", „Ich gehe weg, um dem Anderen weh zu tun" sowie „Ich kriege Schuldgefühle" (siehe Abbildung 7 und 8).

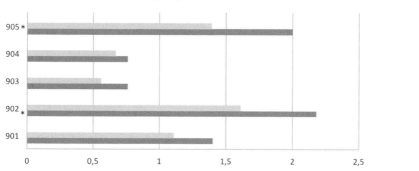

905 Ich gehe weg, um dem Anderen damit meine Wut zu zeigen oder weh zu tun.
904 Ich gehe auf den Anderen los.
903 Ich reagiere mich an Gegenständen ab.
902 Ich sage nichts, koche aber Innerlich vor Wut.
901 Ich werde sehr laut, schimpfe, bis die Wut verraucht ist.

Abbildung 7. Veränderungen des Umgangs mit Wut 1
* = p ≤ .05

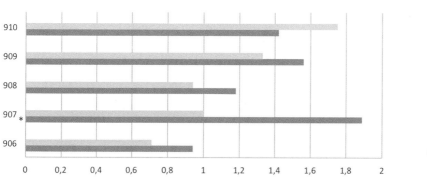

910 Ich regle mit Vernunft und kühlem Kopf.
909 Ich habe gleich Verständnis für den anderen
908 Ich kriege gleich Angst.
907 Ich kriege sofort ein schlechtes Gewissen, Schuldgefühl.
906 Ich gehe weg, um schlimmeres zu verhindern.

Abbildung 8. Veränderungen des Umgangs mit Wut 2
* = p ≤ .05

Zusammenfassung

Zusammenfassend zeigen die vorgestellten Ergebnisse in Anbetracht der Kürze der Therapie eine erfreuliche Entwicklung der TeilnehmerInnen. Diesen gelang es, ihr interpersonelles Verhalten zu modifizieren. So zeigten diese sich im Selbstberichtsverfahren am Ende der Therapie signifikant weniger abweisend, weniger introvertiert, weniger selbstunsicher, weniger ausnutzbar und weniger aufdringlich. Unverändert bildeten die Ergebnisse des IIP-C sich im freundlich submissiven Bereich ab, was eine geringe Durchsetzungsfähigkeit und ein eingeschränktes Verhaltensrepertoire, um eigene Ziele zu erreichen, impliziert. Weiterhin verbesserten die TeilnehmerInnen in Tests ihre Fähigkeit, Emotionen in Gesichtern zu bestimmen und verschiedene emotionale Ausdrücke in Gesichtern zu diskriminieren. Für den ReMitE, der den TeilnehmerInnen nur Augenpaare präsentiert, ergab sich eine solche Verbesserung nicht. Den Ergebnissen der VDS Fragebögen zu Folge scheinen die TeilnehmerInnen der SBT-Depressionsgruppe in Bezug auf ihre emotionsregulatorischen Ziele gute Fortschritte gemacht zu haben. Die SBT-Depressionstherapie, mit der Modifikation der Überlebensregel als zentrale Intervention, ist für PatientInnen sowie für TherapeutInnen klar, transparent, strukturiert und plausibel in ihrer Vorgehensweise. Sie hat zu jeder Zeit die PatientInnen mit ihrem „Gewordensein" im Blick und befähigt diese gleichzeitig in ihren aktuellen Lebenswelten funktionaler zu handeln. Sie fördert das Verständnis für innerpsychische Prozesse ebenso wie Fertigkeiten der sozialen und emotionalen Kompetenz. Sie beinhaltet alle Elemente der klassischen kognitiven Verhaltenstherapie der Depression und erweitert diese um Aspekte der Beziehungsgestaltung, der Achtsamkeit, der Akzeptanz und der Persönlichkeitsentwicklung. Sie bindet die Gruppe aktiv in die therapeutische Arbeit ein und gibt dem Einzelnen klare Handreichungen für neues funktionales Verhalten. So wird sie von den Teilnehmenden als intensiv und wirkungsvoll, nicht aber als belastend erlebt. Für die Umsetzung im ambulanten Setting ist eine längere Behandlungsdauer erstrebenswert.

Literatur

Bakermans-Kranenburg, M. J. & Ijzendoorn, M. H. Van (2009). The first 10,000 Adult Attachment Interviews: distributions of adult attachment representations in clinical and non-clinical groups. *Attachment and Human Development, 11*, 223–263.

Baron-Cohen, S., Wheelwright, S., Hill, J., Raste, Y. & Plumb, I. (2001) The "Reading the Mind in the Eyes"-Test revised version: a study with normal adults, and adults with Asperger syndrome or high-functioning autism. *Journal of Child Psychology and Psychiatry, 42*, 241–51.

Beck, A. T. (1974). The development of depression: a cognitive model. In J. R. Friedman & M. M. Katz (Hrsg.), *The psychology of depression* (S. 3-27). New York: Wiley.

Bowlby, J. (1973). *Mütterliche Zuwendung und geistige Gesundheit*. München: Kindler.

Bowlby, J. (1988). *A Secure Base: Clinical Applications of Attachment Theory*. London: Routledge.

Buchheim, A., Taubner, S. & George, C. (2012). Neuronale Korrelate von Bindungsmustern bei depressiv Erkrankten. In H. Böker & E. Seifritz (Hrsg.), *Psychotherapie und Neurobiologie: Ein Blick in die Zukunft* (S. 388-413). Bern: Huber.

Bühner, M. & Ziegler, M. (2009). Statistik für Psychologen und Sozialwissenschaftler. München: Pearson Studium.

Deutsche Gesellschaft für Psychiatrie, Psychotherapie und Nervenheilkunde (DGPPN) (2015). *S3-Leitlinie und Nationale VersorgungsLeitlinie (NVL) Unipolare Depression* (2. Aufl.), 101. Verfügbar unter: https://www.leitlinien.de/nvl/depression.

Drobinskaya, A. (2018). *Entwicklung eines Erhebungsinstruments für Nebenwirkungen von Gruppenpsychotherapien* (Dissertation). Friedrich-Schiller-Universität Jena. doi: 10.22032/dbt.35261

Dunn, B. D., Dalgleish, T., Lawrence, A. D., Cusack, R. & Ogilvie, A. D. (2004). Categorical and dimensional reports of experienced affect to emotion-inducing pictures in depression. *Journal of Abnormal Psychology, 113,* 654-660.

Ehring, T., Fischer, S., Schnülle, J., Bösterling, A. & Tuschen-Cafier, B. (2008). Characteristics of emotion regulation in recovered depressed versus never depressed individuals. *Personality and Individual Differences, 44,* 1574 -1584.

Erwin, R. J., Gur, R. C., Gur, R. E., Skonick, B., Manwinney-Hee, M. & Smailis, J. (1992). Facial emotion discrimination: I. Task construction and behavioral findings in normals. *Psychiatry Research, 42,* 231-240.

Garnefski, N. & Kraaij, V. (2006). Cognitive emotion regulation questionnaire – development of a short 18-item version (CERQ-short). *Personality and Individual Differences, 41,* 1045 -1053.

Gotlib, I. H. & McCain, C. D. (1984). Construct accessibility and depression: an examination of cognitive and affective factors. *Journal of Personality and Social Psychology, 47,* 427-439.

Grosse Holforth, M., Grawe, K., Egger, D. & Berking, M. (2005). Reducing the dreaded: Change of avoidance motivation in psychotherapy. *Psychotherapy Research, 15,* 261–271.

Hauke, G. (2012). *Strategisch Behaviorale Therapie (SBT) Emotionale Überlebensstrategien – Werte – Embodiment.* Berlin: Springer.

Hautzinger, M. (2010). *Akute Depression.* Göttingen: Hogrefe.

Hautzinger, M. (2018). Depression. In J. Margraf, & S. Schneider (Hrsg.), *Lehrbuch der Verhaltenstherapie, Band 2* (S. 125-137). Berlin: Springer.

Hautzinger, M. (2003). *Kognitive Verhaltenstherapie bei Depressionen.* Weinheim: Beltz.

Horowitz, L. M., Strauss, B. & Kordy, H. (2000). *Inventar zur Erfassung Interpersonaler Probleme (IIP-D) – Deutsche Version.* Göttingen: Hogrefe.

Jank, R. & Pieh, C. (2016). Effektivität und Evidenz von Gruppenpsychotherapie bei depressiven Störungen. *Psychotherapie Forum, 21,* 62-71.

Joormann J. & Gotlib I. H. (2010). Emotion regulation in depression: relation to cognitive inhibition. *Cognition & Emotion, 24,* 281-298.

Kanfer, F. H. & Hagermann, S. (1987). A model of self-regulation. In F. Halisch & J. Kuhl (Hrsg.), *Motivation, intention, and volition* (S. 293-308). Berlin: Springer.

Kerr, S. L. & Neale, J. M. (1993). Emotion perception in schizophrenia: specific deficit or further evidence of generalized poor performance? *Journal of Abnormal Psychology, 102,* 312 -318.

Kuyken, W., Warren, F. C., Taylor, R. S. et al. (2016). Efficacy of Mindfulness-Based Cognitive Therapy in Prevention of Depressive Relapse: An Individual Patient Data Meta-analysis From Randomized Trials. *Jama Psychiatry, 73,* 565-574.

Latocha, K. (2015). Wirksamkeit und Wirkfaktoren von Gruppentherapie. *Verbesserung der psychischen Gesundheit am Arbeitsplatz.* Wiesbaden: Springer.

Lewinsohn, P., Youngren, M. & Grosscup, S. (1979). Reinforcement and depression. In R. A. Depue. (Hrsg.), *The psychobiology of depressive disorders: Implications for the effects of stress* (S. 291-315). New York: Academic Press.

Liverant, G. I., Brown, T. A., Barlow, D. H. & Roemer, L. (2008). Emotion regulation in unipolar depression: the effects of acceptance and suppression of subjective emotional experience on the intensity and duration of sadness and negative affect. *Behaviour Research and Therapy, 46,* 1201-1209.

Liwowsky, I. (2014). *Strategisch-behaviorale Gruppentherapie der Depression: Konzeption und Evaluation im stationär-psychiatrischen Setting*. München: CIP-Medien.

Liwowsky, I., Mergl, R. & Padberg, F. (2014). SBT-Depressionstherapie in und mit der Gruppe. Konzeption und Evaluation im stationär-psychiatrischen Setting. *Psychotherapie, 19*, 106-121.

Marwitz, M. (2016). *Verhaltenstherapeutische Gruppentherapie: Grundlagen und Praxis*. Göttingen: Hogrefe.

Raskin, A., Boothe, H. H., Reating, N. A., Schulterbrandt, J. & Odel, D. (1971). Factor analysis of normal and depressed patients: memories of parental behavior. *Psychological Reports, 29*, 871-879.

Renneberg, B., Heyn, K., Gebhard, R. & Bachmann, S. (2005). Facial expression of emotions in borderline personality disorder and depression. *Journal of Behavior Therapy and Experimental Psychiatry, 36*, 183-196.

Rottenberg, J. (2005). Mood and Emotion in Major Depression. *Current Directions in Psychological Science, 14*, 167-170.

Rottenberg, J., Kasch, K. L., Gross, J. J. & Gotlib, I. H. (2002). Sadness and Amusement Reactivity Differentially Predict Concurrent and Prospective Functioning in Major Depressive Disorder. In: *Emotion, 2*, 135-146.

Segal, Z., Williams, M. & Teasdale, J. (2002). *Mindfulness-Based Cognitive Therapy for Depression: A New Approach to Preventing Relapse*. New York: Guilford.

Seligman, M. E. P. (1975). *Learned helplessness*. San Francisco: Freemann.

Singer, H. & Hautzinger, M. (1988) Kausalattributionen, Depressivität und kritische Lebensereignisse als Stochastischer Prozess. In D. Kammer & M. Hautzinger (Hrsg.), *Kognitive Depressionsforschung*. Bern: Hans Huber.

Stroebe, M. & Schut, H. (1999). The dual process model of coping with bereavement: rationale and description, *Death Studies, 24*, 197-224.

Sulz, S. K. D. (1991). *VDS - Verhaltensdiagnostiksystem*. München: CIP Medien

Sulz, S. K. D. (1994). *Strategische Kurzzeittherapie – Wege zur effizienten Psychotherapie*. München: CIP-Medien.

Sulz, S. K. D. (1998). Strategische Kurzzeittherapie – Ein Weg zur Entwicklung des Selbst und der Beziehungen. In: S. K. D. Sulz (Hrsg.), *Kurz- Psychotherapien* (S. 163-172). München: CIP-Medien.

Sulz, S. K. D. (2001). *Von der Strategie des Symptoms zur Strategie der Therapie: Planung und Gestaltung der Psychotherapie*. München: CIP-Medien.

Sulz, S. K. D. & Hauke, G. (Hrsg) (2009). *Strategisch-Behaviorale Therapie SBT. Theorie und Praxis eines innovativen Psychotherapieansatzes*. München: CIP-Medien.

Trosper, S. E., Buzella, B. A., Bennett, S. M. & Ehrenreich, J. T. (2009). Emotion regulation in youth with emotional disorders: Implications for a unified treatment approach. *Clinical Child and Family Psychology Review, 12*, 234-254.

Zimmermann, P. (1999). Emotionsregulation im Jugendalter. In: W. Friedlmeier & M. Holodynski (Hrsg.), *Emotionale Entwicklung. Funktion, Regulation und soziokultureller Kontext von Emotionen* (S. 219-240). Heidelberg: Spektrum der Wissenschaft.

Korrespondenzadresse

Dr. rer. med., Dr. phil., Dipl. Psych., Dipl. Soz. Päd. Iris Liwowsky, Leitende Psychologin Zentrum für Anästhesiologie, Intensivmedizin, Schmerztherapie & Palliativmedizin Benedictus Krankenhaus GmbH & Co. KG, Bahnhofstraße 5 | 82327 Tutzing Tel.: +49 8158-23710 | Fax.:+49 8158-23711 | i.liwowsky@krankenhaus-tutzing.de

Evelyn Beverly Jahn, Gernot Hauke

Embodimenttechniken in der Gruppentherapie: Vom IQ zum WeQ

Embodiment in group therapy: together we are stronger!

Das Gehirn ist nur solange Denkorgan, als es mit einem lebendigen Leib verbunden ist!
(Ludwig Feuerbach, 1804-1872)

Das Gehirn ist ein Beziehungsorgan. Wir gehen nicht nur in Kontakt mit dem Denkapparat eines anderen, sondern immer auch in Resonanz mit dem Körper eines Gegenübers. Korrigierende Beziehungserfahrungen zu machen ist heute unverrückbarer und schulenunabhängiger Standard in der Psychotherapie. Genau dafür bieten Gruppen eine breitere Basis als die oft intuitiv von KlientInnen bevorzugte Vertrautheit einer Dyade.
Die Wirksamkeit von Gruppentherapien ist eindeutig nachgewiesen. Sie erfuhr zuletzt in der ambulanten Versorgung durch die neuen Richtlinien eine längst fällige Aufwertung. Auch wenn beide Treatments zu ähnlich positiven Ergebnissen kommen, so beeindrucken Gruppenbehandlungen doch aufgrund ihrer deutlich höheren Effizienz und sie schonen darüber hinaus knappe Ressourcen. Wir gehen davon aus, dass dieser Impact durch die Erweiterung der bisherigen Konzepte um die Embodimenttechniken weiter erhöht werden kann. Diese von uns vorgeschlagene Interventionsarchitektur beinhaltet mehr als reden. Spezifische Interventionen aus der Emotionalen Aktivierungstherapie (EAT nach Hauke & Dall'Occhio, 2015) und Techniken wie Imitation, Spiegeln, Sharing u. a. entfalten in einer Gruppe erst ihre ganze Potenz.
Der Gruppenrahmen stellt zudem ein kontextnäheres Angebot zum Alltag der Gruppenmitglieder zur Verfügung und sichert somit den wünschenswerten Transfer dorthin. Das hier vorgestellte Programm zielt auf einen kompetenten Umgang mit Gefühlen ab und fördert eine funktionale Emotionsregulation auch unter Stress. Wir stellen in diesem Artikel eine erste Skizze zu Interventionen und Techniken vor, um einen ersten Einblick in Arbeitsweise und Vorgehen zu gewähren. Dieser Ansatz lässt sich problemlos in transdiagnostische Konzepte integrieren, da Defizite der Affekt- und Emotionsregulation in fast allen Diagnosebereichen eine zentrale Rolle spielen.

Schlüsselwörter
Embodiment, EAT, Emotionsregulation, Emotionales Feld, nonverbale Synchronie, Überlebensstrategie, Gruppentherapie

The brain is a relational organ. Not only do we get in touch with someone else's thinking apparatus, but we always resonate with the body of another person.
Nowadays, making corrective relationship-based experiences is immutable and school-independent standard in psychotherapy. This is why groups provide a broader basis

than a dyad, which is often intuitively preferred by clients. The effectiveness of group therapies has been demonstrated. They recently experienced a long overdue reevaluation in outpatient care by new guidelines. Even though both treatments achieve comparable positive results, group treatments are impressive because of their significantly higher efficiency and they also save rare resources. We assume that the inclusion of embodiment techniques can further increase their impact. We propose an intervention architecture, which is more than talking. Specific interventions from Emotional Activation Therapy (EAT by Hauke & Dall`Occhio, 2015) and techniques such as imitation, mirroring, sharing, etc. convincingly develop their full potency in a group.

The group framework also provides a context-related offer for everyday life of the participants and thus ensures the desirable transfer. The program presented here aims at competent handling of emotions and promotes a functional emotion regulation even under stress. In this article we present a description of interventions and techniques. This approach can be easily integrated into transdiagnostic concepts as deficits of affect and emotion regulation play a central role in almost all diagnostic categories.

Key words
Embodiment, EAT, Emotion regulation, Emotional Field, nonverbal synchrony, survival strategy, group therapy

Einleitung

Bewusstsein ist verkörpert (embodied) und eingebettet (embedded) in die senso-motorische Aktivität des gesamten Organismus in seiner Umwelt. Erst durch die Augen eines anderen erleben wir zunächst das eigene Selbst. Durch Spiegelung und Imitation erfahren wir, wer und was wir sind und lernen, dieses Selbst durch die Welt zu navigieren. Die daraus entstanden Prägungen bilden den innerpsychische Niederschlag, der sich zu einer emotionalen Überlebensstrategie kondensiert, die auch für unsere Zukunft den Rahmen unseres Handlungsspielraumes festlegt, aber auch seine Grenzen.

Menschen geraten jedoch nicht nur in psychische Krisen, weil sie unter anderen zu leiden haben, sondern häufig auch unter sich selbst. Der Umgang mit sich selbst basiert auf dem Selbstbild, das durch Erziehung und damit durch die Augen der Anderen geprägt wurde. Was ich bin, habe ich in den ersten Daseinsjahren durch meine wichtigen Bezugspersonen erfahren. Imitation und Spiegeln sind von Anbeginn wichtige Instrumente für soziales Lernen. Dabei ist eine positive emotionale Beziehung zwischen Modell und Beobachter dem Nachahmen förderlich. Durch die Kohäsion der Gruppe kann eine angenehme Atmosphäre diese Lernprozesse nicht nur ermöglichen, sondern auch bisher gehemmte Verhaltensweisen wieder freisetzen.

Wenn aus den einzelnen Individuen ein „wir" geworden ist, so sprechen wir von Kohäsion. Eine gelungene Kohäsion, die ohne Konformitätsdruck auskommt, beeinflusst direkt einen positiven Therapieverlauf. TeilnehmerInnen kohäsiver Gruppen profitieren somit deutlich mehr von Psychotherapie. Im Vergleich zur Einzeltherapie handelt es sich dabei in jedem Fall um das effizientere und ökonomischere Therapieverfahren, selbst bei kleineren Teilnehmerzahlen. (Burlingame, Strauß, & Joyce, 2013).

Eine gelungene Kohäsion in der Gruppe ist das weiche Kissen, in das sich jeder fallen lassen kann, um sich auf allen Ebenen emotional zu nähren und um korrigierende Erfahrungen zur Befriedigung wichtiger Grundbedürfnisse wie Verbunden sein, Halt und Angenommen werden zu erleben (Marwitz, 2016).

Aus diesem größeren Ganzen heraus erleben sich die TeilnehmerInnen nicht nur als kognitiv-affektive Funktionseinheit mit dysfunktionalen Anteilen, sondern als selbständige Wesen (Autonomie) aus Fleisch und Blut, die immer auch mit anderen verbunden sind (Bindung). Unser ganzes Leben gestaltet sich in dem Versuch, diese beiden Bedürfnispole in Balance zu halten.

Unser Programm berücksichtigt diese zentralen Erkenntnisse und setzt sie in der Praxis mit entsprechenden Übungen um. So sind in jeder Gruppeneinheit verschiedene Synchronieübungen vorgesehen, die Verbindung und Verbindlichkeit unter den TeilnehmerInnen fördern, nicht nur durch vertiefte Gespräche, sondern durch synchronisierte Bewegungen, Musik und Fokussierungsübungen in den Körper hinein.

Über den Körper können Gefühle erzeugt und reguliert werden (bottom-up), jedes Gefühl ist dabei repräsentiert durch eine ganz bestimmte Haltung, Muskelspannung, Mimik, Gestik, etc. (Bloch & Crouck, 1985). Der Körper hilft aber auch bei der Entwicklung einer neuen Haltung zu sich und dem Leben, immer im direkten Kontakt mit anderen. Damit wird der Körper zur Bühne der Beziehungsgestaltung, auf der sich die Überlebensstrategien aller Protagonisten inszenieren. Wir nutzen ihn zum Modulieren einer neuen Werthaltung, als Feedback-Instrument und Resonanzorgan, immer im Kontakt mit sich selbst (Selbstfokus) UND im Kontakt zu anderen (Interaktionsfokus). Die Aufmerksamkeit dabei flexibel wandern lassen zu können ist Voraussetzung dafür, eine nächste Zone von Entwicklung sinnvoll in Gang setzen zu können.

Aus unserer Sicht können die zentralen Interventionen der klassischen KVT ohne konsequentes Einbeziehen der Körperlichkeit und dem Körper als selbstreferentielles Feedbacksystem nur ihre halbe Wirkkraft entfalten.

Sie können es gleich ausprobieren. Nehmen Sie einen altbekannten Glaubenssatz und suchen Sie nach einer zielführenden Alternative. Vielleicht haben Sie die Vorstellung in Ihrem Selbstbild verankert, dass Sie nicht ausreichend attraktiv sind. Das soll heute schon mal vorkommen! Dann wäre es denkbar, dass ein Antidot für diese toxische Einstellung sein könnte: „Ich bin attraktiv!", oder? Nun bitten wir Sie, sich aufrecht hinzustellen und diesen Satz laut auszusprechen. Beachten Sie einfach, was in Ihrem Körper vorgeht. Erleben Sie irgendwo Spannung? Bringen Sie den Satz überhaupt über die Lippen? Selbst wenn Sie diesen Satz für sinnvoll halten und Ihr Partner oder Ihre Partnerin bekräftigend mit dem Kopf nicken würde, welche Resonanz löst dieser Satz aber in Ihnen aus? Stimmt das? Und „fühlt" sich dieser Satz stimmig an? Ihr Körper hat die Antwort lange schon gegeben. Über Mikrospannungen und minimale Bewegungen erhalten Sie eine direkte Antwort aus der Tiefe Ihres Innenlebens. Sie können sogar mit Ihrem Verstand erkennen, dass bestimmte positive Sätze wirklich sinnvoll sind, wenn Sie die Reaktion Ihres Körpers jedoch außer Acht lassen, strukturieren Sie in ein Niemandsland hinein, denn die Worte fallen auf keinen bereiten Boden! Einen so komplexen Vorgang wie den der kognitiven Umstrukturierung ohne Berücksichtigung der körperlichen Aspekte als reine Informations- oder Symbolverarbeitungsprozesse zu konzeptualisieren, entspricht nicht mehr dem aktuellen akademischen Wissenstand, wie es den inzwischen zahlreichen Ergebnissen der Embodimentforschung zu entnehmen ist (Michalak et al. 2009. 2014). Und nun stellen Sie sich vor, Sie strukturieren laut und vor eine Gruppe Ihre dysfunktionalen Kognitionen um!

Das eigene Veränderungsvorhaben in Anwesenheit anderer – quasi vor Zeugen – zu proklamieren fördert Annäherungsverhalten und Umsetzungsdisziplin, wenn die Gruppe als tragende Kraft erlebt wird. Dann müssen sich KlientInnen nicht allein im Dschungel der Veränderung verirren, sondern werden begleitet und mit entsprechenden Werkzeugen ausgestattet. Das ist unser Ziel.

Überblick über das Gruppenprogramm mit Embodimenttechniken

Wie aber können diese wertvollen Erkenntnisse in sinnvolle praktische Übungen und veränderungswirksame Interventionen innerhalb eines Gruppenkonzepts Platz finden? Dazu haben wir ein Programm in sechs Modulen zusammengestellt. Zunächst wollen wir einen Überblick über das Ganze geben, um dann die einzelnen Module inhaltlich zu skizzieren.

Gruppenformat und Organisation
Das Format ist so aufgebaut, dass es eine therapeutische Begleitung über etwa sechs Monate gewährleistet. Dabei ist die Kombination von Einzel- mit Gruppenbehandlungen durchaus sinnvoll.
- acht bis zehn TeilnehmerInnen als geschlossene Gruppe mit einem Gruppenleiter
- ein ausgewogenes Mischungsverhältnis zwischen weiblichen und männlichen MitgliederInnen ist von Vorteil
- KlientInnen mit unterschiedlichen psychischen Störungen können teilnehmen
- KlientInnen mit schwereren Persönlichkeitsstörungen sollten nach genauem Abwägen der Gruppe zugeteilt.

Aufbau
- sechs Module verteilt auf einen Einführungsblock (siehe Abb. 1) mit ca. 20 Zeiteinheiten
- danach sechs bis acht Gruppensitzungen (jeweils 2 Zeiteinheiten) wöchentlich oder alle zwei Wochen.
- Zwischen den Veranstaltungen sollen Entwicklungsaufgaben und Übungen gegeben werden, z. B. Wahrnehmungstraining, Übungen zur Interozeption, Selbstbeobachtungsaufgaben
- Nach Abschluss der Intensivphase werden zwei Booster-Sitzungen angeboten, um den Transfer in den Alltag zu sichern, Schwierigkeiten bei der Umsetzung zu bearbeiten und neue Erfahrungen in Gewohnheiten verwandeln zu helfen. Diese Sitzungen finden im Abstand von vier bis sechs Wochen statt.
- Für die Zeiträume zwischen den Gruppenveranstaltungen sollen die TeilnehmerInnen einen Unterstützer oder Begleiter finden, um gemeinsam den Weg in Richtung Ziel zu gehen und sich gegenseitig zu unterstützen.

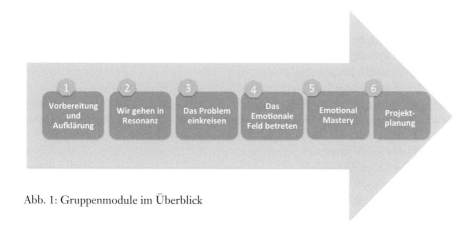

Abb. 1: Gruppenmodule im Überblick

Kompetenzen und Rolle der Gruppenleitung
Was zeichnet einen embodied therapist aus? Die Arbeit mit Gruppen verlangt GruppenleiterInnen generell besondere Kompetenzen ab. Sie sollten ein gutes Modell für Führung sein, sich in alle TeilnehmerInnen einfühlen können, Störungen bemerken und Raum für Entwicklung geben. Dabei behalten sie die Gruppenregeln im Auge und sind in der Lage, Spannungen aufzugreifen und konstruktive Lösungen für aufkeimende Konflikte zu unterstützen.

Die Arbeit mit den Embodimenttechniken erfordert darüber hinaus die Fähigkeit, das eigene emotionale Erleben genau zu beobachten, aufsteigende Gefühle und Impulse wahrzunehmen und diese zur emotionalen Co-Regulation in der Arbeit mit KlientInnen sinnvoll einzusetzen. Ein konsequentes Training der Interozeptionsfähigkeit z.B. über achtsamkeitsbasierte Verfahren oder Meditation weitet den eigenen Erfahrungshorizont, Hindernisse und Stolpersteine auf dem Weg des Lernens können selbst erfahren werden.

Für die Arbeit mit Gruppen benötigen **GruppenleiterInnen verschiedene Materialien:**
- eine Musikbox und verschiedene Musikstücke (möglichst instrumental, rhythmisch, unterschiedliche Tempi)
- einen äußeren Signalgeber, z.B. Klangschale, Zimbeln, Metronom um Anfang und Ende von Übungen mit einem Ton zu markieren
- einen Satz von etwa 30 Bildern/Fotos mit verschiedenen emotionalen Motiven
- je eine Packung Nudeln (lange Makkaroni, Spaghetti); dicke und dünne Strohhalme können ersatzweise eingesetzt werden
- Seile oder Schnüre in unterschiedlicher Länge
- Stifte, ein Stapel weißes Papier und Klebezettel (post its)
- Decken für die TeilnehmerInnen

Wie wir Embodiment in der Arbeit mit Gruppen realisieren

Im klinischen Alltag einer GruppenleiterIn beginnt jede Sitzung i.d.R. zunächst mit einem sogenannten Blitzlicht. Wir wollen diese gut alte Tradition gern aufgreifen, sie aber embodied anbieten. Dazu können verschiedene Varianten zum Einsatz kommen, z.B.

pantomimisches Darstellen der aktuellen Stimmung, das Nutzen von Bildern, aber auch interaktionelle Übungen zur Förderung von Synchronie und damit auch von Kohäsion. Auch Übungen zur Aufmerksamkeitslenkung zwischen Innen und Außen, sowie bereits bewährte Achtsamkeitsübungen können hier eingesetzt werden. Dabei achten wir von Anfang an auf einen konsequenten Wechsel von Selbst- und Interaktionsfokus.

Folgende Grundprinzipien und Strategien bilden den Überbau für das Programm:

Über Bildern in die Tiefe kommen
Bilder helfen, das Tor ins Reich der Emotionen zu öffnen und auch vorsprachlich kodierte Informationen zugänglich zu machen (Bucci, 2002). Nachweislich unterstützen eine bildreiche und metaphorische Denk- und Sprechweise den therapeutischen Prozess und verbessert die Fähigkeit zur Wahrnehmung der eigenen körperlichen Vorgänge, die wiederum einen funktionaleren Umgang auch mit intensiven Emotionen möglich machen.

Selbstfokus versus Interaktionsfokus
Die Interventionen sind didaktisch so zusammengestellt, dass sich Übungen, die Innenschau und Selbstbeobachtung (z. B. Atembeobachtung) verlangen, abwechseln mit Partnerübungen, die Synchronie und Empathie fördern. Auf dieser Basis werden nicht nur Fähigkeiten in der Selbstregulation, sondern auch soziale Kompetenzen entwickelt und gefördert.

„Top-down" versus „bottom-up"
Obwohl wir einen Schwerpunkt auf die körperliche Aktivierung über Embodimenttechniken legen (bottom-up), soll das Reflektieren nicht zu kurz kommen (top-down). Über das zu sprechen, was aus dem impulsiven System aufsteigt, soll aus einer kognitiven Perspektive (rationales System) analysiert und damit „logischer" und verständlicher werden. Auf so einer Basis können neue Denkfiguren und Lebenshaltungen konstruiert werden, die über Embodimenttechniken in Fleisch und Blut übergehen.

Sharing
Sich mitteilen und austauschen über Gesehenes und Erlebtes stärkt die Verbindungen zu anderen und öffnet das Fenster zur Selbsterkenntnis. Diese Technik hat ihre Tradition im Psychodrama und wird als Rollen-Sharing („wie es mir in der Rolle als xy ging") und persönliches Sharing („was mich persönlich an dem Thema berührt hat und woher ich das auch aus meinem Leben kenne") eingesetzt. GruppenleiterInnen achten hierbei genau darauf, dass keine profanen Ratschläge gegeben werden oder Belehrungen erfolgen, sondern die TeilnehmerInnen nur vom eigenen Erleben sprechen. So erweitert sich der Problemlöseraum eines Einzelnen auf den einer ganzen Gruppe. Und geteiltes Leid ist bekanntlich nur noch halbes Leid!

Imitation und Spiegel
Imitation stellt eine ubiquitäre Form des sozialen Lernens (Bandura, 1986) dar und ist damit einer der zentralen Wirkfaktoren in Gruppen. In der Literatur wird der Begriff der Imitation oft synonym zu den Begriffen Identifikation und Modelllernen gebraucht. Wir verstehen Imitation als Nachahmung von Verhalten und nutzen sie als wirksames Werkzeug, um Problemkonstellationen und Konfliktsituationen sichtbar werden zu lassen. Ein Spiegel hat die Funktion, sich selbst betrachten zu können. Auch andere Personen können

uns ein Spiegel sein und uns in Kontakt bringen mit eher ungeliebten Seiten. Das Spiegeln kann auch in Form von Bewegungen geschehen, als nonverbale Form der Kommunikation.

Sich verbinden und verbunden fühlen mit Synchronie
Wir sind immer Teil von etwas, wir bilden Systeme. Jedes Paar, jede Familie und auch eine Gruppe stellen ein System dar. Wie von selbst suchen solche Systeme nach Synchronie und bilden Muster (Haken, Schiepek, 2010). Sie synchronisieren sich, gehen in Resonanz und das geschieht ganz unwillkürlich und unbewusst. Außerdem geben verschiedene Studienergebnisse berechtigten Anlass zur Hoffnung, dass diese Prozesse – zumindest bis zu einem gewissen Maß – auch bewusst in Gang gesetzt oder zumindest unterstützt werden können (Tschacher & Ramsayer, 2016). Wir konzipierten unser Gruppenprogramm auf der Basis dieser Erkenntnisse und erarbeiteten konkrete Interventionen zur Förderung von Synchronie als einen bisher eher unberücksichtigten Wirkfaktor für die Arbeit mit Paaren und Gruppen.

Problemsituationen auch körperlich lebendig werden lassen
Die Potenz der Gruppe kann mit Embodimenttechniken in ganz besonderer Weise nutzbar gemacht werden. Ein typisches Problem mit einem ganz bestimmten Kontrahenten kann damit in den Raum und auf die Bühne gebracht werden. Arbeiten wir im Einzelsetting, imaginiert der Klient diese Person oder der Therapeut tritt an diese Stelle. In einer Gruppe erweitert sich das Portfolio. Hier können andere GruppenmitgliederInnen wertvolle Projektionsflächen sein und der Suchraum nach neuen Lösungen kann erweitert werden, quasi „from body to body".

Gefühle sind immer jetzt!
Unsere Gedanken können wir wandern lassen, in die Zukunft, zurück in die Vergangenheit und immer wieder hin und her. Denken ist wichtig, aber langsam!
Ganz anders das Fühlen: wir sind in der Lage, mehrere, ja sogar gegensätzliche Gefühle gleichzeitig zu erleben. Gefühle entstehen blitzschnell und sie finden immer im Hier und Jetzt statt. Viele Menschen haben deshalb Angst vor Gefühlen und neigen dazu, bestimmte Gefühle zu vermeiden. Die Verfahren der sog. Dritten Welle der Verhaltenstherapie setzen genau an diesem Punkt an. Auch in unserem Programm nehmen deshalb Übungen zum achtsamen Wahrnehmen eine zentrale Rolle ein und werden in der Gruppe geübt.

Den Boden bereiten: Rahmenbedingungen für die gemeinsame Arbeit

Die Basis zur Herstellung des Selbstfokus: Förderung von Interozeption
Gelungene Emotionsregulation ist nachweislich an die Fähigkeit zum korrekten Auslesen von Körpersignalen (Interozeption, Kernaffekt, somatische Marker) gebunden (Pollatos, Gramann & Schandry, 2007). Nur wer seine Erregungs- und Spannungszustände früh genug wahrnehmen und interpretieren kann, ist Herr im eigenen Haus. Deshalb werden in jeder Gruppensitzung dazu spezifische Übungen im Selbstfokus durchgeführt, z.B. die Beobachtung von Herzschlag oder Atmung. Sind die TeilnehmerInnen über Vorgehen und Wirkungsabsicht gut informiert und sind sie mit den Techniken vertraut geworden, sollen sie diese auch in ihrem Alltag möglichst täglich anwenden. Auch vor den Interventionen zum Emotionalen Feld oder zur Erhebung der Emotionalen Überlebensstrategie soll die Aufmerksamkeit des Klienten auf sich selbst gerichtet werden, so dass er besser

mit seinem Körper in Kontakt steht. Das gibt den TeilnehmerInnen die Gelegenheit, im Gruppenraum nicht nur physisch anzukommen.

Interaktionsfokus herstellen: Rhythmisches Bewegen zu zweit
Bewegen sich zwei Menschen miteinander synchron, verhalten sie sich sozialer (Zimmermann, Vicary, Sperling, Orgs & Richardson, 2017). Gruppen, die sich miteinander bewegen, rücken tatsächlich auch im sozialen Sinn enger zusammen. Sich gemeinsam zu bewegen und eine Choreographie zu teilen, fördert Gefühle von Sympathie und Zugehörigkeit (Schmidt & Richardson, 2008). Embodimenttechniken greifen diese Aspekte auf und übersetzen sie in konkrete Interventionen. In jeder Gruppeneinheit soll deshalb eine Rhythmus- und/oder Bewegungsübung in der Dyade oder mit der ganzen Gruppe (im Kreis oder frei beweglich im ganzen Raum) durchgeführt werden.
Bemerkung: Manchmal kommen im Zusammenhang mit diesen Übungen Gefühle von Scham und Peinlichkeit auf. Die TeilnehmerInnen neigen dann dazu, Witze zu reißen oder in Widerstand zu gehen. Der Gruppenleiter nutzt bereits diese Beobachtungen und Ereignisse, um sie später in die Emotionale Überlebensstrategie einzuordnen. Dazu bleibt er auf der Ebene der Exploration. Natürlich gilt für alle der Grundsatz der Freiwilligkeit.

Didaktische Empfehlung: Grundsätzlich sollen sich Informationseinheiten mit aktiven Übungen abwechseln, ebenso wie die Übungen zwischen Selbst- und Interaktionsfokussierung. Nach jeder Übung sollte der Gruppenleiter eine Feedback-Runde anbieten. Rückmeldungen zum Erlebten und Fragen zum konkreten Vorgehen schaffen Sicherheit bei der Durchführung und motivieren die TeilnehmerInnen zum selbständigen Üben zwischen den einzelnen Sitzungen, was eine wichtige Voraussetzung für den Erfolg darstellt.

Ein prototypischer Ablauf für z. B. Tag 1 des Block-Seminars ist nachfolgend (Tab.1) dargestellt.

Tab. 1: Ablauf eines Seminartages im Überblick

Übung Intervention	Ziel	Durchführung	Zeitbedarf in Minuten
Eröffnungsrunde (z. B. mit Bildern) Blitzlicht Starten	kennenlernen anknüpfen selbstreferenziellen Prozess fördern	Gruppe im Stuhlkreis	30 bis 40 Minuten (mit Bildern dauert es eher länger, als reguläre Blitzlicht-Runden)
In Bewegung kommen (z. B. durch achtsames Gehen im Raum)	Wahrnehmungsübung im Selbstfokus	Gruppe bewegt sich im ganzen Raum	10 Minuten
Information/ Psychoedukation	Wissensvermittlung Problembewusstsein fördern	Vortrag mit bildhaften Darstellungen	45 Minuten
Achtsamkeitsübung	Herstellung eines Körperfokus	Gruppe im Stuhlkreis, jeder übt für sich	10 Minuten

Bewegungsübung (z. B. Führen und Folgen)	Förderung von Synchronie	Gruppe bewegt sich im Raum (bei Bedarf zu Musik); anschließend Reflexion und Austausch	30 Minuten
Theorie (z. B. Duales System über „affektiven Hund" Emotionale Überlebensstrategie, etc.)	Wissensvermittlung, Vorstellung der Syntax	Gruppe im Stuhlkreis (ca. 20 Minuten Einzelarbeit mit einem Klienten (ca. 30 Minuten)	50 Minuten
Bewegungsübung (z. B. Nudeltanz)	Synchronie in Beziehung,	Gruppe bewegt sich im Raum (bei Bedarf zu Musik); anschließend Reflexion und Austausch	30 Minuten
Triaden-Übung zum Entwurf der Syntax	Mit Unterstützung die eigenen Überlebensstrategie finden	In 3er-Gruppen sich gegenseitig explorieren	60 Minuten
Atembeobachtung	Förderung des Selbstfokus und des körperlichen Gewahrseins	Gruppe im Stuhlkreis, jeder übt für sich	10 Minuten
Abschlussrunde (z. B. jeder drückt sein Gefühl durch eine Körperhaltung und eine kleine Geste aus), offene Fragen	Zusammenhang zwischen Gefühl und Körperhaltung üben; Organisatorisches	Gruppe im Kreis, stehend	10 Minuten

Die einzelnen Module des Gruppenprogramms

Das Gruppenprogramm sieht sechs gleichberechtigte Module (siehe Abb. 1). So soll ein natürlicher Gruppenprozess in Gang kommen, ähnlich einem Fluss, der in Richtung Delta durch recht unterschiedliche Landschaften fließt, sich aber immer nach vorne bewegt. Ins Flussbett kann das eingebettet werden, was gerade dran ist. Alle aufkeimenden oder von außen mitgebrachten Konflikte werden utilisiert und anhand der vorgestellten Instrumente in die Emotionale Überlebensstrategie eingeordnet. Damit wird immer eine Brücke geschlagen von der interaktionellen zur individuellen Ebene. Diese Vorgehensweise soll die Angst vor Konflikten auf beiden Seiten lindern helfen und den TeilnehmerInnen ermöglichen, die damit verbundenen unangenehmen Emotionen und Befürchtungen in den eigenen Verantwortungsbereich zurück zu holen, statt sich am Gegenüber abzuarbeiten. Nach unseren Erfahrungen führt dieses Vorgehen zu größeren Aha-Effekten auf Seiten der TeilnehmerInnen und zu mehr Gelassenheit im Umgang mit Konflikten auf Seiten der Leiter.

Modul 1: Vorbereitung ist wichtig!
In der gruppentherapeutischen Literatur (Bednar & Kaul, 1994; Yalom, 2007) wird der Vorbereitung auf die Gruppentherapie ein hoher Stellenwert beigemessen und der Nutzen eines Einzelgespräches vor Beginn der Gruppe betont.

Alle in Frage kommenden TeilnehmerInnen für das Gruppenprogramm sollen deshalb in Einzelgesprächen vor Beginn ausführlich vorbereitet werden. Wichtige Punkte sind:
- Klärung von Erwartungshaltungen und Befürchtungen
- Informationsvermittlung zum Ablauf und zur Struktur der Gruppe
- („wann", „wer", „wo", „was", „wieviel")
- Transparenz zum therapeutischen Vorgehen hinsichtlich des Zieles der Gruppe und der Vorgehensweise
- Informationen zur Wirksamkeit der angewendeten Verfahren
- Schließen einer Therapievereinbarung inkl. Verschwiegenheitsverpflichtung, sowie Regelungen zu verpassten Terminen und Therapieabbruch
- ggf. Infoblatt mit Terminen und Adressen
- Nachweis zur Aufklärung über Datenschutzmaßnahmen nach der neuen DSGVO

Modul 2: Wir gehen in Resonanz: Einführen, hinführen, hinfühlen
Bereits beim ersten Treffen der Gruppe werden wichtige Weichen gestellt. Die erste Begegnung der TeilnehmerInnen mit ihrer GruppenleiterIn ist deshalb von großer Bedeutung. Diese Findungsphase ist gekennzeichnet von Nervosität und Unsicherheit. Das Klima ist in der Regel geprägt von Skepsis und Vorsicht, begleitet von verschiedenen Ambivalenzen, in denen typische Verhaltensmuster der einzelnen TeilnehmerInnen schon zu Tage treten können.
Der Einstieg soll locker und strukturiert erfolgen. Der selbstreferentielle Prozess (Bucci, 2002) wird in Gang gesetzt. Die Bereitschaft sich zu öffnen wird durch die Beschreibung eines Bildes unverfänglicher, denn jeder kann selbst bestimmen, was er zur eigenen Person sagen möchte.
Ein erstes Wir-Gefühl soll entstehen (Gruppenkohäsion), Gefühle von Unsicherheit und Nervosität sollen einem hoffnungsvollen Interesse an der Gruppe und einem beginnenden Vertrauen weichen. Theoretische Zusammenhänge fördern Verstehen und Verständnis für das eigene problematische Handeln.

ÜBUNG: Ich mache mir ein Bild von Dir!
Der Gruppenleiter legt in der Mitte des Gruppenraums auf einer großzügigen Fläche mehrere Bilder, Fotos oder Bildkarten möglichst so aus, dass alle Bilder gut zugänglich und sichtbar sind. Sie können auch an Wänden angebracht werden. Die nach und nach eintreffenden TeilnehmerInnen haben damit einen ersten Anziehungspunkt. Sie können so auf unverfänglicher Basis erste Gespräche beginnen. Der Gruppenleiter hat bereits hier umfänglich Gelegenheit, die unterschiedlichen Verhaltensweisen der Gruppenmitglieder mit- und untereinander zu beobachten, bis alle einen Platz gefunden haben.
Die übliche Vorstellungsrunde bereitet der Gruppenleiter über einen intuitiven Zugang vor. Nachdem er alle TeilnehmerInnen begrüßt und sich selbst vorgestellt hat, bittet er nun alle, sich von den Stühlen zu erheben und die bereits im Raum ausgelegten Bilder zu betrachten. Nun bittet er alle, sich das Bild auszusuchen, das spontan ins Auge fällt und

wovon sich jeder angesprochen fühlt. Die Instruktion könnte lauten: „Sie sehen hier am Boden viele Bilder liegen. Ich bitte Sie nun, sich spontan für das Bild zu entscheiden und es aufzuheben, das Sie gerade jetzt anspricht. Beobachten Sie Ihre Gefühle und folgend Sie dem Impuls, der jetzt auftaucht. Sie können sich dabei nicht falsch entscheiden. So, wie es ich gerade anfühlt, so ist es stimmig. Wenn Sie eine Karte gefunden haben, bitte ich Sie wieder Platz zu nehmen. Sie können sich auch ein Bild mit jemandem teilen". Damit können und dürfen Gemeinsamkeiten, aber auch Unterschiedliches gleichzeitig im Raum sein.

Der Gruppenleiter erfasst nun über die Vorstellung des Bildes eines jeden Teilnehmers ein erstes Anliegen zur Veränderung und versucht, einen Auftrag dafür zu erhalten.

Fallbericht „Das einsame Genie": Herr F., 38 Jahre, IT-Experte
Herr F. sucht sich ein Bild aus, auf dem ein Mann in grauem Mantel mit dem Rücken zum Betrachter abgebildet ist. In der oberen Ecke des Bildes stehen mehrere Menschen, die sich unterhalten, ohne auf den Mann zu achten.
Er beschreibt das Bild so: „Ich sehe in diesem Mann irgendwie mich und meine Situation. Die Farbe Grau hat mich angesprochen, so fühlt sich mein Leben gerade irgendwie an. Ich arbeit sehr viel und da bin ich auch erfolgreich. Ich bin zwar in einem Team, aber irgendwie fällt es mir schwerer als den anderen, da meinen Platz zu finden. Es ist für mich irgendwie schwer, mit anderen zu reden und so „cool" zu sein, wie meine Kollegen. Meine letzte Beziehung ist auch schon vier Jahre her."
Therapeut: „Herr F., von Ihnen habe ich gehört, dass Sie sich mehr Mut wünschen, mit anderen in Kontakt zu kommen, damit mehr Farbe in Ihr Leben kommt. Wäre es für Sie wichtig zu lernen, wie man es anstellt, mit anderen Menschen in Kontakt zu kommen? Und vielleicht auch besser zu verstehen, welche Gefühle Sie davon abhalten und was diese Gefühle von Ihnen wollen?" Herr F. nickt, vermeidet aber jeden Blickkontakt.
Der Gruppenleiter notiert dazu Stichpunkte auf einem Flip Chart und hält Wünsche und Ziele der einzelnen TeilnehmerInnen fest. Nachher wird er diese Anliegen den verschiedenen Bedürfnissen im Info-Block zuordnen.

Psychoedukation zu Emotionen und Bedürfnissen
Jetzt kann eine erste Informationseinheit folgen, da sich die GruppenmitgliederInnen kennengelernt und miteinander in Bewegung gekommen sind. Hierfür eignen sich:
- Überblick über das Konzept „Embodiment"
- Theorie zum dualen System und dem Zusammenspiel von Impulsiven und Rationalem System
- Einführung in das Konzept der Interozeption als Basis für differenzierte Selbstwahrnehmung und Herstellung des Körperfokus (Atembeobachtung, Herzschlag zählen etc.)
- Vorstellen der Grundbedürfnisse (Grawe, 2005) und deren verhaltensregulierenden Funktionen

Im Anschluss daran sollte eine erste Übung zum Herstellen des Körperfokus angeleitet werden.
Zur Förderung der Gruppenkohäsion sollen weitere Übungen im Interaktionsfokus angeboten werden:

ÜBUNG: Führen und Folgen.
In Dyaden und mit verschiedenen Hilfsmitteln sollen die KlientInnen nonverbal erleben, wie es sich anfühlt, geführt zu werden oder selbst zu führen. Weiterhin soll ihnen so ermöglicht werden, einen ersten nicht-sprachlichen Zugang zu den damit einhergehenden Gefühlen zu bekommen.
Die Paare stellen sich gegenüber auf und bewegen sich nach den vom Gruppenleiter gegebenen Instruktionen zu einem Rhythmus (z.B. Trommeln, Instrumentalmusik), wobei zunächst eine Person führt und die andere folgt. Nach einigen Minuten werden die Rollen getauscht. In einer dritten Variante soll der eine Partner etwas ganz anderes machen, als der andere.
Nach jeder Übung sollen sich die Partner darüber austauschen, wie sie sich gefühlt haben, was genau für Gefühle aufgekommen sind, welche Rolle angenehm war und warum. Jetzt soll das in Worte gefasst werden, was unmittelbar zuvor auf Körperebene spürbar geworden ist.
Hierfür hält der Gruppenleiter ein paar Musikstücke bereit; besonders geeignet sind Instrumental-Stücke mit klarem Rhythmus oder Trommelmusik.
Idealerweise können die TeilnehmerInnen nun schon einen ersten Transfer zu ihren Problemen herstellen und die emotionalen Äquivalente im Körper genauer spüren. Ein abschließender Austausch in der ganze Gruppe (Sharing) fördert Erkenntnis und Verbindung. Hier kann der Gruppenleiter durch hilfreiche Fragen die reflexiven Prozesse anregen. Wichtige Aspekte der Auswertung können fokussiert werden, z.B.:
Wie war das körperliche Spannungserleben in den einzelnen Rollen?
Wie war die Kontaktgestaltung?
Welchen Einfluss hatte der Augenkontakt?
Die wichtigsten Erkenntnisse können auf einem Blatt zusammengetragen werden.

ÜBUNG: Pasta-Führung.
Die nächste Übung soll quasi „embodied" vermitteln, wie Beziehungen unterschiedlich gestaltet werden können, je nachdem, wie verbindlich oder fest sie sind. Dazu arbeiten die TeilnehmerInnen wieder in Dyaden und es dürfen neue Paare gebildet werden.
Jede TeilnehmerIn bekommt eine Makkaroni und die Paare stellen sich einander gegenüber. Die Nudeln werden nun so zwischen den Handflächen des einen und des anderen positioniert und fixiert, dass darüber eine Verbindung zueinander entsteht (siehe Abb. 2). Diese Verbindung ist aber fragil, denn die Nudeln sollen zwischen den Partner gehalten werden. Das Paar setzt sich ohne Absprache wortlos in Bewegung. Sie sollen aufmerksam sein, wer zuerst die Führung übernimmt und dann ohne Sprache oder Zeichensprache die Führung wechseln. So soll ein Tanz entstehen mit abwechselnder Führung.
In einem zweiten Durchgang wird der Schweregrad durch Tausch von Makkaroni gegen Spaghetti erhöht. Die Instruktion bleibt die gleiche.
Sie sollen non-verbal die Führung abstimmen und verschiedene Arten von Bewegungsmöglichkeiten ausprobieren, z.B. seitliche Bewegungen, hoch und runter gehen etc., dabei sollen sie nur auf ihre Körperreaktionen und Ihre Gefühle achten. Es ist möglich, dass eine Nudel bricht oder auf den Boden fällt. Diesen Moment sollen sich die TeilnehmerInnen kurz merken, um im Nachhinein zu analysieren, warum die Nudel runtergefallen oder gar zerbrochen ist.
Die TeilnehmerInnen konnten jetzt erfahren, welche Form von Beziehung welche Kompetenzen erfordert und wie es sich anfühlt, in mehr oder weniger stabilem Kontakt mit

einem Gegenüber zu sein, welcher Bewegungsradius dabei möglich ist, wieviel Druck jeder so ausübt und wie es zu Brüchen im Kontakt kommen kann. Zurück im Plenum soll jede TeilnehmerIn ihre zentralste Erkenntnis aus der Übung formulieren und den Transfer zur Beziehungsgestaltung ziehen: „Was bedeutet das für meine Beziehungen?"

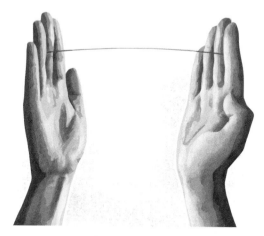

Abb. 2: Haltung zur Übung Pasta-Führung

Fallbericht „passives Führen?": Frau K., 46 Jahre, Angstpatientin, Callcenter- Agentin. Bei der Übung fiel dem Kursleiter auf, dass Frau K. ziemlich forsch die Führung in ihrer Dyade übernahm und trotz ihres Übergewichts ziemlich wendig die Bewegungen ausführte. Dabei neigte sie immer wieder dazu, ihrer Partnerin, Frau H. verbale Hinweise zu geben. Sie sagte z.B. „Achtung!", wenn bei einer Rückwärtsbewegung ein anderes Paar den Weg zu kreuzen drohte. Es gelang ihr weniger gut, auf die Impulse ihres Gegenübers einzugehen und vor allem beim Spaghetti-Tanz zerbrach die Nudel häufig, was sie anschließend als intensive Spannung im Körper beschrieb. Sie habe vor allem Angst gespürt, dass was passieren könnte und die Last der Verantwortung auf ihren Schultern gefühlt. Frau H., mit der sie übte, nahm jedoch ihren Druck sehr genau wahr und fühlte sich oft von ihr geführt. Frau K. konnte gar nicht glauben, dass sie in Führung ging. Später im Prozess der Gruppentherapie wurde Frau K. klar, dass sie ihre Angst häufig mit Ärger verwechselte, den sie, infolge ihrer Emotionalen Überlebensstrategie, gelernt hatte, zu unterdrücken. In dieser Übung konnte sie über den Körper und das Feedback ihrer Übungspartnerin einen ersten Zugang dazu herstellen.

Modul 3: Das Problem einkreisen: die individuelle Emotionale Überlebensstrategie aufspüren

In Gruppen aktualisieren sich die meist schon von Kindheit an erlernten problematischen Verhaltensweisen zur Bedürfnisbefriedigung unmittelbar. Dieser emotionale Erfahrungshintergrund bildet mehr oder weniger Narbengewebe im emotionalen Erfahrungsgedächtnis aus. Kommen wir einander näher, so steigt die Gefahr, dass dieses Narbengewebe angestoßen und der alte Schmerz wieder spürbar wird. Der innerpsychische Niederschlag der Kindheit bildet den Boden für neue Verletzungen und (früher notwendige) Schutzstrategien verhindern neue und wertvolle Erfahrungen. Vor diesem Hintergrund können sogar als sehr unangenehm erlebte Zeitgenossen und ihr kontraproduktives Verhalten besser verstanden und die „Macken" als überlebensnotwendige Strategie gewürdigt werden. Die genaue Beobachtung durch den Gruppenleiter unterstützt diesen Prozess und jede Form von Konflikt kann aufgenommen und einer Analyse zugeführt werden, an deren Ende die Emotionale Überlebensstrategie formuliert, differenziert oder validiert werden kann. Auch über den gesamten Verlauf können Konflikte immer wieder systematisch unter Berücksichtigung der Emotionalen Überlebensstrategie eingeordnet und so verstehbarer gemacht werden. Die neuen Erkenntnisse bleiben nicht einfach im Trockenraum der Seele hängen, sondern können direkt unter Mitwirkung anderer TeilnehmerInnen in funktionale und fruchtbare Lösungsansätze umgewandelt werden.

„In einem Tropfen Meer ist der ganze Ozean!"
Klassischerweise kann die Emotionale Überlebensstrategie anhand von Verhaltensanalysen und Problemexplorationen im Gespräch erhoben werden. Neurobiologische Erkenntnisse betonen die netzwerkartige Struktur der Erinnerung. So können wir anhand einer relevanten Situation das ganze Netz relevanter Empfindungen und Emotionen aus dem Untergrund emporziehen, vorbei an der kognitiven Kontrolle unseres Verstandes. Wir präferieren jedoch einen imaginativ-embodiment-orientierten Zugang, wie er bereits von Hauke vorgeschlagen wurde (Hauke & DallÒccio, 2015) und führen unsere KlientInnen in das emotionale Erleben hinein, in der sich die Emotionale Überlebensstrategie zeigt.

Eine Brücke schlagen zwischen heute und früher. Die sog. Affektbrücke (Watkins, 1971) beschreibt, wie früh geprägte emotionale Erfahrungen bis in die Gegenwart hinein wirken und mit gleichen oder ähnlichen Gefühlen und Körperreaktionen verknüpft sind. Mit Hilfe einer Imaginationsübung soll ein vertieftes und tatsächlich auch körperlich gefühltes Verständnis für die eigenen Prägungen hergestellt und darüber der Zugang zur Emotionalen Überlebensstrategie ermöglicht werden.

ÜBUNG: Affektbrücke.
„Ich möchte Sie jetzt bitten, dass wir uns auf den Weg zurück in die jeweilige Biographie begeben. Dazu bitte ich Sie, eine bequeme Haltung auf dem Stuhl einzunehmen oder sich auf dem Boden eine gute Lage zu verschaffen (Decken bereithalten!). Ich werde Sie mit einem Ton in die Übung hinein führen und diese mit einem zweiten Ton auch wieder beenden. Wenn Sie den zweiten Ton hören, dann kommen Sie mit Ihrer Aufmerksamkeit zurück hierher in diesen Raum und nehmen sich Zeit, das innerlich Erlebte nochmals Revue passieren zu lassen. Dann werden sie sich mit Ihrer emotionalen Überlebensstrategie auseinander setzen. Dazu haben Sie bereits ein Arbeitsblatt in Ihren Unterlagen. Damit Sie sich besser auf die Übung einlassen können, werde ich Sie während der Übung in der Du-Form ansprechen, das ändere ich nach Beendigung der Übung wieder. Haben Sie noch Fragen? Gut."
Schritt 1: Selbstfokus herstellen z. B. über Atembeobachtung
Schritt 2: Einen relevante Situation auswählen
„Stell dir bitte eine typische, für dich problematische Situation aus deinem Erwachsenenleben aus deiner jüngeren Vergangenheit vor. Vielleicht hattest du Streit mit jemandem oder vor etwas oder jemandem Angst. Vielleicht fühltest du dich nicht respektiert oder abgewertet."

Schritt 3: Das Erleben auf allen Ebenen in der Gegenwart aktivieren
„Nun schließe bitte die Augen und erinnern dich sich so genau wie möglich an diese Situation. Stell sie dir so vor, als wenn du deinen eigenen Film sehen würdest. Wo genau bist du, was kannst du sehen, was hören, vielleicht riechst du sogar was? Bemerke, wie es dir in dieser Situation geht. Wie fühlst du dich?"

Schritt 4: Float back zu früheren Erlebnissen
„Wenn du bemerkst, dass ein Gefühl auftaucht, z.B. Ärger oder Traurigkeit, dann reist du mit diesem Gefühl innerlich zurück in deine Vergangenheit. Es können auch gemischte Gefühle auftauchen, die sich im Körper bemerkbar machen, z.B. ein gemischtes Gefühl in der Magengegend. Woher kennst du dieses Gefühl, kannst du dich erinnern, dass du es schon früher so gefühlt hast?"

Schritt 5: Zugang zur emotionalen Überlebensstrategie finden
„Vielleicht kommen jetzt Erinnerungen hoch und du kannst sehen, wer jetzt in der Szene mitspielt. Vielleicht ist es Mama oder Papa oder andere wichtige Personen aus deiner Geschichte. Nun schau dir diese Szene genauer an: Wie alt bist du? Wie fühlst du dich in dieser Situation? Was bräuchtest du von wem, was könnte dir helfen? Was würdest du am liebsten tun und warum verzichtest du aber darauf? Was wäre das Schlimmste, was jetzt geschehen könnte? Was tust du dann tatsächlich? Wie geht die Situation für dich aus und welche Konsequenzen hat das? Vielleicht beschließt du mehr oder weniger bewusst, was in dieser Situation zu tun wäre, was du du in Zukunft tun, oder auch lassen willst?"

Schritt 6: Zurück in die Gegenwart
„Jetzt stellen Sie sich bitte darauf ein, die kleine Reise zu beenden und mit Ihrer Aufmerksamkeit zurück in diesen Raum zu kommen (Ton anschlagen und warten, bis alle TeilnehmerInnen die Augen geöffnet und wieder orientiert im Raum sind). Wenn Sie jetzt am Ende des Films diesem einen Titel geben würden, wie würde er lauten? Welchen Namen trägt dieser Film?

Schritt 7: Die emotionale Überlebensstrategie fixieren
„Nun bitte ich Sie, das Erlebte nochmals in sich nachklingen zu lassen, um dann anhand des Arbeitsblattes die Syntax der Überlebensstrategie zu füllen und festzuhalten":

Nur wenn ich immer ...
(erwünschtes Verhalten, Gebote, dysfunktionale Verhaltensweisen)
und wenn ich niemals ...
("verbotene" Affekte, Impulse und Gefühle)
dann bewahre ich mir ...
(zentrale Bedürfnisse)
und verhindere ...
(zentrale Angst/Zone des Schreckens)

Ergänzungsmöglichkeit: Je nach Gefühl und Gruppenphase können sich jeweils zwei bis drei MitgliederInnen zusammenfinden, die sich über ihre Erfahrungen zur Imagination austauschen und sich durch geleitetes Entdecken darin gegenseitig unterstützen, den Entwurf der Syntax anzufertigen. Jeweils eine Person berichtet, die andere Person stellt die unten aufgeführten Fragen. Eine dritte Person kann als Beobachter und Protokollführer fungieren und ihre Beobachtungen zur Verfügung stellen. Die relevante Szene kann auch körperlich dargestellt werden.

Geleitetes Entdecken über hilfreiche Fragen:
- Was genau passiert mit dir in dieser Situation?
- Wenn du das jetzt körperlich ausdrücken würdest, welche Haltung will dann dein Körper einnehmen?
- Was hat dich in dieser Situation so frustriert/geängstigt/aufgebracht/....?
- Was hättest du am liebsten getan oder gelassen?
- Was wäre denn passiert, wenn du das tatsächlich gemacht hättest?
- Was wäre das Schlimmste, was in dieser Situation hätte geschehen können?
- Was hättest du von xy oder z gebraucht?
- Zusatzfragen zur erweiterten Analyse:
- Wie haben deine wichtigsten Bezugspersonen reagiert, wenn du als Kind wütend wurdest?
- Wer hat dich getröstet? Und wie?
- Wie wurdest du von deinen wichtigsten Bezugspersonen belohnt?

Alternativ kann diese Übung auch im Raum als biographische Timeline mit Seilen und Karteikarten als markante Stellen der eigenen Lebensgeschichte dargestellt werden.

Problemsituationen lebendig werden lassen durch Imitation und Modulation
Die Potenz der Gruppe kann mit Embodimenttechniken in ganz besonderer Weise nutzbar gemacht werden. Ein typisches Problem mit einem ganz bestimmten Kontrahenten kann hier in den Raum und auf die Bühne gebracht werden. Dazu wählt ein Fokusklient eine entsprechende Problemsituation aus und beschreibt die relevante Bezugsperson. Dann wählt der Fokusklient je einen Stellvertreter für sich selbst und die relevante Bezugsperson aus. Wichtig ist, dass die Stellvertreter explizit ihre Zustimmung geben sollen, wenn sie gewählt werden. Natürlich dürfen sie die Rolle auch ablehnen, ohne erklären zu müssen, warum. Diese Regel soll vom Gruppenleiter vorher genau erklärt werden. Jeder darf Nein! sagen. Und für manche TeilnehmerInnen ist das schon ein erster Erfolg!

Imitieren und Modulieren: Das Problem als Skulptur darstellen

Schritt 1: Einrollen der Bezugsperson. Zunächst wählt der Klient einen Stellvertreter für die relevante Bezugsperson und führt so präzise wie möglich vor, wie er sein Gegenüber in der Problemsituation erlebt. Er beschreibt die Person in allen relevanten Aspekten (Alter, typische Eigenschaften, Aussehen, Kleidung, typische Sätze) und gibt genaue Instruktionen zu Haltung, Stimme, Sprechtempo etc.. Der Stellvertreter imitiert daraufhin nach den entsprechenden Hinweisen. Der Klient modelliert die Person quasi wie eine Knetmasse. Dabei überprüft er immer wieder, ob das Embodiment wirklich mit seinem Erleben übereinstimmt.
Schritt 2: Den Stellvertreter für sich selbst einrollen. Nachdem die bedeutsame Interaktionsperson lebhaft im Raum ihre Gestalt eingenommen hat, wird nun auch der Stellvertreter für die eigene Person „modelliert". Damit werden beide Haltungen direkt erlebbar und nun von außen sichtbar.
Schritt 3: Die Problemskulptur aufbauen. Beide Stellvertreter bringen sich nun in Position und gehen in die instruierten Haltungen hinein und übernehmen das gesamte Embodiment zum Problem. Der Klient sieht nun sein Thema wie von außen. Meist treten

hier schon intensive Gefühle und erste Erkenntnisse auf.
Genau wie im Emotionalen Feld werden die drei Dimensionen
- Psychologische Höhe (größer – kleiner)
- Psychologische Distanz (näher – ferner)
- Intensität (in Ausdruck und Spannung)

skaliert.

Wie so eine Skulptur aussehen kann, sehen Sie in Abb. 3 zum Fall Gregor und Luise: „Angst statt Ärger"

Abb. 3: Die Problemskulptur von Gregor und Luise

Schritt 4: Sharing und Impulse der Stellvertreter. Die beiden Stellvertreter werden gebeten, ihre Körperempfindungen und aufkommende Impulse zu berichten und dem intensivsten Impuls zu folgen. So setzt sich das System in Bewegung und gibt Aufschluss über mögliche Lösungen.
Schritt 5: Die Perspektive wechseln. Der Klient kann die Position seines Konfliktpartners einnehmen und damit die Perspektive wechseln. Die Übernahme der Perspektive kann kathartische Prozesse anregen und ermöglicht, sich in sein Gegenüber einzufühlen.
Schritt 6: Lösungen aus dem Körper finden. Der Klient geht nun wieder selbst in seine Position. Der Therapeut bittet ihn, die Haltung etwas zu übertreiben und wahrzunehmen, was in ihm geschieht, welche Gefühle und Impulse auftauchen. Was möchte er jetzt am liebsten tun? Was hält ihn ab?
Schritt 7: Die Intelligenz der Gruppe nutzen. Nun können mehrere oder alle anderen TeilnehmerInnen sich in die Rolle des arbeitenden Klienten hinein bewegen und jeweils selbst wahrnehmen, was in dieser Haltung bei jedem Einzelnen im Körper abläuft. Die wahrgenommenen Gefühle können verbalisiert, den aufkommenden Impulsen soll nachgegeben werden. So kann ein Portfolio von unterschiedlichen Lösungsmöglichkeiten entstehen, aus dem der Klient schöpfen kann und darf.

Fallbericht „Angst statt Ärger": Gregor, 45 Jahre, Ingenieur, verheiratet mit Luise
Gregor ist Angstpatient. Er leidet seit Jahren unter Panikattacken und verschiedenen Ängsten. Er kann deshalb nur noch eingeschränkt an sozialen Aktivitäten teilnehmen und fühlt sich immer häufiger nicht mehr in der Lage arbeiten zu gehen, vor allem in Zeiten hoher Anforderungen. Er berichtet am zweiten Tag des Kurses von einem immer wiederkehrenden Streit mit seiner Ehefrau Luise, die ihm Unzuverlässigkeit und Desinteresse an ihrer Person vorwerfe, weil er öfter später als vereinbart nach Hause komme. Nachdem die Situation mit Hilfe des Gruppenleiters wie ein Skript klar vor der ganzen Gruppe skizziert wurde, wählt Gregory nun unter den Gruppenmitgliedern zunächst Karen als Stellvertreterin für seine Frau Luise. Er „modelliert" sie wie eine Knetmasse so lange, bis Mimik, Gestik, Haltung und evtl. auch Bewegung so eingestellt sind, wie Gregor sie in dieser Situation an seiner Frau erlebte. Er stellt sie wie eine fauchende Katze dar, die ihre Krallen zeigt „und knurrt wie ein Kettenhund!" Dabei neigt sich der Oberkörper nach vorn, wie zum Angriff. Die Mimik zeigt das typische Muster von Wut. Die Spannung beschreibt die Stellvertreterin jedoch als relativ gering und sie beschreibt als Impuls zwar eine Bewegung nach vorn, aber auch einen, die Arme fallen zu lassen, verbunden mit einem Zug in Richtung Boden.
Gregor fragt nun Peter, ob dieser stellvertretend für seine Position zur Verfügung stehen würde. Er zeigt ihm genau, wie er sich in der beschriebenen Situation gefühlt hat. Peter imitiert nun die von Gregor gezeigte Haltung so genau wie möglich mit angehaltenem Atem, starrem Blick, herabhängenden Armen, der Oberkörper ist leicht nach hinten geneigt, wobei die rechte Schulter etwas mehr nach hinten rotiert und der rechte Arm etwas höher gehalten wird, als der linke. Dann legt er seinem Stellvertreter auch noch einen Ton in den Mund. Es ist ein tief aus der Brust aufsteigendes „ohh kejhh .
Am Ende dieses Prozesses kann Gregor nun die Streitszene quasi wie von außen sehen (Abb. 3). Er kann erkennen, dass sein Frau wie eine Furie vor ihm steht, voller Wut und es scheint, als wenn sie am liebsten auf ihn losgehen wolle. In der anschließenden Sharing-Runde berichten die Stellvertreter für Gregor und Luise, wie sie sich jeweils in den Rollen gefühlt haben. Peter in der Rolle von Gregor fühlte Ärger aufsteigen, aber auch eine Tendenz, nach hinten ausweichen zu wollen. Dabei habe er den Impuls, seine Hände zu Fäusten zusammen zu ballen, deutlich wahrnehmen können. Karen in der Rolle der Ehefrau berichtet von Herzrasen, angespanntem Oberkörper und verzweifelten Gefühlen, fast wie ohnmächtig, aber auch Wut und Minderwertigkeit, weil sie sich von ihrem Mann nicht gesehen fühlt und spürt, dass er ihr ausweichen will. Sie spürt den Impuls, sich ihm zu nähern und ihn anzuschreien, dass er sie doch endlich mal sehen möge.

Gregor kann erkennen, dass sich seine Frau möglicherweise hilflos fühlt und Nähe zu ihm sucht, aber auch häufig ihre eigenen Interessen durchsetzen will, was ihn wiederum zum Rückzug aus der Beziehung veranlasst, um sich vor ihren (emotionalen) Übergriffen zu schützen. Je mehr er sich von ihr zurückzieht, desto mehr rückt sie ihm auf die Pelle. Trotzdem hat er irgendwie Angst, sie könne ihn verlassen.
Eindrücklich zeigt das Embodiment von Gregor sein sekundäres Gefühl der Angst. Die weit aufgerissenen Augen und der nach hinten geneigte Oberkörper deuten zunächst darauf hin. Gleichzeit nimmt er den Impuls, die Hände zu Fäusten zu ballen nun deutlich wahr, auch dass er geneigt ist, von oben herab auf seine Frau zu schauen. Er kann nun ein Gefühl von Wut benennen, verbunden mit Verachtung, die eine Form der erkalteten Wut darstellt. Das erschreckt ihn etwas, da er sich diese Gefühle bisher nie recht eingestehen konnte.

Die emotionale Reaktionskette von Gregor:
Als verhaltensanalytisches Instrument hat sich die Aufschlüsselung der emotionalen Reaktionskette in der Strategisch Behavioralen Therapie nach Hauke (SBT, 2012) zu Inhalt und Funktion der primären und sekundären Emotion bewährt (Tab. 2). Auch der Zusammenhang mit den „Kosten", also der Symptombildung, kann hier übersichtlich mit dem Klienten herausgearbeitet werden.

Tab. 2: Emotionale Reaktionskette mit primärem und sekundärem Gefühl

Situation:	kommt zu spät nach Hause, kommt in die Küche und seine Frau „wettert los" mit Vorwürfen
Primäres Gefühl:	Ärger
Primärer Impuls:	mit der Faust auf den Tisch zu schlagen und sie „niedermachen"
Antizipierte Konsequenz:	verlassen und nicht mehr unterstützt werden, sich allein und hilflos fühlen
Sekundäres Gefühl	Angst
Beobachtbares Verhalten	Geht in sein Zimmer und wirft die Tür hinter sich ins Schloss
Kosten/Symptom:	depressive Verstimmung

Modul 4: Das Emotionale Feld betreten und vom Überleben zum Leben kommen

In einer Problemsituation sind meist mehr als ein oder zwei Emotionen beteiligt. Zur Förderung von Verständnis und Verstehen der eigenen Emotionen erforschen wir im Emotionalen Feld alle am Problem beteiligten Emotionen. Nachfolgend wird eine prototypische Herangehensweise skizziert. Das genau Vorgehen wird in der Emotionalen Aktivierungstherapie (Hauke & Dall'Occhio, 2015) beschrieben.
Bei der Durchführung im Gruppenkontext können TeilnehmerInnen wieder als Stellvertreter fungieren und alle andern sind BeobachterInnen. Im Kontakt mit dem Körper kann jeder nachspüren, was in ihm oder ihr vorgeht, angesichts dessen, was im Feld geschieht. Im anschließenden **Sharing** können alle ihre Beobachtungen teilen und das Thema in Bezug zur eigenen Lebensgeschichte einordnen. Dabei achtet der Gruppenleiter sehr genau darauf, dass jeder nur von sich und seinem Erleben spricht. Auf gut gemeinte Ratschläge oder Interpretationen der Szenen soll konsequent verzichtet werden.

Das Emotionale Feld von Gregor:
Nachdem das Emotionale Feld aufgebaut und die Szene zwischen Gregor und seiner Frau im Feld lebendig wird, kann er sich der sekundären Emotion in der Haltung exponieren. Es kann ihm klar werden, dass er nicht im Kontakt mit seiner Wut (primäres Gefühl) ist, sondern stattdessen Angst (sekundäres Gefühl) verspürt (siehe Abb. 4). Über Embodimenttechniken werden nun einzelne Emotionen vertieft. Die Emotion Angst aktiviert den Fluchtimpuls und Gregor kann heraus arbeiten, dass durch das Auftreten seiner Frau viele Erfahrungen aus seiner Kindheit mit seiner Mutter angetriggert werden, vor deren emotionalen Übergriffen und Grenzüberschreitungen „in Liebe" er sich Zeit seines Lebens zu schützen versuchte. Um die Mutter aber weder verbal noch körperlich zu verletzen, hat er gelernt, seinen Ärger mit Angst zu stoppen (siehe Tab. 2). Die Erkenntnis, dass auch das Zu-Spät-Kommen im

Dienste steht, sich „hinten rum" Freiräume zu verschaffen hilft ihm, in Kontakt mit seinen zentralen Bedürfnissen (z.B. mehr Freiraum und Selbstbestimmung leben) und Ängsten (sich allein und verlassen fühlen) zu kommen.

Bei der dann folgenden Vertiefung der Emotion Ärger taucht noch ein weiteres, sehr unangenehmes Gefühl in Gregor auf. Sein Gesicht verzieht sich verächtlich, er bewegt den Oberkörper leicht nach hinten und hebt den rechten Arm noch weiter nach oben, als wenn er zum Schlag ausholen wolle. Sein Blick kommt von oben herab. Befragt nach dem, was jetzt sein Körper will, nimmt er schweigend einen Stuhl und stellt sich auf ihn; dann nimmt er die gleiche Haltung wie am Boden ein.

Er beginnt psychologisch zu wachsen und stellt fest, dass er sich über seine Frau stellen möchte, was ihm Macht verleiht. Ihm wird nun bewusst, dass er statt heißer Wut, kalte Verachtung empfindet, die ihm dabei hilft, sich von dem unangenehmen „sich klein und ausgeliefert fühlen" zu befreien und gleichzeitig die heiße Wut abzukühlen, damit er nicht ausflippt. Auf der Expertenposition kann er reflektieren, wieviel Angst er vor seiner eigenen Kraft hat und davor, eines Tages die Kontrolle über seinen Impulse doch noch zu verlieren. Es tauchen Traurigkeit und am Ende auch Zärtlichkeit als weitere Gefühle im Feld auf.

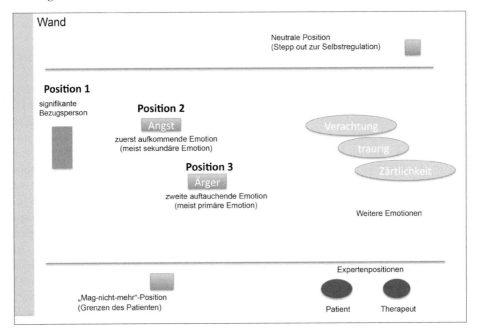

Abb. 4: Das Emotionale Feld von Gregor

Alle diese Gefühle werden auf Karten im Feld positioniert, so dass Gregor am Ende seine Emotionen aufgefächert vor sich liegen hat.

Die emotionale Überlebensstrategie kann jetzt genauer definiert und noch genauer heraus gearbeitet werden. Späte werden alle Gefühle in einer Übersicht mit Funktion, Intensität und die Art der Beziehung, die er zu diesen hat, aufgeführt. Darauf aufbauend kann er dann eine neue und kraftvollere Haltung finden, die ihn dabei unterstützt seine Bedürfnisse anzumelden, ohne Angst davor, die Kontrolle zu verlieren.

Die Emotionale Überlebensstrategie von Gregor:

Nur wenn ich mich immer an andere anpasse und das tue, was sie von mir wünschen und erwarten, aber auch auf genügend Abstand zu meinem Gegenüber achte,
und wenn ich niemals zeige, wie ich mich wirklich fühle, nicht zu viel von mir preis gebe oder sogar meiner Wut freien Lauf lasse,
dann bewahre ich mir die Unterstützung/Versorgung und Zuwendung der anderen
und verhindere verlassen zu werden und alles allein bewältigen zu müssen.

Flexibler werden mit der neuen Lebensstrategie
Nun ist klar geworden, dass die bisherige emotionale Überlebensstrategie zwar zum Überleben in der Kindheit und Jugend sinnvoll war, aber heute weitere Entwicklungsschritte blockiert. Deshalb soll ein neuer Strategie-Entwurf erstellt werden. Dieser erfolgt erneut über eine Syntax, bestehend aus folgenden Teilen:

Ab sofort erlaube ich mir öfter, ...
(sich gegen bisherige Grundannahmen zu Verhalten)
und werde häufiger ...
(primären Impulsen Gehör schenken und vermiedene Emotionen besser wahrnehmen)
und dabei riskieren, ...
(frustriert zu werden, zentrale Angst spüren, nicht zu bekommen, was ich brauche)
Deshalb lerne ich, ...
(sich Ängsten stellen, Kompetenzen erwerben, Ressourcen besser nutzen, Emotionen selbstwirksam regulieren)

Gregor entwickelt folgende neue Lebensstrategie für sich:
Ab sofort erlaube ich mir öfter, meine eigenen Bedürfnisse direkt anzumelden und auch mal Wünsche abzulehnen und mich abzugrenzen, meinen Standpunkt selbstverantwortlich zu vertreten
und werde häufiger meinen Ärger angemessen zum Ausdruck bringen und direkt zu sagen, was ich will und was nicht. Ich sage auch mal Nein und mache meine Grenzen deutlich, bevor sie überschritten werden.
Dabei riskiere ich, mich unbeliebt zu machen, ausgegrenzt zu werden und vielleicht doch mal auszuflippen.
Deshalb lerne ich, meine Gefühle besser wahrzunehmen und statt kalter Wut ausgeliefert zu sein, einen kühlen Kopf zu bewahren. Ich lerne, meine Grenzen besser zu spüren und mich gegen unangemessene Forderungen zur Wehr zu setzen. Ich lerne Wut und Angst besser auseinander zu halten.

Modul 5: Emotional Mastery: Eine neue Lebenshaltung finden, um wertvolle Ziele wirklich zu erreichen

Jetzt ist der Weg geebnet, um aus festgefahrenen Bahnen auszusteigen, den Autopiloten anzuhalten und für die Zukunft flexiblere und funktionalere Verhaltensweisen zu entwickeln. Für diesen Abschnitt werden zwei Seile und eine Bilddatei benötigt. Das konkrete Vorgehen orientiert sich an den Ausführungen zur Strategisch Behavioralen Therapie nach Hauke und Lohr (2017) Hier soll nur ein Überblick zur Adaption in Gruppen gegeben werden.

Die TeilnehmerInnen haben eine verkörperte Problemhaltung (Ist-Zustand) und eine hilfreiche Lösungshaltung (Soll-Zustand) auf allen Ebenen erarbeitet und auch eine passende Bewegung dazu gefunden. Sie haben einen Korridor mit allen bedeutsamen Emotionen entwickelt und deren Funktion und hilfreiche Unterstützung heraus gearbeitet. Sie können eine Choreografie ausführen vom Ist- zum Soll-Zustand und ihr neues Lebensmotto vertreten. Motto und Haltung wirken grundsätzlich stärkend und verhelfen zu Kraft und Durchhaltevermögen, was auch im Körper lokalisiert werden kann.

Emotionen als Botschafter für den neuen Problemlöseweg

Die KlientInnen sind inzwischen mit ihren Emotionen besser vertraut, kennen ihre Überlebensstrategie und haben dafür Validierung erfahren. Sie haben Zugang auch zu ungeliebten Gefühlen und gelernt, diese genauer wahrzunehmen und im Körper zu spüren. Nun werden alle herausgearbeiteten Emotionen übersichtlich in einer Tabelle zusammengestellt. Ein Beispiel für mögliche Emotionen ist nachfolgend zusammengestellt:

Tabelle 3: Beispiele für bedeutsame Gefühle und ihre zentralen Botschaften

Emotion	Körpersignal	Impuls	Erleben im Alltag	Beziehung zum Gefühl
Traurigkeit	Druck im unteren Bauch, hängende Schultern, schwere Beine	Lass es geschehen, bleib passiv!	sehr häufig	unangenehm
Wut	Feuerball unter dem Brustbein	Wehr Dich! Schaff Dir das vom Leib!	gar nicht vorhanden	beängstigend, nicht erlaubt
Scham	warme Wangen, Blickkontakt meidend, eingezogenes Kinn	Verhindere, zu sehr gesehen zu werden. Verschwinden wollen!	häufig	unangenehm und unbeliebt
Schuld	Druck auf den Schultern, Spannung im Nacken, gesenkter Kopf	Mach dich klein! Unterwirf dich!	häufig	sehr unangenehm und belastend

Ihre bisherigen Bedeutungen werden notiert, ein neuer Satz gefunden. Diese verbalisierte Fassung wird dann in eine körperliche Haltung gegossen (Hauke & Lohr, 2017).
So wissen alle TeilnehmerInnen, welche Botschaft sich hinter jedem Gefühl verbirgt und können sich so auf einen neuen Weg machen. Die flexibilisierte Lebensstrategie gibt dabei die Richtung vor.

Eine neue Lebenshaltung zum besseren Problemlösen finden

Die bisher als unangenehm erlebten und oft vermiedenen Emotionen sollen jetzt als Wegbereiter für eine neue Lebenshaltung genutzt werden. Diese neue Haltung soll auch einen körperlichen Ausdruck erfahren. Dazu soll eine Problemlöse-Choreografie von einem dysfunktionalen Ausgangs- in einen erwünschten Zielzustand entwickelt werden, die den Klienten dabei unterstützen soll, seine Ziele zu verfolgen, Durststrecken zu überwinden und sich wertetreu zu verhalten. Stress in Beziehungen und im Alltag kann so reduziert und zentrale Bedürfnisse besser erreicht werden.
In diesem Arbeitsschritt arbeitet jeweils ein Klient; Stellvertreter können aus der Gruppe gewählt werden, die ganze Gruppe bildet ein Unterstützungssystem.

Schritt 1: Vom Problem zur Lösung: eine neue Choreographie finden für den Tanz des Lebens
- eine Haltung für und zum Problem finden
- Stellvertreter modellieren und imitieren, um Problemlöseraum zu vergrößern
- ein Bild für die gewünschte Zielhaltung auswählen
- mit Unterstützung der Stellvertreter dieses Zielerleben verkörpert
- die Choreographie vom Ist zum Soll-Erleben entwickeln

Die Gruppe als erweiterten Kompetenzraum mit Embodimenttechniken nutzen
Der neue Weg soll erlebnisorientiert im Therapieraum dargestellt und damit tatsächlich gangbar werden. Dazu werden zwei Seile auf dem Boden so ausgelegt, dass ein Korridor entsteht. Der Weg führt nach vorn und beginnt bei einem Ist-Zustand (Problemhaltung), der durch ein vom Klienten passendes Bild, ein Foto oder eine Postkarte am unteren Ende markiert wird. Am oberen Ende des Korridors wird ebenfalls ein vom Klienten extra dafür ausgesuchtes Bild platziert, das den erwünschten Zielzustand repräsentieren soll. Beide Bilder sind als Unterstützung gedacht, auf allen Ebenen und mit allen Sinnen die jeweilige Lebenshaltung zu finden, sowohl für das Problem, als auch für die Lösung. Die Bilder können aus zur Verfügung stehenden Bilddateien, aus eine Stapel Postkarten oder vom Klienten selbst mitgebracht und ausgewählt werden. Dabei ist die Gruppe als geballter Kompetenzrahmen hilfreich. Nachdem ein Klient seine Problemhaltung gefunden hat, wählt er zwei bis drei StellvertreterInnen aus der Gruppe, die nun ihrerseits diese Haltung nach Anleitung so genau wie möglich einnehmen (Modellieren und Imitation der Problemhaltung). Wenn die Haltung korrekt eingenommen wurde, können die StellvertreterInnen ein Feedback zu ihren Gefühlen und Empfindungen geben, eigene Impulse spüren und ihnen nachgeben. Der „arbeitende" Klient ist nun Beobachter und kann sich durch das Erleben der Stellvertreter inspirieren lassen und bekommt so Anregungen für seinen eigenen Problemlöseraum.

Schritt 2: Emotionen als Botschafter am Wegesrand würdigen und nutzen lernen
Für jede Emotion beschriftet der Klient eine Karte und legt diese am Wegesrand in entsprechender Reihenfolge aus. Die Emotionskarten werden mit genügend Abstand voneinander positioniert, damit sie vom Klienten „betreten" werden können.
Jetzt soll der Klient jede ausgelegte Emotion mit Embodimenttechniken bottum-up nochmals aufrufen und dabei Verhaltensimpulse spüren („Was will der Körper?"), die Funktion der Emotion identifizieren („Was will dieses Gefühl? Was soll ich tun oder lassen?") und ihren hilfreichen Charakter („Wobei unterstützt mich dieses Gefühl?") würdigen, aber auch Probleme reflektieren („Woran hindert das Gefühl mich? Ist die Intensität hilfreich?"). Auf diese Weise werden Inhalt und Funktion jedes einzelnen Gefühls genau erforscht und damit besser verstanden. So werden zwei bis drei hilfreiche Sätze gefunden, die der Klient später der Emotion quasi in den Mund legt, kombiniert mit einer kleinen Bewegung oder einer ganz bestimmten Geste, die den kognitiven Inhalt auch körperlich zum Ausdruck bringt.
Im nächsten Schritt wählt der Klient für jede Emotion einen Stellvertreter aus. Unter der Regie des Klienten wird die akzeptierende und wertschätzende Haltung so vom Klienten modelliert, wie bereits bei der Problemskulptur und die entsprechenden Sätze werden dem Repräsentanten quasi in den Mund gelegt. So wird jede StellvertreterIn „eingerollt" und es entsteht ein lebendiger Werte-Gang, an dessen Anfang der Klient mit seinem verkörperten Ist-Zustand startet, dann von Emotion zu Emotion schreitet, sich erlebnisorientiert

Funktion und Ausdruck zeigen lässt, um abschließend in die gewünschte Ziel-Haltung am Ende des Weges hinein zu gleiten. Er kann jedes Gefühl betrachten, diesem lauschen und spüren, wie es sich anfühlt, auf seinem neuen Weg zu sein. Auf diese Weise werden alle Sinne angeregt und das gewünschte Zielverhalten multimodal neuronal verankert.

Einen stärkenden Slogan für die Zukunft finden
Nun soll eine weitere Ausgestaltung der eigenen Zielvision erfolgen. Dazu sucht der Klient inspiriert durch seine körperliche Haltung und dem Bild, das er gewählt hat, einen unterstützenden Slogan, quasi einen Werbespruch in eigener Sache. Dieses Motto soll kurz und knackig sein und sich mit einer Bewegung verbinden lassen. Der Gruppenleiter unterstützt den Klienten dabei, in dem er kleine Anregungen gibt, Testsätze vorschlägt und darauf achtet, dass der Klient bei Aussprechen des Mottos authentisch wirkt und das Gesagte kraftvoll ausgedrückt werden kann.
Ist ein passender Claim gefunden, stellt sich der Klient nun der ganzen Gruppe mit seiner neuen Lebenshaltung und seinem Slogan vor. Dabei dient der Körper als Verifizierungsinstrument, denn wenn wir etwas laut aussprechen, wovon wir nicht wirklich überzeugt sind, reagiert der Körper mit Anspannung und Stress. Der Körper „weiß" also mehr, als der Verstand.
Der Klient soll sich dessen also gewahr werden und so lange an seinem Motto feilen, bis er eine Zustimmung aus dem Körper von mindestens „gefühlten" 80 Prozent erhält.

Fallbericht: Das Mastery von Paul, dem schüchternen IT-Profi:
Paul wählte als Szene für sein Emotionales Feld eine typische Situation in Meetings, in denen ein Kollege ihn oft abwertend behandeln würde. Das sei „so ein Ultracooler" und er fühle sich ihm gegenüber wie ein Kaninchen vor der Schlange. Der Kollege würde ihn oft lächerlich machen oder seine Vorschläge einfach übergehen. Körperlich drückt sich dies in einer eingesunkenen Sitzhaltung mit nach vorne hängenden Schultern und einem starren Blick ins Leere aus. Die Bauchdecke ist sehr angespannt, das Gefühl von „einer Faust im Magen" beherrscht Paul. Die Emotionen Angst, Scham und Ärger konnten identifiziert werden, wobei Scham seinen Ärger stoppt, wie er im Feld herausarbeiten konnte. In seiner Botschafterliste der Emotionen kann Paul nun dem Ärger die vitalisierende Kraft für mehr Durchsetzungsvermögen zuordnen. Der Scham ordnet Paul die Funktion einer Wächterin zu, die Gruppenregeln zu achten, um sich nicht zu blamieren. Die Angst zeigt ihm eine Bedrohung an verbunden mit dem Hinweis, sich in Sicherheit zu bringen. Biographisch kann er sie seiner Schulzeit zuordnen, in der er tatsächlich oft von Mitschülern angegriffen wurde und Hänseleien ausgesetzt war. Heute hat sie aber ihren realen Bedrohungscharakter verloren und dient nur noch als Erinnerungshilfe für früher und dafür, dass er sich so nicht mehr fühlen will. Als neue Problemlösehaltung kommt Paul das Märchen vom schlauen Fuchs in den Sinn, der den Vogel auf dem Ast zum Singen bringt, damit dieser seine schönen Trauben fallen lässt, die dem Fuchs gut schmecken. Dieses Bild ist die Vorlage dafür, vom Kaninchen zum Fuchs zu werden. Dabei ist der Übergang von einer nach vorn gebeugten, eher schlaffen Haltung hin zu einer Aufrichtung des Oberkörpers eine erste zentrale Änderung. Dann entscheidet sich Paul, links Schulter und Hand lässig hängen zu lassen oder locker auf einer Unterlage aufzulegen und die rechte Hand leicht zur Faust geballt in der rechten Hüfte abzustützen (Embodiment von Power und gleichzeitig Halt). Er findet diese Lösung durch die verschiedenen Bewegungsimpulse, die er an seinen Stellvertretern beobachten kann. Aus mehreren Vorschlägen setzt er dann eine Mikrobewegung zusammen, in dem er die Lippen leicht und

fast süffisant schürzt und sie wie beim Schmunzeln hin und her bewegt. Als Slogan für seine neue Haltung formuliert er: „Schlau wie ein Fuchs trete ich freundlich, aber bestimmt für meine Ziele ein!" Jetzt legt Paul seinen neuen Weg vom Problem zur Lösung im Raum aus und stellt die drei wichtigen Emotionen an den Wegesrand, legt ihnen die Botschaften in den Mund und lässt sie eine Bewegung ausführen. Paul durchschreitet mehrmals diesen Korridor. Denkt er an den Vogel, den der Fuchs zum Singen bringt, muss er automatisch schmunzeln.

Am Ende dieser Übung kann ein Rollen-Sharing noch aufschlussreiche Informationen und Ergänzungen bringen.

Modul 6: Planung konkreter Verhaltensprojekte

Auf Basis der in Modul 3 bereits erarbeiteten neuen Lebensstrategie und einer neuen Lebenshaltung können nun konkrete Verhaltensexperimente geplant werden, unter besonderer Berücksichtigung der Risiken, die mit Verhaltensänderungen auch im sozialen Umfeld einhergehen. Diese Risiken wurden bereits in der neuen Lebensstrategie ausformuliert.

Schritt 1: Keiner geht den Weg allein: einen Buddy wählen
Die TeilnehmerInnen haben sich zwischenzeitlich besser kennengelernt und die Gruppenatmosphäre ist geprägt von Offenheit und Vertrauen, wenn auch nicht jeder mit jedem warm geworden ist. Damit der kommende Weg nicht allein gegangen werden muss, soll als Unterstützung eine Patenschaft gebildet werden. Ein Buddy kann in vielen Situationen hilfreich zur Seite stehen und sich gegenseitig zu unterstützen fördert Ausdauer, Mut und Zuversicht. Trotzdem kann diese Wahl auch Risiken bergen, denn die Sympathien können unterschiedlich verteilt sein. Der Gruppenleiter stellt deshalb über eine geeignete Übung zunächst eine entspannte Atmosphäre her. Er klärt dabei den Vorgang der Wahl und beobachtet die TeilnehmerInnen. Aufkommende unangenehme Situationen oder Gefühle können wiederum der Lebensstrategie zugeordnet und sogleich „bearbeitet" werden, angespannte Emotionen über die erlernten Strategien reguliert, aber auch an- und ausgesprochen werden.

ÜBUNG: Einen Buddy finden
„Wir sind nun langsam am Ende unserer gemeinsamen Arbeit und doch gleichzeitig im Aufbruch. Neue Erfahrungen werden vor Ihnen liegen und gemischte Gefühle können Sie begleiten. Wir wissen alle, dass etwas anzufangen leichter ist, als etwas durchzuhalten. Deshalb lade ich Sie ein, sich jetzt zusammen zu tun. Bitte stehen Sie auf und bewegen Sie sich im Raum. Gehen Sie so, wie es Ihnen gerade geht und spüren Sie Ihren Körper. Bleiben Sie im Selbstfokus. Dann lassen Sie vor Ihrem inneren Auge verschiedene Szenen aus unserer gemeinsamen Zeit auftauchen und beobachten Sie auch, mit welchen Gefühlen diese Szenen verbunden sind. Dann richten Sie Ihre Aufmerksamkeit jetzt nach außen und nehmen Kontakt zu den anderen GruppenmitgliederInnen auf. Sie haben viel gemeinsame Zeit geteilt, sind durch Höhen und Tiefen gegangen, haben sich geöffnet und wichtige Erfahrungen gemacht. Dabei ist es vollkommen normal, dass uns der oder die eine mehr liegt, als vielleicht eine oder ein anderer. Mit wem würden Sie gern die nächsten Schritte gemeinsam gehen, auch außerhalb der Gruppe? Von wem würden Sie sich gern unterstützen lassen, aber auch selbst Unterstützer sein? Bitte lassen Sie sich

Zeit, um sich zu zweit zusammen zu finden und versuchen Sie sich zu finden, ohne dabei zu reden. Lassen Sie Ihre Körper sprechen!"

Der Gruppenleiter gibt Zeit und Raum, bis sich alle zu Dyaden gefunden haben. Sollte es eine ungerade Teilnehmerzahl sein, so kann auch Triaden-Bildung angeboten werden. Das senkt meist etwas den Stress in der Gruppe.

Wenn die Kleingruppen sich formiert haben, soll der Gruppenleiter einige Minuten Zeit zum Austausch geben, wie diese Wahl zustande gekommen ist und was sich jeder vom anderen wünschen würde. Die Paten besprechen nun, wie sie ihre Kontakte gestalten wollen. Dabei sind der Kreativität im gegenseitigen Miteinander keine Grenzen gesetzt. Es können regelmäßige Treffen stattfinden, Videobotschaften versendet, Erinnerungshilfen via Mail oder SMS vereinbart werden, aber auch Notruf- und Krisenpläne erstellt werden. Dabei darf jeder sagen, was möglich ist, aber auch das, was nicht möglich gemacht werden kann oder soll (Grenzen wahren!).

Schritt 2: Projekte konkretisieren

Nun beginnen die Kleingruppen gemeinsam ihre Verhaltensprojekte zu planen. Dabei unterstützen sie sich gegenseitig mit Rat, Tat und Ideen bis jeder ein konkretes und auch realistisches Vorhaben geplant hat. Diese sollte schriftlich kurz formuliert sein (was, wann, mit wem, wie?) und eventuell Zwischenschritte oder Teilziele berücksichtigen. Das Ziel sollte überprüfbar, realistisch und tatsächlich erreichbar sein. Auch die Hindernisse sollten explizit berücksichtigt und hilfreiche Strategien zu deren Überwindung erarbeitet worden sein. Der Gruppenleiter geht von Gruppe zu Gruppe und bietet seine Unterstützung an. Die Arbeitszeit in den Kleingruppen beträgt etwa 20 Minuten pro Person.

ÜBUNG: Skalierung meines Projektes

Um diesen Schritt auch über den Körper erlebbar und visualisierbar zu machen, kann hier eine Skalierungsübung angeboten werden. Dazu legt der Therapeut ein Seil in die Mitte des Raumes und markiert das untere und obere Ende mit zwei Polen von 0 bis 10. Nun positionieren alle Gruppenmitglieder sich auf jener Stelle, auf der sie sich selbst bei der Wahrscheinlichkeit zur Umsetzung sehen. Sie fühlen hinein was geschieht, wenn sie eine Zahl höher oder tiefer gehen. Der Gruppenleiter kann dazu Fragen stellen und die TeilnehmerInnen können Rückmeldungen geben, sich aber auch gegenseitig befragen und unterstützen. Es entsteht einem dynamische Momentaufnahme der aktuellen motivationale Lage der Gruppe und eines jedes einzelnen.

Fallbericht : Sarah (38 Jahre, Buchhalterin) skaliert!
Das Thema von Sarah ist Abgrenzung. Als Projekt hat sie ins Auge gefasst, mit ihrer krebskranken Mutter ein Gespräch zu führen, in dem sie ihr mitteilen möchte, dass sie zeitlich nicht mehr so zur Verfügung stehen kann und will, wie in den zurückliegenden Monaten. Sie hat dazu eine Haltung und ein Motto gewählt: Als „wildsamtige Katze" will sie geschmeidig, aber selbstbestimmt eine Grenze ziehen und ihren ganz persönlichen Raum „mutterfrei" halten. Als Katze ist sie bereit zu fauchen, aber ihre Krallen will sie nicht ausfahren. Sie legt das Seil aus und stellt sich auf die Sechs. Sie fühlt einen leichten Zug der Beine nach unten und geht zurück auf die fünf. Als Hindernis kann sie einen bestimmten Gesichtsausdruck der Mutter benennen, der sie schrumpfen und Schuldgefühle aufkommen lässt. Sofort geht sie wieder in die Haltung einer geschmeidigen, aber auch fauchenden Hauskatze. Jetzt spürt sie eine Bewegungstendenz nach vorn, eine Kraft, die aus dem Ärger über das ma-

nipulative Verhalten der Mutter kommt. Ihre Lippen pressen sich fester zusammen, wenn sie an ihren nächsten Sonntag denkt, den sie lieber im Kino als bei der Mutter verbringen würde. Sie übt nochmal das Körper-Muster für Ärger. *So kann sie verschiedene Sätze durchspielen und vorbereiten, um der Mutter verbal eine Grenze zu setzen, ohne den Kontakt abzubrechen, was in der Vergangenheit schon passiert ist. Das stärkende Motto formuliert sie so:*
„Geschmeidig sorge ich für meine Freiheit! Weniger Mutter ist mehr!"

Schritt 3: Projektvorstellung vor Zeugen
Zurück im Plenum kann nun jede TeilnehmerIn ihr Projekt vorstellen und sich von der Gruppe mit weiteren Anregungen unterstützen lassen. Das Formulieren vor Zeugen eines Vorhabens fördert Motivation und Umsetzungswahrscheinlichkeit. Die Verbindlichkeit wird größer.

Schritt 4: Wirklich gute Gründe finden
Zur weiteren Festigung der Vorhaben und zur Förderung des Durchhaltevermögens können mit den KlientInnen entweder in weiteren Gruppen- oder Einzeleinheiten die entsprechenden Werte als Ressourcen heraus gearbeitet werden oder, falls die Zeit knapp ist, mindestens fünf gute Gründe für die geplanten Veränderungen und Projekte gefunden und aufgeschrieben werden. Diese guten Gründe formulieren Sinn und Sinnhaftigkeit des Unternehmens und geben eine Basis für das „Wofür", die unterwegs verloren gehen können. Der Buddy ist dabei der „Hüter der guten Gründe" und kann den jeweils anderen immer wieder daran erinnern.

Schritt 5: Zum Abschluss den Gordischen Knoten lösen
Nach intensiven Erlebnissen und vielen gemeinsamen Erfahrungen ist Abschied nehmen für viele eine Herausforderung. Oft finden sich Trennungsängste und Abschiede in Emotionalen Überlebensstrategien als Zone des Schreckens. Deshalb ist ein guter Ausstieg ebenso wichtig, wie der gute Einstieg. Folgende Übung kann als Abschlussritual durchgeführt werden
ÜBUNG: Den Gordischen Knoten lösen
„Wir haben nun viel Zeit miteinander verbracht und sind uns auch mehr oder weniger näher gekommen. Wir waren Zeugen von Problemen, aber auch von Lösungen. Ich möchte Sie deshalb zum Abschied zu einer kleinen Übung einladen zu der Sie sich bitte alle in einem Kreis aufstellen und zwar so eng wie möglich. Stellen Sie sich Schulter an Schulter, so dass nichts mehr dazwischen passt. Stellen Sie sich ruhig mal vor, wir hätten so eine Übung gleich am Anfang gemacht. Wie hätten Sie sich dann wahrscheinlich gefühlt? Welche Verhaltenstendenz in Ihrem Körper hätten Sie wohl wahrgenommen? Und was ist jetzt? Es kann immer noch sein, dass Ihr Körper mit Anspannung reagiert, dann stellen Sie es bitte fest, ohne es weiter zu bewerten. Nun strecken Sie bitte vor sich beide Arme aus und kreuzen Sie den einen über dem anderen. Es ist nicht wichtig wie herum, Hauptsache, Ihre Arme sind vor Ihrem Körper gekreuzt und ausgestreckt soweit in Richtung Kreismitte, wie möglich. Nun sind da ganz viele Hände ganz nah zusammen. Bitte greifen Sie jetzt mit jeder Ihrer Hände nach einer anderen Hand und halten Sie diese so fest wie möglich, aber bitte ohne Quetschungen! Wenn nun jeder eine andere Hand fest in seiner hat, dann ist es nun Aufgabe der Gruppe, diesen Knoten zu lösen, ohne

eine Hand loszulassen. Bitte bewegen Sie sich in jede Richtung, heben und senken Sie, steigen Sie oben drüber und kriechen Sie unten durch, aber lassen Sie nicht los. Schauen Sie was geschieht, wenn Sie den Knoten aufgelöst haben."

Nun setzt sich die Gruppe in Bewegung und am Ende stehen alle Hand in Hand in einem (manchmal auch in zwei) großen Kreis, die einen mit Blickrichtung nach innen, die anderen mit Blickrichtung nach außen. Eine kurze Reflexionsrunde, was das für jeden bedeuten könnte, ist an dieser Stelle sinnvoll, ohne es zeitlich zu überdehnen.

Schritt 6: Farewell

So in der Gruppe stehend können sich nun alle TeilnehmerInnen mit Blick zur Mitte positionieren. Der Gruppenleiter hat in der Mitte des Kreises einen Papiereimer aufgestellt und daneben einen Stapel Karten mit Stift gelegt. Er bittet nun zum Abschluss jede TeilnehmerIn darum, ein oder zwei Sätze zu formulieren, was jeder einzelne aus der Gruppe mitnimmt und was er gern da lassen und vielleicht entsorgen möchte. Reihum kann nun jeder seine wichtigste Erfahrung, Erkenntnis oder Bereicherung berichten. Das was dagelassen werden soll, wird auf eine Karte geschrieben, welche symbolisch in den Mülleimer geworfen wird. Der Gruppenleiter achtet auf kurze Darstellungen (etwa 2 Minuten pro TeilnehmerIn) und entsorgt später allen emotionalen Müll im metaphorischen Sinne.

Die Gruppe wird aufgelöst, in dem der Gruppenleiter die Gruppe bittet, sich in Bewegung zu setzen und sich von jedem Einzelnen so zu verabschieden, wie es zu ihm und heute passt. Der Gruppenleiter kann zur Lockerung der Atmosphäre auch Musik laufen lassen.

Optional: Booster-Sitzungen

Im Abstand von vier bis sechs Wochen können Booster-Sitzungen mit wieder je zwei Zeiteinheiten angeboten werden. Hier können Ergebnisse ausgewertet, Hindernisse nochmals bearbeitet und neue Strategien geübt werden. Es gibt Zeit für Austausch und Fragen. Über einen längeren Zeitraum stellt die Gruppe ein Netz zur Verfügung, in das man sich immer wieder fallen lassen darf und kann.

Literatur

Aldao A., Nolen-Hoeksema S., Schweizer S. (2010). Emotion-regulation strategies across psychopathology: A meta-analytic review. Clinical Psychology Review, 30, 217-237

Bandura, A. (1986). Social foundation of thought and action: A social cognitive theory. Englewood Cliffs: Prentice Hall.

Bednar, R. L. & Kaul, T. (1994). Experiental group research. In M. Lambert (Hrsg.), Bergin & Garfield´s handbook of psychotherapy and behavior change, 4. Auflage, (S. 631-663). New York: John Wiley & Sons.

Bloch, S. & Crouck, E. C. (1985). Therapeutic factors in group psychotherapy. Oxford: Oxford University Press.

Bucci, W. (2002). The referential process, consciousness, and the sense of self. Psychoanalytic Inquiry, 22, 776-793.

Bucci, W., Maskit, B., & Murphy, S. (2016). Connecting emotions and words: the referential process. Phenomenology and the Cognitive Sciences, 15(3), 359-383.

Burlingame, G.M., Fuhriman, A., Mosier, J. (2003). A meta-analysis review. Group Dynamics: Theory, Research and Practice, 7, 3-12. http://doi.org/10.1037//1089-2699.7.1.3

Burlingame, G.M., Strauß, B., Joyce, A.S. (2013). Change mechanisms and effectivness of small group treatments. In: Lambert, M. (Ed.), Bergin & Garfield´s handbook of psychotherapy and behavior change (6th ed., pp. 640-689). New York: John Wiley & Sons.

Fuhriman, A., Burlingame, G.M. (1994). Group psychotherapy: Research and practice. In: A. Fuhriman & G.M. Burlingame (Eds.). Handbook of group psychotherapy. An empirical and clinical synthesis (pp. 3-40). New York: John Wiley & Sons.

Grawe, K. Psychologische Therapie. (2000). Göttingen: Hogrefe

Haken, H. & Schiepek, G. (2010): Synergetik in der Psychologie: Selbstorganisation verstehen und gestalten. Göttingen: Hogrefe

Hauke, G. (2012). Strategisch Behaviorale Therapie (SBT): Emotionale Überlebensstrategie-Werte-Embodiment. Heidelberg: Springer.

Hauke, G. & Dall'Occhio, M. (2015). Emotionale Aktivierungstherapie (EAT). Stuttgart: Schattauer.

Hauke, G. & Lohr, C. (2017). Strategisch Behaviorale Therapie (SBT): Therapeutische Skills kompakt, Band 14. Paderborn: Junfermann.

Marwitz, M. (2016). Verhaltenstherapeutische Gruppentherapie: Grundlagen und Praxis. Göttingen: Hogrefe.

Michalak, J., Troje, N. F., Fischer, J., Vollmar, P., Heidenreich, T., & Schulte, D. (2009). Embodiment of sadness and depression – Gait patterns associated with dysphoric mood. Psychosomatic Medicine, 71, 580–587.

Michalak, J., Mischnat, J., & Teismann, T. (2014). Sitting posture makes a difference – embodiment effects on depressive memory bias. Clinical psychology & psychotherapy, 21(6), 519-524.

Pollatos, O., Gramann, K., & Schandry, R. (2007). Neural systems connecting interoceptive awareness and feelings. Human brain mapping, 28(1), 9-18.

Ramseyer, F. & Tschacher, W. (2016). Movement coordination in psychotherapy: Synchrony of hand movements is associated with session outcome. A single-case study. Nonlinear Dynamics, Psychology, and Life Sciences, 20, 145-166.

Schmidt, R. C. & Richardson, M. J. (2008). Dynamics of Interpersonal Coordination. In A. Fuchs & V. K. Jirsa (Hrsg.), Coordination: Neural, Behavioral and Social Dynamics (S. 281-308). Berlin: Springer.

Tschacher, W., Rees, G. M., & Ramseyer, F. (2014). Nonverbal synchrony and affect in dyadic interactions. Frontiers in Psychology, 5.

Tschacher, W. & Pfammatter, M. (2016). Embodiment in psychotherapy – A necessary complement to the canon of common factors? European Psychotherapy, 13, 9-25.

Watkins, J. G. (1971). The affect bridge: a hypnoanalytic technique. The International Journal of Clinical and Experimental Hypnosis, 19, 21–27.

Yalom, I. D. (2007). Theorie und Praxis der Gruppenpsychotherapie: Ein Lehrbuch. Stuttgart: Klett-Cotta.

Zimmermann, J., Vicary, S., Sperling, M., Orgs, G. & Richardson, D. C. (2017). The Choreography of Group Affiliation. Topics in Cognitive Sciences, 10, 80-94.

Korrespondenzadressen

Beverly Jahn, Praxis und Lehrpraxis für Verhaltenstherapie
Humboldtstraße 2, 04105 Leipzig, praxis.jahn@hotmail.de

Dr. Gernot Hauke, Rotkreuzplatz 2, 80634 München, gernothauke@arcor.de

Cirsten E. Ullrich, Wolfgang Beth

Basisvariablen moderner Selbstsicherheitstrainings
Arbeit an Selbstwert, sozialer Kompetenz und sozialer Angst am Beispiel des Assertiveness Training Program (ATP) mit ergänzender Schematherapie

Basic variables in modern self-assurance trainings with supplementary Schema Therapy

Mangelnde Selbstsicherheit umfasst drei Aspekte:
1. Geringe soziale Kompetenzen im Sinne der angemessenen Einschätzung sozialer Situationen sowie im Sinne sozialer Fertigkeiten und Skills.
2. Geringer Selbstwert als negative Einstellung zu sich selbst, welche sich oft auf Leistung, Erfolg oder Äußeres bezieht.
3. Übermäßige soziale Ängste, in Bewertungs-, Kontakt-, Durchsetzungs-, oder Konfliktsituationen.

Das Assertiveness Training Programm (ATP) ist ein gut erprobtes Programm mit einer breiten Indikation zur Behandlung aller dieser drei Aspekte der Selbstsicherheit. Dabei werden in Rollenspielen in der Gruppe und anschließenden Hausaufgaben soziale Situationen in aufsteigendem Schwierigkeitsgrad geübt. ATP lässt sich gut mit Schematherapie im Einzelsetting kombinieren, welche sich als valide Intervention bei selbstunsicheren KlientInnen erwiesen hat. Es wird begründet, dass umfassendes Training der Selbstsicherheit von fünf Basisvariablen profitiert:
1. Die Angstintensität beim Üben soll bei 30 % liegen und die Schwierigkeit kleinschrittig gesteigert werden.
2. Vermeidung beim Üben soll unterbunden werden.
3. PatientInnen profitieren von genauer Operationalisierung des gewünschten Verhaltens.
4. Die differenzierten Bewertungen der PatientInnen nach erfolgten Rollenspielen soll zu Beginn ausschließlich positiv sein, von Videofeedback wird zunächst abgeraten.
5. PatientInnen sollen lernen, positive körperbezogene Erfahrungen mit kognitivem Wissen zu verknüpfen.

Ergänzende schematherapeutische Einzeltherapie bietet gute Möglichkeiten, im Sinne der Klärungsperspektive, die Ursachen mangelnder Selbstsicherheit zu verstehen. Außerdem stellt sie mit ihrem Bezug auf die Modifikation von inneren kritischen Stimmen und von Vermeidungsverhalten ein wirksames Verfahren zur Förderung des Selbstwertes dar. ATP und Schematherapie profitieren beide von den Vorteilen der Verbindung kognitiver mit emotionsevozierender Verfahren.

Schlüsselwörter
Selbstsicherheitstraining, Selbstwert, soziale Ängste, soziale Kompetenzen, soziale Skills, Assertiveness Training Programm, Schematherapie

A lack of assertiveness comprises of three aspects.
1. *Low social competences regarding proper evaluation of social situations as well as social abilities and skills.*
2. *Low self-esteem as negative attitude towards oneself which often relates to performance, success or appearance.*
3. *Excessive social anxiety in situations of evaluation, contact, enforcement or conflict.*

The assertiveness training program (ATP) is a proven program with a wide indication for the treatment of all of these three aspects of assertiveness. In the course of this, group roleplay followed by homework with an increasing degree of difficulty is used for practicing reasons. ATP combines well with schematherapy in single settings, which has proved itself as a valid intervention with uncertain clients. It is justified that extensive assertiveness trainings benefit from five base variables:
1. *Fear intensitiy during practice should be at about 30 % and difficulty (should be) increased by small increments.*
2. *Avoidance while practicing should be prevented.*
3. *Patients profit from the exact operationalization of the required behaviour.*
4. *The differentiated ratings of the patients after the completion of role plays should be exclusively positive at the beginning whilst video feedback is discouraged.*
5. *Patients should learn how to link positive body related experiences with cognitive knowledge.*

Additional schematherapeutic single therapy offers good possibilities regarding clarification perspective to understand the reasons for a lack of assertiveness. With its reference to the modification of critical inner voices and avoidance behaviour it also represents an effective process in fostering assertiveness.

ATP and schematherapy both profit from the advantages of the connection between cognitive and emotional evoking process.

Key words
Assertiveness training program, self assurance, self esteem, social anxiety, social competence, social skills, schematherapy

1. Allgemeine Beschreibung

Fast alle Menschen mit psychischen Problemen haben entweder Schwierigkeiten im Umgang mit anderen und/oder Schwierigkeiten im Umgang mit sich selbst. Selbstsicherheitstrainings als komplexe, verhaltens- und erfahrungsorientierte, emotions- und kognitionsbasierte Methoden zielen auf die Verbesserung beider Problembereiche. Eine der ersten entwickelten und sehr gut experimentell bestätigten Methoden ist dabei das ATP von Rüdiger Ullrich und Rita Ullrich de Mynck (1998 a,b). Dieser bewährte Ansatz lässt sich um moderne schematherapeutische, körperorientierte und kognitive Aspekte erweitern. Bei der von Young et al. (2003) begründeten Schematherapie handelt es sich um ein Verfahren, welches ebenso wie das ATP auf die Veränderung überdauernder dysfunktionaler Muster im Umgang mit sich (z. B. Selbstbewertungen) und mit anderen (z. B. Vermeidungsstrategien) abzielt. Während der Schwerpunkt des ATP im Neuerlernen mittels emotionsaktivierender Rollenspiele liegt, wird in der ergänzenden Schematherapie im Einzelsetting Veränderungslernen besonders in den Bereichen Selbstbewertung und Abbau von Vermeidungsstrategien hauptsächlich über emotionsaktivierende Stuhldialoge und imaginatives Überschreiben angestrebt.

Probleme mit Selbstsicherheit entstehen nach Verständnis des ATP unter einer oder mehrerer der folgenden Bedingungen:
- Mangel an sozialen Kompetenzen
- Mangel an Selbstwert sowie
- das Vorliegen übermäßiger sozialer Ängste

Mangel an sozialen Kompetenzen: Kompetenzen werden hier im engeren Sinne verstanden als durch Übung erworbene Fertigkeiten und Kenntnisse sowie Geschick in deren Umsetzung. Andere Autoren bevorzugen umfassendere Definitionen, die über den engeren Begriff der Skills hinausgehen (Hinsch & Pfingsten, 2015).

Selbstunsichere Menschen verfügen in vielen Fällen nicht ausreichend über die Fähigkeit, soziale Situationen und ihr Gegenüber angemessen einzuschätzen (Ist mein Partner gesprächsbereit? Hat er etwa Interesse an einem Gespräch und ermuntert mich weiterzusprechen oder signalisiert er mir das Gegenteil?). Diese Fähigkeit bezeichnet man als soziale Diagnostik. Sie stellt einen Teilaspekt von sozialer Kompetenz dar.

Andererseits fehlen oft auch die Fähigkeiten, eigene Bedürfnisse auszudrücken und durchsetzen zu können und sich entsprechend der eigenen Überzeugungen zu verhalten (Wie wehre ich mich? Wie spreche ich mögliche Partner an? Wie kann ich einen Konflikt mit meinem Partner auf günstige Weise lösen?). Dies bezeichnen wir als soziale Skills im engeren Sinn.

Selbstsicherheitstrainings werden gelegentlich als reines Skilltraining missverstanden und fälschlicherweise auf die Vermittlung von „korrektem" oder „gutem" Verhalten beschränkt. Es ist jedoch wesentlich, die beiden anderen Bereiche Selbstwertaufbau und Angstabbau mit zu berücksichtigen, da diese ein echtes Neulernen von Fähigkeiten oft erst ermöglichen und so zu einer veränderten Beziehung zu sich selbst führen.

Mangel an Selbstwert: Menschen mit Selbstwertproblemen haben keine ausreichend positive Einstellung zu sich selbst. Ihr Selbstkonzept ist meist negativ, extrem störbar und der Selbstwert oft an Leistung wie etwa ein perfektes Äußeres oder Erfolg gebunden. Sie machen sich in ihrem Selbstwerterleben von der Bewertung anderer abhängig und verfügen über eine große Zahl selbstschädigender Selbstkonzepte (etwa: „Ich bin lächerlich"; „Ich muss immer den Erwartungen anderer entsprechen"; „Wenn ich Fehler mache, bin ich nichts wert"). Ursache sind lebensgeschichtlich entwickelte überdauernde mentale Strukturen, welche dysfunktionale Schemata genannt werden können (z. B. das Schema der „Unzulänglichkeit" vgl. Young et al., 2008). Diese äußern sich z. B. als Verhaltensgewohnheiten, Emotionen, Einstellungen, Kognitionen, und Wahrnehmungsstile. Sie entstehen durch einen Mangel an kindlicher Bedürfniserfüllung (vgl. Young et al., 2008; Grawe, 2000). So soll beispielsweise mütterliche Überbehütung und Überkontrolle in den ersten 16 Lebensjahren eine Beeinträchtigung der erwachsenen Autonomie und überhöhte Standards fördern. (vgl. Hoffart Lunding & Hoffart, 2016). Emotionale Vernachlässigung und emotionaler Missbrauch im Kindesalter hingegen scheinen die Entwicklung ängstlich vermeidender Persönlichkeitsstörungen zu fördern (vgl. Lobbesteal et al., 2010). Fast immer entstehen in der Folge dysfunktionaler Schemata ungünstige Copingversuche, die eine positive Beziehung zu sich selbst und zu anderen verhindern. Diese sogenannten Bewältigungsmodi bewirken, dass sich die Menschen im Übermaß den Erwartungen anderer unterwerfen und anpassen oder sich durch Vermeidung sozialen Situationen entziehen oder durch Abwertung anderer befürchtete Probleme umgehen. Die eigenen Bedürfnisse und Impulse werden oft als potentielle Auslöser von Konflikten bewertet, etwa wenn die Überlebensregel lautet: „Pass dich in Allem den Erwartungen anderer an". Deshalb wird die Wahrnehmung eigener Gefühle und Bedürfnisse vermieden, da diese zu Konflikten mit anderen Menschen führen könnten. Langfristig wird so die Entwicklung einer ausreichenden Selbstwahrnehmung verhindert. (Was denke, empfinde und wünsche ich mir in der aktuellen Situation). Aus den gleichen Gründen erlauben sich selbstunsichere Menschen folglich erst recht nicht, sich eigene Ansprüche und Bedürfnisse zuzugestehen und diese dann gegenüber anderen zu formulieren.

Übermaß an sozialen Ängsten: Selbstunsichere Menschen vermeiden häufig die Wahrnehmung von Wut und Ärger und erleben oft starke Scham und exzessive Ängste, bis hin zu Panik. Diese sozialen Ängste werden durch vier typische Situationsklassen ausgelöst (Die Ausprägung der verschiedenen Angstklassen misst der Unsicherheits-Fragebogen von Ullrich & Ullrich de Muynck, 1977).
Bewertungssituationen, in denen ich im Zentrum öffentlicher Aufmerksamkeit stehe und befürchte, abgelehnt zu werden, aktivieren Angst vor Kritik (Übungen Nr. 41 und 52 im ATP: ich halte eine Rede oder rufe laut nach der Bedienung).
Kontaktsituationen, in denen ich unbekannte Menschen kennenlernen könnte oder bestehende Kontakte vertiefen könnte rufen unter anderem Angst vor Ablehnung oder vor Nähe hervor (Übung Nr. 21 im ATP: jemanden im Zug ansprechen).
Durchsetzungssituationen, in denen ich meine Interessen vertreten müsste oder andere um etwas bitten müsste, aktivieren Angst, eigene Forderungen zu stellen und zu unterliegen oder beschämt zu werden (Übung 48 im ATP: andere zu bitten, mich an der Kasse vorzulassen oder meinen reservierten Platz im Zug einzunehmen).
Abgrenzungs- und Konfliktsituationen bewirken Angst vor Konflikten (Übung 105 im ATP: mich abgrenzen und eine Bitte anderer ablehnen).

Diese Ängste sind Manifestationen der zugrundeliegenden Schemata und sind oft mit folgenden ausgeprägten Reaktionen auf den anderen drei Verhaltensebenen Körper, Motorik und Kognition verbunden:
-- starke *körperliche Erregungsanzeichen* (Schwitzen, Zittern, Erröten, weiche Knie)
-- exzessive *Vermeidungsverhalten, Sicherheitsverhalten* und Unterwerfungsgesten
-- typische *kognitive Muster*, wie etwa
- ausgeprägte Selbstaufmerksamkeit mit exzessiver Ausrichtung auf die Bewertung durch andere -sich mit den Augen der anderen sehen-
- negative Sicht auf die Erfolgswahrscheinlichkeit eigenen Handelns und die Bedrohlichkeit der Interaktionspartner
- Fehleinschätzung der Wahrscheinlichkeit der Ablehnung durch Interaktionspartner bei Formulierung eigener Ansprüche und Wünsche und
- typische Denkfehler wie Übergeneralisierung und Dichotomisierung

Wesentliches Ziel der Therapie ist es, eine umfassende Verhaltens- und Einstellungsänderung zu bewirken, damit soziale Situationen verstärkend erlebt werden und die Person sich selbst darin als authentisch, kompetent, selbstwirksam und mit sich im Reinen wahrnehmen kann. Ein zentrales Anliegen ist dabei, dass kein perfektes, fassadenhaftes soziales Verhalten aufgebaut werden soll, sondern ein zu sich Stehen mit den eigenen Stärken und Schwächen gelernt werden soll. Auf Fehler bezogen bedeutet das beispielsweise, dass es nicht das Ziel sein kann, keine Fehler mehr zu machen, sondern sich selbst – auch mit den eigenen Fehlern und Unzulänglichkeiten - anzunehmen. Bzgl. des Umgangs mit der Angst wird vermittelt, dass nicht völlige Angstfreiheit angestrebt wird, sondern vielmehr trotz der Angst zu sich zu stehen und sich nicht von seinen Zielen abbringen zu lassen. Das ATP zeichnet sich durch ein Menschenbild aus, in dem ein verantwortungsbewusster, fairer Kompromiss zwischen den eigenen Rechten/Bedürfnissen und den Rechten/Bedürfnissen des Interaktionspartners angestrebt wird.

Ein wesentlicher Unterschied zu den Anforderungen der Therapie aller anderen Angststörungen liegt hierbei darin, dass soziale Situationen nahezu immer mit den Erfordernissen eigenen kompetenten sozialen Verhaltens verbunden sind (z. B. eine Rede halten) und nicht nur Angst zugelassen und intern bewältigt werden muss. Deshalb gelingt ein Neulernen von Fertigkeiten am besten in einem höchstens mittleren Aktivierungsbereich (Yerkes & Dodson, 1908), was u.a. durch eine Stufung der Schwierigkeit der auslösenden Angstsituationen (Hierarchiebildung), durch klare Instruktionen und Modellvorgaben, die Gestaltung einer entängstigenden Therapiebeziehung und durch entsprechende Gruppenregeln erzielt werden soll. In vielen Selbstsicherheitstrainings finden sich deshalb nur wenige reine Expositionsübungen, die meist Varianten des Erzeugens öffentlicher Aufmerksamkeit sind (z. B. ATP-Übung Nr. 80/81: den Ober/die Eisverkäuferin im Kino befragen, in einer Veranstaltung aufstehen etc.)

Da soziales Verhalten und Selbstbewertung großenteils über Nachahmung gelernt wird, ist es notwendig für den Aufbau von sozial kompetentem Verhalten, Modelle anzubieten. Damit der Transfer von der Therapiesituation in den Alltag der Teilnehmenden gelingt, sind Hausaufgaben, bzw. Verhaltensübungen absolut notwendig. Alsleben und Hand (2008) führen bei ihrem sozialen Kompetenztraining zu diesem Zweck ganztägige In Vivo Übungen durch. Im modernen ATP kommen zahlreiche kognitive Methoden (Gedankenstopp, Aufmerksamkeitslenkung, Diskriminationstraining, Reattribuieren, Selbstverstärkung) und auch wesentliche Elemente der Schematherapie zum Einsatz. Wesentlich ist auch die Vermittlung günstiger Kommunikationsstrategien.
Da es Hinweise gibt, dass emotionale Bedeutungen (z. B. im Rahmen der Bewertungsangst) besser modifizierbar sind, wenn sie aktiviert sind (vgl. Lammers, 2011) spricht dies sowohl für eine in Vivo Aktivierung in Rollenspiel und Hausaufgaben, als auch für ein schematherapeutisch emotionsfokussiertes Vorgehen.

2. Indikation und Varianten

Das moderne ATP stellt ein Breitbandtherapeutikum dar, da es auf die allgemeine Verbesserung der Beziehung zu Anderen und zu sich selbst zielt. Die sich ausweitende Indikation schematherapeutischer Behandlung erstreckt sich ebenso von Persönlichkeitsstörungen (incl. Cluster C, vgl. Bamelis et al., 2014) bis hin zu Selbsterfahrung (vgl. Beth, Jacob & Ullrich, 2017 sowie Jacob, 2013).

Trotz breiter Anwendungsmöglichkeit ist ATP hauptsächlich für die Behandlung von sozialen Angststörungen indiziert. Sozialängste sind dabei in der Regel nicht nur ausgeprägte Fehlschlagängste, sondern gehen oft als zusätzliche Ängste vor Konflikten und vor Kontakt weit über die reinen Ängste vor öffentlicher Blamage hinaus.

Formen von sozialen Angststörungen sind: Spezifische soziale Phobien (eingegrenzte Ängste, z. B. vor dem Sprechen oder vor dem Erröten), Generalisierte Soziale Phobien (mit Ängsten vor Blamage, vor Konflikten und vor Kontakten) wie auch ängstlich-vermeidende Persönlichkeitsstörungen. In der Literatur besteht keine Einigkeit darüber, ob ängstlich-vermeidende Persönlichkeitsstörungen schwerere Formen der Sozialphobien darstellen oder sich durch eigenständige Qualitäten mit den Merkmalen Mangel an Beziehungen und besonders ausgeprägter Minderwert auszeichnen. (vgl. Balje et al., 2016).

An zweiter Stelle ist das ATP für die Therapie von Multidiagnosen besonders geeignet, die wegen der häufigen Komorbiditäten sozialer Angststörungen (etwa mit Depression, psychosomatische Störungen, Süchte etc.) zu mehr als 80 im klinischen Alltag anzutreffen sind (Magee et al., 1996; Linden et al., 1999). Diese besondere Wirksamkeit ergibt sich u.a. aus der vertieften Arbeit am Selbstwert, durch die implizite intensive Aktivierung der Teilnehmenden (die Übungen bringen die Teilnehmenden etwa in Geschäfte, Restaurants, Kinos, ins Theater und zu Veranstaltungen, in Tanzlokale etc.) und durch das ausgeprägte Erleben von Erfolg und Verstärkererlebnissen als Folge der wöchentlichen Hausaufgaben und der selbst wahrgenommenen und rückgemeldeten Übungsfortschritte (vgl. Ullrich de Mynck, R. & Ullrich, R., 1980a,b,c).

Im Falle von reinen Fehlschlagängsten vor öffentlicher Beachtung (z. B. die sehr spezifische Angst, vor negativer Bewertung etwa wegen eines Augenzuckens) ist u. U. auch eine, die Angst konfrontierende Expositionsbehandlung oder eine überwiegend kognitive Therapie ausreichend (z. B. Stangier et al., 2006). Eine erste differenzialdiagnostische Einschätzung über die Wahl des Therapieverfahrens kann z. B. das Ergebnis des Unsicherheits- und Fehlschlagangstfragebogens liefern. Daneben ist mit Hilfe einer bedingungsanalytischen Diagnostik zu klären, inwieweit die Störung von Kompetenzdefiziten, tiefliegenden Selbstwertstörungen und weiteren sozialen Ängsten neben den beschriebenen Kritikängsten begleitet wird.

In manchen Fällen liegen auch überwiegend soziale Skilldefizite ohne eine Beeinträchtigung durch schwere Selbstwert- oder Angststörungen vor. Diese finden sich im klinischen Alltag vor allem bei lerngeschichtlich sozial deprivierten PatientInnen, bei chronifizierten psychotischen Verläufen, bei manchen Persönlichkeitsakzentuierungen (z. B. schizoid) und bei manchen Entwicklungsstörungen (z. B. Asperger). In diesen Fällen ist es geboten, vor allem an die jeweilige Störung angepasste soziale Skills und Fertigkeiten aufzubauen. Diese PatientInnen sind nicht auf anfänglich ausschließlich positive Rückmeldung angewiesen, sondern profitieren auch sehr gut von Methoden wie dem GSK, das mit klaren Verbesserungsvorschlägen sowie mit Einsatz von Videoaufnahmen arbeitet und so die Betonung nicht primär auf Entängstigung und Selbstwertaufbau legt (vgl. Hinsch & Pfingsten, 2005).

Alsleben und Hand (2013) schließen PatientInnen mit ausgeprägten zwanghaften Persönlichkeitsakzentuierungen von ihrem SKT aus. Gross et al. (2012) konnten zeigen, dass chronische ZwangspatientInnen, welche häufig zusätzlich von Cluster-C Störungen betroffen sind, von schematheraeputischen Interventionen hinsichtlich ihrer dysfunktionalen (Selbst-)Bewertungen und Bewältigungsstrategien profitieren. Nach unserer Erfahrung kann diese Patientengruppe unter der Voraussetzung einer begleitenden und vorab beginnenden schematherapeutischen Einzeltherapie durchaus vom ergänzenden ATP Nutzen ziehen.

Als weiterer Indikationsbereich ist die Arbeit mit PatientInnen mit neuropsychologischen Schädigungen (z. B. erworbene Hirnschädigungen) zu nennen, bei denen die Akzeptanz und der Umgang mit körperlichen oder kognitiven Verschlechterungen oder der Umgang mit neuen Verhaltensproblematiken (z. B. Reizbarkeit) im Vordergrund stehen müssen (Schellhorn et al., 2008; Macht & Ellring, 2003). Eine Einzelfallbeschreibung zu dieser Thematik findet sich bei Beth (2013).

Einen Sonderfall stellen Selbstsicherheitstrainings für Kinder und Jugendliche dar (z. B. Petermann & Petermann, 2015).

Natürlich ist das moderne ATP auch im nichtklinischen Bereich und in der Ausbildung etwa in der Selbsterfahrung oder Prävention einsetzbar. Dies stellt aber wegen der Komplexität des Verfahrens eher die Ausnahme dar und wird dann vor allem meist nur in Auszügen (z. B. Konfliktlösungen und Kommunikationsstrategien) angewendet.

Dabei kann das ATP sowohl im Einzelsetting als auch im Gruppensetting mit paralleler Einzeltherapie durchgeführt werden. Aufgrund der starken positiven Wirkung der Gruppe für den Selbstwertaufbau und durch den unschätzbaren Übungscharakter der Gruppe selbst als soziale Situation ist ein Vorgehen in der Gruppe als Königsweg zur Behandlung von mangelnder Selbstsicherheit zu bezeichnen.

3. Kontraindikation

Während akuter psychotischer Prozesse und bei schweren kognitiven Einschränkungen (z. B. nach orbito-frontalen Verletzungen oder bei Demenzen, sowie bei schweren depressiven Beeinträchtigungen) ist oft die Gruppenfähigkeit oder die Lernfähigkeit eingeschränkt. Dennoch können die genannten Patientengruppen von den beschriebenen Prinzipien profitieren, wenn die Programme entsprechend angepasst werden (s. o.). Auch für die Behandlung von Ablehnungsängsten bei BorderlinepatientInnen sind unserer Erfahrung nach speziell auf diese Patientengruppe zugeschnittene Programme besser geeignet (wie etwas das schematherapeutische Gruppentherapieprogramm von Farrell und Shaw (2013) sowie die dialektisch behaviorale Therapie von Linehan (1996).

Durch unsachgemäße Durchführung von Selbstsicherheitstrainings entstehen gelegentlich ungünstige Therapieergebnisse. Wir wollen uns in diesem Rahmen auf die häufigsten Missverständnisse in der klinischen Praxis beschränken:

- Wenn PatientInnen mit Programmen, die vordringlich dem Skillaufbau dienen, behandelt werden, obwohl sie gleichzeitig auch unter massiven Ängsten und Selbstwertstörungen leiden, werden diese PatientInnen durch das genannte Vorgehen leicht überfordert, da sie in einem Schwierigkeitsbereich üben, der weit über dem

30 % Anspannungsbereich liegt. Sie erleben das Training dann als Misserfolg. Da sie jedoch Angst vor Konflikten haben, trauen sie sich oft nicht, dies in der Gruppe zu thematisieren. Stattdessen passen sie sich den Erwartungen des Therapeuten an und üben dann in einem Angstbereich, der ein Neulernen und das Erleben von Selbstwirksamkeit unmöglich macht. Vielmehr wird stattdessen maladaptives Bewältigungsverhalten und dysfunktionales Sicherheitsverhalten verstärkt. Die Angstintensität und die Selbstwertstörungen bleiben unverändert bestehen oder nehmen sogar noch zu.

- Vor allem narzisstisch akzentuierte PatientInnen und solche mit ausgeprägtem Sicherheitsverhalten wünschen sich von der Therapie gelegentlich Hilfe dabei, „perfekter zu werden" und eigene Schwächen besser verbergen zu lernen, um nicht von anderen kritisiert zu werden (Perfektionismus als Vorwärtsvermeidung). Ein Beispiel hierfür ist ein narzisstischer Patient mit einem Ruhetremor, der um Therapie nachsuchte, um mit Hilfe der Therapie Strategien zu lernen, diesen Tremor zu verstecken und zu überspielen. In dem Fall würde der Patient von einem reinen Skilltraining von Stunde zu Stunde in seinem vermeidenden Verhalten mehr aufgerüstet. Hier ist es wesentlich, dies zu bemerken und stattdessen zu betonen, sich trotz der körperlichen Auffälligkeit auf den Sozialkontakt einzulassen und das Grundproblem der Überzeugung, nur als perfekter Mensch anerkannt zu werden, anzugehen und sich stattdessen mit seinen sogenannten Schwächen zu zeigen und zu sich zu stehen.
- Bei dependenten PatientInnen besteht ein häufiger Fehler in der Gestaltung der Therapiebeziehung darin, versorgendes therapeutisches Verhalten zu lange beizubehalten. Ziel der Therapie im Rahmen des Selbstsicherheitstrainings bei dependenten PatientInnen ist eine Stärkung der Selbstwirksamkeit sowie der Autonomie, was in der schematherapeutischen Terminologie als Stärkung des gesunden Erwachsenen bezeichnet wird.

Während zu Beginn der Behandlung in der begleitenden schematherapeutischen Einzeltherapie die emotionsfokussierte Arbeit mit den ängstlichen, traurigen und einsamen Anteilen im Vordergrund steht, wird zum Ende hin der Transfer in den Alltag des Patienten und die Übernahme von Eigenverantwortung ins Zentrum gestellt, um zu vermeiden, „dass sie gegen Therapieende zurückfallen in „alte" (vermeidende, dependente) Bewältigungsmuster" (Jacob, 2013, S. 72).

Auch ein Videoeinsatz ist unter Umständen sehr kritisch zu bewerten. Er fördert bei vielen PatientInnen eine „Draufsicht auf sich selbst" von außen und dient eben gerade nicht der Entwicklung eines Sozialverhaltens entsprechend der eigenen inneren Bedürfnislage. Außerdem produziert es bei PatientInnen mit massiven Selbstwertstörungen in der Regel Selbstabwertungen und starkes Schamerleben. Stattdessen würde z. B. das moderne ATP betonen, mehr die eigenen Bedürfnisse zu fokussieren und diese von „Innen nach außen" im Verhalten sichtbar werden zu lassen.

4. Ablauf

Hier soll exemplarisch das Vorgehen im modernen ATP (Vollversion) in der Gruppe mit begleitender schematherapeutischer Einzeltherapie beschrieben werden:

4.1. Vorbereitungsphase

Nach einer ausführlichen Bedingungsanalyse und Fragebogenauswertungen mittels dem Unsicherheits- und dem Fehlschlagangstfragebogen von Ullrich de Mynck und Ullrich (1998a,b) wird gemeinsam mit dem Patienten eine Entscheidung darüber gefällt, ob und welche Variante eines Selbstsicherheitstrainings für ihn indiziert ist. Ein Indikationskriterium für das volle ATP ist dabei, dass mindestens drei Skalen des Unsicherheitsfragebogens sowie der Fehlschlagangstfragebogen um mehr als eine Standardabweichung erhöht sind. Falls sich die soziale Ängstlichkeit z. B. auf Kontaktangst beschränkt, sind individuell reduzierte Varianten möglich und ggf. empfehlenswert. Je nachdem, ob ein entsprechender Wunsch nach einer Gruppe sowie die notwendige Zuverlässigkeit und Bündnisfähigkeit bzgl. der Regeln besteht (s.u.) und ob ein kontinuierlicher Termin mit dem Alltag des Patienten vereinbar ist, wird mit den Teilnehmenden zusammen entschieden, ob das Selbstsicherheitstraining nur im Einzel oder in der Gruppe mit einer parallelen Einzeltherapie stattfinden soll. Dabei ist zu beachten, dass störungsimmanent (Angst vor anderen Menschen) bei selbstunsicheren Personen ohne entsprechende Beratung und Aufklärung zu Therapiebeginn Einzeltherapie meist bevorzugt wird (Yalom, 2012). Um die Teilnehmenden für die Gruppe gewinnen zu können, ist deshalb in der Vorbereitungsphase besonderer Wert auf eine motivationsfördernde Aufklärung zu legen. Das ATP in der Gruppe mit einer Verzahnung im Einzel ist einer ausschließlichen Einzeltherapie in den meisten Fällen jedoch vorzuziehen, da die Gruppe über Modellernen, operante Prozesse in der Rückmeldung und unmittelbare neue Erfahrungen in Gruppensituationen direkt auf alle drei Ebenen der Selbstsicherheit wirkt. Eine Begleitung der Gruppenprozesse in einer verzahnten Einzeltherapie ist in der Regel jedoch zwingend erforderlich, da die Arbeit am Selbstwert im Einzel häufig vertieft werden muss, Konflikte mit anderen Gruppenteilnehmenden aufgefangen werden müssen (da diese störungsbedingt wegen der massiven Konfliktängste anfänglich nicht in der Gruppe thematisiert werden können) und individuelle Lebensbedingungen spezifisch mitberücksichtigt werden müssen, um den Transfer in die Umwelten der PatientInnen sicherzustellen und die Drop-out Rate zu reduzieren. Schwere Selbstwertstörungen äußern sich in der Regel schon in den ersten Gruppenstunden, zum Beispiel in der Abwehr von positiver Rückmeldung durch die Gruppe oder durch den Therapeuten oder einer ständigen Wahrnehmung von Unterlegenheit im Vergleich zu den anderen Gruppenmitgliedern. Je schwerer die Selbstwertstörungen ausgeprägt sind, desto stärker und intensiver muss die Arbeit am Selbstwert im Focus der begleitenden Einzeltherapie stehen.

Es empfiehlt sich, vor Beginn der Gruppe mit jedem Gruppenmitglied in der Einzeltherapie einen Therapievertrag (Muster bei den Autoren erhältlich) abzuschließen, in dem er sich neben der Verschwiegenheit über andere Gruppenmitglieder zu der Beachtung von differenzierter positiver Rückmeldung (s.u.), regelmäßiger Teilnahme, Erledigung von Hausaufgaben und Durchführung von Rollenspielen verpflichtet, da diese Aspekte wesentliche Voraussetzungen für einen Therapieerfolg darstellen und resultierende Ängste auf zugrunde liegende Probleme hindeuten, die am besten im Einzel vor Beginn des Selbstsicherheitstrainings individuell bearbeitet werden sollten.

4.2. Durchführung

Das ATP besteht aus 127 sozialen Situationen, die entlang der beschriebenen Angstbereiche (s. Punkt 1) unter zunehmender Angstintensität und Schwierigkeit hierarchisch gestuft sind und die in 25 bis 35 Doppelstunden in der Gruppe in Rollenspielen gemeinsam durchgearbeitet werden. Diese Übungssituationen reichen von einfachen, kurzen, stark vorstrukturierten sozialen Handlungen mit unbekannten Passanten auf der Straße (etwa eine freundlich scheinende Passantin ohne Unterwerfungsgesten und anderem Sicherheitsverhalten nach dem Weg fragen – Übung 1 im ATP) bis hin zu sehr komplexen, auf die individuelle Lebenssituation der Teilnehmenden angepassten und anspruchsvollen Reaktionen mit vertrauten Personen (etwa manipulativem, indirekten Kommunikationsverhalten des Partners selbstsicher begegnen und mit Hilfe konstruktiven Gesprächsverhaltens zu versuchen, den dahinter liegenden Konflikt zu lösen – Übungen 124 und 125 im ATP). Entlang dieser Hierarchie werden Rollenspiele durchgeführt. Durch die Stufung der Hierarchie wird ein Üben im optimalen Aktivierungsbereich gewährleistet. Als eine wesentliche Basisvariable für echtes Neulernen hat es sich erwiesen, dass die Situation einem Schwierigkeitsgrad bzw. einer Angstintensität von etwa 30 entspricht, da in diesem Bereich eine Neubewertung der Situation besser gelingt und authentisches, selbstsicheres Verhalten ohne Rückgriff auf fassadenhafte Vermeidung erprobt werden kann. Falls neues Verhalten in höheren Angstintensitäten aufgebaut wird, greifen die Teilnehmenden – wie in ihrem Alltag – auf ungünstiges Bewältigungsverhalten zurück und handeln nach der Regel „Überleben geht vor Entwicklung" z. B. „Augen zu und durch" oder „etwas spielen, was ich nicht bin". Gerade die angestrebte Entwicklung der neuen Fähigkeiten, wie achtsames Erspüren der eigenen Gefühle, Bedürfnisse und Impulse (bin ich wirklich bei mir/ in mir?) kann dann nicht gelingen, weil diese neue Entwicklung den geschützten Raum und die Sicherheit einer bewältigbaren Aufgabe verlangen. Vielmehr sollen die Teilnehmenden immer wieder ermutigt werden, durch kleine Schritte langsam aber stetig in authentische Selbstsicherheit hineinzuwachsen. Weiterhin ist es für den Selbstwertaufbau sehr wesentlich, dass die Teilnehmenden schnell Selbstwirksamkeit und Erfolg erleben, was vor allem in diesem Schwierigkeitsbereich auftreten wird. Höhere Schwierigkeiten sind auch aus diesen Gründen nicht dienlich. Das Vorgehen in kleinen Schritten entlang einer Hierarchie erscheint umso zwingender, je stärker die sozialen Ängste bei den Teilnehmenden ausgeprägt sind. Es stellt die **erste** wesentliche Basisvariable des Programmes dar.

Da soziale Skills überwiegend durch Nachahmung erworben werden (vgl. Bandura, 1976, zitiert in Reinecker et al., 1999), müssen für die selbstsichere Lösung jeder Situation Modelle dargeboten werden, an denen sich die Teilnehmenden dann bei ihren Übungen orientieren können. Dieses Modell kann entweder vom Therapeuten in der Gruppe live gezeigt werden (weshalb eine Durchführung mit einem Cotherapeuten ideal erscheint) oder mit Hilfe von vorliegenden Videomodellen (Hellauer et al., 1998) dargeboten werden. Um Vermeidungstendenzen zu verhindern und das Modellernen innerhalb der Gruppe zu begünstigen üben dabei alle Gruppenmitglieder alle Übungen.

Gruppenmitglieder die anfangs auch ängstlich reagieren, dann jedoch einzelne Schritte bewältigen und langsam zu einer immer erfolgreicheren Bewältigung der Rollenspiele übergehen, bieten dadurch als Vorbild sogenannte Copigmodelle. Durch die größere Nähe im Angst- und Kompetenzbereich zu diesen Lösungsversuchen profitieren PatientInnen in der Regel davon besser, als von perfekten Masteringmodellen der TherapeutInnen, in denen die Modellsituationen angstfrei vorgeführt werden (vgl. Meichenbaum, 1971, 1977 zitiert in Reinecker et al., 1999).

Innerhalb einer gelungenen „Inszenierung" entsprechend der unter 30 Schwierigkeitsregel (s. o) werden im Laufe einer Gruppenstunde alle Teilnehmenden immer mehr zu selbstsicherem Verhalten finden, da jeder Teilnehmer in starkem Maße auch von den Modellen und Erfahrungen der anderen Gruppenmitglieder profitiert. Unterbinden von Vermeidung in der Therapiesituation und Darbietung von (verschiedenen) Modellen stellen damit eine **zweite** wichtige Basisvariable des ATP dar.

Um die soziale Diagnostik zu verbessern, lernen die Teilnehmenden immer wieder zwischen selbstunsicherem, selbstsicherem und aggressivem Verhalten zu diskriminieren und auch die jeweiligen Verhaltensweisen beim Gegenüber zu unterscheiden. Dieses Diskriminationstraining kann entweder mit Hilfe von Übungsblättern (z.B. aus dem GSK von Hinsch & Pfingsten, 2015) oder direkt während der Übungsdarbietung des Modelles erarbeitet werden. Die AutorInnen bevorzugen die kontrastierende Darstellung von selbstsicheren/ selbstunsicheren (bzw. selbstsicheren/ aggressiven) Modellen während der ersten Übungen. Nach dieser kontrastierenden Darstellung gelingt es den Teilnehmenden erheblich besser, relevante Kriterien für selbstsicheres Verhalten zu erarbeiten und zu erkennen (s.u.). Diese Operationalisierung und starke Strukturierung des gewünschten Verhaltens stellt eine **dritte** Basisvariable des ATP dar. Es ist wesentlich, dass die Teilnehmenden schon bald lernen, aufgrund welcher operationalisierter Kriterien ein soziales Verhalten selbstsicher ist (z. B. Blickkontakt etwa drei Sekunden halten, einen festen Standpunkt räumlich in Armlänge einnehmen etc.) und diese Kriterien auch für das Erkennen aggressiven Verhaltens bei Sozialpartnern anwenden können (z. B. langen stechenden Blickkontakt, Unterschreitung der Distanzgrenze), um sich dann in späteren Schritten auch gegen diese Aggression zur Wehr setzen zu können.

Um am Selbstwert zu arbeiten, wird im ATP intensiv die Gruppe genutzt und von Anfang an sehr viel Wert auf unterstützende Rückmeldung gelegt. Eine vierte und die vielleicht wesentlichste Basisvariable des ATP ist dabei der Einsatz von anfänglich ausschließlich positiver, differenzierter Rückmeldung in der Gruppe, da Personen mit schweren Selbstwertstörungen von kritischer Rückmeldung oder Verbesserungsvorschlägen anfänglich extrem wenig profitieren, sondern vor allem mit Angstzunahme darauf reagieren. Die Teilnehmenden sollen ihre dichotomen Beurteilungen sozialen Verhaltens in den Dimensionen gut/schlecht bzw. selbstsicher/selbstunsicher verlernen und stattdessen differenziert wahrnehmen, welche Aspekte des Verhaltens der anderen Gruppenmitglieder die selbstsicheren Kriterien erfüllt haben.

Auch um diese differenzierende Wahrnehmung zu entwickeln und die Selbstwertstörungen bedingenden dichotomen Denkmuster zu unterbrechen, werden anfangs die Kriterien für die selbstsichere Lösung der Situation nach jeder Modellvorgabe sehr klar operationalisiert (s.o). Vor der Durchführung eines Rollenspieles entscheidet sich dann jeder Gruppenteilnehmer für einen Aspekt, den er bei seiner Durchführung ausprobieren möchte. Durch diese klare, eindeutig operationalisierte Struktur gelingt es den Teilnehmenden erheblich besser, sich auf die definierten positiven Aspekte während des Rollenspieles der anderen Gruppenteilnehmenden zu fokussieren und diese dann in einer Feedbackrunde, die jedem Rollenspiel folgt, zurückzumelden. Erst in einem zweiten, späteren Schritt sind viele Teilnehmenden erst in der Lage, die positiven Aspekte des eigenen Verhaltens während des Rollenspiels differenziert zu beachten („Habe ich mein Ziel erreicht?") und zu verstärken. Im Laufe sehr weniger Stunden lernen die Teilnehmenden so, dass ein Verhalten nahezu niemals nur positive oder nur negative Aspekte hat, sondern immer in mehreren Dimensionen betrachtet werden kann und dass Entwicklung gelingt, wenn sie von Woche zu Woche ihr selbstsicheres Repertoire erweitern. Weiterhin lernen die Teilnehmenden durch die Auswahl eines Zielkriteriums, sich realistische Ziele zu setzen und damit Erfolge wahrscheinlicher zu machen.

Erst wenn der Selbstwert der Teilnehmenden genügend stabilisiert ist und damit die Basis für echtes Selbstvertrauen gelegt wurde (nach ca. 15- 20 Doppelstunden in der Gruppe) üben die Mitglieder in den Rollenspielen, auf konstruktive Weise, Kritik zu geben und selbst damit umzugehen. Dann erst sind sie in der Lage, von dieser Kritik oder von Verbesserungsvorschlägen zu profitieren und können mit Hilfe einer solchen differenzierten Rückmeldung meist in zügigem Tempo weiter soziales Verhalten aufbauen.

Beim ATP werden anfangs nur operationalisierte Kriterien in der jeweiligen Übung rückgemeldet („Du hast dich nicht entschuldigt" statt „Du hast das total selbstsicher und sympathisch gemacht"), um das Annehmen der positiven Rückmeldung zu erleichtern und die beim Loben entstehende Kontaktangst gering zu halten. Auch hier folgt das Programm dem Prinzip der kleinen Schritte, indem anfangs nur konkrete positive Übungsfortschritte zurückgemeldet werden. Später werden dann weitergehende Fortschritte zurückgemeldet. Erst nachdem die Teilnehmenden gelernt haben, die anfangs oft stereotype Abwehr von Lob, Nähe und Anerkennung zu unterlassen und eine erste positive und selbstfürsorgliche Beziehung zu sich selbst aufgebaut haben, wird in einem sehr viel späteren Teil gelernt, mittels Rückmeldeübungen auch übergreifende positive Rückmeldungen anzunehmen. Als schwerste Rückmeldeübung fassen sich die Teilnehmenden an den Händen, schauen sich in die Augen und teilen dem Übungspartner mit, was sie an ihm mögen (Übung Nr. 106 im ATP). Trotz dieses kleinschrittigen Vorgehens in der Rückmeldung gelingt es manchen Teilnehmenden am Anfang der Gruppe nicht, positive Rückmeldung wirklich anzunehmen, da der Selbstwert zu tiefgreifend gestört ist. Hier kommt dann die Verzahnung mit der Einzeltherapie ins Spiel. Ein besonders guter Einstieg in die Arbeit am Selbstwert in der Einzeltherapie gelingt dabei (neben der Aufarbeitung der Schwierigkeiten im Umgang mit Lob) auch mit Hilfe der Spiegelübungen des ATP (Übung 14 im ATP: Der Patient schaut zu Hause oder in Gegenwart des Therapeuten in der Einzeltherapie in den Spiegel und beobachtet dabei, welche inneren Selbstverbalisationen einen entspannten Gesichtsausdruck bewirken). Der Blick in den Spiegel stellt einen hervorragenden Einstieg in die Arbeit mit der Selbstbewertung dar, weil hierdurch unmittelbar innere Dialoge aufgerufen werden. In der Regel sind diese negativ und durch in der Schematherapie als fordernde oder strafende Elternmodi benannte Anteile verursacht und betreffen vor allem die Aspekte der Selbstakzeptanz und Selbstwertschätzung als Teile des Selbstwertes. Unter Selbstakzeptanz verstehen wir, dass sich eine Person mit ihren Bedürfnissen, Gefühlen, ihrem Körper und dem, was sie in ihrer Identität ausmacht, annehmen kann („Gut, dass ich da bin". „Ich nehme mich an, so wie ich bin". „Ich mag mich und erlaube mir meine zentralen Bedürfnisse" etc.). Als Sonderform können die Spiegelübungen auch als Zugang zu der Arbeit mit dem Selbstvertrauen genutzt werden. Unter Selbstvertrauen verstehen wir, dass sich eine Person zutraut, ihre zentralen Bedürfnisse und Gefühle wahrzunehmen und diese auch zu erreichen (Mein Körper meine Gefühle sind meine Freunde und helfen mir, mich im Leben bezüglich wichtiger Belange zu orientieren. Ich kann mich auf mich selbst verlassen und spüre was ich will.). Auch hier ist ein Mangel an Selbstvertrauen vor allem durch fordernde/strafende Elternmodi verursacht.

Ursache für die mangelnde Fähigkeit zum Ärgerausdruck vieler Cluster-C PatientInnen sind „oft intensive Schuldgefühle (schuldinduzierender Elternmodus), wenn sie Ärger überhaupt nur zulassen, geschweige denn Ausdrücken." (Jacob, 2013, S. 63).

Mit Hilfe moderner schematherapeutischer Ansätze werden dann im Einzelsetting diese inneren kritischen Modi in Stuhldialogen bearbeitet und so die Voraussetzungen für Abgrenzung und Durchsetzung erarbeitet." Dabei sollen PatientIn und TherapeutIn „Ärgerausdruck modellieren, um diesen zu normalisieren und der Patientin die Angst davor zu nehmen. Häufig benötigt dieser Prozess eine längere Zeit und viele Wiederholungen." (Jacob, 2013, S. 63).

In einem zweiten Schritt wird dann in Imaginationsübungen das vulnerable, selbstunsichere, einsame Kind dabei unterstützt, neue gute Gefühle durch neue hilfreiche Erfahrungen in der Imagination zu lernen. Damit ist bei schwer gestörten PatientInnen dann der Boden bereitet, für die weitere Arbeit mit wohlwollenden, liebevollen und wertschätzenden anderen (z. B. die anderen Gruppenteilnehmenden). Ein Beispiel für die vertiefende schematherapeutische Arbeit neben und nach einem ATP findet sich bei C. Ullrich (2013).

Als letzte wesentliche Basisvariable soll die Betonung positiver körperbezogener Erfahrungen und Verknüpfung dieser Erlebnisse mit kognitivem Wissen am Beispiel zweier typischer Übungen erläutert werden. In der ersten Übung in welcher der (in diesem Beispiel schüchterne) Teilnehmer übt, als erster durch eine Tür zu gehen (ATP Übung: 7) ist es wesentlich, dass der Therapeut den Moment, in dem der Übungsteilnehmer den Impuls entwickelt: jetzt muss ich schneller werden, um wirklich als erster die Tür zu passieren vertieft und diesen in der Wahrnehmung des Teilnehmers körperlich verankert, indem er die Selbstwahrnehmung auf diesen Moment besonders fokussiert. Dieser Moment und die begleitenden Körpererfahrungen sind so wichtig, da der Teilnehmer in ihm den Impuls „ich will" erlebt. Diese Willensbildung drückt sich körperlich sichtbar aus (z. B. durch eine Aufrichtung im Oberkörper, eine Straffung und Aufrichtung des Kinnes, ein Sich größer machen etc.) und ist für viele Teilnehmenden eine sehr neue, erste Erfahrung im Umgang mit eigenen Bedürfnissen. Sie fördert das Erleben, dass ihr Körper ihr Freund ist, der ihnen bei der Wahrnehmung und Durchsetzung eigener Bedürfnisse hilft und bietet damit die Grundlage von echter Selbstakzeptanz, Selbstvertrauen und Selbstwirksamkeit. Diese Übung zielt auf die Verknüpfung von Angstabbau, Selbstwertaufbau und Aufbau sozialer Kompetenzen im Bereich Durchsetzung. An dieser Übung kann man sich auch nochmal den Unterschied zwischen reinem Skillaufbau und unterfütterter Arbeit am Selbstwert verdeutlichen. In der zweiten Übung (Partnerübung: ich gehe auf meinen Partner zu und bleibe stehen, wenn ich eine innere Grenze spüre) liegt der Focus ebenfalls auf der Wahrnehmung eigener innerer Prozesse. Hierbei wird vermittelt, dass es erlaubt ist, eigene Grenzen zu haben. Die Teilnehmenden lernen, die Wahrnehmung eigener Grenzen mit den entsprechenden Körperempfindungen zu verbinden und diese Grenzen auch angemessen deutlich zu vertreten. Damit zielt diese Übung auf die Verknüpfung von sozialer Kompetenz, Angstabbau und Selbstwertaufbau im Bereich ‚Nein sagen dürfen' und ist eine wichtige Übung im Bereich ‚Konflikte aushalten'.

Etwa in der 12. – 14. Stunde sollten die Therapiefortschritte im ATP mit einer zweiten Messung durch den Unsicherheits- und Fehlschlagangstfragebogen validiert werden. Dabei ist beim U- Bogen eine Reduktion der Angstwerte um ca. eine Standardabweichung zu erwarten. Da der FAF-Bogen vor allem auf das Selbstkonzept und weniger auf das Verhalten in konkreten Situationen zielt, dauert eine Reduktion dieser Werte etwas länger. Falls die Werte nicht entsprechend reduziert sind, sollten die Ursachen unbedingt im Einzel herausgearbeitet werden und Hindernisse in der Einzeltherapie vertieft bearbeitet werden. Am Ende des Programmes steht dann eine erneute umfangreiche Diagnostik. Interessant ist, dass sich vor allem die Werte des FAF nach Ende der Therapie gelegentlich noch weiter reduzieren, wenn das Selbstbild immer stabiler in Richtung Selbstsicherheit in den Alltag integriert wird.

5. Grad der empirischen Absicherung und persönliche Bewertung

Ullrich und Ullrich de Mynck (1980a,b,c) beschreiben in ihren Therapiestudien, dass ca. 80 % der Teilnehmenden Angstfreiheit durch das ATP erreichen (operationalisiert durch die Abschlussmessungen in U- und FAF-Fragebogen). In diesem Wert waren non-responder und Therapieabbrüche enthalten. Diese Effekte waren längerfristig stabil und generalisierten auf das allgemeine Wohlbefinden und alle sozialen Bezüge. Diese subjektiven Verbesserungen ließen sich durch Fremdratings bzgl. kompetenten Sozialverhaltens, erhöhter Attraktivität und Sympathie validieren.
Die Modifikation der Selbstabwertung sowie übende Interventionen zur Selbstermutigung sind in der Schematherapie ebenso wie im sozialen Kompetenztraining zentral. Deshalb scheint es uns nützlich, soziales Kompetenztraining mit schematherapeutischem Vorgehen zu ergänzen.

Im Bereich der Schematherapie liegen bereits mehrere gesicherte Belege für die Wirksamkeit dieser Behandlung bei Cluster C Persönlichkeitsstörungen und bei der Behandlung sozialer Angststörungen vor.
Sehr gute Erfahrungen mit Schematherapie als Intervention bei Cluster-C PatientInnen berichten in einer vergleichenden RCT Studie Bamelis et al. (2014).
Über die Kombination beider Verfahren gibt es bisher noch keine kontrollierten Studien. Empirische sehr gute Erfolge beider Verfahren sprechen jedoch für die Steigerung der Wirksamkeit durch deren Kombination, was auch unserer eigenen klinischen Erfahrung entspricht.

Literatur

Alsleben, H. & Hand, I. (2006). Soziales Kompetenztraining: Gruppentherapie bei sozialen Ängsten und Defiziten. München: Elsevier, Urban & Fischer.

Baljé, A., Greeven, A., van Giezen, A., Korrelboom, K., Arntz, A. & Spinhoven, P. (2016). Group schema therapy versus group cognitive behavioral therapy for social anxiety disorder with comorbid avoidant personality disorder: study protocol for a randomized controlled trial. Published online 2016 Oct 8. doi: 10.1186/s13063-016-1605-9

Bamelis, L.L.M., Evers, S.M.A.A., Spinhoven, P. & Arntz, A. (2014). Results of a multi-centered randomized controlled trial on the clinical effectiveness of schema therapy for personality disorders. Am J Psychiatry. 171(3), 305-22.

Beth, W. (2013). Ich will so sein wie früher – soziale Ängste nach Hirnblutung. In: G. Jacob & L. Seebauer (Hrsg.), Fallbuch Schematherapie (S. 139-144). Weinheim: Beltz Psychologie Verlags Union.

Beth, W., Jacob, G. & Ullrich, C. (2017). Schematherapie in der VT-Selbsterfahrung. In: T. Mösler, S. Poppek, J. Kemper, A. Rose & W. Dorrmann (Hrsg.), Der Blick auf sich selbst – Selbsterfahrung in der Psychotherapie (223-253). Tübingen: Psychotherapie-Verlag

Farrell, J. & Shaw, I. (2013). Schematherapie in Gruppen. Therapiemanual für die Borderline-Persönlichkeitsstörung. Mit Online-Materialien. Heidelberg: Beltz.

Grawe, K. (2000). Psychologische Therapie. Göttingen: Hogrefe.

Gross, E. N., Stelzer, N. & Jacob, G. A. (2012). Treating obsessive-compulsive disorder with the schema mode model. In M. van Vreeswijk, J. Broersen & M. Nadort (eds.), Handbook of schema therapy: Theory, research and practice (p. 173-184). Sussex: Wiley.

Hellauer, D., De Muynck, R. & Ullrich, R. (1998). Das Assertiveness Training Programm ATP: Therapieverfilmung (DVD 1 bis 3). Münchner Therapiefilme.

Hinsch, R. & Pfingsten, U. (2015). Gruppentraining sozialer Kompetenzen (GSK) (6. Aufl.). Weinheim: Beltz-Verlag.

Hoffart Lunding, S. & Hoffart, A. (2016). Perceived Parental Bonding, Early Maladaptive Schemas and Outcome in Schema Therapy of Cluster C Personality Problems. Clinical Psychology & Psychotherapy, 23 (2), 107–117.

Jacob, G. A. (2013). Überlegungen zur Nutzung schematherapeutischer Konzepte in der Selbsterfahrung bei der Ausbildung von Verhaltenstherapeuten. Verhaltenstherapie, 21, 188-192.

Jacob, G. & Arntz, A. (2013). Schematherapie. Fortschritte der Psychotherapie Bd. 53: Schematherapie. Göttingen: Hogrefe.

Jacob, G. & Seebauer, L. (Hrsg.) (2013). Fallbuch Schematherapie. Weinheim: Beltz.

Lammers, C.H. (2011). Emotionsbezogene Psychotherapie. Grundlagen, Strategien und Techniken (2. Auflage). Stuttgart: Schattauer.

Linden, M. Gastpar, M., Hagen, S., Kossow, K.D., Margraf, J. & Wittchen, H.U. (1999). Empfehlungen zur Diagnostik und Therapie der sozialen Phobie. MMWMedien (S. 74-79).

Linehan, M. (1996). Trainingsmanual zur Dialektisch-Behavioralen Therapie der Borderline-Persönlichkeitsstörung. München: CIP-Medien.

Lobbestael, J.1., Arntz, A. & Bernstein, D.P. (2010). Disentangling the relationship between different types of childhood maltreatment and personality disorders. J Pers Disord. 24(3), 285-95.

Macht, M. & Ellgring H. (2003). Psychologische Interventionen bei der Parkinson-Erkrankung. Ein Behandlungsmanual. Stuttgart: Kohlhammer.

Magee, W. J., Eaton, W. W., Wittchen, H.-U., McGonagle, K. A. & Kessler, R. C. (1996). Agoraphobia, simple phobia, and social phobia in the National Comorbidity Survey. Archives of General Psychiatry, 53, 159-168.

Petermann, U. & Petermann, F. (2015). Training mit sozial unsicheren Kindern (11. Aufl.). Weinheim: Beltz.

Reinecker, H., Borg-Laufs, M., Ehlert, U. & Schulte, D. (1999). Lehrbuch der Verhaltenstherapie. Tübingen: dgvt-Verlag.

Schellhorn, A., Bogdahn, B. & Pössl, J. (2008). Soziales Kompetenztraining für Patienten mit erworbener Hirnschädigung. Dortmund: Verlag Modernes Lernen; Borgmann.

Stangier, U., Clark, D.M. & Ehlers, A. (2006). Soziale Phobie, Fortschritte der Psychotherapie Bd 28. Göttingen: Hogrefe.

Ullrich, C. (2013). Ich sehn mich so nach Leben! – Cluster C Persönlichkeitsstörung mit völliger Selbstaufopferung. In: Jacob, G. & Seebauer, L. (Hrsg.), Fallbuch Schematherapie (S. 123-133). Weinheim: Beltz.

Ullrich, R. & Ullrich de Muynck, R. (1977). Der Unsicherheitsfragebogen. München: J. Pfeiffer.

Ullrich de Muynck, R. & Ullrich, R. (1980a). Erster Effiziensnachweis des Assertiveness-Training-Programm. In K. Grawe, D. Zimmer, R. Ullrich de Muynck & R. Ullrich (Hrsg.), Soziale Kompetenz 2 Experimentelle Ergebnisse zum Assertiveness-Training-Programm – ATP, Klinische Effektivität und Wirkungsfaktoren (S. 9-21). München: Pfeiffer Verlag.

Ullrich de Muynck, R. & Ullrich, R. (1980b). Spezifische Effekte des ATP im Arbeits- und Leistungsbereich. In K. Grawe, D. Zimmer, R. Ullrich de Muynck & R. Ullrich (Hrsg.), Soziale Kompetenz 2 Experimentelle Ergebnisse zum Assertiveness-Training-Programm-ATP, Klinische Effektivität und Wirkungsfaktoren (S. 21-33). München: Pfeiffer Verlag.

Ullrich de Muynck, R. & Ullrich, R. (1980c). Das Assertiveness-Training-Programm ATP – Therapieresultate in der ambulanten Versorgung. In K. Grawe, D. Zimmer, R. Ullrich de Muynck & R. Ullrich (Hrsg.), Soziale Kompetenz 2 Experimentelle Ergebnisse zum Assertiveness-Training-Programm – ATP, Klinische Effektivität und Wirkungsfaktoren. München: Pfeiffer Verlag.

Ullrich, R. & Ullrich de Muynck, R. (1998a). ATP Band 1und 2: Einübung von Selbstvertrauen. München: Pfeiffer.

Ullrich de Muynck, R. & Ullrich, R. (1998b). ATP: Testmappe. München: Pfeiffer (Leben Lernen Nr. 122/1-3, 123, 124).

Yalom, I. (2012). Theorie und Praxis der Gruppentherapie (11. Auflage). Stuttgart: Klett-Cotta.

Yerkes, R.M. & Dodson, J.D. (1908). The relation of strength of stimulus to rapidity of habit-formation. Journal of Comparative Neurology and Psychology. 18, 459-482.

Young, J.E., Klosko, S. & Weishaar, M. E. (2008). Schematherapie. Ein praxisorientiertes Handbuch. Paderborn: Junfermann.

Korrespondenzadressen

praxis@cirstenullrich.de
wolfgang.beth@gmx.net

Alfred Walter

Psychodynamische Gruppenarbeit mit Kindern, deren Eltern getrennt oder geschieden sind.

Psychoanalytic group psychotherapy for children with separated and divorced parents

Seit Beginn der neunziger Jahre gibt es im deutschsprachigen Raum vermehrt Gruppenangebote für Kinder, deren Eltern in Trennung und Scheidung leben. Diese werden inzwischen von sehr vielen Beratungsstellen angeboten und sind auch als Kurzzeitgruppentherapien mit betroffenen Kindern und Jugendlichen gut vorstellbar. Die folgenden Ausführungen reflektieren eigene Erfahrungen mit zwanzig Kindergruppen (Vorschulkinder, Grundschulkinder und Frühadoleszente) und wollen ein pragmatisch gehaltenes psychodynamisch orientiertes Modell der gruppenanalytisch orientierten Arbeit mit Trennungs- und Scheidungskindern vorstellen.

Schlüsselwörter
Analytische Gruppentherapie, Trennung und Scheidung, Gruppentherapie mit Kindern

Since the beginning of 1990s different kinds of group psychotherapy and intervention-programs for children with separated and divorced parents have been developed in Germany. Currently these programs are offered by counselling centres and can be seen as short-time-group therapy for children and adolescents. In this article the author will reflect on his experiences working with about twenty groups of children ages 5 to 12, and will present a model of psychodynamic group therapy with children with separated and divorced parents.

Key words
psychoanalytic group psychotherapy, divorce and separation, group psychotherapy with children

1. Grundstandards der Trennungs- und Scheidungskindergruppenarbeit

Aufgrund der vielfältigen Erfahrungen mit Gruppenangeboten für Kinder, deren Eltern in Trennung oder Scheidung leben bzw. deren Eltern geschieden sind (im folgenden Kindergruppen) haben sich verschiedene Grundstandards herausgebildet. Grundgedanke aller Ansätze, seien sie verhaltenstherapeutisch, psychodynamisch, systemisch u. a. orientiert, ist es, betroffenen Kindern die Möglichkeit zu geben, sich mit anderen Kindern, die sich in einer ähnlichen Situation befinden, zu treffen, sich untereinander über die eigenen Befindlichkeiten austauschen zu können sowie wechselseitige Unterstützung zu erleben und von neutralen, d.h. nicht von den familiären Konflikten betroffenen und in sie einbezogenen Erwachsenen Hilfestellungen zu erhalten. Dadurch soll angesichts der vielfältigen Belastungen, denen Trennungs- und Scheidungskinder ausgesetzt sind, (vgl. Bauers, 1993; DAJEB, 2015; Figdor, 2000, 2004, 2012; Jaede, Wolf & Zeller, 1996; Kardas & Langenmayr, 1996; Meyer, 2013) Hilfe zu deren Verarbeitung gegeben werden. Als Grundstandards von Trennungs- und Scheidungskindergruppen, über die unabhängig vom jeweils theoretischen Ausgangspunkt und der therapeutischen Orientierung aufgrund der konkreten Erfahrungen weitgehend Einigkeit bestehen dürfte, können angesehen werden:

- Zwei Grundelemente der Gruppenarbeit
  in Form von therapeutisch-thematischer Arbeit und von Spielaktivitäten. Thematische Arbeit und freies/angeleitetes Spielen wechseln sich ab; meist durch eine klare Zäsur unterbrochen, wobei der Übergang zwischen beiden Bereichen in der Regel strukturiert bzw. ritualisiert wird.

- Reizarmer Raum
  Die Kindergruppen sollten in einem Raum stattfinden, der für Aktivitäten und Ablenkung der Kinder wenig Anreize bietet und für die Konzentration der Kinder auf das Gruppengeschehen eher förderlich ist. Bei manchen Gruppen wird die thematische Arbeit von Spielaktivitäten getrennt, indem ein anderer Raum benutzt wird. Andere Gruppen finden in einem Raum statt, der sich durch einen thematischen Bereich (Stuhl- oder Sitzkreis) und einen Spielbereich auszeichnet. Kindergruppen in Räumen mit Reizcharakter (insbes. Kindertherapiezimmer) abzuhalten ist erfahrungsgemäß nicht sinnvoll und führt zu massiven Ablenkungsmöglichkeiten und damit verbunden zu vielen Disziplinproblemen mit den Kindern.

- Begrenzte Dauer der Kindergruppen
  von in der Regel ca. 10 - 15 Sitzungen bei wöchentlichem Turnus mit jeweils 1 - 1,5 Stunden.

- Möglichkeiten zum Essen und Trinken.
  Diese können z. B. den Übergang von der thematischen Phase zur Spielphase markieren.

- Nach Möglichkeit zwei gegengeschlechtliche Gruppenleiter, so dass beide Elternteile repräsentiert werden.

- Schweigeverpflichtung der Leitung gegenüber den Kindern.
  Für die Kinder ist entscheidend, in der Gruppe einen loyalitätsfreien Raum gegenüber beiden Eltern zur Verfügung zu haben, innerhalb dessen sie ihre unterschiedlichen und ambivalenten Gefühle und Vorstellungen möglichst offen und angstfrei äußern können, was sich erfahrungsgemäß trotz anfänglicher massiver Widerstände recht schnell ergibt.

- Begleitende Elternarbeit in Form von parallel laufenden Elterngruppen.

2. Grundansätze der Kindergruppenarbeit mit Trennungs- und Scheidungskindern

In den 1990er Jahren entwickelten sich unterschiedliche Formen der Kindergruppenarbeit. Inzwischen werden Kindergruppen, wie ein Blick ins Internet zeigt, von sehr vielen Beratungsstellen angeboten. Generell dürften in der Praxis zwei Grundformen der Gruppenarbeit mit Trennungs- und Scheidungskindern favorisiert werden: am häufigsten finden sich mehr oder weniger stark strukturierende verhaltenstherapeutisch – psychoedukative Gruppenmodelle, die in den Anfängen oft an amerikanischen Interventionsprogrammen orientiert waren; erheblich seltener sind offenere, psychodynamisch orientierte Gruppenangebote. Zwischen beiden Grundansätzen dürften sich aufgrund pragmatischer Überlegungen unterschiedlich starke Annäherungen und Überschneidungen ergeben. Auch die Elternarbeit findet bei einer gewissen Grundübereinstimmung durch die verschiedenen Gruppenansätze und regionale Besonderheiten bedingt unterschiedlich statt. (vgl. zusammenfassend Meyer, 2013)

Charakteristisch für die strukturierten Programme sind die weitgehend durchstrukturierte Gestaltung der Gesamtgruppe und der einzelnen Sitzungen durch vorgegebene Themen und Materialien, die – wie die Autoren betonen – flexibel einzusetzen sind. So schreiben Jaede und Kollegen: „Während die Gruppen einerseits gut strukturiert sein müssen, leben sie andererseits auch von der Offenheit für kindliche Themen und dem flexiblen Umgang mit den eingebrachten Inhalten." (Jaede et al., 1994, S. 365). Praktiker, die mit diesen Modellen arbeiten, verweisen immer wieder darauf, dass es den Kindern oftmals sehr schwer fällt beim Thema zu bleiben, und es häufig zu Disziplinproblemen und unterschiedlich starken Störungen kommt, wenn es für die Kinder zu brisant wird, was der durchgängigen Beobachtung von „starke(r) Abwehr und Verleugnung bei gleichzeitigem Interesse gegenüber dem Thema" (a. a. O., S. 364) entspricht.

Oftmals findet bei den Interventionsprogrammen eine starke Vorselektion statt: in der Regel handelt es sich um gemischtgeschlechtliche altershomogene Gruppen (Grundschulalter) sowie um relativ stabile Kinder mit keiner bzw. geringer akuter psychischer Symptomatik. Kinder, die diesen Kriterien nicht entsprechen, werden oftmals an Einzelberatung und -therapie verwiesen, u. a. deswegen, weil die Programme nur unter Schwierigkeiten durchführbar seien und die Kinder zu viel Aufmerksamkeit von der Gruppenleitung absorbieren würden, um sie thematisch bei der Stange halten zu können (vgl. Reinartz, 1996).

Im Gegensatz zu strukturierten Programmen sind offene und psychodynamisch orientierte Programme eher seltener anzutreffen (vgl. Meyer, 2013). Eine der ersten in der Literatur beschriebenen offenen Kindergruppen ist das Mitte der 1980er Jahre entstandene Modell von FITUS (Familien in Trennung und Scheidung; Rudek, 1993), das im Rahmen einer stadtteilbezogenen Beratungsarbeit pragmatisch aus der begleitenden Kinderbetreuung einer Gruppe alleinerziehender Frauen entwickelt wurde und Kindergruppen als „situative Gruppen mit heterogener Gruppenstruktur und prozesshaftem Charakter" (a. a. O., S. 159) konzipierte. Die Gruppen liefen über eineinhalb Jahre vierzehntägig wochentags (2stündig) und samstags (fünfstündig einschl. Mittagessen) und orientierten sich an der aktuellen Befindlichkeit der Kinder. Dieses Modell dürfte für Scheidungskindergruppen -

insbesondere was die konkreten Rahmenbedingungen und das zeitlich sehr umfangreiche Setting betrifft – eher untypisch sein. Ein offeneres Gruppenkonzept findet sich ebenfalls beim Linzer Modell (Maderthaner, Habel, Samitz & Spranger, 1996) beschrieben, bei dem mit Kindern mit auffälligen Symptomen in der Nachscheidungsphase gearbeitet wurde, sowie bei den seit Beginn der neunziger Jahre stattfindenden Gruppenprogrammen von TRIALOG in Münster (Krabbe, 1992; Krabbe & Weissheimer, 1993). An der Psychologischen Beratungsstelle des Diakonischen Werkes in Augsburg wurden seit 1992 offene analytisch-prozessorientierte Kindergruppen angeboten (vgl. Mahne & Walter, 1997, Walter 2000).

3. Zur spezifischen Dynamik analytisch-prozessorientierter Kindergruppen

Im Folgenden möchte ich meine Erfahrungen mit knapp 20 Kindergruppen von jeweils vier- bis sechsmonatiger Dauer mit durchschnittlich acht bis zwölf Kindern im Alter von fünf bis zwölf Jahren beschreiben (ausführlicher in Walter, 2000).

Ausgangspunkt war die Orientierung an einem gruppenanalytischen Modell, welche das aktuelle Beziehungsgeschehen in der Gruppe als ein intrapsychisches und interpersonales Inszenierungsgeschehen ansieht (vgl. Walter, 1999). Gegenüber den gängigen eher verhaltentherapeutisch-psychoedukativ orientierten Gruppeninterventionsprogrammen zeichnete sich dieser Ansatz zentral dadurch aus, dass bis auf die erste und letzte Gruppensitzung auf inhaltliche Vorgaben seitens der Gruppenleitung verzichtet wurde, vielmehr die jeweils individuell eingebrachte Thematik der Kinder - sei dies verbal, über Affekte oder über Verhalten, Agieren und Abwehr – aufgegriffen und mit den Kindern als Gruppenthema bearbeitet wurde. Dieser Ansatz beruhte auf einem modifizierten gruppenanalytisch orientierten Vorgehen, innerhalb dessen die sich je individuell entwickelnde aktuelle Gruppendynamik als Inszenierungs- und Interaktionsfeld der Trennungserfahrungen der Kinder angesehen und auf der gruppenanalytischen Ebene bearbeitet wurde (vgl. Walter, 1999, 2000).

Gruppengespräche, so unsere Erfahrung, ermöglichen, unabhängig davon, ob es sich um Erwachsene oder Kinder handelt, sich miteinander über Probleme und Konflikte auszutauschen und gemeinsam Lösungswege zu besprechen bzw. miteinander etwas gemeinsam zu erleben. Die einzelnen Gruppenteilnehmenden machen dabei die Erfahrung trotz aller individuellen Unterschiedlichkeit von den anderen Gruppenteilnehmenden, die in einer ähnlichen Situation sind, verstanden und angenommen zu werden. Dabei werden nicht nur eigene (Negativ)Erfahrungen ausgetauscht und besprochen, vielmehr können und sollen auch positive Erfahrungen zu Wort kommen und eigene Resilienzen, (Problemlösungs-) Kompetenzen und Selbsthilfekräfte gestärkt werden, indem z. B. gemeinsam überlegt wird, wie mit einem konkreten Problem umgegangen werden könnte. Dieses unmittelbare Erleben, mit einem Problem nicht alleine zu sein, unterscheidet Gruppenerfahrung grundsätzlich von Einzel-, Paar-, und Familiensettings, bei welchen die Betroffenen in ihrer Vereinzelung als Einzelperson, Paare oder Familie auf sich bezogen bleiben.

Um die benannten Inszenierungsmuster zu veranschaulichen sei zunächst der Verlauf einer Scheidungskindergruppe mit durch massive häusliche Streit- und Gewalterfahrung sehr belasteten Kindern skizziert:

In dieser Gruppe von acht Kindern zwischen sieben und elf Jahren zeigten sich von Anfang an auffallend viel Unruhe und viel Gemosere. Die meisten Kinder kamen nach Aussage ihrer zu Beginn eher skeptisch eingestellten Eltern gerne in die Gruppe, wovon wir als Gruppenleitung zunächst kaum etwas mitbekamen. Viele der Kinder weigerten sich in den ersten Sitzungen, sich überhaupt auf das Thema Trennung und Scheidung ihrer Eltern einzulassen. Ein 11j Junge motzte ständig herum, wie bescheuert die Gruppe sei, hier sei ‚alles Scheiße', er habe überhaupt keine Lust zu kommen, wolle lieber Fußball spielen, kam aber regelmässig bis zur letzten Gruppensitzung. Statt Bilder ihrer Familie zu malen, was Kinder nach unseren Erfahrungen aus anderen Kindergruppen gerne tun, malten die Kinder in dieser Gruppe Landschaften, ihre Lieblingstiere, Fußballszenen. Viele der Kinder weigerten sich massiv, beim mühsam fließenden Gruppengespräch etwas zu sagen, blödelten herum, ließen sich von zwei Jungs, die rumkasperten, leicht ablenken. Alles wirkte zunächst recht chaotisch und war für meine Kollegin und mich ziemlich anstrengend. Ging es um Themen, die nichts mit Trennung und Scheidung zu tun hatten, wie Schule, Fernsehen, Sport, Hobbys etc., erlebten wir die Kinder ruhiger und weniger angespannt. In der dritten Sitzung begann ein sehr unruhiger und ständig rumkaspernder Junge sich mitten in der Sitzung in einer Ecke hinter Stühlen zu verstecken. Seine permanenten Störaktionen hörten schlagartig auf, er beteiligte sich sogar – was er in den ersten beiden Sitzungen konstant verweigert hatte – am spärlich stattfindenden Gruppengespräch. In der darauffolgenden Gruppensitzung rückte ein 8jähriges Mädchen zu Beginn der Gruppe zwei Stühle zusammen und begann diese mit mehreren Sitzpolstern auszustatten. Andere Kinder machten das gleiche und verbarrikadierten sich hinter zig Sitzpolstern. Einige von ihnen legten die Polster so aneinander, dass sie sich bequem hinlegen konnten. Nach etwa zehn Minuten hatten sich alle acht Kinder verschanzt, teilweise auf, teilweise hinter den Stühlen, manche sahen wir überhaupt nicht mehr. Auf unsere Frage, wie es den Kindern jetzt ginge, kamen Antworten wie: „Gut", „Wie in einem bequemen Bett". Es ergab sich zum erstenmal in der Gruppe ein längeres Gespräch über die häusliche Situation. Die Kinder begannen über die erlebte Gewalttätigkeit zwischen den Eltern untereinander und ihnen gegenüber zu sprechen. Dabei war es nicht nur erstaunlich ruhig; vielmehr beteiligten sich auch diejenigen Kinder, die bislang sehr zappelig waren, die Gruppe für „blöd" und „doof" hielten und die Mitarbeit verweigert hatten, aktiv und von sich aus. Diese neue 'Sitzordnung' wurde die folgenden acht Gruppensitzungen bis zum Gruppenende beibehalten, wobei die Verbarrikadierungen im Lauf der Zeit unterschiedlich offen und durchlässiger wurden. Einige sonst eher schüchterne Kinder begannen sich mehr und mehr mitzuteilen.

Gruppenanalytisch betrachtet begannen diese Kinder nach einer gewissen Erfahrung mit uns als Gruppenleitung und dem relativ offenen Rahmen, der ihrer Abwehr gegenüber den multiplen mit der Trennung der Eltern verbundenen Belastungen viel Raum ließ, ihre jeweils individuelle Situation zu inszenieren: einerseits mit dem Thema Trennung der Eltern nichts zu tun haben zu wollen, andererseits ihnen und der damit extrem belastenden Situation und der dabei erlebten Gewalt zum Teil schutzlos ausgeliefert zu sein. Typisch für Kinder ist hierbei, dass dies zunächst nicht verbalisiert wird, was Kindern oft extrem schwer fällt, gerade wenn sie besonders betroffen sind. Vielmehr wurde in diesem Fall die belastende Thematik szenisch-agierend dargestellt in Form von Handlungsnarrativen (vgl. Klüwer, 1983; Walter, 2016) des symbolischen Schutzes vor den bedrohlich erlebten Erwachsenen bzw. – in der Übertragung – vor meiner Kollegin und mir als den beiden GruppenleiterInnen. Dieser Schutz gegenüber uns ermöglichte es den Kindern, über sich zu sprechen und die ambivalente Elternbesetzung inszenierend zu spalten: nach außen hin Schutz und Abwehr, im Gespräch mit uns und untereinander hinter dieser Abwehrmauer Kontakt und Kommunikation.

Da wir mit Ausnahme der stark strukturierten ersten Sitzung kaum Vorgaben machten, konnten sich bestimmte Gruppenprozesse entfalten: nach unseren Erfahrungen brachten die Kinder hierbei nicht nur ihre jeweils individuelle Thematik und aktuelle Befindlichkeit ein, sondern nahezu sämtliche für Trennung und Scheidung relevanten Themen, wenn auch auf spezifische - und das heißt oftmals auf indirekte Weise. Auf solch brisante Themen wie Trennung und Scheidung reagieren die Kinder zunächst mit Verunsicherung, Verleugnung, mehr oder minder starkem depressivem Rückzug und Rückgriff auf ihre bekannten Abwehrmuster und re-inszenieren diese, wie an dem Beispiel gezeigt, in der Gruppe. Hierbei konnten wir zwei Grundmuster erleben: direkte Verweigerung (z. B. über das Thema überhaupt nicht sprechen zu wollen) und - was sehr häufig vorkam - indirekte Beschäftigung mit der Thematik: es wird über vermeintlich andere Themen gesprochen, die bei genauerem Hinsehen sehr viel mit der Thematik Trennung und Scheidung zu tun haben. So erzählten viele Kinder von Unfällen, sprachen von Verletzungen und Krankheiten, über bestimmte Filme etc. Ein Mädchen formulierte ihre innere Not, indem sie ein Bild mit den Worten kommentierte: „Der hat Läuse und die jucken wie die Sau. Er muss fast weinen."

Die Dynamik einer Gruppe, deren Verlauf nur minimal vorstrukturiert ist, wird bestimmt durch bewusste und vor allem unbewusste Inszenierungen, in welchen, neben aktuellen Befindlichkeiten, immer auch die relevanten, jeweils individuell sehr unterschiedlich ausgeprägten Beziehungsmuster und Abwehr- und Bewältigungsversuche der Kinder eingehen. Diese dienen der aktuellen Lebensbewältigung und dazu, aktuell hoch belastende Situationen zu überleben und irgendwie zu bewältigen. Alle szenischen Inszenierungen in der Gruppe sind insofern immer auch soziale Inszenierungsmuster: in ihnen schlagen sich die bisherigen lebensgeschichtlichen Beziehungserfahrungen mit den relevanten Bezugspersonen ebenso nieder wie die aktuelle Erfahrung in der Gruppe. In einer prozessorientiert-offenen Gruppe reinszenieren sich diese Beziehungsmuster, bedingt durch das weitgehende Fehlen von konkreten inhaltlichen Vorgaben, in der Weise, dass sich die individuellen Muster im Kontext der Gruppe miteinander verschränken und eine je spezifische Dynamik der Gruppe konstituieren, die ihrerseits wiederum auf die einzelnen Personen zurückwirkt. Die intra- und interpsychische Dynamik der einzelnen Gruppenteilnehmenden und die Dynamik der Gruppe durchdringen sich gegenseitig und bilden in der Gruppe einen gemeinsamen Hintergrund, der das Gruppengeschehen wiederum mitprägt. Der Gruppenanalytiker Foulkes hat dafür den Begriff der „Gruppenmatrix" als des unbewussten Resonanzbodens all dessen, was in der Gruppe geschieht, geprägt (vgl. Foulkes, 1974). In Abwandlung des Hegel-Zitats in Stierlins Buchtitel formuliert: 'das Tun des Einen ist das Tun der Anderen anstelle des Anderen bzw. der Anderen' (vgl. Stierlin, 1971). Besonders eindrücklich zeigte sich dies in der Anfangssequenz einer ersten Sitzung, als ein siebenjähriges Mädchen sich mit den Worten vorstellte, sie heiße B. und ihre Mutter habe sie gebracht und ihr Vater hole sie ..., woraufhin sie in Tränen ausbrach, wodurch sie ihre eigene und die innere Betroffenheit aller anwesenden Kinder zum Ausdruck brachte.

In der Gruppe inszenieren die Kinder ein sie alle betreffendes Thema und zeigen dies in der Gruppe mittels inhaltlicher Beiträge und über konkretes Handeln ebenso, wie durch ihre emotionale Gestimmtheit und ihre Unruhe. Diese Inszenierungen können psychoanalytisch als die szenische Darstellung (vgl. Lorenzer, 1974, 2002) der kindlichen Befindlichkeit bzw. als Handlungsdialog (Klüwer, 1983) verstanden werden. Die ambivalente Grundsituation der Kinder zeigte sich häufig als Spaltung einzelner Momente, mittels derer konkrete Beziehungsbedürfnisse und die mit deren Frustration verbundenen Empfindungen und Emotionen einerseits und deren Abwehr andererseits in der Gruppe gezeigt wurden. So äußerten z. B. viele Kinder in einer siebten Gruppenstunde aus dem aktuellem Anlass eines vom Vater vergessenen Umgangswochenendes, worüber ein Kind sehr betroffen und traurig berichtete, in der Gruppe viel Ärger und Wut auf die getrennt lebenden Eltern. Manche Kinder drückten nach anfänglicher Scheu ziemlich unverhohlen und sehr offen ihre zum Teil hochaggressiven Empfindungen gegenüber den Eltern aus. Ein Junge meinte daraufhin, so dürfe man über die Eltern nicht reden und denken, was zu einer spontanen intensiven Diskussion zwischen den Kindern führte, ob man das dürfe oder nicht.

Für ein solches Sich-Verschränken der individuellen Thematik und der unbewussten Gruppendynamik einer Gruppe und deren Entwicklung ist es von entscheidender Bedeutung, wie sich die Gruppenleitung nicht nur äußerlich, sondern auch innerlich verhält, was sie mittragen und aushalten kann. Insofern stelle ich als Gruppenleitung – ähnlich der holding function relevanter Bezugspersonen (vgl. Winnicott, 1974) – neben dem äußeren Rahmen immer auch einen inneren Raum zur Verfügung als den psychischen Raum, innerhalb dessen sich etwas entwickeln kann oder nicht.

Mit der Fähigkeit der Gruppenleitung, einen ausreichend stabilen Rahmen für Inszenierungs- und Entwicklungsprozesse bei inhaltlich offenen Vorgaben zur Verfügung zu stellen und diesen Prozess zu gewährleisten, steht und fällt die Arbeit in analytisch prozessorientierten Kindergruppen. Unverzichtbare Aufgabe der Gruppenleitung bei diesem offenen Vorgehen, das mit dem arbeitet, was die Kinder aktuell einbringen, ist es, insbesondere in emotional belastenden und chaotisch erscheinenden Situationen mit klarem, offenem und bestimmtem Vorgehen explizit strukturierende Elternfunktion zu übernehmen, was die Kinder immens entlastet.

Um diese Inszenierungsdynamik, die bei offenen Gruppenvorgaben gegenüber mehr übenden und stark strukturierenden Verfahren entsteht, an einem weiteren Beispiel zu veranschaulichen, sei der Verlauf einer Gruppenstunde einer anderen Kindergruppe von 12 Kindern im Alter zwischen sechs und elf Jahren kurz wiedergegeben:

In der dritten Sitzung wurde durch die Erzählung eines Mädchens das Thema: „wie sieht meine jetzige Familie aus" virulent und wir schlugen – wie öfters – vor, ihre Familie zu malen. Wir stellten dies den Kindern frei, ob sie ihre Familie z. B. in Tieren o. ä. malen wollen (Wir hatten dies im Laufe unserer Gruppenerfahrung entwickelt um die individuelle Sicht der Kinder kennenlernen zu können: die einzelnen Kinder können sich darüber in der Gruppe austauschen, indem sie ihre Bilder erläutern und – wenn sie wollen – auf Fragen der anderen Kinder antworten oder deren Ideen zur Kenntnis nehmen. Manchmal äußern wir als Gruppenleitung auch etwas dazu, sind in der Regel jedoch sehr zurückhal-

tend, zumal von den betroffenen Kindern selbst und den anderen Kindern viele interessante Beiträge kommen, die ihrerseits zu – oftmals spontanen - Gruppendiskussionen führen). Das sich an die gegenseitige Vorstellung der Bilder anschließende Gruppengespräch verlief in dieser Kindergruppe zunächst auffallend schleppend. Vor allem fiel eine große Unruhe auf, die mehr als sonst spürbar war. Wir sprachen dies an und setzten es mit der aktuell durch Trennung/Scheidung der Eltern belasteten Situation der Kinder in Verbindung. Die Atmosphäre wurde dadurch etwas entspannter. Währenddessen fing ein achtjähriger Junge an, aus dem Bild seiner Familie einen Papierflieger zu basteln. Als wir dies benannten, fingen andere Kinder ebenfalls an, Papierflieger zu basteln, bis es am Schluss fast alle taten. Einige Kinder begannen ihre Flieger anzumalen und im Raum herumzuschießen, manche mit zunehmender Heftigkeit. Kurz darauf gerieten wir als Gruppenleiter durch die auf uns geworfenen Flieger in das Schussfeld der Attacken einiger Kinder. Wir beide reagierten zunächst zurückhaltend, schossen irgendwann die Papierflieger zurück. Ergebnis: die meisten Kinder schossen auf uns ein, wir kamen mit dem Zurückschießen kaum nach. Die Atmosphäre hatte sich völlig entspannt, war lustvoll-aggressiv. Eher aggressionsgehemmte Kinder trauten sich mehr als bislang aus sich herauszugehen.

In dieser Gruppensitzung inszenierte sich – ohne, dass dies geplant oder absehbar gewesen wäre –... die Aggression gegenüber den sich trennenden Eltern in Form von Papierfliegern, die auf uns (in der Übertragung als Elternsurrogate) abgeschossen wurden. Zugleich – so vermute ich – wurde den Eltern – d.h. uns beiden Gruppenleitern als in der Übertragung verfügbaren Erwachsenen – die Familienproblematik symbolisch zurückgegeben; den Fliegern kam nicht nur eine gewisse Entlastungsfunktion im Sinne der Externalisierung aggressiver Impulse zu, darüber hinaus konnten die belastenden Problematiken via Flugzeug symbolisch weggeschossen werden.

In Kindergruppen inszenieren sich die Gefühle und Befindlichkeiten der Kinder sowie ihre Zuneigung und Aggression sehr unmittelbar und werden im agierenden Kontakt dichter und näher erlebbarer als bei Erwachsenengruppen, bis hin zu – wie das letzte kurze Beispiel zeigt – mehr oder weniger symbolisierten körperlichen Attacken. Kinder agieren ihre Angst offener, zeigen mehr Gefühle, verweigern sich mehr und sind andererseits unbefangener und neugieriger, was denn hier so alles passiert. Ob und wie sich solche Prozesse entwickeln können, hängt entscheidend von der Spannungstoleranz der Gruppenleitung ab und ihrer Fähigkeit, eigene und fremde Angst auszuhalten, eigene und fremde Gefühle wie Trauer, Wut, Sehnsucht, Aggression, Verzweiflung, Hilflosigkeit, Wünsche nach Nähe und Zuwendung sowie hochambivalente Spannungen, welche sich oftmals in der eigenen Gegenübertragung (vgl. Bettighofer, 2016) erschließen, zuzulassen und aushalten zu können. Vermeintlich chaotische oder störende Gruppensituationen werden nicht verhindert, vielmehr als eine Möglichkeit angesehen, bestehende Beziehungs-, Belastungs- und Bewältigungsmuster in der Gruppe zugänglich werden zu lassen, indem sie aufgegriffen und zum Gruppenthema gemacht werden.

4. Zum konkreten Verlauf der Kindergruppen

Ziel der Gruppen ist es, den Kindern Mut zu machen, ihre unterschiedlichen Gefühle bei Trennung und Scheidung zuzulassen, diese ernst zu nehmen und sich zu trauen, diese den Eltern gegenüber zu äußern. Zugleich bietet die Gruppe die Möglichkeit, bei Bedarf den Kindern sachliche Informationen über ihre Situation zu geben (Wie verläuft die Scheidung, wieso muss Papa Geld bezahlen etc.) und darüber zu sprechen. Darüber hinaus kann die Gruppe als ein Ort erlebt werden, an dem die Kinder offen, ohne Rücksicht auf ihre Eltern und die starken inneren Loyalitätskonflikte gegenüber beiden Eltern, über Trennung und Scheidung sprechen und die damit verbundenen Affekte zulassen und zeigen können. Auffallend ist, wie aufmerksam Kinder zum Teil zuhören, wenn andere Kinder von sich erzählen, seien das der Auszug oder Wegzug des Vaters, die ausgefallenen Besuchswochenenden, die erneute Berufstätigkeit der Mutter, neue Partner der Eltern, Halbgeschwister. Obwohl es den Kindern gerade anfangs nicht leicht fällt, über ihre Befindlichkeit zu sprechen, was sich in der Regel in Gereiztheit, Unruhe, Spannungen, Unkonzentriertheit oder Blödeleien äußert, können die Kinder im Lauf der Gruppe ihre Probleme mit der Trennung und Scheidung der Eltern immer besser artikulieren und die damit verbundenen Gefühle ansprechen.

4.1. Bemerkungen zum Setting und zum gruppentherapeutischen Vorgehen

Die Gruppen fanden in einem großen hellen Raum mit Möglichkeit zum Bewegen und Toben statt. Ein Stuhlkreis, den die Kinder aus Kindergarten und Schule kennen, signalisierte die Arbeit am Thema in Form von Gruppengesprächen, einige Tische standen für freie Beschäftigung (Malen, Essen und Trinken) zur Verfügung, wobei sich oft an den Tischen spontan aufkommende Gruppengespräche ergaben.

Die allen Sitzungen gleiche Grundstruktur war: Stuhlkreis mit thematisch offen verlaufendem Gruppengespräch, Essenspause, freie Beschäftigung in Form von Gruppenspielen o. ä. Letztere entwickeln sich manchmal direkt aus dem Thema der Stunde, zum Beispiel, wenn ein akuter Konflikt mit einem Elternteil als Rollenspiel (etwa in Form eines Telefonats oder Streitgesprächs) gespielt wurde. Häufig schlossen sich an die Essenspause Bewegungsspiele an, die von den Kindern gewünscht wurden, was die Kinder emotional sehr entlastete.

Zeitlich wurde das Setting sehr flexibel nach der aktuellen Situation gehandhabt. Die Gruppengespräche sowie die Essenssequenz fanden immer statt, der Spielteil war variabel. Bei spannenden Themen nahm das Gruppengespräch manchmal fast die gesamte Gruppenzeit in Anspruch, oft war es hierbei erstaunlich ruhig, die Kinder hörten sehr interessiert zu, so dass kaum mehr Zeit für Spiele blieb. Hatten wir, was sehr selten vorkam, den Eindruck, die Kinder seien aktuell durch das Thema Trennung/Scheidung zu belastet, sprachen wir dies konkret an und die meiste Zeit der Sitzung wurde gespielt; in der darauffolgenden Sitzungen fanden öfters sehr intensive Gruppengespräche statt.

Im Unterschied zu den thematisch offen verlaufenden Gruppensitzungen wurden die erste und teilweise die letzte Sitzung von uns strukturiert.

Ziel der ersten Gruppensitzung war es, die anwesenden Kinder miteinander vertraut zu machen, sie in formelle und informelle Gespräche und Kontakt miteinander zu bringen sowie eine gewisse Gruppenkohäsion zu erzeugen. Gleich zu Beginn fragten wir: ‚Was für eine Gruppe ist das?' Oftmals kamen zögerliche Antworten, manchmal sehr direkte, insbesondere wenn die Kinder seitens ihrer Eltern gut informiert waren. Es folgte eine Vorstellungsrunde aller Anwesenden (einschließlich der GruppenleiterInnen und des ‚Scheidungsdinos'). In der Regel wurden Namen, Wohnort, Alter, Schule, Hobbys und häusliche Situation (bei wem lebt das Kind, wie lange leben die Eltern getrennt, Besuchsregelungen) genannt, oftmals gab es bereits hier erste spontane Rückmeldungen der anderen Kinder. Daraufhin wurden Gruppenregeln besprochen und zusammen mit den Kindern entwickelt. Nach einer Pause mit Essen und Trinken, in der sich die Kinder miteinander und mit uns frei unterhalten konnten, wurde aus einzelnen Fotos der Gruppenteilnehmenden einschließlich Gruppenleitung und ‚Scheidungsdino' ein Gruppenfoto erstellt. Spätestens hier begannen auch sehr zurückhaltende oder depressiv wirkende Kinder sich einzuklinken. Das Gruppenfoto wurde während der weiteren Gruppensitzungen für alle gut sichtbar aufgehängt; zu jeder Sitzung wurde geschaut, wer da ist und wer nicht.

Die weiteren Gruppenstunden waren bei der vorgegebenen Grundstruktur (Gruppengespräch – Pause – Gruppenaktivitäten in Form von Spielen/gemeinsamen Aktivitäten) offen und wurden bestimmt durch die aktuelle Thematik der Kinder. Nach unseren Erfahrungen brachten die Kinder sehr viele relevante Themen direkt oder indirekt in die Gruppe ein. Unsere Interventionen als Gruppenleitung zielten neben der notwendigen Grundstrukturierung der jeweiligen Gruppensitzungen vor allem darauf ab, die von den Kindern eingebrachte Thematik – verstanden als individuelle Äußerung des Betroffenseins durch die Trennungs- und Scheidungssituation der Eltern – zum Thema aller Kinder im Gruppengespräch zu machen und die Inszenierungsdynamik auf der kognitiv-verbalen Ebene , der Ebene der affektiven Inhalte sowie auf der Verhaltensebene (in Form von störendem Verhalten, Unruhe, Blödeln etc.) als Gruppenthema in Sprache zu bringen.

In den in der Regel sich entwickelnden sehr intensiven Gruppengesprächen konnten die Kinder sich miteinander über ihre Probleme und Konflikte austauschen. Hierbei machten die Kinder einerseits die Erfahrung der individuellen Unterschiedlichkeit ihrer jeweiligen Situation, andererseits erlebten sie sich mit den anderen Kindern in einer ähnlichen Betroffenheit. Mit zunehmender Gruppendauer brachten viele Kinder, sobald ein Thema angeschnitten wurde, ihre individuelle Situation ein, was oftmals zu sehr erstaunlichen Differenzierungen (z. B. über Besuchsregelungen, das Erleben des neuen Partners/der neuen Partnerin eines Elternteils, was tun die Kinder, wenn die Eltern miteinander streiten u.v.m.) führte. Darüber hinaus begannen die Kinder von sich aus sich darüber auszutauschen, was in bestimmten Situationen getan werden könnte (z. B. wenn der Papa am Wochenenden wenig Zeit hat oder die Mutter nicht gerne hat, wenn man mit dem Vater telefoniert usw.). Prinzipiell unterstützten wir die Eigeninitiative der Kinder.

Als Gruppenleitung benannten wir verschwommene und unklar bleibende Themen und Probleme sehr direkt, was von vielen Kindern erleichtert aufgegriffen wurde. Darüber hinaus gaben wir den Kindern bei ihren konkreten Fragen ad hoc Informationen an die Hand (Wie läuft eine Scheidung? Was heißt Sorgerecht? etc.). Wir achteten darauf, dass die Gruppe nicht zu sehr vom Thema abkam, zugleich unterstützten wir die Kinder ihre

Befindlichkeit wahrzunehmen und zu benennen und ermutigten sie, ihre Kompetenzen einzusetzen, um Probleme zu lösen oder mit nichtveränderbaren Situationen anders umgehen zu können. Dazu gehörte auch, die Kinder zu desillusionieren, was ihre (oftmals sehr hartnäckigen) Wünsche, die alte Familie wiedererleben bzw. wiederherstellen zu wollen, betraf. Im Wesentlichen bewegten wir uns entlang der seitens der Kinder vorgegebenen Thematik.

Immer wieder wurden seitens der Kinder zentrale Themen erstaunlich differenziert und kompetent angesprochen: wie wird die veränderte Wohnsituation, wie die aktuelle Besuchsregelungen, wie werden die getrennt lebenden Eltern erlebt, wie der Streit bzw. Nichtstreit der Eltern, wie die neuen Partner der Eltern, wie die Scheidung vor dem Familiengericht, welche Loyalitätskonflikte und Identifikation mit den einzelnen Elternteilen treten auf. Einen großen Bereich der Sitzungen nahmen Gefühle ein, die spontan zur Sprache kamen und von uns Gruppenleitern zum Gruppenthema gemacht wurden: Trauer und Wut, Verzweiflung, Gefühle von Alleingelassensein und Verlassenwerden durch einen Elternteil, Empfindungen und Handlungsimpulse gegenüber dem neuen Partner/der neuen Partnerin der Eltern. Konnte ein Gruppenmitglied nicht kommen, so wurde darüber diskutiert warum. Besondere Betroffenheit löste in einer Gruppe aus, dass ein Kind nicht mehr kam, weil die Eltern wieder zusammenlebten. In einer anderen Gruppe wurde aufgrund der Abwesenheit meiner Kollegin oder von mir während einer Gruppensitzung intensiv über den Frust, den der nicht anwesende Elternteil auslöst, gesprochen (ausführliche Beispiele in Walter, 2000).

Im Gegensatz zu anderen Ansätzen der Gruppenarbeit bei Trennungs- und Scheidungskindern verstanden wir die starke Unruhe der Kinder und deren Agieren, in welcher Form auch immer, als Ausdrucksverhalten (vgl. Müller-Pozzi, 1991), mittels dessen die Kinder ihre innere Konflikthaftigkeit externalisierend zeigen, was durch die aktuellen Themen der Gruppenstunden reaktualisiert wird und sprachliche und nichtsprachliche Momente beinhalten kann (wie Herumblödeln, Auf-dem-Stuhl-Herumrutschen, Ablenken etc.). Diese Inszenierungen sahen wir als den Versuch an, bestehende Bewältigungs- und Abwehrprozesse und darin immer auch innere und externalisierende Regulationsprozesse aufrechtzuerhalten bzw. zur Geltung zu bringen (vgl. Walter, 2012, 2016), sei dies als einzelnes Kind oder als Gruppe bzw. als Untergruppe. Insofern sahen wir störendes Verhalten als nach außen gezeigten Ausdruck starker Betroffenheit durch ein bestimmtes gerade diskutiertes Thema an und eben nicht als Disziplinlosigkeit oder als Störung des Gruppenprozesses, die zu unterbinden sind. Vielmehr nahmen wir störendes Verhalten als Anlass, in der Gruppe darüber zu sprechen, wie es den anwesenden Kindern mit dem aktuellen Thema gehe. Unsere Interventionen bestanden darin, offen anzusprechen, wenn uns störendes Verhalten auffiel und den Bezug zum aktuellen besprochenen Gruppenthema oder zur aktuellen Gruppensituation herzustellen und mit den Kindern gemeinsam zu überlegen, was dazu führen könnte, dass ein solches Verhalten gezeigt wird.

Um den Kindern das Sprechen zu erleichtern, führen wir den ‚Scheidungsdino' (vgl. Krasny Brown & Brown, 1994) in Form eines Stoffdinos ein, der immer an den Gruppensitzungen teilnahm. Einzelne Darstellungen des Dinos in seinen unterschiedlichen Stimmungen (Freude, Ärger, Wut, Enttäuschung, Verzweiflung, Angst, Verzagtheit) hatten wir auf jeweils ein Din-A-4-Blatt kopiert. Vor diesem Hintergrund begannen viele Kinder ihre eigene Geschichte zu Papier zu bringen, malten die Dinos aus und es schloss sich ein Gruppengespräch über die jeweiligen Äußerungen und Bilder an. Durch die Möglichkeit, den Scheidungsdino als drittes Objekt zur Verfügung zu haben, fiel es den Kindern um vieles leichter, ihre eigene Thematik externalisierend über die Dinos mitzuteilen und über sich und ihre innere Not zu sprechen. Manche der Kinder äußerten sich dahingehend „dem geht es genauso wie mir"; andere wehrten ihre Befindlichkeit ab, es ginge „nur dem Dino so". Die jeweiligen projektiv-externalisierenden Äußerungen der einzelnen Kinder über die unterschiedlichen Empfindungen und Gefühlslagen des Scheidungsdinos erlebten wir in der Regel hoch differenziert; sie trafen ihre jeweilige Grundbefindlichkeit und aktuelle Probleme erstaunlich genau (detaillierte Aussagen sind beschrieben in Walter, 2000). Insbesondere jüngere Kinder ließen sich gut darauf ein und diktierten uns oder anderen Kindern, was wir schreiben sollten.

Ergänzend gaben wir, wenn das Thema neue Partnerschaft der Eltern in der Gruppe auftauchte, ein Bild in die Gruppe, das ein flirtendes Paar zeigt und einen Jungen, der sie beobachtet (abgedruckt in Jaede et al., 1996, S. 102, Abb.III), was oftmals sehr intensive Diskussionen in der Gruppe zu Folge hatte (z.B. „Ich habe jetzt einen neuen Papa" – „Den kannst Du vergessen" …).

Die letzte Sitzung wurde gemeinsam mit den Kindern nach ihren Ideen als Abschiedsfeier gestaltet und entsprechend vorbereitet. In der Regel wiesen wir vier bis fünf Sitzungen vor Beendigung der Gruppe die Kinder darauf hin, dass es bald eine letzte Sitzung geben wird und fragten sie, wie sie diese gestalten möchten. Dabei ging es nicht nur um die organisatorische Vorbereitung (welche Spiele, Musik, wer bringt was mit etc.); vielmehr war uns wichtig, den Kindern die Möglichkeit zu geben, das bevorstehende Ende der Gruppe und die damit verbundene Trennung bewusst zu gestalten und darüber zu sprechen, wie es für die einzelnen Kinder ist, dass die Gruppe nun aufhört. Manche Kinder sprachen von sich aus die Brisanz der Thematik an - so z.B. ein sechsjähriger Junge: „das ist ja wie eine Trennung", ein anderer Junge gleichen Alters machte sich Gedanken darüber, dass wir uns nicht mehr „Auf Wiedersehen" sagen können und schlug „Gute Reise und noch ein schönes Leben" vor, was von der Gruppe als Abschiedsgruß übernommen wurde. In der Regel wurde das Ende der Gruppe ambivalent erlebt: viele bedauerten, dass die Gruppe zuende ist und sie die anderen Kinder nicht mehr sehen würden. Manche waren auch froh, nicht mehr mit diesem Thema konfrontiert zu sein und über dieses Thema so viel nachdenken zu müssen oder den Nachmittag für anderes (Freunde besuchen, Hausaufgaben, Baden gehen etc.) nutzen zu können.

Im Mittelpunkt dieser letzten Sitzung stand die Gruppe als Gruppe, die nun zuende geht, was manchen Kindern sichtlich schwerfiel. Manche der für diese Sitzung vorgeschlagenen Spiele hatten oft einen direkten Bezug zur Trennungs- und Scheidungsthematik. Das Ende der Gruppe wurde ritualisiert vollzogen, indem das Gruppenfoto aufgelöst wurde und die Kinder ihre Fotos, die sie zu Beginn gemacht hatten, mit nach Hause nehmen konnten.

5. Elterngruppenarbeit

Konstitutiver Bestandteil der Kindergruppe war die begleitende Elternarbeit, die parallel zur Kindergruppe als Elterngruppe stattfand. Dabei kristallisierten sich drei Gruppenabende als unter den gegebenen Umständen gut praktikabel heraus: ein Abend vor Beginn der Gruppe, einer in der Mitte der Gruppe und ein Abend nach Abschluss der Gruppe. In der Regel kam der sorgeberechtigte Elternteil, manchmal beide Eltern, ab und zu mal auch der neue Partner oder die neue Partnerin. Je nach Trennungsdynamik der Eltern erlebten wir die gemeinsame Anwesenheit beider Eltern als konstruktiv, insbesondere wenn die Bereitschaft vorhanden war, weiterhin gemeinsam den Kindern gegenüber die elterliche Verantwortung wahrzunehmen. Wurde versucht, den Trennungskonflikt in der Elterngruppe zu agieren, was gelegentlich vorkam, verwiesen wir die Eltern diesbezüglich auf andere Möglichkeiten der Beratungsstelle.

Am ersten Abend legten wir die Konzeption und Arbeitsweise der Kindergruppe einschließlich unserer Schweigeverpflichtung gegenüber den Kindern dar und beantworteten entsprechende Fragen der Eltern. Zugleich versuchten wir ein Gruppengespräch zwischen den Eltern zu initiieren, zumal diese in der Regel viele ähnliche Fragestellungen und Probleme hinsichtlich ihrer Kinder einbrachten und ihre unterschiedlichen Sichtweisen und Erfahrungen austauschen konnten. Dies führte schnell zu einem offenen Austausch der anwesenden Eltern untereinander, was sehr entlastend erlebt wurde, da viele Eltern wahrnehmen konnten, dass ihre Probleme auch bei anderen Betroffenen vorkommen und sie nicht die einzigen sind, die sich damit schwer tun. Diese Fragestellungen wurden - ausgehend von der individuellen Betroffenheit der Eltern – am zweiten Gruppenabend vertieft. Der dritte Abend diente uns neben dem Gespräch über weitere Fragen und aktuelle Befindlichkeiten der Eltern als Feed-back möglicher von den Eltern wahrgenommener Veränderungen der Kinder während und zum Ende der Gruppe. Dabei sprachen die Eltern folgende Veränderungen an:

- die Kinder wurden weniger depressiv und zurückgezogen erlebt und zeigten mehr Unbeschwertheit

- die Kinder zeigten einen offeneren Umgang mit der Trennung und Scheidung der Eltern, sprachen die Thematik zuhause offen an und stellten oftmals sehr direkte und für die Eltern zunächst unangenehme Fragen. Zugleich wiesen die Kinder mehr auf ihre individuelle Situation und Betroffenheit hin und äußerten direkte Wünsche an die Eltern, wurden insofern für die Eltern unbequemer

- viele der Kinder begannen gegenüber ihren Freunden und in der Schule offen über ihre Situation zu reden

- zwischen einzelnen Gruppenmitgliedern wurden weitere Kontakte und Freundschaften geschlossen.

6. Resümee

Das beschriebene situativ-prozessorientrierte Vorgehen in einer entwicklungsoffenen Gruppe mit wenigen strukturierenden Vorgaben steht und fällt mit der Fähigkeit der Gruppenleitung, auf die jeweilige Gruppensituation und die individuelle Befindlichkeit der Kinder ad hoc so eingehen zu können, dass die aktuellen Inszenierungen in der Gruppe als individueller Ausdruck einer problemhaften Befindlichkeit der Kinder verstanden werden, die sich im Gruppenprozess widerspiegeln und die das jeweils aktuelle Gruppengeschehen als Ausdruck der individuellen Betroffenheit der einzelnen Kinder betrachtet. Damit umzugehen setzt eine hohe Spannungstoleranz voraus und zugleich die Bereitschaft, klar und bestimmt zu intervenieren und, wenn notwendig, zu strukturieren, ohne potentielle Entwicklungsprozesse in der Gruppe und die Eigentätigkeit der Kinder abzuwürgen. ‚Störungen' werden auf diesem Hintergrund als Ausdruck kindlicher Befindlichkeit und deren Reaktion auf die belastende Trennungs-/Scheidungssituation der Eltern angesehen, welche im aktuellen Gruppengeschehen reaktiviert werden.

Was Trennungs- und Scheidungskindergruppen aktuell leisten können, ist, Kinder in einer akuten Krisensituation zu stabilisieren, indem sich die Kinder in ihrer Befindlichkeit und ihren Gefühlen akzeptiert erleben und die Erfahrung machen können, dass es anderen Kindern in einer solchen Situation ähnlich oder vielleicht noch schlimmer geht. Auf diese Weise können die Kinder die Gruppe als aktuellen, zeitlich begrenzten Rückhalt erleben, Hilfestellungen erhalten (z. B. bei Loyalitätskonflikten); sie können ihrem Ärger, ihrer Wut und ihrer Verzweiflung, wenn die Gruppenleitung dies aushält, Ausdruck verleihen und manchmal auch konkrete Hilfestellung in belastenden Situationen erfahren. Damit scheint mir das Potential zeitlich begrenzter therapeutischer bzw. nichttherapeutischer Gruppen im Sinne von Kurzzeit-Gruppentherapie ausgeschöpft. Dieser unterstützende und entwicklungsstabilisierende Aspekt darf in keiner Weise unterschätzt werden, zumal gerade in Trennungs- und Scheidungssituationen die Eltern als belastete Bezugspersonen ausfallen. Zugleich darf nicht übersehen werden, dass die Gruppenerfahrung nicht immer angenehm ist, vor allem, wenn die Kinder erleben, dass es anderen Kindern um einiges besser geht als ihnen, etwa weil diese zu ihrem Vater mehr und verlässlicheren Kontakt haben, oder indem brisante Themen zur Sprache kommen, denen man gerne ausgewichen wäre. Darüber hinaus hängt die Situation der Kinder zentral davon ab, wie deren Eltern mit der Trennung umgehen und wie diese in der Lage sind, die neue familiäre Situation für die Kinder stabil und verlässlich zu etablieren (vgl. DAJEB, 2015), was oft genug nicht der Fall ist. Gelingt dies, so geht es den Kindern entschieden besser als wenn das familiäre Umfeld, z. B. durch nichtgelöste Trennungskonflikte der Eltern, weiterhin belastet bleibt.

Nichtsdestotrotz stellen Trennungs- und Scheidungskindergruppen wichtige Hilfs- und Unterstützungsmöglichkeiten für betroffene Kinder dar. Auffallend ist, dass neben den oben zitierten Autoren (z. B. Jaede et al., 1994) viele Kolleginnen und Kollegen, die zum Teil sehr strukturierende Ansätze vertreten, auf die Notwendigkeit hinweisen, sich im Rahmen der vorgegebenen Struktur flexibel auf die Situation der Kinder einzustellen und ihnen ausreichend Raum zu geben. Hinzu kommen neuere Entwicklungen im Bereich der Verhaltenstherapie, welche die Bedeutung des Beziehungsaspektes fokussieren (vgl. Richter-Benedikt, 2014, 2015a, 2015b, 2018, 2019). De facto dürfte die Frage nach der konkreten Vorgehensweise dadurch entschieden werden, welches Modell die einzelnen

GruppenleiterInnen bevorzugen, auf was sie an eigenen Kompetenzen und Ressourcen zurückgreifen können und wo sie sich in ihrer Arbeit sicher fühlen. Nach meinem Kenntnisstand der konkreten Arbeit von Kolleginnen und Kollegen, die mit Trennungs- und Scheidungskindergruppen arbeiten, werden in der Praxis mehr und mehr Mischformen zwischen offenen und strukturierten Elementen zur Geltung zu kommen.

Literatur

Bauers, B. (1993). Psychische Folgen von Trennung und Scheidung für Kinder. In K. Menne, H. Schilling & M. Weber (Hrsg.), Kinder im Scheidungskonflikt. Beratung von Kindern und Eltern bei Trennung und Scheidung (S. 39-62). Weinheim: Beltz Juventa.

Bettighofer, S (2016). Übertragung und Gegenübertragung im therapeutischen Prozess. Stuttgart: Kohlhammer.

DAJEB Deutsche Arbeitsgemeinschaft für Jugend- und Eheberatung e.V. (Hrsg.). (2015). Eltern bleiben Eltern. Hilfen bei Trennung und Scheidung. München: Eigendruck.

Figdor, H. (2000). Scheidungskinder – Wege der Hilfe. Gießen: Psychosozial-Verlag.

Figdor, H. (2004). Kinder aus geschiedenen Ehen. Zwischen Trauma und Hoffnung – Wie Kinder und Eltern die Trennung erleben. Gießen: Psychosozial-Verlag.

Figdor, H. (2012). Patient Familie: Ein Ratgeber für professionelle Helfer. Gießen: Psychosozial-Verlag.

Foulkes, S. H. (1974). Gruppenanalytische Psychotherapie. München: Kindler.

Jaede, W., Wolf, J. & Zeller, B. (1996). Gruppentraining mit Kindern aus Trennungs- und Scheidungsfamilien. Weinheim: Beltz.

Kardas, J. & Langenmayr, A. (1996). Familien in Trennung und Scheidung. Ausgewählte psychologische Aspekte des Erlebens und Verhaltens von Scheidungskindern. Stuttgart: Thieme.

Klüwer, R. (1983). Agieren und Mitagieren. Psyche, 37, 828–840.

Krabbe, H. (1992). Beratungsangebote vor, während und nach Trennung und Scheidung. In W. E. Fthenakis & H.-R. Kunze (Hrsg.), Trennung und Scheidung – Familie am Ende? Neue Anforderungen an die beteiligten Institutionen (S. 126-151). Grafschaft: Vektor.

Krabbe, H. & Weissheimer, S. (1993). Hilfe für Kinder in der Beratungsstelle für Familienkrisen, Trennung und Scheidung „TRIALOG". Elternvereinbarungen und Kindergruppen. In: Kinder und Jugendliche im Scheidungsprozeß der Eltern. Zur Forschung, Theorie und Technik von Therapie und Beratungspraxis (S. 46-55). Internationales Symposium am 21. und 22. Oktober 1993, Berlin.

Krasny Brown, L. & Brown M. (1994). Scheidung auf dinosaurisch: Ein Ratgeber für Kinder und Eltern. Hamburg: Carlsen.

Lorenzer, A. (1974). Die Wahrheit der psychoanalytischen Erkenntnis. Ein historisch-materialistischer Entwurf. Frankfurt: Suhrkamp.

Lorenzer, A. (2002). Die Sprache, der Sinn, das Unbewusste: Psychoanalytisches Grundverständnis und Neurowissenschaften. Stuttgart: Klett-Cotta.

Maderthaner, A., Habel, G., Samitz, U. & Spranger, B. (1996). Das Linzer Modell: Trennung – Scheidung – Neubeginn. Praxis der Kinderpsychologie und der Kinderpsychiatrie, 45, 244-251.

Mahne, K. F. & Walter, A. (1997). Beratung und Hilfe als Gruppengeschehen. Gruppenspezifische Angebote und Vorgehensweisen unserer Beratungsstelle. Jahresbericht 1997 der Evangelischen Beratungsstelle für Eltern-, Jugend-, Ehe- und Familienfragen im Diakonischen Werk Augsburg e.V. (S. 123-456).

Meyer, U. (2013). Trennungs- und Scheidungskindergruppen in der Erziehungs- und Familienberatung. Grundlagen – Konzeption – Evaluation (Dissertation). Philipps-Universität Marburg.

Müller-Pozzi, H. (1991). Psychoanalytisches Denken: Eine Einführung. Bern: Huber.

Reinartz, F.-J.(1996). Kindergruppen mit begleitender Elternarbeit bei Trennung oder Scheidung. In H. Schilling (Hrsg.), Wege aus dem Konflikt. Von Therapie bis Mediation: Professionelle Unterstützung von Kindern und Eltern bei Trennung und Scheidung. Eine Veröffentlichung der Bundeskonferenz für Erziehungsberatung e. V. (bke) S. 154-169. Mainz: Matthias-Grünewald.

Richter-Benedikt, A. J. (2014). Strategische Jugendtherapie (SJT): Jugendliche lernen, Selbst, Emotionen und Beziehungen regulieren. Psychotherapie, 19, 253-286.

Richter-Benedikt, J. A. (2015a). Strategische Jugendlichentherapie (SJT): Konzeption und Evaluation eines integrativ-verhaltenstherapeutischen Ansatzes im kombinierten Einzel- und Gruppensetting zur psychotherapeutischen Behandlung von Jugendlichen. München: CIP-Medien.

Richter-Benedikt, A. (2015b). Was Jugendliche in der therapeutischen Beziehung tatsächlich brauchen: Die Bedeutung der therapeutischen Beziehung in der Strategischen Jugendlichentherapie (SJT). Psychotherapie, 20, 226-251.

Richter-Benedikt, A. (2018). Die Strategische Jugendlichentherapie (SJT©) als kurzzeittherapeutische Maßnahme als ein Ansatz zur entwicklungsförderlichen therapeutischen Arbeit mit Jugendlichen im Kurzzeitverfahren. Psychotherapie, 23, 70-95.

Richter-Benedikt, A. (2019). Die Anwendung der Strategischen Jugendlichentherapie (SJT) im Gruppensetting. Psychotherapie, 23, in diesem Band.

Rudek, R. (1993). Kindergruppenarbeit im Feld Trennung und Scheidung. In: K. Menne, H. Schilling & M. Weber (Hrsg.), Kinder im Scheidungskonflikt: Beratung von Kindern und Eltern bei Trennung und Scheidung (S. 151-166). Weinheim: Beltz.

Stierlin, H. (1971). Das Tun des Einen ist das Tun des Anderen, Frankfurt: Suhrkamp.

Walter, A. (1999). Zur Gruppendynamik von analytisch orientierten Erwachsenen- und Kindergruppen. In Institut für Musiktherapie am Freien Musikzentrum München (Hrsg.), Beiträge zur Musiktherapie München: Freies Musikzentrum e.V.

Walter, A. (2000). Das Unsagbare sagbar machen: Kindergruppenarbeit mit Kindern, deren Eltern getrennt oder geschieden sind. In W. Buchholz-Graf & C. Vergho (Hrsg.), Beratung für Scheidungsfamilien (S. 169-203). Weinheim: Beltz.

Walter, A. (2012). Zwischen Skylla und Charybdis: Psychoanalytische Anmerkungen zur innerpsychischen und externalisierenden Selbstregulation. Psychotherapie, 17, 306-316.

Walter, A. (2016). Psychoanalytisches Arbeiten mit Kindern und Jugendlichen als gemeinsam getragenes Inszenieren und „Träumen" der Not des Patienten. Psychotherapie, 21, 35-60.

Winnicott, D.W. (1974): Reifungsprozesse und fördernde Umwelt, München: Kindler.

Korrespondenzadresse

Dr. phil. Alfred Walter
alfredwalter.praxis@t-online.de
Karlstr. 5, 86150 Augsburg, 0821-3493780

Kurt Wedlich & Pia Comanns

Wie wirksam ist die ambulante integrative Gruppenkurzzeittherapie – mehr als Symptomreduktion?

How effective is outpatient integrative short-term group therapy – more than symptom reduction?

Die ambulante Gruppentherapie kommt trotz wiederholter Belege für ihre Wirksamkeit bislang nur selten zum Einsatz. Die bevorstehende Erneuerung im EBM ab April 2017 soll zu einer höheren Flexibilität in der Anwendung und Abrechnung für Einzel- und Gruppentherapie beitragen und gibt daher Anlass für die Untersuchung möglicher Vorzüge solcher therapeutischer Maßnahmen im ambulanten Kontext.
Ziel dieser Arbeit ist die Ergänzung einer bereits vorangegangenen Studie über die Effektivität ambulanter Gruppenkurzzeittherapie im Sinne einer Symptomreduktion aus dem Jahr 2012. Die Untersuchung des gesamten Entwicklungsprozesses im Hinblick auf die Veränderung von psychischen Zuständen sowie weiteren therapierelevanten Größen mit dem Fokus auf das subjektive Erleben des Patienten soll zu einem allgemeinen Verständnis beitragen. Die Stichprobe umfasst 82 Patienten mit Depressionen, Angsterkrankungen und Schmerzstörungen einer ambulanten psychotherapeutischen Einzelpraxis mit dem Schwerpunkt auf integrative Gruppenkurzzeittherapie. Die Behandlung nach einem standardisierten Vorgehen orientiert sich an dem kognitiv-behavioralen und achtsamkeitsbasierten Konzept. Die Datenerhebung erfolgt zu drei Messzeitpunkten. Im Rahmen einer Längsschnittstudie ab der probatorischen Phase bis zum Beginn der Gruppentherapie wurden standardisierten Fragebögen zur Erfassung der Stimmungslage, der Angstsymptomatik sowie der psychischen Befindlichkeit verwendet. Am Ende der Gruppentherapie wurde eine Momentaufnahme bzw. eine retrospektive Einschätzung therapierelevanter Kenngrößen aus Sicht des Patienten mittels eines eigenständig konzipierten Fragebogens, basierend auf empirisch geprüften Verfahren, durchgeführt. Dieses Selbstbeurteilungsinstrument erfasst sieben Subskalen: Hilf- und Hoffnungslosigkeit, pessimistisches Denken, allgemeine Therapieeffekte, Beziehung zw. Patient und Therapeut, Gruppe und Patient, globales Veränderungsspektrum und Veränderung der Alltagswahrnehmung. Die Ergebnisse des Vergleichs zwischen der Probatorik und dem Beginn der Gruppentherapie zeigen keine bzw. minimale Symptomreduktionen mit signifikanten Ergebnissen hinsichtlich der depressiven Stimmungslage sowie der Angstsymptomatik. Im retrospektiven Vergleich am Ende der Gruppentherapie resultieren signifikante Unterschiede in allen untersuchten Bereichen. Zu diesem Messzeitpunkt werden sowohl der Therapieeffekt als auch der Grad der Veränderung als hoch bewertet.
Diese Ergebnisse aus der aktuellen und der vorangegangenen Studie belegen die Effektivität der ambulanten integrativen Gruppenkurzzeittherapie im Sinne der Symptomreduktion sowie der Verbesserung der allgemeinen Gesundheit des Patienten. Hierdurch wir die Notwendigkeit solcher Maßnahmen im ambulanten Kontext für die psychotherapeutische Qualitätssicherung und für den Patienten verdeutlicht.

Schlüsselwörter
Ambulante integrative Gruppenkurzzeittherapie – Ambulante Gruppenkurzzeittherapie – Ambulante Gruppentherapie – Gruppentherapie – Ambulantes Therapiekonzept – integratives Therapiekonzept – störungsorientierte Psychotherapie – Depression – Angsterkrankungen – Somatisierungsstörung – chronische Schmerzstörung

Outpatient group therapy is still rarely used, despite repeated evidence of its efficacy. The forthcoming renewal in the EBM from April 2017 is expected to contribute to greater flexibility in the use and billing of individual and group therapy, and is therefore a reason for investigating the potential benefits of such therapeutic measures in an ambulatory context. The aim of this study is to supplement a previous study on the efficacy of outpatient group therapy in the sense of a symptom reduction from the year 2012. The study of the entire development process with regard to the change of mental states as well as further treatment-relevant variables with a focus on subjective experience Of the patient should contribute to a general understanding. The sample comprises 82 patients with depression, anxiety disorders and pain disorders of an outpatient psychotherapeutic individual practice with a focus on integrative group temporal therapy. Treatment according to a standardized approach is based on the cognitive-behavioral and mindfulness-based concept. Data collection takes place at three measurement times. Within the framework of a longitudinal study from the probatory phase up to the beginning of the group therapy, standardized questionnaires were used for the assessment of mood, anxiety symptoms and psychological condition. At the end of group therapy, a snapshot or a retrospective evaluation of treatment parameters from the patient's perspective was carried out using a self-designed questionnaire based on empirically tested procedures. This self-assessment instrument captures seven subscales: help and hopelessness, pessimistic thinking, general therapy effects, relationship between patient and therapist, group and patient, global change spectrum, and change in perception. The results of the comparison between the probatorics and the beginning of the group therapy show no or minimal symptom reductions with significant results regarding the depressive mood situation and the anxiety symptom. In the retrospective comparison at the end of group therapy, significant differences result in all examined areas. At this time, the therapeutic effect and the degree of change are assessed as high.

These results from the current and previous studies demonstrate the effectiveness of outpatient integrative group temporal therapy in the sense of symptom reduction as well as improvement in the general health of the patient. This clarifies the necessity of such measures in the outpatient context for psychotherapeutic quality assurance and for the patient.

Keywords
Outpatient integrative short-term group therapy – Outpatient integrative group therapy – Outpatient group therapy – group therapy – outpatient therapeutic concept – integrative therapeutic concept – disease-specific psychotherapy – depression, anxiety disorders – Somatization disorder – chronic pain

Hinführung

Durch die Teilnahme an dem Projekt der Kassenärztlichen Vereinigung zur Qualitätssicherung in der ambulanten Psychotherapie in Bayern (KVB, 2014) wurde evident, dass standardisierte Teste auch im Alltag einer ambulanten psychotherapeutischen Praxis, also in der Regelversorgung, zweckmäßig und zielführend eingesetzt werden können. Die in dieser groß angelegten Studie hauptsächlich verwendeten Teste, Helping Alliance Questionnaire (Basler, 1995), Patient Health Questionnaire (Loewe, 2003) und die Skalen zur Erfassung der Lebensqualität (Averbeck, 1997) erwiesen sich im Praxisalltag als tauglich, nicht aber als zielgenau. Diese Feststellung gilt vor allem für therapeutische Gruppen mit ihrer speziellen und je eigenen Dynamik. Der Blick in die Therapieprozesse von Gruppen ist erschwert durch die Heterogenität und Vielschichtigkeit solcher Abläufe.

Die Patienten, die im Rahmen des Projekts Qualitätssicherung in der ambulanten Psychotherapie in Bayern, im Zeitraum 2007 bis 2010, innerhalb eines differenzierten Forschungsprogramms untersucht wurden, waren ausschließlich Teilnehmer an richtlinientherapeutischen Einzeltherapien. Die Teilhabe am Prozess des Projektes, die gefunden Ergebnisse und Erkenntnisse (Altmann, 2014; Gallas, 2008; Steffanowski, 2011) und die individuellen Erfahrungen mit den Projektpatienten führten im Laufe der Zeit zu der Motivation eine praxisinterne Behandlungssystematik für Gruppentherapien aufzubauen. Hierzu wurden in einem kontinuierlichen Evaluationsprozess Gruppen ambulant psychotherapeutisch behandelt. In einer ersten Veröffentlichung von Wedlich (2012) wurde aufgezeigt, das und inwieweit innerhalb von 20 bis 25 Gruppentherapiestunden eine Symptomreduktion erreicht werden kann.

Der Nachweis der Wirksamkeit von Gruppentherapie gilt laut einer Vielzahl empirischer Studien für unterschiedliche Störungsbilder als fundiert (Fuhriman & Burlingame, 1994; Linden, 2006). Entsprechend dieser Erkenntnisse haben sich gruppentherapeutische Maßnahmen nicht nur im psychologischen Bereich als fester Bestandteil in dem stationären Setting etabliert, während sie dagegen im ambulanten Kontext als „Stiefkind" bezeichnet wird (Best, 2011).

Jüngst weißt Voderholzer (2017) auf die weitgespannten und empirisch sehr gut belegten Chancen hin, die erwiesener Maßen nicht nur in den psychosomatischen Kliniken gegeben sind, sondern auch in der ambulanten Versorgung gut umsetzbar wären.

Neben der Vielfalt der Einflussfaktoren auf das Gelingen einer gruppentherapeutischen Behandlung als Ausbildungsanforderung, sind es vor allem organisatorische Hürden, die eine große Herausforderung für die Abrechnungsgenehmigung bei niedergelassenen Psychotherapeuten darstellen.

Bedauerlicherweise war und ist die Beantragung von verhaltenstherapeutischen Gruppenkurzzeittherapien im ambulanten Kontext noch immer unüblich, obwohl die Beantragungsbedingungen vereinfacht wurden. So ist zum Beispiel die für verhaltenstherapeutische Bewilligungsanträge zwingend notwendige Kombination aus Gruppen- und Einzelsitzungen abgeschafft worden. Die Bewilligung durch die Krankenkassen geschieht in aller Regel problemlos. Allerdings kommt es immer wieder vor, dass die EBM-Ziffer 35222, kleine verhaltenstherapeutische Gruppe, nur fünfundzwanzigmal, also analog zur EBM-Ziffer 35220, bewilligt wird. Für eine verhaltenstherapeutische Gruppenkurzzeittherapie mit fünfundzwanzig therapeutischen Sitzungen muss aber fünfzigmal die EMB-Ziffer 35222 beantragt und bewilligt werden, weil für eine therapeutische Sitzung, diese umspannt hundert Minuten, jeweils zweimal die EBM-Ziffer 35222 abgerechnet werden muss, weil diese nur für fünfzig Minuten gilt. Zweimal die EBM-Ziffer 35222 erbringt dieselbe Geldleistung, wie einmal die EBM-Ziffer 35220.

Im neuen EBM ab April 2017 können und sollen beide Ziffern, für Gruppen- bzw. Einzeltherapie, flexibel angewendet und abgerechnet werden. Auch hier gilt, einmal die EBM-Ziffer 35220 entspricht zweimal der EBM-Ziffer 35222.

Trotz der vielfältigen Erschwernisse konnte die Effektivität ambulanter Gruppentherapie im Sinne einer Symptomreduktion bereits in einer vorangegangenen Untersuchung von Wedlich (2012) auch statistisch belegt werden.

Die Ergebnisse dieser Studie sollen nun, zum besseren Verständnis des gesamten Entwicklungsprozesses, kurz referiert werden. Ein Beitrag, um die Vorzüge der Gruppenkurzzeittherapie innerhalb der ambulanten Versorgung aufzuzeigen. Dabei finden sowohl die früheren, hier knapp skizzierten Ergebnisse, als auch neue Erkenntnisse aus der aktuellen Datenanalyse Berücksichtigung.

Strukturelemente

Die Durchführung beider Therapiestudien erfolgt innerhalb einer ambulanten psychotherapeutischen Einzelpraxis. Diese ist in ein Ärztehaus, mit insgesamt 19 Fachärzten verschiedener Fachrichtungen, integriert, welches bautechnisch, im Sinne einer ambulantstationären Versorgung, an eine Klinik angeschlossen ist. Mit insgesamt 455 Betten ist das Klinikum spezialisiert für Chirurgie, Diabetologie, Lymphologie, Pneumologie, (Kinder-) Urologie, Frauenheilkunde, Onkologie und Nuklearmedizin, dient aber auch der Breitenversorgung der Bevölkerung. Für seelisch betroffene Patienten bildet die psychotherapeutische Praxis eine erste Anlaufmöglichkeit und ist stark medizinisch orientiert. Angesichts der breiten Ausbildung des behandelnden Psychotherapeuten, in Verhaltenstherapie und Psychoanalyse, ist der Hauptansatz der Gruppenkurzzeittherapie therapieschulenübergreifend bzw. integrativ.

Der Großteil der Patientenversorgung wird mittlerweile durch störungsspezifische Gruppentherapien gewährleistet. Die Patienten durchlaufen ein Therapieprogramm, das kontinuierlich evaluiert und weiterentwickelt wird.

Die den Patienten zugeordneten Hauptdiagnosen (Dilling, 2014), aus den F03- und F04-Kategorien der ICD-10, verteilen sich wie folgt:
- 35: F32.1, F32.2: mittelgradige und schwere depressive Episoden
- 45: F40.01, F41.0, F41.1: Agoraphobie mit Panikstörung, Panikstörung und generalisierte Angststörung
- 20: F45.1, F45.4: undifferenzierte Somatisierungsstörung und anhaltende somatoforme Schmerzstörung

Würde jedem Patienten, jede psychische Störung in Haupt- und Nebendiagnose zugeordnet, die vorhanden ist, hätten die Patienten im Durchschnitt drei Diagnosen. Aufgrund der Reduktion der Diagnosen auf therapierelevante Basiselemente erwies sich im Laufe der Zeit die Festlegung einer Hauptdiagnose als zielführend.

Wichtig ist weiterhin die Tatsache, dass 2/3 der Patienten zusätzlich zu ihrer psychischen Störung eine oder mehrere schwere körperliche Erkrankungen, wie Krebs, Herzinsuffizienzen, Multiple Sklerose, Morbus Crohn, Diabetes, usw., aufweisen. Diese körperlichen Faktoren müssen im Therapiekonzept mitbedacht werden.

Bezüglich der Schulbildung hatten 55 der Patienten aus den Gruppentherapien einen Hauptschulabschluss, 27,5 Mittlere Reife und 17,5 Abitur.

Vor Beginn der Therapie waren 85 der Patienten arbeitsunfähig, am Ende 7,5. Bei 7,5 der Patienten erfolgte aus körperlichen Gründen eine Berentung.

In Abhängigkeit von der Hauptdiagnose werden jeweils vier Patienten einer Gruppe zugeordnet. In der Praxis wird, verteilt von Montag bis Samstag, täglich eine Gruppe angeboten. Es gibt Vormittag-, Nachmittag- und Abendgruppen. Jeder Interessent findet einen passenden Zeitraum. Die Mitglieder starten und beenden die Gruppe gemeinsam und gleichzeitig. Die Inhalte folgen sowohl einem festen Plan (siehe unten) als auch einer störungs- und gruppentypischen Evidenz. Darüber hinaus werden individuelle Bedürfnisse berücksichtigt und elastisch in den Gruppenprozess integriert.

Relevante Therapieprozesselemente im Überblick

Das standardisierte Vorgehen bzw. das Manual der gruppentherapeutischen Kurzzeitbehandlung orientiert sich an einem kognitiv-behavioralen und achtsamkeitsbasierten Konzept. Das heißt, kognitive, mentale und verhaltensbezogene Aspekte werden integriert. Auf diese Weise finden drei Denkrichtungen bzw. Handlungsorientierungen der modernen Psychotherapie Berücksichtigung.

Als zentrales Elemente der Gruppentherapie wird das Konzept der Mentalisierung bereits während der probatorischen Phase, in einer Dyade mit dem Therapeuten, eingeübt und während des Gruppenprozesses durch die Ermutigung der Patienten zum Sprechen in Selbstaussagen kontinuierlich verstärkt. Ziel ist dabei die Reflexion typischer Muster bzw. Automatismen im Denken, Fühlen und Handeln. Auf der Körperebene wird durch das stufenweise Einüben eines Gegenkonditionierungstrainings bzw. einer Gegenkonditionierungsreaktion sowohl die Körperwahrnehmung geschärft als auch eine effektive Stress-Abbau-Reaktion etabliert. Das hieraus resultierende Gefühl der Kontrolle über den eigenen Körper fördert die Selbstwirksamkeitsannahme des Betroffenen und somit wiederum den angstfreien Umgang mit Gedanken und Gefühlen.

Die nachfolgende Tabelle gibt einen Überblick über die einzelnen Bestandteile der Gruppenkurzzeittherapie, wie sie bereits von Wedlich (2012) beschrieben wurde:

Sitzungs-Nummer	Theorie	Üben	Verändern
5 Probe-Sitzungen	Kennenlernen, Anamnese, Diagnostik, Motivation für Therapie	Erste Hinführung zum Körpererleben, Zulassen von Körpersignalen	Wahrnehmen, Aussprechen und Bewerten von Körpersignalen, Gedanken und Gefühlen
Nr. 1	Appell an die Gruppe: Ja, ich lasse mich auf die Therapie, das Neue ein	Dyaden: Das Woher des anderen wahrnehmen und der Gruppe mitteilen	Was führt mich bzw. die anderen in die Gruppe? Meine Ziele, unsere Ziele – Wir Gefühl

Sitzungs-Nummer	Theorie	Üben	Verändern
Nr. 2	Wie geht es mir jetzt in der Gruppe? Hemmnisse? Was brauche ich?	Dyaden fortführen und dann in Gesamtgruppe überführend. Gefühle?	Wie kann ich mich öffnen? Wie gelingt das den anderen?
Nr. 3	Psychologische Grundlagen: Körper und Seele sind eine Einheit	Biofeedback, Entspannung nach Weizmann, Hypnose	Wie beeinflusse ich unbewusst meinen Körper? Wie erleben das die anderen?
Nr. 4	Theorie und Stufenplan der systematischen, individualisierten Entspannung	Einführungsübung: Gestufte Muskelanspannung mit den Fäusten	Neue Erfahrungen mit dem Körper bewerten und in der Gruppe diskutieren. Unterschiede?
Nr. 5	Evolutionäre Muster im Verhalten des Menschen; Unbewusstes vs. Lernen	Differenzierte Wahrnehmung unterschiedlicher Muskeln im Körper (1x)	Ruhe, Stille und Aktivierung: Was sagt mein Körper? Was denke/ fühle ich? Was denken/ fühlen die anderen?
Nr.6	Abwehr und Widerstand im Gruppenprozess als Spiegel des Alltags	Differenzierte Wahrnehmung unterschiedlicher Muskeln im Körper (2x)	Erlebnisse der Patienten, in denen sich unbewusste Muster zeigen, z. B. Widerstände beim Üben
Nr. 7	Psychologie des Lernens und das Gewordensein; Angstabbaukurve	Differenzierte Wahrnehmung unterschiedlicher Muskeln im Körper (3x)	Mutiger sein als ängstlich! Warum vermeide ich lieber? Wie gehe ich mit Ängsten um?
Nr. 8	Angst: Entstehung/ Aufrechterhaltung und Behandlungsformen	Differenzierte Muskelwahrnehmung plus Signalkonditionierung (1x)	Seit wann habe ich Ängste bzw. Depressionen? Neue Perspektiven entlang der Theorie
Nr. 9	Depression: Entstehung / Aufrechterhaltung und Depressionsformen	Differenzierte Muskelwahrnehmung plus Signalkonditionierung (2x)	Bin ich meine Gefühle? Traurigkeit, Verzweiflung, Einsamkeit und Enttäuschung
Nr. 10	Depression: Behandlungsmöglichkeiten bei verschiedenen Depressionen	Differenzierte Muskelwahrnehmung plus Signalkonditionierung (3x)	Bin ich meine Gefühle? Wut, Neid, Ungeduld, Misstrauen, Verachtung und Eifersucht

Sitzungs-Nummer	Theorie	Üben	Verändern
Nr. 11	Schlaf und Schlaftraining bzw. Schlafreduktionsverfahren	Muskelwahrnehmung, Signalkonditionierung plus Atmung (1x)	Schlafen, das ist doch ganz einfach! Besprechung individueller Schlafgewohnheiten
Nr. 12	Schlaf und Schlaftraining bzw. Schlafreduktionsverfahren	Muskelwahrnehmung, Signalkonditionierung plus Atmung (2x)	Schlafen ist doch ganz anders! Besprechung von Erfahrungen mit dem neuen Schlafen
Nr. 13	Synaptische Prozesse und Übertragung; Wirkung von SSRI	Muskelwahrnehmung, Signalkonditionierung plus Atmung (3x)	Wie stehe ich selbst zu Medikamenten? Will ich darauf verzichten? Ist das gefährlich?
Nr. 14	Immunreaktionen im Körper; Gesunde Ernährung und Bewegung	Verknüpfung von Muskeln, Verkürzung der Übung plus Farben (1x)	Gesunder Geist und gesunder Körper gehören zusammen; Ich nehme mich selber ernst/ wichtig!
Nr. 15	Pat.Nr.1: Anwendung des Gelernten in einer individuellen Lösung	Verknüpfung von Muskeln, Verkürzung der Übung plus Farben (2x)	Die Gruppe hilft dem Patienten bei seiner Lösung, im Kontext des Gelernten und der Selbsterfahrung
Nr. 16	Pat.Nr. 2: Anwendung des Gelernten in einer individuellen Lösung	Verknüpfung von Muskeln, Verkürzung der Übung plus Farben (3x)	Die Gruppe hilft dem Patienten bei seiner Lösung, im Kontext des Gelernten und der Selbsterfahrung
Nr. 17	Pat.Nr. 3: Anwendung des Gelernten in einer individuellen Lösung	Reine konzentrative Reduktion der Aktivierung plus Farben (1x)	Die Gruppe hilft dem Patienten bei seiner Lösung, im Kontext des Gelernten und der Selbsterfahrung
Nr. 18	Pat.Nr. 4: Anwendung des Gelernten in einer individuellen Lösung	Reine konzentrative Reduktion der Aktivierung plus Farben (2x)	Die Gruppe hilft dem Patienten bei seiner Lösung, im Kontext des Gelernten und der Selbsterfahrung
Nr. 19	Pat.Nr. 1: Wie werde ich künftig mit Problemen/ Konflikten umgehen?	Reine konzentrative Reduktion der Aktivierung plus Farben (3x)	Die Gruppe hilft dem Patienten bei der Realitätsprüfung seiner individuellen Zukunftsgestaltung

Sitzungs-Nummer	Theorie	Üben	Verändern
Nr. 20	Pat.Nr. 2: Wie werde ich künftig mit Problemen/ Konflikten umgehen?	Strategische und individuelle Verkürzung der Entspannung durch Selektion (1x)	Die Gruppe hilft dem Patienten bei der Realitätsprüfung seiner individuellen Zukunftsgestaltung
Nr. 21	Pat.Nr. 3: Wie werde ich künftig mit Problemen/ Konflikten umgehen?	Strategische und individuelle Verkürzung der Entspannung durch Selektion (2x)	Die Gruppe hilft dem Patienten bei der Realitätsprüfung seiner individuellen Zukunftsgestaltung
Nr. 22	Pat.Nr. 4: Wie werde ich künftig mit Problemen/ Konflikten umgehen?	Strategische und individuelle Verkürzung der Entspannung durch Selektion (3x)	Die Gruppe hilft dem Patienten bei der Realitätsprüfung seiner individuellen Zukunftsgestaltung
Nr. 23-25	Stabilisierung, Bestätigung, Korrektur der Anwendung des Gelernten	Wiederholung/ Ergänzung von Übungsteilen auf Wunsch der Patienten	Welche Motivation muss ich haben, um mir treu zu bleiben? Wie geht es den anderen?

Kurz zusammengefasst bildet die Basis der gruppentherapeutischen Intervention die Aufklärung der Patienten, schon während der probatorischen Phase, über den vorstrukturierten Ablauf der einzelnen Sitzungen sowie über Form und Inhalt der Gesamtbehandlung. Das Programm orientiert sich dabei an der Trias Theorie (Erkennen und Verstehen), Üben (Erfahren und Erleben) sowie Verändern (Reflexion, Mentalisierung, Handeln). Das erste therapeutische Treffen dient dem Kennenlernen der Gruppenmitglieder untereinander. In Dyaden sollen sie ihre Lebensgeschichte austauschen und durch die Verbalisierung auftretender emotionaler, kognitiver und körperlicher Reaktionen Hemmnisse verringern. Die gemeinsame Reflexion solcher Prozesse bildet den Grundstein für ein erstes Wir-Gefühl der Gruppe.

In der dritten Sitzung erhalten die Patienten ein ausführliches und passgenaues Handout zur kontinuierlichen Psychoedukation (Depression, Schlafstörungen, Problemlöseverhalten etc.) für den gesamten Gruppentherapieverlauf. Der Fokus liegt hierbei auf einer teilnehmeradäquaten Didaktik und Methodik mit der Vermittlung von funktionalem Wissen als wesentlichen Bestandteil der Maßnahme. Demnach wird Lernen als aktiver und sozialer Konstruktionsprozess verstanden. Der Erwerb von Wissen erfolgt dabei durch die selbstständige und eigenaktive Beteiligung des Patienten am Lernprozess, u. a. durch den interaktiven Austausch mit den Anderen. Zudem weist diese Form der Wissensvermittlung situative und kontextuelle Bezüge auf, wodurch die Verknüpfung und Anwendung neuer Wissenselemente mit bereits bestehenden Erfahrungskomponenten im Alltag gewährleistet wird. Ferner werden psychophysiologische Grundlagen erklärt und Körperfunktionen mittels Biofeedback oder anderen passenden apparatefreien Körperwahrnehmungsstrategien erlebbar gemacht. Basierend auf der therapeutisch gelenkten Wahrnehmung von Körper, Geist und Seele, entsteht bei dem Patienten die Motivation nach Veränderung solcher körperlicher und psychischer, bisher bedrängender bzw. beängstigender, Zustände. Neue Erfahrungen werden möglich. Kontrolle und Selbstwirksamkeit entsteht. Hierfür wird mit den Betroffenen ab der vierten Gruppensitzung ein Entspannungsverfahren, im Sinne eines systematischen Gegenkonditionierungstrainings, erlernt. Ausgehend von einer veränderten Form der progressiven Muskelrelaxation nach Jacobson (1938) erwirbt der Patient entlang des aufeinander aufbauenden Stufenplans vier Gegenkonditionierungswerkzeuge, welche angesichts ihrer zeitlichen und sozialen Anpassung an die jeweilige Situation in jedem Alltags- und Stressgeschehen zur Spannungsregulation, also zum Stressabbau, eingesetzt werden können.

Ab der fünfzehnten Sitzung verschiebt sich die Rolle des Therapeuten, der nun mehr als Moderator individuell richtige Anwendungen der Lerninhalte bei den einzelnen Patienten verstärkt bzw. falls nötig Korrekturen einleitet. Abschließend werden im Rahmen der letzten fünf Gruppensitzungen die Veränderungen besprochen, wobei das Augenmerk auf der benötigten Motivation zur Stabilisierung des Gelernten liegt.

Untersuchungsergebnisse bezüglich der Symptomreduktion

In Anlehnung an das beschriebene Gruppentherapiemodell wurde bereits im Jahr 2012 eine Studie zu Wirksamkeit dieses Behandlungskonzepts in derselben Praxis durchgeführt. Daher ist die Stichprobe der damaligen Untersuchung, mit 40 Patienten, sowohl hinsichtlich der demographischen Daten sowie der Diagnoseverteilung mit der aktuellen Studie, die sich auf 82 Patienten bezieht, vergleichbar. Als Effektivitätsmaß lag damals das Hauptaugenmerk auf der Symptomreduktion, welche anhand der Symptomcheckliste bei psychischen Störungen (SCL-90-R) nach Franke (2002) erfasst wurde. Durch den Einsatz des Messverfahrens am Anfang und Ende der Gruppentherapie war ein Vorher-Nachher-Vergleich der subjektiv wahrgenommenen Veränderung der Beeinträchtigung durch psychische und körperliche Symptome der Patienten möglich. Die nachfolgende Darstellung zeigt, dass in nahezu allen untersuchten Bereichen signifikante Unterschiede verzeichnet werden konnten.

	MW des T-Wertes		SD des T-Wertes		MW-Differenz	T	Sig.
	t1	t2	t1	t2			
Somatisierung	65.63	46.93	6.64	8.87	18.70	13.86	.00*
Zwanghaftigkeit	59.88	49.03	10.06	7.22	10.85	11.83	.00*
Unsicherheit im Sozialkontakt	65.97	56.05	10.18	8.08	9.92	8.59	.00*
Depressivität	72.55	56.53	6.91	6.39	16.02	14.63	.00*
Ängstlichkeit	72.28	57.73	8.83	8.26	14.55	13.75	.00*
Phobische Angst	65.95	57.45	13.99	9.13	8.50	6.80	.00*

Aggressivität/ Feindseligkeit	47.75	43.93	10.71	6.87	3.83	2.81	.01*
Paranoides Denken	42.53	41.93	6.09	5.12	0.60	1.07	0.29
Psychotizismus	45.85	43.98	6.43	4.35	1.88	2.88	0.01*
Globaler Kennwert GSI	67.75	52.95	5.57	6.37	14.80	16.16	.00*
Globaler Kennwert PSDI	72.25	52.05	3.32	7.24	20.20	14.90	.00*
Globaler Kennwert PST	59.80	52.93	4.30	5.94	6.88	10.76	.00*

Bei dem Vergleich resultierten die stärksten Symptomrückgänge in der Somatisierung, Depressivität, Ängstlichkeit und Unsicherheit im Sozialkontakt. Anhand der globalen Kennwerte zum Grad der psychischen Belastung (GSI), der Schwere der Beeinträchtigung (PSDI) sowie der Anzahl der Symptome, bei denen eine Belastung vorliegt (PST) konnte ferner ein positiver Effekt auf die Befindlichkeit der Patienten gezeigt werden, was als Indiz für den Erfolg der integrativen Gruppenkurzzeittherapie interpretiert wird.

Aktuelle Untersuchungsergebnisse

Der Fokus der aktuellen Untersuchung stellt sich der Frage, ob und inwieweit zentrale Faktoren des Therapieprozesses, wie die Patient-Therapeut-Beziehung, die Beziehung der Gruppenmitglieder untereinander, Hilf- und Hoffnungslosigkeit, positiv beeinflusst werden konnten.

Hierbei erfolgt die Überprüfung der Wirksamkeit der beschriebenen ambulanten Gruppenkurzzeittherapie im Rahmen einer Kombination aus Querschnitts- und Längsschnittstudie. Im Gegensatz zu der oben angeführten Untersuchung liegt der Fokus dieser Studie also weniger auf dem Symptomrückgang, sondern vielmehr auf dem subjektiven Erleben und der Einschätzung bzw. Bewertung des Behandlungserfolgs durch den Patienten selbst. Daher wird angenommen, dass die ambulante gruppentherapeutische Intervention, neben einer Symptomreduktion, auch zu einer subjektiven Verbesserung der psychischen Gesundheit beiträgt.

Kurzbeschreibung der eingesetzten, standardisierten Fragebögen

Für die systematische Erhebung der Einschätzung therapierelevanter Größen werden Großteils psychometrische Tests als Grundlage der Objektivität verwendet. Folgende Messinstrumente kommen für jeden Gruppenpatienten zur freiwilligen Teilnahme während der Probatorik (t0) sowie zu Beginn der ambulanten integrativen Gruppenkurzzeittherapie (t1) zum Einsatz:

- **Hospital Anxiety and Depression Scale (HADS-D)**
  Die deutsche Version der HADS-D (Hermann-Lingen, 2011) ist ein Standardverfahren zur Erhebung von Angst- und Depressionssymptomen, insbesondere bei Personen mit somatischen Beschwerden bzw. Erkrankungen. Der Selbstbeurteilungsfragebogen ermöglicht anhand von vierzehn Items, mit jeweils sieben Fragen je Subskala in alternierender Reihenfolge, Rückschlüsse über die Ausprägung ängstlicher und depressiver Symptome für alle Patienten während der proprobatorischen Phase und zu Beginn der Gruppenkurzzeittherapie. Eine umfangreiche Reliabilitäts- und Validitätsprüfung liegt vor (Hermann-Lingen, 2011).
- **Allgemeine Depressionsskala (ADS)**
  Ein weiteres Verfahren zur Beurteilung der Depressivität ist die ADS (Hautzinger, 2012), welche ebenfalls zum Zeitpunkt der Probatorik sowie zum Gruppentherapiebeginn eingesetzt wird. Die Langform umfasst 20 Items über das Vorhandensein sowie die Ausprägung typischer depressiver Symptomlagen. Im Allgemeinen wird hier von einem reliablen und zuverlässigen Messinstrument ausgegangen (Hautzinger, 2012).
- **Panik- und Agoraphobie-Skala (PAS)**
  Zu denselben Zeitabschnitten wird die PAS (Bandelow, 1997) zur ausführlichen Diagnostik der Angstsymptomatik, im Speziellen bei Personen mit Panikstörung mit oder ohne Agoraphobie, verwendet. Mit dreizehn Items werden hier fünf Komponenten untersucht, welche als Einschränkung der Lebensqualität für Panikpatienten angenommen werden: (1) Panikattacken, (2) agoraphobische Angst, (3) Einschränkung im Alltag und (4) Gesundheitsbefürchtungen. Zusätzlich wird ein Skalengesamtwert gebildet. Umfangreiche Prüfungen zeigen gute Resultate für Reliabilität sowie Validität (Bandelow, 1997).
- **Mehrdimensionaler Befindlichkeitsfragebogen (MDBF)**
  Der MDBF (Steyer, 1997) dient der Ermittlung der aktuellen Stimmungslage bei der probatorischen Phase und dem Antritt der Gruppentherapie. Das Instrument enthält insgesamt 24 Fragen zur Abbildung von drei bipolar konzipierten Dimensionen der psychischen Befindlichkeit: (1) Gute Stimmung - Schlechte Stimmung, (2) Wachheit – Mündigkeit sowie (3) Ruhe – Unruhe. Die Gütekriterien dieses Fragebogenverfahrens können ebenfalls als gut beurteilt werden (Steyer, 1997).

Zum Abschluss der Gruppenkurzzeittherapie (t2) wurde jedem Patienten zusätzlich ein spezieller Therapiefragebogen vorgelegt. Hier sollen mit Hilfe von 76 Items sieben Kenngrößen aus Sicht der Gruppenteilnehmer erfasst werden:
(1) Hilf- und Hoffnungslosigkeit,
(2) pessimistisches Denken,
(3) allgemeine Therapieeffekte,
(4) Beziehung zw. Patient und Therapeut,
(5) Gruppe und Patient,
(6) globales Veränderungsspektrum und
(7) Veränderung der Alltagswahrnehmung.

Zur Gewährleistung der Qualität der Erhebung orientiert sich die Konzeption des Abschlussfragebogens dabei an folgenden Messverfahren:

- **Fragebogen zur Lebensgeschichte (FB Lebensgeschichte)**
  Der erste FB Lebensgeschichte wurde von Wolpe (1969) publiziert und anschließend mehrfach von unterschiedlichen Autoren und Institutionen modifiziert. Im Gegensatz zu den anderen eingesetzten Verfahren handelt es sich dabei nicht um ein psychologisches Messinstrument sondern dient der Erhebung von besonders therapierelevanten Informationen als Grundlage einer einheitlichen Basisdokumentation (Woody, 1980).
- **Messung der Therapieerwartung und Therapieevaluation von Patienten (PATHEV)**
  Der PATHEV (Schulte, 2003) erfasst je nach Messzeitpunkt die Erwartung bzw. den Eindruck des Patienten, (nicht) die geeignete Behandlungsmaßnahme gefunden zu haben und stellt somit ein wichtiges Prognoseinstrument für den späteren Therapieerfolg dar. Der Fragebogen umfasst elf Items für drei Subskalen zu unterschiedlichen Kognitionsbereichen des Patienten: (1) Hoffnung auf Besserung, (2) Furcht vor Veränderung und (3) Passung. Die Testgüte wird als gut beschrieben (Schulte, 2005).
- **Fragebogen zur Erfassung der Leidens (LEIFRA)**
  Der LEIFRA (Schulte, 1994) ist ein Selbstbeurteilungsbogen zur Darstellung des Leidens des Patienten durch seine Störung bzw. den damit verbundenen Problemen. Dabei liegt das Augenmerk weniger auf der Veränderung der Symptomatik sondern vielmehr auf dem Ausmaß des Leidens. Dieses ist eine eigenständige Komponente psychischer Erkrankungen. Das Leid resultiert aus der psychischen Störung bzw. den Symptomen, ist aber nicht zwangsläufig mit dem Ausmaß der Symptomatik positiv korreliert. Aufgrund der Annahme des Leidens als eigenständiges Konstrukt, dienen 18 Items der Erfassung drei relevanter Leidensfaktoren: (1) Beeinträchtigung im Alltag und in Tätigkeiten zur Erreichung von Zielen, (2) Hilflosigkeit und (3) Normabweichung. Eine Zusatzskala misst die Hilfsbedürftigkeit des Patienten. Umfangreiche Untersuchungen der Gütekriterien zeigen weitestgehend ausreichende Werte (Therapie- und Organisationssoftware, o.J.).
- **Stundenbeurteilungsbogen (STU-P)**
  Der STU-P basiert auf Schindler (1984). Er wurde von unterschiedlichen Forschungsgruppen, u. a. in Bochum von Schulte weiterentwickelt. Ziel dieses Fragebogens ist die Messung der Zufriedenheit des Patienten nach der Therapiesitzung, wobei sowohl das subjektive Erleben von Verständnis der Probleme und Zusammenhänge als auch das Gefühl von Bewältigungskompetenzen als Erfolg der Maßnahme interpretiert werden. Das Beurteilungsinstrument enthält sechs Items für zwei Subskalen: (1) Einsicht und Klärung sowie (2) Problembewältigung (Schulte, 2005).
- **Bochumer Veränderungsbogen (BVB09)**
  Ein weiteres Verfahren zur Erfassung der Wirksamkeit von Behandlungsmaßnahmen bildet der BVB09 (Willutzki, 2009) als Weiterentwicklung des Veränderungsfragebogens des Erlebens und Verhalten (Zielke, 1978). Der Fragebogen mit 15 Items dient der retrospektiven Einschätzung des Patienten über die Veränderung einzelner Symptome seit dem Therapiebeginn (Zielke, 2001). Auch hier wird angenommen, dass eine erfolgreiche Therapie neben der Symptomreduktion insbesondere durch das subjektive Ausmaß der Zielerreichung und somit der Zufriedenheit des Patienten bestimmt wird. Es wird als valides Messinstrument eingeschätzt (Willutzki, 2013).

- **Fragebogen zur Therapeutischen Beziehung (TBZI)**
  Das von Schulte entwickelte Verfahren dient der Erfassung von Aspekten der therapeutischen Beziehung aus Sicht des Patienten nach der Therapiesitzung. Hierbei wird angenommen, dass eine positiv empfundene Therapeut-Patienten-Beziehung eine zentrale Determinante der Behandlungsmotivation und somit des Engagements des Patienten als Voraussetzung für eine erfolgreiche Intervention darstellt (Schulte, 1996). Mittels 18 Items werden vier Subskalen abgebildet: (1) Vertrauensvolle Arbeitsbeziehung, (2) Kompetenz des Therapeuten, (3) Akzeptanz des Patienten durch den Therapeuten sowie (4) Konsens von Patient und Therapeut im Hinblick auf Therapieprozess und Therapieziele. Zusätzlich wird ein Skalengesamtwert ermittelt. Der Test wurde umfassend hinsichtlich seiner Reliabilität und Validität untersucht und als gut befunden (Willutzki, 2009).

Darstellung der statistischen Ergebnisse

Für die Aufbereitung und Auswertung der Daten wird das computergestützte Programm SPSS genutzt. Mittels deskriptiver Statistik werden Mittelwerte, Standardabweichungen und Varianzen ermittelt. Ferner erfolgt die Berechnung von Häufigkeiten relevanter Items. Eine bivariate Datenanalyse dient der Erfassung von Unterschieden mittels t-Tests für abhängige Stichproben bzw. deren Überprüfung durch Mann-Whitney-U-Tests.

Die Ergebnisse dieser Arbeit basieren auf Fragebogendaten von 82 Patienten mit durchschnittlich 44 Jahren, die zwischen den Jahren 2013 und 2016 Teil einer Gruppenkurzzeittherapie waren (M = 44.38, SD = 11.04). Die Stichprobe setzt sich aus 55 weiblichen und 27 männlichen Probanden zusammen. Dies entspricht den Resultaten des Robert Koch Institutes zur Gesundheitsberichterstattung (Robert Koch-Institut, 2015). Demnach sind Frauen häufiger von psychischen Beschwerden betroffen als Männer. Das Durchschnittsalter innerhalb der Gruppen präsentiert sich als homogen. Mit einem mittleren Alter von 45 Jahren sind die männlichen Teilnehmer im Durchschnitt ein Jahr älter als die untersuchten Frauen (Mm = 45.26, SDm = 11.40; Mw = .43.95, SDw = 10.94).

Ergebnisse der Gesamtgruppe
Bei allen Unterschiedsberechnungen wird als Signifikanzniveau jeweils α = .05 gewählt. Die nachfolgende Tabelle gibt einen Überblick über den Vergleich der Vorher-Nachher-Werte zwischen der probatorischen Phase und zu Beginn der Gruppenkurzzeittherapie.

	MW des Rohwertes		SD des Rohwertes		MW-Differenz	T	Sig.
	t_0	t_1	t_0	t_1			
HADS-D							
Depression	9.24	8.81	3.94	4.10	.55	1.59	.12
Angst	11.09	9.96	3.44	3.95	1.16	2.97	.01*
ADS	26.07	23.78	10.96	11.58	2.55	2.06	.04*

PAS	8.71	6.27	10.78	8.37	1.64	1.87	.07
Panikattacken	2.05	1.66	2.86	2.52	.15	.54	.59
Agoraphobische Vermeidung	2.37	1.53	3.33	2.31	.64	1.95	.06
Antizipatorische Angst	1.62	.96	2.41	1.66	.51	2.52	.01*
Behinderung/ Einschränkung	1.73	1.30	2.49	2.26	.26	.99	.32
Gesundheits-befürchtungen	.94	2.16	1.66	11.52	-.1.26	-.93	.35
MDBF							
Stimmung	24.13	25.03	7.13	7.89	-1.00	-1.31	.20
Wachheit	23.38	24.14	7.37	8.34	-.97	-1.29	.20
Ruhe	22.43	22.92	7.92	7.46	-.62	-.72	.47

Für die Untersuchung depressiver Symptome wurde sowohl die Depressionsskala der HADS-D (Hermann-Lingen2011) als auch die ADS (Hautzinger, 2012) herangezogen. Im Rahmen des ersten Selbstbeurteilungsfragebogens erreichen die Patienten während der probatorischen Sitzung im Mittel 9 Punkte, was einem grenzwertig auffälligen Wert entspricht. Der Mittelwert entspricht einem Prozentrang von 81 und liegt somit im grenzwertig durchschnittlichen Bereich (M = 80.64, SD = 19.51). Es bedeutet, dass nur 19 der repräsentativen Grundgesamtheit über eine stärkere depressive Symptomatik berichten. Innerhalb der untersuchten Stichprobe ist zu Beginn der Gruppentherapie eine minimale Veränderung um 0,6 Punkte und somit einem Prozentrang von 77 beobachtbar (M = 77.38, SD = 21.10). Dieser Testwert liegt ebenfalls im grenzwertigen Durchschnittsbereich und heißt, dass nunmehr 23 der repräsentativen Grundgesamtheit eine stärkere Depressionssymptomatik aufweisen. Angesichts der unzureichenden Signifikanz sind jedoch keine Rückschlüsse auf die Allgemeinbevölkerung möglich.

Weiterführend soll der Grad der Depression im Zeitraum Probatorik bis Beginn der Gruppentherapie mittels der ADS (Hautzinger, 2012) betrachtet werden. Hier erreichen die Patienten zum ersten Erhebungszeitpunkt durchschnittlich 26 Punkte und zeigen demnach depressive Auffälligkeiten. Dieser Wert entspricht einem Prozentrang von 81 (M = 81.30, SD = 23.83). Auch hier geben demnach nur 19 der repräsentativen Gesamtpopulation eine stärkere Ausprägung depressiver Symptome an. Für den selben Selbstbeurteilungsbogen erzielen die Patienten zum zweiten Testzeitpunkt 24 Punkte, was weiterhin einem auffälligen Bereich entspricht. Mit einem Prozentrang von 78 sind es 22 der repräsentativen Vergleichsgruppe mit höheren Fragebogenwerten im Sinne einer stärkeren Ausprägung der depressiven Symptomlage (M = 77.60, SD = 25.45). Bei der Untersuchung auf Unterschiede zeigt sich ein signifikantes Ergebnis. Mit einer 95 igen Sicherheit kann daher davon ausgegangen werden, dass die Differenz der Resultate bis zu 5 Punkte betragen kann ($KI95$ [.08, 5.03]). Demnach stellt sich die Ausprägung depressiver Symptome zwischen der probatorischen Phase und dem Beginn der Therapie als konstant bis sogar leicht gebessert dar.

Die Betrachtung von Angstsymptomen erfolgt mit Hilfe der Angstskala der HADS-D (Hermann-Lingen, 2011) und der PAS (Bandelow, 1997). In der Subskala der HADS-D (Hermann-Lingen, 2011) ist während der Probatorik ein Mittelwert von 11 Punkten und somit eine grenzwertig ausgeprägte ängstliche Symptomatik zu verzeichnen. Der Wert entspricht einem Prozentrang von 82, das heißt 28 der repräsentativen Grundgesamtheit erzielen ein höheres Ergebnis, was einen höheren Grad der Angstausprägung bedeutet (M = 81.90, SD = 16.29). Zum zweiten Messzeitpunkt zeigt sich eine minimale Reduktion der Durchschnittswerte auf 10 Punkte, was einem Prozentrang von 74 entspricht (M = 74.35, SD = 23.76). In der Angstskala erreichen lediglich 23 der repräsentativen Vergleichspopulation höhere Testwerte. Aufgrund der mangelnden Signifikanz sind die Ergebnisse allerdings nicht generalisierbar.

Die Mittelwerte des PAS (Bandelow, 1997) zur Untersuchung der Angstsymptomatik befinden sich zum ersten Testzeitpunkt mit 9 Punkten im leicht auffälligen Bereich. Innerhalb der getesteten Stichprobe weist die Verlaufsmessung zu Beginn der Gruppentherapie auf eine Verbesserung der Symptomlage hin. So erreichen die Patienten 3 Punkte weniger, was einem grenzwertig auffälligen bzw. unauffälligen Niveau entspricht. Da es sich dabei jedoch nicht um ein signifikantes Ergebnis handelt, sind keine Rückschlüsse auf die Grundgesamtheit möglich. In der Subskala zur antizipatorischen Angst resultieren sowohl in der probatorischen Sitzung als auch am Anfang der Gruppentherapie unauffällige Werte mit 2 bzw. 1 Punkt. Hierbei handelt es sich um ein signifikantes Ergebnis. Die Differenz zwischen den beiden Zeitpunkten kann mit einer 95 igen Sicherheit bis zu einem Punkt betragen (KI95 [.11, .92]). Im Hinblick auf die Panikattacken zeigen sich zu beiden Erhebungszeitpunkten im Mittel 2 Punkte, was einer unauffälligen Ausprägung ängstlicher Symptome entspricht. Es sind keine signifikanten Unterschiede objektivierbar. Ähnliche Ergebnisse ergeben sich auch für die Subskalen zur agoraphobischen Vermeidung sowie zu den Einschränkungen bzw. Behinderungen im Alltag.

Eine subjektive Veränderung allgemeiner psychischer Zustände zwischen der probatorischen Phase und dem Antritt der Gruppentherapie wird mittels des MDBF (Steyer, 1997) untersucht. In der Subskala „Stimmung" erzielen die Patienten zum ersten Messzeitpunkt im Mittel 24 Punkte, was einem Prozentrang von 26 entspricht (M = 26.11, SD = 31.37). Dies bedeutet, dass 26 der repräsentativen Vergleichsgruppe niedrigere Werte und somit eine schlechtere Stimmung angeben. Zu Beginn der Intervention ist ein minimaler Unterschied, im Sinne einer Verbesserung feststellbar. Mit 25 Punkten und demnach mit einem Prozentrang von 31, sind es nunmehr sogar 31 der repräsentativen Grundgesamtheit die eine schlechtere Stimmungslage aufweisen. Die Skala „Wachheit" wird bei der Probatorik mit 23 Punkten beantwortet, was einem Prozentrang von 32 entspricht (M = 32.25, SD = 31.04). Dieser liegt im Durchschnittsbereich, bedeutet jedoch, dass 68 der repräsentativen Vergleichsgruppe ein höheres Maß an Wachheit beschreibt. In der folgenden Messung zeigt sich eine minimale Verbesserung der Testergebnisse. Die Patienten erreichen einen Mittelwert von 24 Punkten und somit einen Prozentrang von 36. Des Weiteren sind in der Subskala „Ruhe" durchschnittlich 22 Punkte zu verzeichnen. Mit einem Prozentrang von 36 liegt dieser Wert im Durchschnittbereich (M = 36.11, SD = 33.20). 64 der repräsentativen Grundgesamtheit erzielen ein besseres Ergebnis und beschreiben demnach einen höheren Grad an Ruhe. Zu Beginn der Gruppenkurzzeittherapie verbessern sich die Patienten im Mittel um einen Punkt, was einem Prozentrang von 38 entspricht. Nun sind es 62 der repräsentativen Vergleichsgruppe, die höhere Werte angeben.

Analog zu den oberen Untersuchungen erfolgt eine geschlechtsspezifische Analyse der Daten der 55 weiblichen und 27 männlichen Teilnehmer, wobei mit Ausnahme der Werte zur depressiven Symptomatik im Rahmen der ADS (Hautzinger, 2012) keine signifikanten Unterschiede feststellbar sind. Innerhalb der beobachteten Stichprobe zeigen sich allerdings einzelne Auffälligkeiten zwischen den Geschlechtern, auf welche im Folgenden kurz eingegangen werden soll.

Bei der Messung depressiver Symptome mit Hilfe der ADS (Hautzinger, 2012) erreichen die weiblichen Teilnehmer während der probatorischen Sitzung im Mittel einen Wert von 26 Punkten, was einem auffälligem Wert entspricht ($M = 26.41$, $SD = 10.23$). Mit einem mittleren Prozentrang von 83 geben 17 der repräsentativen Gesamtpopulation eine stärker ausgeprägte depressive Symptomlage an ($M = 82.57$, $SD = 21.23$). Zum zweiten Messzeitpunkt zeigt sich innerhalb der Stichprobe eine minimale Reduktion des Durchschnittwertes auf nunmehr 26 Punkte, was weiterhin im auffälligen Bereich liegt ($M = 25.53$, $SD = 11.92$). 20 der repräsentativen Vergleichspopulation berichten von einer stärkeren Ausprägung der depressiven Symptome ($M = 80.45$, $SD = 23.51$). Der Unterschied zwischen den beiden Messzeitpunkten ist nicht signifikant ($p = .56$). Innerhalb der männlichen Stichprobe resultiert zum ersten Messzeitpunkt ein ähnlicher Mittelwert von 26 Punkten, was der bereits oben angeführten Bedeutung entspricht ($M = 26.17$, $SD = 11.43$). Bei der zweiten Erhebung, zu Beginn der Gruppenkurzzeittherapie, ist hier jedoch eine größere Veränderung im Sinne der Verbesserung depressiver Symptome feststellbar. So erzielen die männlichen Teilnehmer in der zweiten Erhebung durchschnittlich 20 Punkte, was zu diesem Zeitpunkt einem grenzwertigen Wert entspricht ($M = 19.91$, $SD = 9.98$). Mit einem Prozentrang von 71 sind es 29 der repräsentativen Vergleichsgruppe mit einer stärkeren Ausprägung der depressiven Symptomlage ($M = 71.28$, $SD = 28{,}87$). Bei dieser Unterschiedsprüfung handelt es sich um ein signifikantes Ergebnis ($p = .01$). Mit einer 95 igen Sicherheit kann davon ausgegangen werden, dass die Differenz der erreichten Summenwerte zwischen 2 und 11 Punkte liegt ($KI95$ [1.92, 10.61]). Demnach kann bei männlichen Patienten eine Symptomreduktion zwischen der Probatorik und dem Beginn der Gruppentherapie erwartet werden. Der Vergleich beider Geschlechter zeigt ebenfalls einen signifikanten Unterschied in der Veränderung der depressiven Symptomatik ($p = .04$). In der vergleichbaren Gesamtpopulation kann diese Differenz bis zu 11 Punkte betragen ($KI95$ [.14, 10.62]). Es kann angenommen werden, dass eine Verbesserung depressiver Symptome bei männlichen Patienten stärker empfunden wird, als bei weiblichen.

Für die untersuchte Stichprobe ergeben sich weitere Auffälligkeiten, wonach sich die weiblichen Teilnehmer als belasteter darstellen als männliche Probanden.

		MW des Rohwertes		SD des Rohwertes		MW-Differenz
		t_0	t_1	t_0	t_1	
HADS-D						
Angst	Weiblich	11.37	10.55	3.21	2.99	.824
	Männlich	10.57	8.65	3.80	3.59	1.91
MDBF						
Stimmung	Weiblich	23.51	23.94	7.02	8.38	-.43
	Männlich	25.17	27.43	6.71	6.17	-2.26

Innerhalb der Betrachtung von Angstsymptome mittels der Angstskala der HADS-D (Hermann-Lingen, 2011) ist bei den weiblichen Probanden sowohl während der probatorischen Phase als auch zu Beginn der Gruppenkurzzeittherapie ein Durchschnittswert von 11 Punkten im auffälligen Bereich zu verzeichnen. Dagegen verbessert sich die Angstsymptomatik der männlichen Teilnehmer über die Messzeitpunkte von einem auffälligen Symptomniveau in den nunmehr grenzwertigen Bereich. Diese Ergebnisse sind jedoch angesichts der mangenden Signifikanz nicht generalisierbar.

Im Rahmen der Untersuchung der subjektiven Veränderung psychischer Zustände mit Hilfe des MDBF (Steyer, 1997) erzielen die weiblichen Gruppenteilnehmer während der Probatorik sowie zu Behandlungsbeginn durchschnittlich 24 Punkte, was einem Prozentrang von 24 bzw. 29 entspricht (M = 23.76, SD = 29.49; M =28.74, SD = 35.72). Die Stimmungslage ist demnach zu beiden Zeitpunkten unterdurchschnittlich ausgeprägt. Die männlichen Teilnehmer erreichen während der probatorischen Phase im Mittel 25 Punkte und liegen dabei mit einem Prozentrang von 28 ebenfalls auf einem unterdurchschnittlichen Niveau (M = 28.04, SD = 31.77). Im Gegensatz zu den Frauen zeigt sich im Verlauf jedoch eine Verbesserung der Stimmung zum zweiten Messzeitpunkt auf 27 Punkte, was einem Prozentrang von 37 und somit dem Durchschnittsbereich entspricht (M = 37.37, SD = 31.78). Aufgrund der unzureichenden Signifikanz sind auch hier keine Rückschlüsse auf die vergleichbare Grundgesamtheit möglich.

Ergebnisse bezüglich therapierelevanter Faktoren

Im zweiten Schritt folgt der Vergleich der subjektiven Beurteilung therapierelevanter Faktoren zum Antritt und Abschluss der integrativen Gruppenkurzzeittherapie aus Sicht des Patienten. Die Ergebnisse sind in der nachfolgenden Tabelle dargestellt.

	MW des Rohwertes		SD des Rohwertes		MW-Differenz	T	Sig.
	t1	t2	t1	t2			
Hilf-/ Hoffnungslosigkeit	44.38	27.20	8.65	7.48	17.18	16.45	.00*
Pessimistisches Denken	10.98	7.12	4.07	2.96	3.85	9.84	.00*
Patient und Therapeut	64.94	69.74	8.76	7.91	-4.80	-7.77	.00*
Gruppe und Patient	11.88	5.62	4.13	2.15	6.26	15.48	.00*
Gesamtwert I ()	30.57		13.32				

In der Skala „Hilf- und Hoffnungslosigkeit" erreichen die Patienten zu Beginn der Gruppenkurzzeittherapie im Mittel 44 von 60 möglichen Punkten. Am Ende der Intervention ist eine Reduktion auf durchschnittlich 27 Punkte zu verzeichnen. Im Mittel zeigt sich somit ein signifikanter Unterschied im Sinne eines Rückgangs der Symptomatik um 38

(M = 38.44, SD = 17.26). Die Gruppenmitglieder berichten demnach über ein geringeres Maß an Hilflosigkeit bzw. Hoffnungslosigkeit und einem verstärkten Gefühl von Selbstwirksamkeit bei der Krankheitsbewältigung. In der vergleichbaren Gesamtpopulation liegt diese Differenz mit einer 95 igen Sicherheit zwischen 15 und 19 Punkten (KI95 [15.10, 19.26]).

In der Kategorie „Pessimistisches Denken" ist ebenfalls ein signifikanter Unterschied zu verzeichnen. So erzielen die Teilnehmer zum ersten Messzeitpunkt 11 von 20 Punkte und am Ende der Gruppentherapie 7 Punkte, was einer mittleren Verringerung um 32 entspricht (M = 32.27, SD = 21.39). Im Vorher-Nachher-Vergleich beschreiben die Patienten weniger Befürchtungen über die Effektivität der Therapie sowie eine geringere Angst vor Veränderungen. Da es sich um ein signifikantes Ergebnis handelt, kann mit einer 95 igen Sicherheit davon ausgegangen werden, dass der wahre Unterschied zwischen 3 und 5 Punkten liegt (KI95 [3.08, 4.63]).

Bei der Beurteilung der Beziehung zum Therapeuten während der Therapie erzielen die Patienten am Anfang der Gruppentherapie 65 von 90 möglichen Punkten. Im Verlauf zeigt sich eine Steigerung. So erreichen sie am Ende der Behandlung 70 Punkte, was im Mittel eine Verbesserung um 9 bedeutet (M = 8.98, SD = 8.62). Die Patienten sind sich klar über die Erwartung des Psychotherapeuten, berichten über ein Vertrauen in der Beziehung zwischen ihnen und dem Therapeuten basierend auf Respekt und Offenheit und erleben den Behandler als unterstützend bei dem Erlernen bzw. Erleben von Selbstwirksamkeit. Da es sich hier um ein signifikantes Ergebnis handelt, sind die Werte generalisierbar. Für die repräsentative Gesamtpopulation kann mit einer 95 iger Sicherheit angenommen werden, dass die wahre Vorher-Nachher-Differenz zwischen 4 und 5 Punkte beträgt (KI95 [3.57, 4.80]).

Das Angsterleben in der Gruppe beschreiben die Patient zum ersten Erhebungszeitpunkt mit 12 von 20 Punkten. Im Verlauf der Gruppenkurzzeittherapie halbiert sich dieser Wert auf 6 Punkte. Im Mittel resultiert eine Veränderung von 46 (M = 45.72, SD = 22.66). Am Ende der Behandlung besteht demnach deutlich weniger Angst und Unsicherheit in der Gruppe. Die Gruppenmitglieder können sich den anderen Teilnehmern öffnen und ihnen vertrauen. In der Gesamtpopulation liegt die wahre Differenz dieser Zustände zwischen 6 und 7 Punkte (KI95 [5.46, 7.06]).

Basierend auf den oben angeführten Resultaten erfolgt die Berechnung eines Gesamtwertes zur Darstellung der prozentualen Veränderung der Symptome zwischen dem Therapiebeginn und -ende. Hier resultiert eine mittlere Reduktion von 31. Demnach kann angenommen werden, dass sich die Symptomlage der Betroffenen durch die Gruppenkurzzeittherapie etwa um 1/3 verbessert.

Im Rahmen der geschlechtsspezifischen Untersuchung ergeben sich keine signifikanten Unterschiede, wenngleich Auffälligkeiten innerhalb der getesteten Stichprobe deutlich werden.

		MW des Rohwertes		SD des Rohwertes		MW-Differenz
		t1	t2	t1	t2	
Hilf-/ Hoffnungslosigkeit						
	Männlich	42.15	27.67	9.09	9.11	14.48
	Weiblich	45.47	26.96	8.30	6.63	18.51
Pessimistisches Denken						
	Männlich	11.85	7.48	3.26	3.18	4.37
	Weiblich	10.55	6.95	4.38	2.86	3,60
Patient und Therapeut						
	Männlich	61.89	67.56	10.21	10.76	-5.67
	Weiblich	66.46	70.83	5.82	6.921	-4.37
Gruppe und Patient						
	Männlich	11.81	5.33	3.53	1.80	6.48
	Weiblich	11.91	5.76	4.44	2.31	6,15
Gesamtwert I ()						
	Männlich	33.28		13.62		
	Weiblich	29.24		13.10		

Zu Beginn der Gruppenkurzzeittherapie erreichen die weiblichen Patienten in der Subkategorie „Hilf- und Hoffnungslosigkeit" durchschnittlich 45 von 60 möglichen Punkten. Im Verlauf zeigt sich eine Verbesserung dieses Zustandes auf einen mittleren Punktwert von 27, was einem prozentualen Symptomrückgang von 40 entspricht (M = 39.89, SD = 17.01). Die männlichen Teilnehmer erzielen zum ersten Messzeitpunkt im Mittel einen niedrigeren Wert von 42 Punkten und am Ende der Gruppenintervention 28 Punkte. Dies bedeutet einen Rückgang der Gefühle von Hilf- und Hoffnungslosigkeit um 36 (M = 35.50, SD = 17.72). Demnach ist die Differenz im Sinne einer Verbesserung des Gefühlszustands bei der weiblichen Stichprobe größer als bei der männlichen. Angesichts der unzureichenden Signifikanz sind allerdings keine Rückschlüsse auf die Gesamtpopulation möglich.

In der Skala „Pessimistisches Denken" zeigt sich bei den weiblichen Patienten in der ersten Erhebung 11 von 20 möglichen Punkten. Nach der Gruppenkurzzeittherapie beträgt die mittlere prozentuale Differenz 30 auf einen Punktwert von 7 (M = 29.59, SD = 21.10). Für die männlichen Teilnehmer ist zuerst ein Punktwert von 12 zu verzeichnen, welcher sich dann im Verlauf um durchschnittlich 38 verringert (M = 37.61, SD = 21.34). So erreichen sie am Ende der Gruppenkurzzeittherapie ebenfalls 7 Punkte, was bedeutet, dass die Reduktion dieses dysfunktionalen Kognitionsmusters für die männlichen Teilnehmer stärker ausgeprägt ist als bei den weiblichen Patienten. Auch hier ist der Unterschied zwischen den Geschlechtern nicht signifikant.

Bei der Bewertung der Patient-Therapeuten Beziehung resultiert bei den weiblichen Teilnehmern am Anfang der Gruppentherapie ein Durchschnittswert von 66 von 90 möglichen Punkten. Zum zweiten Messzeitpunkt erzielen sie 71 Punkte, was einer prozentualen Steigerung von 8 entspricht (M = 8.23, SD = 6.92). Für die männlichen Patienten ergeben sich durchschnittlich jeweils 62 bzw. 68 Punkte. Demnach erhöht sich die Qualität der Beziehung zum Therapeuten um 10, was im Vergleich zur weiblichen Stichprobe eine stärkere Verbesserung bedeutet (M = 10.44, SD = 11.30). Diese Auffälligkeiten zeigen sich ebenfalls ausschließlich innerhalb der untersuchten Stichprobe und ist nicht auf die repräsentative Gesamtpopulation generalisierbar.

Das Angsterleben in der Gruppe wird sowohl von den weiblichen als auch von den männlichen Teilnehmern zu Beginn der Gruppenkurzzeitbehandlung mit 12 von 20 möglichen Punkten bewertet. Während sich dieses Empfinden bei den weiblichen Patienten im Verlauf um durchschnittlich 44 (M = 43.62, SD = 23.00) im Sinne einer Reduktion der Ängste auf 6 Punkte verbessert, zeigt sich bei den männlichen Probanden eine stärkere Verbesserung um sogar 50 (M = 49.93, SD = 21.77) auf einen mittleren Punktwert von 5 Punkte. Auch dieses Ergebnis lässt keine Rückschlüsse auf die Vergleichspopulation zu. Die oben angeführten Auffälligkeiten werden ebenfalls in der Darstellung des Gesamtwertes zur prozentualen Veränderung der Symptome zwischen Beginn und Ende der Gruppenkurzzeittherapie deutlich. So ist bei den männlichen Patienten mit 33 eine stärkere Veränderung als bei den weiblichen Patienten mit 30 zu verzeichnen. Auch hier sind die Resultate angesichts der unzureichenden Signifikanz nicht auf eine repräsentative Gesamtpopulation generalisierbar.

Als weitere Bezugsfaktoren für das Gelingen der integrativen Gruppenkurzzeittherapie wurde die direkte Einschätzung des Patienten über den allgemeinen Therapieerfolg sowie der subjektiven Veränderung festgelegt. Die Untersuchungsergebnisse sind der nachfolgenden Tabelle zu entnehmen.

	MW des Rohwertes	SD des Rohwertes
Therapieeffekt allgemein	4.10	.95
Globales Veränderungsspektrum	3.79	.75
Veränderung der Alltagswahrnehmung	3.99	.74
Gesamtwert II	3.95	.65

In der Beurteilung des allgemeinen Therapieeffekts erreichen die Patienten im Mittel 4 von 5 möglichen Punkten, was einer günstigen Veränderung entspricht. Demnach kann angenommen werden, dass die Betroffenen am Ende der Intervention ein höheres Maß an Verständnis und Einsicht in ihre individuelle Situation erleben, Zusammenhänge der Krankheit erkennen und über konkrete Verhaltensweisen verfügen, die ein Kontrollerleben über die Erkrankung ermöglichen. Im Rahmen des globalen Veränderungsspektrums erfolgt ein direkter Vorher-Nachher-Vergleich durch den Patienten. Hier ergeben sich durchschnittlich ebenfalls 4 von 5 Punkten, was analog zur allgemeinen Beurteilung des Therapieeffekts eine positive Veränderung bedeutet. In der Selbstbeurteilung beschreiben sich die Betroffenen dabei als innerlich ruhiger und gelassener sowie zufriedener. Ferner berichten sie über weniger Schwierigkeiten im sozialen Kontext sowie dem Erscheinen einer Sinnhaftigkeit des Lebens. Ähnliche Werte sind in der subjektiven Veränderung der

Alltagwahrnehmung zu verzeichnen. So kann angenommen werden, dass die Gruppenkurzzeittherapie zur Verbesserung, kognitiver, psychischer sowie körperlicher Zustände beiträgt. Aus der Verrechnung der oben genannten Ergebnisse resultiert der Gesamtwert II. Dieser lässt mit 4 von 5 möglichen Punkten auf einen guten Erfolg der Gruppenkurzzeittherapie insgesamt schließen.

Bei der Betrachtung dieser Einflussfaktoren auf die Wirksamkeit der integrativen Gruppenkurzzeitintervention resultieren keine signifikanten Geschlechtsunterschiede. Ebenfalls sind keine deutlichen Auffälligkeiten innerhalb der untersuchten Stichprobe eruierbar.

Am Rande soll kurz erwähnt werden, dass eine durchgeführte altersspezifische Analyse keine signifikanten Unterschiede ergibt.

Reflexion der Ergebnisse

Insgesamt können die Annahmen der Studie weitestgehend bestätigt werden. In dem Vergleich zwischen der probatorischen Phase und dem Beginn der Gruppentherapie ist innerhalb der untersuchten Stichprobe, mit Ausnahme der Werte zu den Gesundheitsbefürchtungen (PAS), lediglich eine minimale Symptomreduktion zu verzeichnen. Signifikante Ergebnisse resultieren dabei nur hinsichtlich der Angstsymptomatik (HADS-D), der depressiven Stimmungslage (ADS) sowie in der antizipatorischen Angst (PAS). Diese Veränderungen präsentieren sich jedoch als sehr gering. Maximal bis in den jeweils grenzwertigen bzw. auffälligen Bereich. Im Rahmen der geschlechtsspezifischen Analyse sind mit Ausnahme der Reduktion der depressiven Stimmungslage (ADS) keine signifikanten Unterschiede im Verlauf von Probatorik und Beginn der Gruppenkurzzeittherapie feststellbar. Innerhalb der untersuchten Stichprobe ist jedoch auffällig, dass die untersuchten weiblichen Patienten eine konstante Symptomlage aufweisen, während die männlichen Teilnehmer von einer Verbesserung einzelner Symptome berichten. Auch hier zeigen sich jedoch lediglich geringe Veränderungen.
Dies entspricht den Erwartungen, da ein konstanter Verlauf der psychischen Störung bzw. Symptomatik bei ausbleibender Behandlung und somit gleichbleibender psychischer, körperlicher und sozialer Faktoren plausibel erscheint. Die Zunahme der angegebenen Gesundheitsbefürchtungen ist ein mögliches Resultat der Angst der Patienten, dass die bevorstehende Therapie nicht den gewünschten Erfolg erzielt und somit nicht die allgemein erhoffte „Heilung" eintritt. Die Ursache für die Verbesserung einzelner Symptomlagen könnte zum einen in der teilweise langen Wartezeit bis zum Antritt der gruppentherapeutischen Intervention liegen. Allerdings könnte zwischen den beiden Messzeitpunkten weitere Interventionen wie beispielsweise eine medikamentöse Einstellung oder Bewegungstherapie stattgefunden haben. Ferner muss dem Phänomen der sozialen Erwünschtheit ebenfalls ein wesentlicher Bedeutungscharakter beigemessen werden, da die Patienten durch ihr Antwortverhalten, z. B. ihre Hilfsbedürftigkeit suggerieren könnten. Bei der Erfassung der psychischen Faktoren am Ende der Maßnahme durch den retrospektiven Vergleich zum Start der Gruppentherapie ergeben sich signifikante Unterschiede in allen untersuchten Bereichen. So berichten die Teilnehmer über weniger Hilf- und Hoffnungslosigkeit. Sie haben reduzierte pessimistische Kognitionen bei einer im The-

rapieverlauf zunehmenden Verbesserung der gesamten Beziehungsdynamik. Innerhalb der geschlechtsspezifischen Untersuchung wird dabei deutlich, dass die männlichen Probanden der getesteten Stichprobe ein höheres Maß an Profit auf nahezu allen dieser Ebenen angeben, wobei die unzureichende Signifikanz der Ergebnisse keine Hinweise auf die Notwendigkeit einer geschlechtsspezifischen Angleichung des Programms gibt. Zudem geben alle Patienten geschlechterunabhängig deutliche Veränderungen durch die Behandlung an. Demnach ist die integrative Gruppenkurzzeittherapie als wirksam und ökonomisch einzustufen.

Im Verlauf der Arbeit stellen sich einige Stärken und Schwächen heraus, auf welche im folgenden Abschnitt kurz eingegangen werden soll. Ein Vorzug der Studie ist die Auswahl bzw. Orientierung an standardisierte Verfahren sowie der Einsatz von Auswertungsmanualen. Hierbei gilt es jedoch den ökonomischen Aspekt im Sinne der hohen Bearbeitungszeit für den Probanden zu berücksichtigen, wobei trotz dieser zusätzlichen Beanspruchung eine niedrige Drop-out-Rate (8) zu verzeichnen ist. Eine weitere Limitation liegt darin, dass es sich bei der Stichprobe um eine reine Inanspruchnahme-Population aus einer einzigen Praxis handelt. Auch Verzerrungseffekte, beispielsweise durch die Qualität des Psychotherapeuten, sind nicht auszuschließen. Angesichts der Bedingungen einer ambulanten psychotherapeutischen Versorgungspraxis ist ein Randomisieren jedoch nicht realisierbar. Als weitere Verfälschungsmöglichkeit ist die teilweise retrospektive Datenerfassung zur Messung der Therapieeffekte aus Sicht der Patienten innerhalb der Querschnittserhebung zu beachten. Ein Vorteil der Studie ist die Durchführung einer Längsschnittstudie und somit die Möglichkeit des Vorher-Nachher-Vergleichs. Allerdings bleibt die Erhebung von Langzeitwirkungen der Interventionen durch eine Post-Studie noch aus. Trotz möglicher Kritikpunkte an der Studie liegt die wesentliche Stärke in der eindeutigen Darstellung der Effektivität der integrativen Gruppenkurzzeittherapie als Anreiz zur Durchführung in dem ambulanten Versorgungssystem sowie zur Weiterentwicklung des Verfahrens im Hinblick auf die Qualitätssicherung.

Konsequenzen für die therapeutische Praxis

Insgesamt kann die Annahme über die Wirksamkeit der vorgestellten integrativen Gruppenkurzzeittherapie bestätigt werden. So bietet diese Form der ambulanten Behandlung eine effektive Möglichkeit zur Symptomreduktion sowie der Verbesserung der allgemeinen psychischen Gesundheit für Patienten mit depressiven Episoden, Angsterkrankungen und psychosomatischen Störungen. Dieses positive Ergebnis, insbesondere vor dem Hintergrund der Unterversorgung der deutschen Bevölkerung im psychotherapeutischen Sektor, verdeutlicht die Notwendigkeit des Einsatzes sowie der Weiterentwicklung solcher Maßnahmen in das ambulante Setting. Künftig gilt es hierfür das Behandlungsspektrum auf weitere Störungsbilder zu übertragen bzw. anzupassen. Gleichzeitig stellt das Resultat keine Widerlegung der Wirksamkeit von Einzeltherapie dar, sondern vielmehr eine integrative Behandlungsmöglichkeit zum Wohle der psychotherapeutischen Qualitätssicherung sowie zum Wohle des Patienten.

Literatur

Altmann, U., Steffanowski, A., Wittmann, W. W., Kramer, D., Bruckmayer, E., Pfaffinger, I., (2014). Verlängerungen ambulanter Psychotherapien: Eine Studie zu Patienten-, Behandlungs- und Verlaufsmerkmalen. Psychotherapie, Psychosomatik, *Medizinische Psychologie, 64*, 181-191.

Averbeck, M., Leiberich, P., Grote-Kusch, M. T., Olbrich, E., Schröder, A., Brieger, M., Schumacher, K., (1997): *Skalen zur Erfassung der Lebensqualität* (SEL). Harcourt Test Services, Frankfurt.

Bandelow, B. (1997). *Panik- und Agoraphobie-Skala* (PAS). Göttingen: Hogrefe-Verlag.

Bassler, M., Potratz, B., Krauthauser, H. (1995). Der Helping Alliance Questionnaire (HAQ) von Luborsky. Psychotherapeut, 40, 23-32.

Best, D. (2011). Gruppentherapie ist trotz Aufwertung Stiefkind. *Ärzte Zeitung*. Verfügbar unter: www.aerztezeitung.de/extras/druckansicht/?sid=682216&pid=690056.

Dilling, H., Mombour, W. & Schmidt, M.H. (2014). *Internationale Klassifikation psychischer Störungen: ICD-10 V(F) - Klinisch-diagnostische Leitlinien* (9. Auflage). Bern: Verlag Hans Huber.

Fuhriman, A. & Burlingame, GM (1994). Group psychotherapy: Research and practise. In A. Fuhriman & GM Burlingame (Hrsg.). *Handbook of group psychotherapy* (S. 167-185). New York: Wiley.

Gallas, C., Kächele, H., Kraft, S., Kordy, H., Puschner, B. (2008). Inanspruchnahme, Verlauf und Ergebnisse ambulanter Psychotherapie. Befunde der TRANS-OP-Studie und deren Implikationen für die Richtlinienpsychotherapie. *Psychotherapeut, 53*, 414-423.

Hautzinger, M., Bailer, M., Hofmeister, D. & Keller, F. (2012). *Allgemeine Depressionsskala. 2. überarbeitete und neu normierte Auflage*. Göttingen: Hogrefe-Verlag.

Hermann-Lingen, C., Buss, U. & Snaith, R.P. (2011). HADS-D. *Hospital Anxiety and Depression Scale Deutsche Version*. Göttingen: Hogrefe-Verlag.

KVB (2014). Qualitätssicherung in der ambulanten Psychotherapie in Bayern (QS-Psy-Bay). Projekt der Kassenärztlichen Vereinigung Bayerns und dem Verband der Erstatzkassen. Abschlussbericht.

Linden, M. (2006). Gruppentherapie. *Verhaltenstherapie, 16*, 164-165.

Löwe, B., Spitzer, R. L., Zipfel, S., Herzog, W. (2002). PHQ-D. Gesundheitsfragebogen für Patienten (Manual Komplettversion und Kurzform). Pfizer.

Micalak, J., Kosfelder, J., Meyer, F. & Schulte, D. (2003). Messung des Therapieerfolgs - Veränderungsmessung oder retrospektive Erfolgsbeurteilung. *Zeitschrift für Klinische Psychologie und Psychotherapie, 32*, 94-103.

Robert Koch-Institut (Hrsg.) (2015). *Gesundheit in Deutschland. Gesundheitsberichterstattung des Bundes. Gemeinsam getragen von RKI und Destatis*. Berlin: RKI.

Schindler, L. (1984). *Der Stundenbeurteilungsbogen* (Unpublished manuscript). München.

Schulte, D. (1993). Wie soll Therapieerfolg gemessen werden? *Zeitschrift für Klinische Psychologie, 22*, 374-393.

Schulte, D. (1996). *Therapieplanung*. Göttingen: Hogrefe.

Schulte, D. (2005). Messung der Therapieerwartung und Therapieevaluation von Patienten (PATHEV). *Zeitschrift für Klinische Psychologie und Psychotherapie, 34*, 176-187.

Steffanowski, A., Kramer, D., Fembacher, A., Glahn, E. M., Bruckmayer, E,. Von Heymann, F., (2011). Praxisübergreifende Dokumentation der Ergebnisqualität ambulanter Psychotherapie in Bayern. *Zeitschrift Klinische Psychologie und Psychotherapie, 40 (4)*, 267-282.

Steyer, R., Schwnkmetzger, P., Notz, P. & Eid, M. (1997). *Der Mehrdimensionale Befindlichkeitsfragebogen (MDBF)*. Göttingen: Hogrefe-Verlag.

Therapie- und Organisations-Software (o.J.). *LEIFRA - Fragebogen zur Erfassung des Leidens*. Verfügbar unter: http://www.theros-online.de/produkte/testos/freie_tests/LEIFRA.html.

Voderholzer, U. (2017). Aus gegebenem Anlass: Beendet die Gruppentherapie ihr Schattendasein in der ambulanten Versorgung? *Verhaltenstherapie, 27*, 5-6.

Wedlich, K. (2012). *Integrative ambulante Gruppenkurzzeittherapie.* Psychotherapie, 17, 41-47.

Willutzki, U., Teismann, T., Koban, C. & Dymel, W. (2009). Veränderungen interpersoneller Probleme in der Psychotherapie sozialer Ängste. Die Rolle des Therapieprozesses. *Zeitschrift für Klinische Psychologie und Psychotherapie, 38 (1)*, 52-60.

Willutzki, U., Uelsmann, D., Schulte, D. & Veith, A. (2013). Direkte Veränderungsmessung in der Psychotherapie Der Bochumer Veränderungsbogen - 2000 (BVB-2000). *Zeitschrift für Klinische Psychologie und Psychotherapie, 42 (4)*, 256-268.

Wolpe, J. (1969). *The pracitce of behavior therapy.* New York: Pergamon Press.

Woody, R.H. (1980). Aspekte der Anwendung. In A.P. Goldstein & N. Stein (Hrsg.). *Massgeschneiderte Psychotherapien* (S.46-54). Darmstadt: Steinkopff Verlag.

Zielke, M. & Kopf-Mehnert, C. (1978). *Der Veränderungsfragebogen des Erlebens und Verhatens VEV.* Weinheim: Beltz.

Zielke, M. & Kopf-Mehnert, C. (2001). 22 Jahre wissenschaftliche Erfahrungen mit dem Veränderungsfragebogens des Erlebens und Verhaltens VEV. *Praxis klinische Verhaltensmedizin und Rehabilitation, 53*, 3-6.

Korrespondenzadresse

Pia Comanns
Prof. Dr. Kurt Wedlich, Professor für Klinische Psychologie.
Hochschule Fresenius München
Infanteriestraße 11a, 80797 München
Centrum für Integrative Psychotherapie München
Rotkreuzplatz 1, 80634 München
dr.kurtwedlich@t-online.de

Marco Walg, Gerhard Hapfelmeier

Stabilisierungstraining in der Gruppe für jugendliche Flüchtlinge mit Traumafolgestörungen: praxistauglich, effizient und wirksam

Stabilization training for adolescent refugees with trauma induced disorders: practical, efficient and effective

Vielen traumatisierten jungen Geflüchteten stehen nur wenige Therapieplätze mit langen Wartezeiten zur Verfügung. *Das Stabilisierungstraining für jugendliche Flüchtlinge mit Traumafolgestörungen* bietet eine praxistaugliche, effiziente und wirksame Intervention und Prophylaxe bei Traumafolgestörungen. Das Konzept des Stabilisierungstrainings basiert auf Methoden der Verhaltenstherapie, der Dialektisch-Behavioralen Therapie und der Zeitperspektiven-Therapie. Visualisiertes Arbeitsmaterial und eine eigens dafür entwickelte App ermöglichen eine spracharme Durchführung und die Implementierung in Wohneinrichtungen. Krisen, psychische Dekompensationen und Inanspruchnahme psychiatrischer Kliniken lassen sich dadurch oft schon präklinisch vermeiden. Dieses Training ist damit ein neuer und wirksamer Baustein eines präventiven Versorgungskonzepts für eine oft als „schwierig" beschriebene Patientengruppe.

Schlüsselwörter
Jugendliche Flüchtlinge, Stabilisierung, Traumafolgestörungen, Gruppentraining

Many traumatized young refugees have limited access to therapy including long waiting times. The Stabilization Training for Adolescent Refugees with Trauma Induced Disorders provides a practical, efficient and effective intervention and prophylaxis for trauma induced disabilities. The stabilization training concept is based on behavioral therapy methods, dialectical behavior therapy and time perspective therapy. Visualized working material and a specially-developed app enable implementation across language barriers in residential facilities. Crises, mental decompensation and recourse to psychiatric clinics can often be avoided preclinically making this training a new and effective module within a preventative care concept for a patient group often characterized to be "difficult".

Keywords
Adolescent refugees, Stabilization, trauma induced disorders, group training

Einleitung

In den vergangenen Jahren ist die Zahl der Flüchtlinge weltweit kontinuierlich gestiegen. Ende 2017 waren mehr als 68 Millionen Menschen weltweit auf der Flucht; die Hälfte dieser Menschen waren Kinder und Jugendliche unter 18 Jahre (UNHCR, 2017). In Deutschland wurden zwischen 2015 und August 2018 fast 1,5 Millionen Erstanträge auf Asyl gestellt; 2018 waren 45% der Antragsteller jünger als 18 Jahre (Bundesamt für Migration und Flüchtlinge, 2018). Ende 2017 befanden sich in Deutschland fast 55.000 unbegleitete geflüchtete Kinder und Jugendliche in jugendhilferechtlicher Zuständigkeit (Bundesfachverband unbegleitete minderjährige Flüchtlinge, 2017).

Geflüchtete Kinder und Jugendliche sind eine besonders vulnerable Gruppe bezüglich psychischer Erkrankungen mit hohen Prävalenzen von Posttraumatischer Belastungsstörung, depressiven Störungen und Angststörungen (Kien et al., 2018). Viele von ihnen haben wiederholt potentiell traumatisierende Ereignisse erlebt wie körperliche Gewalt, Inhaftierung, Tötung eines Familienmitgliedes oder Folter (Walg, Fink, Großmeier, Temprano, & Hapfelmeier, 2017). Ein schneller Zugang zu therapeutischer Unterstützung ist daher besonders wichtig für diese Hochrisikogruppe (Crea et al., 2018) sowohl zur Behandlung als auch präventiv zur Reduzierung von Stressbelastung und Steigerung der Fertigkeiten zur Alltagsbewältigung (vgl. Hodes, Anagnostopoulos & Skokauskas, 2018; Kien et al., 2018).

Die hohe Zahl geflüchteter Kinder und Adoleszenter mit einer psychischen Erkrankung stellt unser Versorgungssystem vor enorme Herausforderungen. Bereits vor der Ankunft vieler Flüchtlinge bestanden ein Mangel an Therapieplätzen und folglich lange Wartezeiten auf einen Therapieplatz in Deutschland. Hinzu kommen Besonderheiten dieser Patientengruppe, welche eine Anpassung bzw. Neuentwicklung von Therapiekonzepten erfordern. Neben kulturellen Unterschieden macht es die Sprachbarriere schwierig bis unmöglich, Behandlungskonzepte für deutschsprachige Patienten unverändert bei geflüchteten Menschen anzuwenden. Eine Lösungsmöglichkeit ist der Einsatz von Sprach- und KulturmittlerInnen in der Psychotherapie. Dabei besteht in der Praxis oft die Schwierigkeit, dass die Frage der Finanzierung zunächst geklärt werden muss. Muss das Gesprochene übersetzt werden, ist zudem ein deutlich erhöhter Zeitaufwand für die Therapie einzuplanen. Eine Alternative sind spracharme Behandlungskonzepte, welche ohne den Einsatz von Übersetzern durchgeführt werden können.

Das *Stabilisierungstraining für jugendliche Flüchtlinge mit Traumafolgestörungen* (Walg, 2017) wurde für eine spracharme Durchführung konzipiert, sodass auf den Einsatz von Übersetzern verzichtet werden kann. Die Vermittlung der Trainingsinhalte stützt sich auf Film- und Bildmaterialien. Eine weitere Besonderheit des Trainingskonzepts ist, dass das Training ohne besondere psychotherapeutische Kompetenzen durchgeführt werden kann. So kann das Training auch außerhalb des kinder- und jugendpsychiatrischen bzw. kinder- und jugendpsychotherapeutischen Settings direkt in den Wohngruppen und Clearingstellen von pädagogischen Fachkräften angeboten werden, welche den geflüchteten Adoleszenten vertraut sind. Das Stabilisierungstraining soll auf diese Weise einen Beitrag zur besseren Versorgung traumatisierter Flüchtlinge leisten. Das Training richtet sich an jugendliche Geflüchtete mit Traumafolgestörungen wie posttraumatische Belastungsstörung, depressive Störungen oder Angststörungen. Ziel des Trainings ist eine emotionale und psychische Stabilisierung der Teilnehmenden.

Trainingskonzept

Das Training besteht aus sechs Trainingseinheiten von jeweils 90 Minuten Dauer. Das Konzept des Stabilisierungstrainings basiert auf Methoden der kognitiven Verhaltenstherapie, der Dialektisch-Behavioralen Therapie (Linehan, 2016) und der Zeitperspektiven-Therapie (Zimbardo, Sword & Sword, 2013).
Um eine spracharme Durchführung zu ermöglichen, wird das Training von zwei Trainern geleitet und mit einer Power-Point-Präsentation gestützt. Durch die Präsentation mit Bild- und Videomaterialien werden die Trainingsinhalte verdeutlicht. Das Training richtet sich an Geflüchtete mit Traumafolgestörungen im Alter zwischen 14 und 21 Jahren. Es wurde für eine Trainingsgruppe mit 6 bis 8 TeilnehmerInnen konzipiert. Das Training kann jedoch auch im Einzelsetting angeboten werden. Da es sich nicht um ein nonverbales Training handelt, wird bei den Teilnehmenden ein Grundwortschatz Deutsch vorausgesetzt, welcher in der Regel nach drei Monaten Schulbesuch in Deutschland vorhanden ist. Übergeordnetes Ziel des Trainings ist die emotionale und psychische Stabilisierung der Teilnehmenden. Konkrete Trainingsziele sind:

- Die Teilnehmenden sollen ein besseres Krankheitsverständnis erlangen. Dadurch sollen Ängste im Hinblick auf Symptome von Traumafolgestörungen reduziert und die Trainingsmotivation gesteigert werden.
- Die Teilnehmenden sollen die Symptome von Traumafolgestörungen als kontrollierbar erleben. Hierzu sollen sie Techniken zu Gedankenstopp und zur Regulation von negativen Gefühlszuständen erlernen.
- Durch eine Ausbalancierung der Zeitperspektiven soll das emotionale Befinden positiv beeinflusst und die Selbstwirksamkeitserwartung erhöht werden.
- Die Teilnehmenden sollen lernen, emotionale Krisensituationen besser zu bewältigen.
- Die emotionale und psychische Stabilisierung soll zu einer Reduzierung von Krisensituationen führen.

Ziele und theoretische Hintergründe der einzelnen Trainingseinheiten

Verschiedene therapeutische Methoden werden kontinuierlich in jeder Einheit eingesetzt: Skillsvermittlung, Bearbeitung von Diary Cards und Achtsamkeitsübungen. Aktivierende Achtsamkeitsübungen zu Beginn der Trainingseinheiten sollen durch Konzentration auf den Augenblick negative Gedankengänge und damit einhergehende emotionale Belastungen unterbrechen. Ziel der Skillsvermittlung ist es, dass die Teilnehmenden lernen, emotionale Krisen und Spannungszustände zu regulieren und Symptome des Wiedererlebens zu unterbrechen. Symptome von Traumafolgestörungen sollen dadurch als beherrschbar erlebt werden. In Tagesprotokollen, den sogenannten Diary Cards, sollen die Teilnehmenden täglich Stimmung und das Ausmaß erlebter Symptome von Traumafolgestörungen angeben. Der Einfluss von Skills auf die Symptome und die Stimmung wird ebenfalls protokolliert. Dadurch soll die Bearbeitung der Diary Cards die mögliche Wirksamkeit einzelner Skills verdeutlichen und die Wahrnehmung von Selbstwirksamkeit fördern.
Im Folgenden werden die Ziele und theoretischen Hintergründe der einzelnen Trainingseinheiten erläutert.

Trainingseinheit 1
Themenschwerpunkt der ersten Trainingseinheit ist die Benennung von Gefühlen. Da insbesondere traumatisierte Kinder ihre Gefühle als diffus erleben, sollten sie früh in der Phase der Stabilisierung darin unterstützt werden, ihre Gefühle zu identifizieren und zu benennen (vgl. Landolt & Hensel, 2012). Die Vermittlung von Fertigkeiten zur Emotionsregulation setzt die Identifizierung von Gefühlen und deren Verbalisierung voraus. Die Fähigkeit, das emotionale Befinden auszudrücken, ermöglicht es zudem, besser auf die Bedürfnisse eines traumatisierten Jugendlichen einzugehen und eine spezifische Form der Unterstützung anzubieten.

In der ersten Trainingseinheit werden einerseits die deutschen Wörter für die Gefühle *Fröhlichkeit, Traurigkeit, Wut und Angst* eingeführt. Diese Gefühle werden weltweit und kulturübergreifend in gleicher Weise erkannt und nonverbal ausgedrückt (vgl. Zimbardo, 1995). Daneben wird der Begriff „nachdenklich" eingeführt, da dies subjektiv am ehesten das Phänomen der Intrusion beschreibbar macht. Durch die Benennung von Gefühlen im Gruppensetting sollen Schamgefühle aufgrund erlebter unerwünschter Gefühle reduziert werden. Die Erfahrung, dass auch andere Menschen die gleichen Gefühle erleben und diese benennen, soll dazu ermutigen, auch außerhalb der Gruppe Gefühle zu äußern.

Trainingseinheit 2
Viele Geflüchtete können die Symptome einer Traumafolgestörung nicht als solche einordnen. In der zweiten Trainingseinheit werden die Teilnehmenden daher über typische Symptome von Traumafolgestörungen informiert. Typische Symptome werden in Video-Clips dargestellt, sodass die Informationsvermittlung ohne Sprache ermöglicht wird. Zugleich werden die deutschen Begriffe der Symptome eingeführt. Neben den typischen Symptomen einer PTBS (*Schlafstörungen, Alpträume, Flashbacks, Angst*), werden auch die bei Traumafolgestörungen verbreiteten Symptome *Traurigkeit, Selbstverletzungsdruck, Suizidgedanken und Schmerzen* gezeigt.

Ziel dieser Trainingseinheit ist es, dass die Teilnehmenden ihre Beschwerden als typische Folgen auf ein traumatisierendes Lebensereignis einordnen können. Dies soll zu einer Reduzierung von Ängsten führen, insbesondere der Angst, an einer ernsthaften körperlichen Erkrankung zu leiden. Zugleich soll das Wissen über typische Symptome einer Traumafolgestörung zu einer emotionalen Entlastung führen. Die Erfahrung in der Gruppe, dass andere Gleichaltrige die gleichen Beschwerden haben, entlastet zusätzlich.

Trainingseinheit 3
In der dritten Trainingseinheit wird der Zusammenhang zwischen Gedanken und Gefühlen vermittelt. Die Grundlage hierfür bildet die sogenannte *ABC-Theorie* nach Albert Ellis (1996).

Die Theorie wird stark vereinfacht skizziert. Es wird dargestellt, dass negative Gedanken zu negativen Gefühlen und positive Gedanken zu positiven Gefühlen führen. Ziel ist es, deutlich zu machen, dass der in der Regel unerwünschte Gefühlszustand auf entsprechende Gedankengänge zurückgeht. Es soll vermittelt werden, dass der Ansatzpunkt für eine Verbesserung der emotionalen Befindlichkeit bei den Gedanken liegt. Durch Malen eines positiven Gedankens sollen die Teilnehmenden diese Erkenntnis praktisch erfahren. Zudem wird verdeutlicht, dass durch Skills negative Gedankenschleifen unterbrochen werden können.

Trainingseinheit 4
Die wesentlichen Annahmen der Neuen *Psychologie der Zeit* (Zimbardo & Boyd, 2009) werden in vereinfachter Form durch ein Modell mit sechs Zeitperspektiven vermittelt: *Positive Vergangenheit, Negative Vergangenheit, Positive Gegenwart, Negative Gegenwart, Positive Zukunft, Negative Zukunft.* Menschen mit einer PTBS neigen zu einer gedanklichen Verhaftung in der Vergangenheit mit Fokussierung auf das Trauma bei gleichzeitig stark eingeschränkter Zukunftsorientiertheit (vgl. Zimbardo, Sword & Sword, 2013; Landolt & Hensel, 2012). Sie sind also gewissermaßen in der negativen Vergangenheit gefangen.
Ziel der vierten Trainingseinheit ist, die Vergangenheitsperspektive durch positive Aspekte dieser Zeitzone zu erweitern bzw. im Sinne der Zeitperspektiven-Therapie „auszubalancieren" (vgl. Zimbardo et. al., 2013). Hierzu werden die Teilnehmenden angeleitet, ein positives Ereignis ihrer Vergangenheit zu malen. Das Erarbeiten eines positiven Lebensereignisses, das Malen dieses Ereignisses und die Beschreibung in der Gruppe sollen im Sinne einer kognitiven Umstrukturierung wirken. Die Auseinandersetzung mit positiven Lebensereignissen kann wichtige Ressourcen aufzeigen und sich daher positiv auf das Selbstwertgefühl auswirken (vgl. Korittko, 2016).
Die Abbildung 1 zeigt ein Beispiel für ein Bild zu positiven Ereignissen in der Vergangenheit.

Abbildung 1. Bild eines minderjährigen Flüchtlings aus Somalia. Er berichtete, dass er in seinem Heimatland häufig mit Familie und Freunden in einem Fluss geschwommen sei. Sie hätten oft ein Picknick an diesem Fluss gemacht, was ihm immer sehr gut gefallen habe.

Trainingseinheit 5

In der fünften Trainingseinheit wird die Ausbalancierung der Zeitperspektiven fortgeführt. Positive Ereignisse in der Gegenwart und in der Zukunft werden erarbeitet und gemalt. Gemäß den Annahmen von Zimbardo und Kollegen (2013) geht eine unausgeglichene Zeitperspektive mit Fokussierung auf negative Aspekte der Vergangenheit mit „seelischer Not" einher. Eine ausbalancierte Zeitperspektive mit Blick auf positive Ereignisse in der Vergangenheit und Hoffnung auf zukünftige positive Ereignisse führt zu psychischer und emotionaler Entlastung. Ziel der fünften Sitzung ist daher eine bessere Ausbalancierung der Zeitperspektiven. Die Abbildungen 2 und 3 zeigen Beispiele für Bilder zu positiven Ereignissen in Gegenwart und Zukunft.

Abbildung 2. Beispiel für ein Bild zu positiven Ereignissen in der Gegenwart von einer Trainingsteilnehmerin aus Afghanistan. Sie freue sich, dass sie hier in Deutschland zur Schule gehen dürfe. Am Tag der Zeichnung habe sie in der Schule „eine Zwei" für eine Arbeit erhalten. Sie gehe gerne zum Volleyballtraining. Außerdem verbringe sie gerne viel Zeit mit ihrer Schwester, die in der gleichen Wohngruppe untergebracht sei.

Trainingseinheit 6

In der letzten Trainingseinheit werden alle zuvor vermittelten Skills wiederholt und gemeinsam in der Gruppe durchgeführt. Auch Teilnehmende, die nicht an allen Sitzungen teilnahmen, lernen so alle Skills des Stabilisierungstrainings kennen. Die Teilnehmenden erfahren, dass nicht jeder Skill bei jedem Menschen effektiv wirkt. Ziel der sechsten Trainingseinheit ist daher die Erstellung einer persönlichen Skills-Treppe. Jeder Teilnehmer soll für sich die drei Skills herausfinden, die für ihn am besten wirken. Die Durchführung der drei effektivsten Skills hintereinander soll auch in Krisensituationen die unerwünschten Gefühle und die Anspannung soweit reduzieren und die negativen Gedankengänge so lange unterbrechen, dass das psychische Befinden wieder als erträglich wahrgenommen wird und Handlungsalternativen, beispielsweise das Aufsuchen einer Betreuungsperson, möglich werden. Die Betroffenen sollen auf diese Weise die Erfahrung machen, dass sie selbst solche Krisensituationen bewältigen können.

Abbildung 3. Beispiel für ein Bild zu positiven Ereignissen in der Zukunft einer Trainingsteilnehmerin aus Afghanistan. Die Teilnehmerin wolle in der Zukunft in einer eigenen Wohnung in Deutschland leben (unten Mitte). Sie wünsche sich, in der Zukunft ihre Eltern und Geschwister wieder zu sehen (unten rechts). Aktuell habe sie viele schlechte Gedanken im Kopf; sie wünsche sich, dass sie in der Zukunft wieder „Frieden im Kopf" und positive Gedanken habe (linker Rand). Sie wollen einen guten Schulabschluss machen und in der Zukunft als Polizistin in Deutschland arbeiten (oben rechts).

Pilot-Studien

In einer ersten Untersuchung wurde die Anwendbarkeit des Stabilisierungstrainings in einer kinder- und jugendpsychiatrischen Ambulanz überprüft. 21 männliche unbegleitete minderjährige Flüchtlinge im Alter zwischen 14 und 17 Jahren nahmen in drei Gruppen an dem Training teil. Die Jugendlichen hielten sich zu Trainingsbeginn maximal sechs Monate in Deutschland auf. 16 Teilnehmer (76 %) schlossen das Training ab. Die Jugendlichen gaben in einer Nachbefragung an, durchschnittlich 75 % der vermittelten Inhalte verstanden zu haben. Die vermittelten Skills hätten sie durchschnittlich an 5-6 Tagen pro Woche angewandt. Sowohl die relativ geringe Abbruchquote als auch die Angaben zur Anwendung der Skills sprechen für eine hohe Akzeptanz der Trainingsinhalte bei den emotional stark belasteten Jugendlichen. Die Angaben zum Verständnis werden als zufriedenstellend beurteilt. Da die Jugendlichen erst drei bis sechs Monate Deutschunterricht zu Trainingsbeginn hatten, war der Anspruch, dass die Hauptinhalte des Trainings verstanden werden sollten.

In einer zweiten Untersuchung wurde der Einfluss des Trainings auf die Symptomatik von posttraumatischer Belastungsstörung, depressiver Störungen und von Angststörungen erhoben. 21 männliche unbegleitete Flüchtlinge wurden einer Trainingsgruppe (N = 11) und einer Wartekontrollgruppe (N = 10) zugeordnet. Die Symptombelastungen wurden vor und nach dem Training bzw. im Abstand von sechs Wochen in der Kontrollgruppe erhoben. Die Symptomatik der posttraumatischen Belastungsstörung wurde im Selbsturteil durch das Essener Trauma-Inventar für Kinder und Jugendliche (ETI-KJ; Tagay, 2011) erfasst. Die Symptome depressiver Störungen und Angststörungen wurden durch Fremdbeurteilungen durch Bezugsbetreuer der Wohngruppen der Jugendlichen mit dem Diagnostik-System für psychische Störungen nach ICD-10 und DSM-IV für Kinder und Jugendliche – II (DISYPS-II; Döpfner, Görtz-Dorten & Lehmkuhl, 2008) erhoben. Die Ergebnisse sind in Tabelle 1 dargestellt.

Tabelle 1: Symptomatik von posttraumatischer Belastungsstörung (PTBS), depressiver Störung und Angststörungen (MW mit SD) für Trainingsgruppe und Kontrollgruppe zu den zwei Messzeitpunkten T1 und T2.

	PTBS (ETI-KJ)		Depression (DISYPS-II)		Angst (DISYPS-II)	
	T1	T2	T1	T2	T1	T2
Trainings-gruppe	35,2 (9,9)	29,7 (14,9)	14,2 (9,0)	11,6 (6,4)	12,5 (9,4)	7,3 (5,6)
Kontroll-gruppe	36,6 (12,2)	40,5 (13,7)	26,4 (11,8)	27,7 (10,4)	19,6 (8,6)	22,7 (10,6)

Deskriptivstatistisch zeigt sich in der Trainingsgruppe für alle Symptombereiche eine Abnahme von dem Messzeitpunkt vor dem Training zum Messzeitpunkt nach dem Training. In der Kontrollgruppe zeigt sich ein kontrastierender Trend mit einer Zunahme über alle Symptombereiche vom ersten zum zweiten Messzeitpunkt. Inferenzstatistisch lassen sich diese Trends aber nur für die Symptome von Angststörungen bestätigen. Varianzanalysen mit Messwiederholung ergeben bei der Symptomatik von Angststörungen einen Gruppeneffekt (F = 11,1; df = 1/17; p = 0,004; η^2 = 0,39) sowie eine marginal signifikante Wechselwirkung zwischen Gruppen- und Wiederholungsfaktor (F = 3,3; df = 1/17; p = 0,08; η^2 = 0,16). Post-Hoc-Tests zeigen, dass sich die beiden Gruppen zum zweiten Messzeitpunkt signifikant voneinander unterscheiden (t = -3,9; df = 17; p = 0,001; d = 1,8). Die Werte im DISYPS-II (Fremdbeurteilungsbogen für Angststörungen) sind bei der Interventionsgruppe nach dem Training signifikant kleiner als vor dem Training (t = 2,40; df = 8; p = 0,04; d = 0,8). Keine bedeutsamen Veränderungen zwischen den Messzeitpunkten liegen in der Kontrollgruppe vor (t = -0,80; df = 9; p = 0,45; d = 0,4).

Zum Zeitpunkt der zweiten Pilot-Studie waren Berichte über Abschiebungen, Proteste gegen die Flüchtlingspolitik der Bundesregierung und Diskussion über die Einstufung weiterer Staaten als sichere Herkunftsländer sehr präsent in den Medien. Die starke Verunsicherung der jugendlichen Geflüchteten durch diese Meldungen ist eine mögliche Erklärung für die deskriptivstatistische Zunahme der Symptombelastung in der Wartekontrollgruppe. Vor diesem Hintergrund müssen auch die eher geringen Auswirkungen des Trainings auf die Symptombelastung betrachtet werden. Trotz dieser erschwerenden Umstände konnte durch das Training eine emotionale Stabilisierung erreicht werden.

Fazit

Der großen Zahl emotional und psychisch belasteter jugendlicher und adoleszenter Geflüchteter stehen ein Mangel an Therapieplätzen und unangemessen lange Wartezeiten auf einen Therapieplatz gegenüber. Das Stabilisierungstraining für jugendliche Flüchtlinge mit Traumafolgestörungen begegnet dieser Herausforderung und verbessert die Versorgungssituation traumatisierter Geflüchteter in Deutschland.
Der spracharme Ansatz macht Dolmetscher verzichtbar. Das Gruppenkonzept erfordert geringere personelle Ressourcen und ökonomisiert diese Hilfen. Das Training bietet eine ideale Grundlage für eine weiterführende Traumatherapie und wirkt präventiv bei der Bewältigung von Stress und psychischer Dekompensation. Da das Training auch von pädagogischen Fachkräften durchgeführt werden kann, kann es auch in Wohngruppen und Schulen angeboten werden. Dadurch könnten jugendliche und adoleszente Geflüchtete präklinisch versorgt werden. Walg und Kollegen (2017) konnten zeigen, dass durch präventive ambulante Versorgungsangebote das Auftreten von Krisen und die Anzahl von Notfallvorstellungen in der Kinder- und Jugendpsychiatrie deutlich reduziert werden können. Dieses Stabilisierungstraining ist damit ein wesentlicher Baustein eines umfassenden Präventionskonzepts.

Ausblick

Zur Steigerung der Trainingsmotivation der Teilnehmer und zur Erhöhung der Zuverlässigkeit bezüglich der Erledigung der „Hausaufgaben" für das Training wurde eine App entwickelt: Sana Stabi-Coach. Die App ist seit Januar 2019 für Anroid verfügbar. Informationen darüber sind auf der Homepage zum Stabilisierungstraining (www.marco-walg.de) erhältlich. Die App fordert die Teilnehmenden täglich auf, ihre Stimmung und die Symptombelastung einzuschätzen. Je nach Belastung wird die App die Durchführung eines Skills vorschlagen. Die App wird die Arbeitsblätter „Diary Card" ersetzen. Alle im Training vermittelten Skills werden in der App durch Bildsymbole dargestellt. Zusätzlich gibt es die Möglichkeit, neue Symptome und Skills zu definieren. Dadurch ist die Verwendung der App auch unabhängig vom Training im Rahmen einer Psychotherapie möglich. Die App wird kostenlos und mit mehreren Sprachen (z. B. Arabisch, Französisch, Persisch) angeboten.

Literatur

Bundesamt für Migration und Flüchtlinge (2018). *Aktuelle Zahlen zu Asyl, Ausgabe: August 2018.* Zugriff am 22.09.2018. Verfügbar unter: http://www.bamf.de/SharedDocs/Anlagen/DE/Downloads/Infothek/Statistik/Asyl/aktuelle-zahlen-zu-asyl-august-2018.pdf?__blob=publicationFile

Bundesfachverband unbegleitete minderjährige Flüchtlinge e.V. (2017). *Die Situation unbegleiteter minderjähriger Flüchtlinge in Deutschland, Auswertung der Online-Umfrage 2017*. Zugriff am 22.09.2018. Verfügbar unter: https://b-umf.de/src/wp-content/uploads/2018/02/2018_01_18-publikation-online-umfrage-2017.pdf

Crea, T.M., Lopez, A., Hasson, R.G., Evans, K., Palleschi, C. & Underwood, D. (2018). Unaccompanied immigrant children in long term foster care: identifying needs and best practices from a child welfare perspective. *Children and Youth Services Review, 92*, 56-64.

Döpfner, M., Görtz-Dorten, A. & Lehmkuhl, G. (2008). *Diagnostik-System für psychische Störungen nach ICD-10 und DSM-IV für Kinder und Jugendliche – II (DISYPS-II)*. Bern: Verlag Hans Huber.

Ellis, A. (1996). Die revidierte ABC-Theorie der Rational-emotiven Therapie II. *Zeitschrift für Rational-Emotive und Kognitive Verhaltenstherapie, 7*, 5-30.

Hodes, M., Anagnostopoulos, D. & Skokauskas, N. (2018). Challenges and opportunities in refugee mental health: clinical service, and research considerations. *European Child & Adolescent Psychiatry, 27*, 385-388.

Kien, C., Sommer, I., Faustmann, A., Gibson, L., Schneider, M., Krczal, E., Jank, R., Klerings, I., Szelag, M., Kerschner, B., Brattström, P. & Gartlehner, G. (2018). Prevalence of mental disorders in young refugees and asylum seekers in European countries: a systematic review. *European Child & Adolescent Psychiatry*. https://doi.org/10.1007/s00787-018-1215-z

Korittko, A. (2016). *Posttraumatische Belastungsstörungen bei Kindern und Jugendlichen. Störungen systematisch behandeln*. Heidelberg: Carl Auer.

Landolt, M.A. & Hensel, T. (2012). Grundlagen der Traumatherapie. In M.A. Landolt & T. Hensel (Hrsg.), *Traumatherapie bei Kindern und Jugendlichen* (S. 15-33). Göttingen: Hogrefe.

Linehan, M.M. (2016). *Handbuch der Dialektisch-Behavioralen Therapie zur Behandlung psychischer Störungen*. München: CIP-Medien.

Tagay, S., Düllmann, S., Hermans, E., Repic, N., Hiller, R. & Senf, W. (2011). Das Essener Trauma-Inventar für Kinder und Jugendliche (ETI-KJ). *Zeitschrift für Kinder- und Jugendpsychiatrie und Psychotherapie, 39*, 323-340.

Walg, M. (2017). *Stabilisierungstraining für jugendliche Flüchtlinge mit Traumafolgestörungen*. München: CIP-Medien.

Walg, M., Fink, E., Großmeier, M., Temprano, M. & Hapfelmeier, G. (2017). Häufigkeit psychischer Erkrankungen bei unbegleiteten minderjährigen Flüchtlingen in Deutschland. *Zeitschrift für Kinder- und Jug*

UNHCR (2017). *Global trends, forced displacement in 2017*. Zugriff am 22.09.2018. Verfügbar unter: http://www.unhcr.org/dach/wp-content/uploads/sites/27/2018/06/GlobalTrends2017.pdf

Zimbardo, P.G. (1995). *Psychologie*. Berlin: Springer.

Zimbardo, P.G. & Boyd, J. (2009). *The time paradox, the new psychology of time that will change your life*. New York: Free Press.

Zimbardo, P.G., Sword, R. & Sword, R. (2013). *Die Zeitperspektiven Therapie: Posttraumatische Belastungsstörungen behandeln*. Bern: Huber.

Korrespondenzadresse

Dr. phil. Marco Walg, Sana-Klinikum Remscheid
Zentrum für seelische Gesundheit des Kindes- und Jugendalters
Weststraße 103, 42119 Wuppertal, Tel.: 0202 758 45 21, marco.walg@sana.de

Edgar Geissner[1] und Petra Ivert[2]

Motivationale Faktoren in der Gruppenpsychotherapie am Beispiel Angst: So wichtig wie das Interventionsprogramm selbst

Motivational factors in Group Psychotherapy with reference to anxiety: As important as the intervention itself

Fragestellung: Therapiemotivation und Compliance von Teilnehmenden psychotherapeutischer Behandlungsprogramme variieren nicht unbeträchtlich, wie sowohl klinische Beobachtungen als auch Arbeiten zur Psychotherapiemotivation zeigen. Unsere Studie an stationären AngstpatientInnen (gruppenbasiertes naturalistisches Design) ging der Frage nach: Begünstigt eine gute allgemeine motivationale Haltung den Effekt der Behandlung 6 Monate nach Therapieende? Wir verwendeten hierzu aus der allgemeinen Motivationspsychologie das Konstrukt Handlungs- versus Lageorientierung. Genügend hoch ausgeprägte Motivation sollte katamnestisch eine bessere Reduktion der Angst-Symptomatik vorhersagen als unzureichende Motivation. Ferner postulierten wir, dass Handlungsorientierung im Verlauf der Behandlung zunimmt („Erfolg beflügelt").
Methode: 193 Teilnehmende eines stationären Angstbehandlungsprogramms bearbeiteten das BAI, das Fragebogenpaket AKV sowie den HAKEMP-90 bei Aufnahme (t_1), Entlassung (t_2) und 6 Mo. später (t_3).
Ergebnisse: Mittelwertverläufe zeigten Angstreduktionen zu t_3 im moderaten Rahmen. Motivation nahm prinzipiell zu. Regressionsanalysen belegten, dass Motivation sehr substantiell (ca. 1/3) zur Varianzaufklärung bei t_3 beitrug. Das exemplarische Einsetzen von bestimmten Werten in die 5 gültigen Regressionsgleichungen demonstriert, dass mittelhoch ausgeprägte Motivation zu Angstreduktionen führte, die um einen Cut off-Wert (Angst/Angstfreiheit) rangierten, bei der aber Angstkriterien zu einem Teil noch erfüllt sind. 17 % der PatientInnen galten demgegenüber als besonders hoch motiviert, sie erzielten katamnestisch sehr niedrige Angstwerte.
Schlussfolgerung: Der Effektstärkevergleich zwischen einerseits Behandlungsverlauf Beginn/Follow up und andererseits hoch versus niedrig motivierten PatientInnen illustriert, dass motivationale Faktoren für den Therapieerfolg ebenso wichtig sind wie die Behandlung selbst. Gesichtspunkte der gezielten Fokussierung auf Motivation innerhalb des Behandlungsprogramms werden abschließend erörtert.

Schlüsselwörter
Psychotherapiemotivation, Handlungs- versus Lageorientierung, differentielle Effekte, Angstbehandlung in Gruppen

---

[1] Department Psychologie der Ludwig-Maximilians-Universität München
[2] Psychotherapeutische Praxis Rosenheim

Aim: Patients' therapy motivation and compliance vary to a considerable extent during treatment as clinical observations and empirical work on psychotherapy motivation show. Our study with in-patients (group based naturalistic design) asked: Does a good general motivational attitude favor the effect of a therapy program 6 months after treatment? We used the "action- versus state orientation"- construct, which is well-known in general motivational psychology. Sufficiently high motivation should predict more reduction in anxiety symptoms than lower motivation. We further postulated that action orientation could be raised during treatment course as a consequence of increasing successful steps.
Method: 193 anxiety patients of an in-patient program filled out BAI, ACQ, BSQ, MI for anxiety, and HAKEMP 90 for motivation (t_1 admission, t_2 discharge, t_3 FU).
Results: Comparison of means showed moderate reductions in anxiety at t_3. Motivation increased over time. Regression analyses proved that motivation contributed to explanation of variance (t_3) in a very substantial way (1/3 of all predictors). 5 accepted regressional equations were obtained. By employing certain values (for low vs. medium vs. high motivation) into these equations exemplarily, we can demonstrate that a medium extent of motivation leads to anxiety reductions below an anxiety/nonanxiety cut-off. For those 17% of patients, who have been considered as very well motivated, diagnostic criteria for anxiety were no longer fulfilled at FU. In a last step, we compared effect sizes between (a) course of anxiety from admission to follow up against (b) anxiety at t3 for high versus low motivation.
Conclusion: Our results illustrate the importance of motivational factors proving to be as important as treatment program itself. Aspects of focusing on motivation within the program are discussed at the end of the article.

Key words
Psychotherapy motivation, Action- versus State-Orientation, differential Effects, Anxiety Treatment in Groups

Der Erfolg psychotherapeutischer Behandlungen hängt nicht unbedingt allein von einer empirisch bewährten Intervention ab. So weist der Psychotherapieforscher Dietmar Schulte im Vorwort seiner 2015 erschienenen Monographie „Therapiemotivation" darauf hin, dass seit Ende der 1960er Jahre „in berauschendem Tempo" Studien zur Wirksamkeit von Psychotherapieverfahren erschienen sind, die die Klinische Psychologie und ihr Selbstverständnis radikal änderten. Jedoch – es gab eine Bedingung, dass die Verfahren auch wirklich funktionierten: „Der Patient, die Patientin musste mitmachen, musste sich **ändern wollen**. Und das Ärgerliche war, dass das manchmal nicht gegeben war" (Schulte, 2015, S. 5). Es dauerte geraume Zeit, bis dieser Umstand in einer Weise anerkannt war, dass „in der Therapie mitmachen" und „sich ändern wollen" nicht eine Voraussetzung für Therapie war, sondern deren inhärenter Teil. Unmittelbar einleuchtend ist dies etwa für die Bereiche Anorexia nervosa (Böse, Beisel & Geissner, 2005) oder Substanzmissbrauch/–abhängigkeit (Petry, 1996), Störungen mit oft mäßiger Problemeinsicht. Es ist daher sicher auch kein Zufall, dass konkrete Motivationsförderprogramm zur Änderungs- und Mitarbeitsbereitschaft, etwa das sogenannte transtheoretische Modell, auch als Stages-of-Change-Modell bezeichnet (Prochaska & Norcross, 2001), und das Motivational Interviewing (Miller & Rollnick, 1991) aus der Suchtarbeit heraus entstanden sind. Im deutschen Sprachraum wurden klinisch-psychologische bzw. psychotherapeutische Gesichtspunkte der Motivation vor allem in der Bochumer Arbeitsgruppe um Schulte (2015) und in der Berner Arbeitsgruppe um Grawe (Grosse-Holtfort & Grawe, 2000) breiter untersucht. Ein besonderes Kennzeichen der Forschung der Bochumer Arbeitsgruppe war hierbei der Rückgriff auf grundlagenpsychologische Konzepte der Motivation, wie sie von Heckhausen, Kuhl und anderen bearbeitet wurden (Heckhausen & Heckhausen, 2006; Rheinberg, 2008). Schulte und Mitarbeiter konnten aufzeigen, dass Absicht, Ziel, Entscheidung, Volition, Handlung und Attribution in hervorragender Weise einhergingen mit klassisch psychotherapeutischen Konzepten wie Widerstand, Störungsgewinn, habituellem Reaktanzstil und kurz- versus langfristiger Gewinn-/Verlusteinschätzung des Problems und seiner Bearbeitung (Schulte, 2015).

Unsere eigene Studie – an AngstpatientInnen – ging von der klinisch-therapeutischen Alltagsbeobachtung aus, dass Teilnehmende eines stationären Gruppenprogramms ganz offensichtlich in unterschiedlichem Ausmaß „mitmachten", teils intensiv die Therapieelemente umsetzten, teils aber auch die in der Gruppe angebotenen Themen, Aufgaben oder Übungsvorschläge vermieden, sie nicht richtig annehmen konnten und die Gruppenzeit eher „absaßen". Natürlich ist jedoch auch zu erwähnen, dass gerade stationäre Patientinnen nicht selten bereits erfolglose Therapieversuche in der Vorgeschichte hatten und daher bei ihnen unter Umständen eine Skepsis bzw. abwartende Anstrengungsbereitschaft bestand.

Motivationspsychologische Ansätze und Konstrukte liegen zahlreich vor (Schulte, 2015, S. 22). Wir inspizierten in unserer Untersuchung das Konstrukt Handlungsorientierung versus Lageorientierung von Kuhl (1994a). Hierzu existierten nicht nur mehrere Arbeiten seit den 90er Jahren, das Konzept gilt auch als grundlagenwissenschaftlich ausgereift und gleichzeitig für den klinischen Einsatzbereich besonders passend (Hartung, 1990; Hartung & Schulte, 1991, 1994).
An dieser Stelle soll präzisierend die Unterscheidung zwischen Motivation und Volition erwähnt werden: Kurt Lewin (1926) bereits unterschied zwischen der motivationalen Phase des Wünschens und Zielsetzens und einer sich daran anschließenden Phase des Wollens, des Strebens nach Zielerreichung. Diese zweite Phase wird heute mit Volition bezeichnet. Das Konstrukt Handlungsorientierung versus Lageorientierung (im Folgenden mit H-L abgekürzt) weist insofern deutliche Volitions-Anteile auf, da sowohl Elemente der konkreteren Handlungsplanung als auch der Handlungsausführung darin enthalten sind. Aus praktischen Gründen wird hier dennoch „Motivation" als übergeordneter Begriff beibehalten.
Kuhl (1994a) zufolge steht Handlungsorientierung für einen handlungsförderlichen Umgang mit Absichten. Den Gegenpol bildet Lageorientierung: Damit ist Abwägen und Nachdenken gemeint, aber auch Zögern und Schwanken. Nach Kuhl stellt H-L einen Motivations-Stil dar, ihm wird eine allgemeine Eigenschaftscharakteristik über unterschiedliche Bereiche hinweg zugeschrieben. Konkret untersucht wird H-L mittels dreier bipolarer Facetten (Skalen zu je 12 Items, Kuhl, 1994b). (a) Handlungsorientierung in der Planung – HOP: Am einen Pol ein handlungsvorbereitender, zupackender Stil, am anderen (lageorientierten) Pol hingegen ein Überlegen und Zögern; (b) Handlungsorientierung in der Tätigkeitsausführung – HOT: Am einen Pol Zielstrebigkeit und ausdauerndes Bei-der-Sache-Sein, am anderen Ablenkung und Unstetigkeit; (c) Handlungsorientierung im Umgang mit Misserfolg – HOM: Am einen Pol nach Fehlern Loslassen-können und Weitermachen, am anderen gedankliche Weiterbeschäftigung mit Fehlern, grübelndes Blockiert-Sein.

Am Beispiel von AngstpatientInnen würde dies bedeuten: Teilnehmende eines gut etablierten Gruppentherapieprogramms mit Expositionen als wichtigem Bestandteil (Barlow & Craske, 2004; Geissner & Kindermann, 2010; Margraf & Schneider, 1990) könnten dann besonders gut profitieren, wenn sie „zupackend" an ihre Problematik herangehen, „zielstrebig" die Therapieaufgaben durchführen und sich „nicht von Misserfolgen irritieren" lassen. Zu stark ausgeprägte Lageorientierung hingegen könnte den Fortschritt hindern: PatientInnen könnten unentschlossen sein, lange herumüberlegen, die Übungen ohne genügend Ausdauer durchführen oder sich selbst bei Misserfolgen verantwortlich machen und darüber im Sinne von „wieder mal nicht geschafft" grübeln.

Insofern lautete die Annahme, Handlungsorientierung bei AngstpatientInnen reduziert deren Angst nach Absolvieren des Therapieprogramms substantiell, Lageorientierung könnte die Angstproblematik bestehen bleiben lassen. Wir gingen aber auch über Kuhls Annahme von H-L als einem festen Motivationsstil in einem Punkt hinaus und postulierten: Handlungsorientierung lässt sich im Verlauf der Therapie steigern. Immerhin kann Psychotherapie eine gravierende Maßnahme bei der Änderung des Denkens und Fühlens der PatientInnen in ihrer Lebenswelt darstellen und subjektive Grundkonzepte erschüttern (Roberts, Luo, Briley, Chow, Su & Hill, 2017). Ein wirksames Therapieangebot und der positive Gruppeneffekt könnten zu Änderungen in der Misserfolgsverarbeitung führen, entschlossenes Herangehen und Ausdauer könnten sich verbessern. Mit einem Wort: Erfolg könnte beflügeln. Gute Behandlungsergebnisse könnten also im Verlauf ihrerseits die weitere Motivation erhöhen.

Methode

PatientInnen
Unsere Untersuchungsstichprobe bestand aus 193 PatientInnen (130 davon weiblich = 67.4 %), Durchschnittsalter 41 Jahre (SD 11.5 Jahre), davon in Vollzeit- oder Teilzeitbeschäftigung 55 %, höchster Schulabschluss jeweils 1/3 Abitur, Mittlere Reife oder HS. Die PatientInnen litten zu 59.7 % an Agoraphobie mit Panikstörung, zu 31.7 % an Panikstörung ohne Agoraphobie und zu 8.6 % an Agoraphobie ohne Panikstörung. Die Diagnosen wurden bei Aufnahme (erster Tag) in die Klinik von psychologischen oder ärztlichen PsychotherapeutInnen mittels IDCL für ICD 10 gestellt (Hiller, Zaudig & Mombour, 1995) und in der Aufnahmevisite der Leitung zeitnah verifiziert (zweiter Tag). Die Erkrankungsdauer betrug im Mittel 8 Jahre (SD 7.5 Jahre), Vorbehandlungen schwankten zwischen 0 und 4 Therapien, im Mittel lag 1 Vorbehandlung vor. Komorbid waren Depressionen mit 62 % sowie somatoforme Störungen und Anpassungsstörungen mit jeweils 21 % vertreten.

Messinstrumente
Die Angstproblematik wurde durch die Kombination BAI - Beck Angstinventar (Beck & Steer, 1993; Geissner & Hütteroth, 2018; Margraf & Ehlers, 2007) und das Fragebogenpaket AKV-Angstreaktionen, Kognitionen und Verhalten (Ehlers & Margraf, 2001) hinsichtlich Angstreaktionen und -situationen erfasst. Für den Bereich Motivation kam der Fragebogen HAKEMP-90 von Kuhl (1994b) zum Einsatz.

Das BAI besteht aus 21 Items mit physiologischen und kognitiven Angstsymptomen wie Taubheit und Kribbeln, Hitzegefühl, weiche Knie oder Beine bzw. Unfähigkeit, sich zu entspannen. Es wird ein Summenwert gebildet, min. = 0, max. = 63. Die Homogenität der Skala beträgt Alpha = .91, die Retest-Reliabilität r = .75. Das Fragebogenset AKV besteht aus drei Self-Rating Fragebögen. (a) Der Fragebogen ACQ-Angstkognitionen erhebt 15 angstassoziierte gedankliche Befürchtungen wie „ich werde einen Herzanfall bekommen" oder „ich werde verrückt" (Homogenität Alpha = .74 bis .87 stichprobenabhängig; Retest r = .75 bis .80). (b) Der Fragebogen BSQ-Body Sensations Questionnaire erhebt 18 körperliche Empfindungen bei Angst, z.B. „Herzklopfen", „Flaues Gefühl im Magen" (Homogenität Alpha = .80 bis .95; Retest r = .63 bis .66). Der Fragebogen MI-A Mobilitätsinventar (A steht für „allein") beinhaltet 28 Items der Mobilitätseinschränkung, mittels derer agoraphobisches Vermeidungsverhalten in typischen Situationen erfasst werden kann. Beispiele sind „Kinos oder Theater", „Fahren mit Zügen" und „Schlange stehen" (Homogenität Alpha = .85 bis .97; Retest r = .91). Der Fragebogen MI-A wird ergänzt um die itemgleiche Skala MI-B, wobei B für „in Begleitung" steht. Die Testautoren betonen die Bedeutung der jeweils eigenen Erhebung im Format „allein" bzw. „in Begleitung". Die Homogenität beträgt für die Variante B Alpha = .76 bis .96 und die Retest Reliabilität bis r =.86.

Der Fragebogen HAKEMP-90 (Kuhl 1994b) besteht aus drei Skalen zu 12 Itempaaren mit jeweils einem handlungsorientierten und einem lageorientierten Pol: Handlungsorientierung in der Planung und dem energischen Herangehen (HOP) enthält Items wie „Wenn ich weiß, dass etwas erledigt werden muss, dann fällt es mir leicht, es schnell hinter mich zu bringen" versus „…muss ich mir oft einen Ruck geben, um den Anfang zu kriegen". Handlungsorientierung in der Tätigkeitsausführung (HOT) enthält Items wie „Wenn ich für etwas mir Wichtiges arbeite, dann gehe ich so in der Arbeit auf, dass ich lange Zeit dabei bleibe" versus „… unterbreche ich gern zwischendurch, um etwas Anderes zu tun". Handlungsorientierung im Umgang mit Misserfolg (HOM) enthält Items wie „Wenn ich etwas Wertvolles verloren habe und jede Suche vergeblich war, denke ich nicht mehr lange drüber nach" versus „…kann ich mich schlecht auf etwas Anderes konzentrieren". Der Wertebereich rangiert jeweils von 0 bis 12, wobei hohe Werte für hohe Handlungsorientierung stehen. Die Homogenitäten betragen Alpha = .78 (HOP), Alpha = .74 (HOT) und Alpha =.70 (HOM). Die Retest-Reliabilität beträgt r = .78, dieser Kennwert liegt laut Kuhl (1994b) nur für die Verwendung in Form einer Gesamtskala vor.

Untersuchungsablauf
Die Untersuchung wurde an der Klinik Roseneck – Psychosomatik und Psychotherapie in Prien am Chiemsee durchgeführt. Die PatientInnen erhielten bei Aufnahme (t_1) eine Untersuchung mit den Internationalen Diagnose Checklisten IDCL für ICD 10 (Hiller et al., 1995), wobei die Kriterien Agoraphobie mit Panikstörung (F40.01), Panikstörung (F41.00) oder Agoraphobie ohne Panikstörung (F40.00) ausschlaggebend waren. Vor der ersten Fragebogenuntersuchung erhielten die Teilnehmenden eine schriftliche Information, die Gelegenheit, die Messinstrumente zu sehen und anschließend Fragen zu stellen. Unabhängig davon erklärten sie auf einer Einverständniserklärung ihre Bereitschaft zur Teilnahme und erhielten die Zusicherung, jederzeit zurücktreten zu können, ohne dass dies Auswirkungen auf ihre Behandlung haben würde. Sie füllten sodann am zweiten Tag BAI, AKV und HAKEMP-90 aus; am Ende der stationären Therapie (t_2) bearbeiteten

sie die Fragebögen erneut und rund sechs Monate nach Entlassung (t_3) noch ein drittes Mal (postalische Versendung). Die PatientInnen waren für rund 6 Wochen stationär in einem multimodalen, hauptsächlich im Gruppenformat durchgeführten Programm, welches von einem interdisziplinären Team aus PsychotherapeutInnen, ÄrztInnen, weiteren zuarbeitenden Abteilungen sowie der Pflege erbracht wird (ca. 20 Behandlungseinheiten pro Woche). Der zentrale Bestandteil bei Angst, hier Agoraphobie und Panikstörung, ist ein Bewältigungstraining für Gruppen auf der Basis von Margraf und Schneider (1990), weiterentwickelt von Geissner und Kindermann (2010; vgl. auch Barlow & Craske, 2004). In 5 zweistündigen Gruppensitzungen werden zunächst festgelegte Themen zum Problembereich bearbeitet sowie eine Anzahl an praktischen Übungen durchgeführt. Daran schließt sich ein intensives, zwei volle Tage umfassendes Expositionsprogramm außerhalb der Klinik an, danach Nachbearbeitungssitzungen und weitere, individualisierte Übungen.

Auswertung
In einem ersten Schritt wurde eine Drop out-Analyse bezüglich jener PatientInnen durchgeführt, für die zum Nachbefragungszeitpunkt nach 6 Monaten keine Angaben vorlagen. Von den ursprünglich 193 PatientInnen bei Aufnahme lagen zum Follow up für 125 PatientInnen vollständige Daten vor.

Sodann wurden einfache Mittelwertverläufe Aufnahme – Entlassung – 6 Monats-Follow up analysiert (einfaktorielle Varianzanalysen mit Messwiederholung), ergänzt um die jeweilige Effektstärkeberechnung.

Der zentrale Auswertungsschritt bestand aus multiplen Regressionsanalysen mit jeweils einem der 5 Angstmaße (also dem Wert aus dem BAI sowie den 4 AKV-Werten) zum Follow up-Zeitpunkt als Kriterium. Die am meisten interessierenden Prädiktoren waren die Motivationsmaße, wobei die Angstmaße bei Aufnahme und Entlassung ebenfalls als Prädiktoren mit einbezogen wurden, des weiteren soziodemographische Merkmale. Motivation, also HOP, HOT und HOM wurde zum einen mit den Werten bei Zeitpunkt t_1 und t_2 berücksichtigt. Zum anderen wurden hierfür Differenzwerte Aufnahme – Entlassung und Aufnahme – Follow up gebildet, um zu testen, ob die mögliche Zunahme an Motivation spezifische Effekte hat. So wurden 5 gültige Regressionsgleichungen (1 für BAI, 4 für AKV) ermittelt.

Zur praktisch-klinischen Illustrationen wurden sodann bestimmte Werte in diese Gleichungen eingesetzt. Um die Angst nach 6 Monaten in Abhängigkeit von niedriger, mittlerer und hoher Motivation zu bestimmen, kann man mit solcherart fiktiven Werten zeigen, dass zusätzlich zum Gruppenprogramm ‚Angst' die jeweilige Motivation eine weitere Rolle spielt. Technisch gesehen muss hierbei der Rest der Einflussfaktoren (konkret: die Angst zu den früheren Zeitpunkten) künstlich stabil gehalten werden, z.B. unter Verwendung von Mittelwerten der hiesigen Stichprobe.

Zum Abschluss verglichen wir Unterschiede im Therapieverlauf „Aufnahme – Follow up" mit Unterschieden zwischen „hoch" und „niedrig motiviert" (Berechnung von Effektstärken). Damit kann die im Titel der Arbeit formulierte Aussage „motivationale Faktoren – so wichtig wie die Intervention selbst" geklärt werden.

Ergebnisse

Drop out Analyse

Für 125 PatientInnen lagen zu jedem der drei Messzeitpunkte vollständige Datensätze vor. Wir prüften, ob zwischen diesen Completern und den 68 Drop out-PatientInnen, die entweder bereits bei Entlassung oder zum Follow up unvollständige oder keine Fragebögen abgaben, hinsichtlich der untersuchten Merkmale Unterschiede bestehen (t-Tests). Kurz zusammengefasst unterschieden sich Completer in keinem der Untersuchungsmerkmale von den Noncompletern, weder bezogen auf einen Drop out bei Entlassung (t_2) noch einen solchen nach 6 Monaten (t_3).

Einfache Merkmalsverläufe

Erwartungsgemäß konnte die Angst reduziert werden (Tabelle 1): Es ergab sich jeweils ein Rückgang zwischen Aufnahme, Entlassung und – für drei Merkmale – auch im Follow up, allerdings zwischen t_2 und t_3 nicht mehr signifikant. Die Effektstärken sind als moderat zu bezeichnen.

Tabelle 1: Mittelwertverläufe, Prüfstatistik (einfaktorielle Varianzanalysen) und Effektstärken für 5 Angstmaße und 3 Motivationsmaße, N = 125

	t_1	t_2	t_3	F / p	Kontraste	ES $t_{1/2}$	ES $t_{1/3}$
BAI	29.40 (14.33)	21.02 (13.46)	19.55 (12.77)	30.26 .000	a, b	.58	.69
ACQ	2.15 (.63)	1.79 (.59)	1.72 (.66)	26.93 .000	a, b	.57	.68
BSQ	2.75 (.73)	2.27 (.85)	2.17 (.79)	47.33 .000	a, b	.66	.79
MI-Allein	2.61 (1.07)	1.96 (.84)	2.01 (.99)	34.43 .000	a, b	.61	.56
MI-Begleitet	2.00 (.87)	1.53 (.60)	1.57 (.75)	23.57 .000	a, b	.57	.54
HOP	4.45 (3.02)	4.71 (3.18)	5.23 (3.41)	3.42 .036	a, c (c = .06)	.09	.26
HOT	8.29 (3.09)	8.42 (3.15)	8.45 (3.30)	.326 ns	-	.04	.05
HOM	3.36 (2.31)	4.06 (2.86)	4.37 (2.96)	16.50 .000	a, b	.30	.43

Anmerkungen. BAI = Beck Anxiety Inventory, ACQ = Anxiety Cognitions Questionnaire, BSQ = Body Sensations Questionnaire, MI = Mobilitätsindex, HOP = Handlungsorientierung/Planung und energisches Herangehen, HOT = Handlungsorientierung/Tätigkeitsausführung, HOM = Handlungsorientierung/Misserfolgsumgang. t_1 = Aufnahme, t_2 = Entlassung, t_3 = Follow up 6 Monate nach Entlassung. Kontraste: a = t_1/t_2, b = t_1/t_3, c= t_2/t_3. ES = Effektstärke [Effektstärkemaß $(x_1 - x_2)/SD_1$]. Angaben in Spalten t_1 bis t_3 = Mittelwerte und Standardabweichungen. Range: BAI 0 – 63, ACQ bis MI/B 1 - 5, HOP bis HOM = 0 -12 (numerisch hohe Werte = Handlungsorientierung, niedrige Werte = Lageorientierung).

Für Handlungsorientierung fand sich insofern ein von Kuhls Überlegungen abweichendes Bild, als HOP (Planen und energisches Umsetzen) und HOM (Misserfolgsumgang) veränderlich waren. HOP nahm deutlich zu, es bestand ein signifikanter Unterschied zwischen t_1 und t_3, auch zwischen Entlassung und Follow up ist eine leichte Zunahme festzustellen. HOM nahm ebenfalls zu, HOT dagegen blieb relativ unverändert.

Klinische Bedeutsamkeit:
Für die 5 Kriterien (1 BAI, 4 AKV) ist neben dem Verlaufsunterschied auch die Einordnung der Befunde in Relation zu Referenzwerten aussagekräftig (Jacobson, Roberts, Bern & McGlinchey, 1999). Im AKV-Manual (Ehlers & Margraf, 2001) werden Richtwerte für PatientInnen und für eine Kontrollgruppe angegeben. Nach der Formel [(MittelwertAngst – MittelwertKontroll)·/· 2] wurde ein Grenzwert bestimmt, der besagt, dass vormalige AngstpatientInnen am Ende der Behandlung bzw. zur Katamnese als „noch im Bereich Angst" oder „bereits im Bereich keine Angst" lokalisierbar sind. Die Cut off-Werte des AKV lauteten 1.83 für ACQ, 2.29 für BSQ, 2.37 für MI-A und 1.79 für MI-B. Nach fallweiser Auszählung lagen 64 % der PatientInnen 6 Monate nach Therapieende unterhalb des Cut off-Wertes für ACQ. Für den BSQ waren es 63 % und für MI-A/MI-B 70 % bzw. 78 %. Für den BAI werden nur kategoriale Richtwerte angegeben. Demnach erzielten 69 % unserer PatientInnen bei Katamnese ein Ergebnis unterhalb der Grenze von starker klinischer Angst.

Regressionsanalysen: Einflüsse von Motivation auf Angstreduktion

Als Vorhersagekriterien galten die Werte im BAI und in den 4 AKV-Merkmalen zum Follow up-Zeitpunkt nach 6 Monaten. Angstreduktion sollte vorhergesagt werden durch Angst bei t_1 und t_2 sowie die Motivationsmerkmale. Angstreduktion zwischen t_1 und t_2 entspricht im Prinzip dem Behandlungsprogramm. Auswertungsstatistisch gesehen müssen bei Veränderungsfragestellungen aber auch generell die zeitlich vorgelagerten Merkmale, die mit dem Kriterium identisch sind, als Prädiktoren mit eingehen (als ‚Autoregressoren' bezeichnet; Eid, Gollwitzer & Schmitt, 2010 S. 931). Da wir Veränderlichkeit in den Motivationsstilen annahmen, mussten zudem jeweils 3 Differenzparameter für die 3 Motivationsmerkmale HOP, HOT und HOM über die Messzeitpunkte hinweg (t_{1-2}, t_{1-3}, t_{2-3}) gebildet werden. Anzumerken ist, dass sich keines der soziodemographischen Merkmale als signifikant erwies, es verblieben allein die Kernmerkmale der Angst und der Motivation in den Analysen.

Die Ergebnisse sind für die statistisch Interessierten in kompakter Form in Tabelle 2 dargestellt. Die ermittelten Regressionsgleichungen mit b-Gewichtungen, die gesamtaufgeklärte Varianz und die F-Statistik sind im jeweiligen Block in Zeile 1 aufgeführt. In Zeile 2 des Blocks werden die standardisierten Beta-Werte zwecks Binnenvergleich berichtet. In Zeile 3 findet sich der Nettobetrag an Varianzaufklärung des jeweiligen Prädiktors. Im Gesamtüberblick wurden die Kriterien zu t_3 wie zu erwarten durch die jeweiligen Angstwerte zu t_1 und t_2 vorhergesagt. Ein hohes Ausmaß an Angst zu Beginn und am Ende der Behandlung sagt ein hohes Ausmaß an Angst bei Katamnese vorher, gekennzeichnet durch ein positives Vorzeichen bei den b-Werten (Tab. 2, Zeile 1 des jeweiligen Blocks).

Tabelle 2: Multiple Regressionen von 5 Angstkriterien t_3 (6 Monats-Follow up) auf die Angstprädiktoren t_1 und t_2 sowie HOP, HOT und HOM, N = 125

Kriterium	
	Zeile 1 des Blocks: Regressionsgleichung (b-Gewichte), aufgeklärte Varianz, F-Statistik
	Zeile 2 des Blocks: Standardisierte Prädiktorgewichte Beta
	Zeile 3 des Blocks: $R^2{}_{Nettochange}$ der Prädiktoren
BAI t_3	(1) $Y_{(BAI\,t3)} = 8.79 + .29\, BAI_{t1} + .32\, BAI_{t2} - 1.30\, HOP_{Diff\,t1/t31} - .72\, HOT_{Diff\,t1/t3} - .99\, HOM_{t1}$; $R^2 = .54$ (R= .73), F = 25.89 (p .000)
	(2) Beta $_{Prädiktoren}$: $BAI_{t1} = .33$; $BAI_{t2} = .34$; $HOP_{Diff\,t1/t3} = -.33$; $HOT_{Diff\,t1/t3} = -.15$; $HOM_{t1} = -.18$
	(3) $R^2{}_{Nettochange}$: $BAI_{t1} = .20$; $BAI_{t2} = .16$; $HOP_{Diff\,t1/t3} = .14$; $HOT_{Diff\,t1/t3} = 02$; $HOM_{t1} = 02$
ACQ t_3	(1) $Y_{(ACQ\,t3)} = .50 + .18\, ACQ_{t1} + .59\, ACQ_{t2} - .04\, HOP_{Diff\,t1/t3} - .05\, HOT_{Diff\,t1/t3} - .05\, HOM_{t1}$; $R^2 = .58$ (R= .76), F = 29.98 (p .000)
	(2) Beta $_{Prädiktoren}$: $ACQ_{t1} = .18$; $ACQ_{t2} = .53$; $HOP_{Diff\,t1/t3} = -.20$; $HOT_{Diff\,t1/t3} = -.19$; $HOM_{t1} = -.18$
	(3) $R^2{}_{Nettochange}$: $ACQ_{t1} = .19$; $ACQ_{t2} = .27$; $HOP_{Diff\,t1/t3} = .07$; $HOT_{Diff\,t1/t3} = 03$; $HOM_{t1} = 02$
BSQ t_3	(1) $Y_{(BSQ\,t3)} = .36 + .47\, BSQ_{t1} + .27\, BSQ_{t2} - .09\, HOP_{Diff\,t1/t3}$; $R^2 = .53$ (R= .73), F = 42.43 (p .000)
	(2) Beta $_{Prädiktoren}$: $BSQ_{t1} = .42$; $BSQ_{t2} = .29$; $HOP_{Diff\,t1/t3} = -.37$
	(3) $R^2{}_{Nettochange}$: $BSQ_{t1} = .31$; $BSQ_{t2} = .09$; $HOP_{Diff\,t1/t3} = .13$
MI-A t_3	(1) $Y_{(MI-A\,t3)} = .75 + .68\, MI\text{-}A_{t2} - .08\, HOP_{Diff\,t1/t3}$; $R^2 = .44$ (R= .66), F = 45.11 (p .000)
	(2) Beta $_{Prädiktoren}$: $MI\text{-}A_{t2} = .57$; $HOP_{Diff\,t1/t3} = -.26$
	(3) $R^2{}_{Nettochange}$: $MI\text{-}A_{t2} = .37$; $HOP_{Diff\,t1/t3} = .06$
MI-B t_3	(1) $Y_{(MI-B\,t3)} = .30 + .16\, MI\text{-}B_{t1} + .67\, MI\text{-}B_{t2} - .05\, HOP_{Diff\,t1/t3}$; $R^2 = .50$ (R= .71), F = 36.60 (p .000)
	(2) Beta $_{Prädiktoren}$: $MI\text{-}B_{t1} = .18$; $MI\text{-}B_{t2} = .53$; $HOP_{Diff\,t1/t3} = -.21$
	(3) $R^2{}_{Nettochange}$: $MI\text{-}B_{t1} = .20$; $MI\text{-}B_{t2} = .26$; $HOP_{Diff\,t1/t3} = .04$

Anmerkungen. BAI = Beck Anxiety Inventory, ACQ = Anxiety Cognitions Questionnaire, BSQ = Body Sensations Questionnaire; MI-A = Mobilitätsindex-Allein; MI-B = Mobilitätsindex-Begleitet; HOP = Handlungsorientierung/Planung und energisches Herangehen, HOT = Handlungsorientierung/Tätigkeitsausführung, HOM = Handlungsorientierung/Misserfolgsumgang. Y = Erwartungswert für Angst zu t_3. Erster Wert in der Gleichung = Konstante. t_1 = Aufnahme, t_2 = Entlassung, t_3 = 6 Monats-Follow up, Diff t_1/t_3 = Zuwachs in Handlungsorientierung. $R^2{}_{Nettochange}$ = relative Bedeutung des Einzelprädiktors für die aufgeklärte Varianz $R^2{}_{gesamt}$. Range: BAI 0 – 63; ACQ, BSQ, MI-A, MI-B 1 – 5; HOP, HOT, HOM 0 -12.

Interessanter jedoch ist die Handlungsorientierung, diese wirkt sich – wie postuliert – umgekehrt, nämlich angstreduzierend auf die Kriterien aus, ersichtlich an den negativen Vorzeichen bei den b-Werten. Prädiktor HOP erwies sich also dann als angstreduzierend, wenn der Wert von t_1 zu t_3 zunahm (Differenzmaß). Prädiktor HOM (Misserfolgsumgang) kann Angstreduktion zu t_3 ebenfalls vorhersagen. Aber das Differenzmaß war hier nicht bedeutsam, sondern nur der einfache Wert zum Messzeitpunkt, d.h. eine HOM-Zunahme blieb unbedeutend. Dagegen gilt wiederum, dass eine ansteigende Handlungsorientierung in der Tätigkeitsausführung (HOT-Differenzmaß) die Angst am Ende reduziert.

Die Varianzaufklärung ist mit R^2–Werten von über .50 gut, Ausnahme MI-A (R^2 = .44). Im Binnenvergleich „Prädiktoren der Angst" versus „Prädiktoren der Handlungsorientierung" spielen letztere eine beachtliche Rolle. Dies ist ersichtlich aus dem relativen Varianzanteil ausgedrückt in R^2-Nettochange (Tab. 2, Zeile 3 des jeweiligen Blocks). Der Handlungsorientierungs-Anteil trägt etwa für BAI mit der Hälfte und für ACQ mit einem Drittel des Anteils, den die Angstprädiktoren an erklärter Varianz abdecken, zum Gesamt-R^2 bei.

Einsetzen von exemplarischen (fiktiven) Werten zur Illustration der Ergebnisse bei niedriger, mittlerer und höherer Motivation

Im Folgenden wird anhand von numerischen Beispielen erläutert, welche Bedeutung eine angenommene hohe, mittlere und niedrig ausgeprägte Motivation in Bezug auf das Kriterium Angst zu t_3 hätte. Ausschlaggebend hierfür sollen die ermittelten Regressionsgleichungen sein (Tabelle 2). Zur Illustration der unterschiedlichen Ergebnisse für Angst zu t_3 wurde folgendermaßen vorgegangen: Alle Prädiktoren der Angst zu t_1 und t_2 sollten zur Vereinfachung konstant sein. Hierfür wurde der Stichprobenmittelwert des jeweiligen Maßes zu Messzeitpunkt 1 bzw. 2 eingesetzt, wie aus Tab.1 ersichtlich. Sodann wurde zu Demonstrationszwecken festgelegt: Als hohe Motivation soll gelten „Mittelwert (von HOP, HOT bzw. HOM) plus der Wert von 1 Standardabweichung", als mittlere Motivation soll der einfache Mittelwert gelten, als niedrige Motivation soll gelten „Mittelwert minus der Wert von 1 Standardabweichung". Für extrem hohe und extrem niedrige Motivation wurde ergänzend „Mittelwert plus/minus 2 Standardabweichungseinheiten" angenommen, wobei solche Fälle gemäß Normalverteilungsannahme selten sind. Die drei Maße der Handlungsorientierung wurden simultan einbezogen. Es wurde also zunächst nicht berücksichtigt, welche spezifischen Anteile HOP, HOT und HOM einzeln hätten. Werden die Prädiktoren der Angst konstant gehalten und würde man die Handlungsorientierungswerte wie beschrieben variieren lassen, so können nach Einsetzen in die Gleichung jeweils verschiedene Ergebnisse für Angst zu t_3 demonstriert werden. Diese Ergebnisse finden sich in Tabelle 3.

Tabelle 3: Der Einfluss von Handlungsorientierung auf Angst zu t_3 (6 Monats-Follow up) unter spezifischen, angenommenen Prädiktorwerten: Ergebnisse ausmultiplizierter Regressionsgleichungen

Kriterium	Y_{M-2SD}	Y_{M-1SD}	Y_M	Y_{M+1SD}	Y_{M+2SD}
BAI / t_3 (min. = 0, max. = 63)	36.28	27.87	19.46	11.06	2.65
ACQ / t_3 (min. = 1, max. = 5)	2.48	2.10	1.72	1.34	1.00
BSQ / t_3 (min. = 1, max. = 5)	2.78	2.49	2.19	1.90	1.60
MI-Allein / t_3 (min. = 1, max. = 5)	2.53	2.27	2.02	1.76	1.51
MI-Begleitet / t_3 (min. = 1, max. = 5)	1.92	1.76	1.60	1.44	1.28

Anmerkungen. BAI = Beck Anxiety Inventory, ACQ = Anxiety Cognitions Questionnaire, BSQ = Body Sensations Questionnaire, MI = Mobilitätsindex. t_3 = Follow up 6 Monate nach Entlassung. Y = erzielter Angstwert gemäß Regressionsgleichungen, vgl. Tab. 2. Prädiktoren der Angst (t_1, t_2) wurden auf den jeweiligen Mittelwert fixiert. Handlungsorientierung wurde summarisch für HOP, HOT und HOM betrachtet. Mittlere Spalte Y_M: Handlungsorientierungsmaße auf Mittelwert gesetzt. Spalten links und rechts davon: Handlungsorientierungswerte wurden auf Mittelwert +/- 1 bzw. +/- 2 SD gesetzt.

Erläuterung zu Tabelle 3, Zeile 1:

Der t_1-Ausgangswert für Angst gemessen mit dem BAI war in unserer Stichprobe 29.40 (s. Tab. 1). Dieser Wert würde sich zum Follow up kaum ändern bei angenommen niedrig ausgeprägter Motivation (BAI = 27.87) und sich sogar verschlechtern bei Annahme von extrem niedriger Motivation (36.28). Bei mittelhoch ausgeprägter Motivation würden die TeilnehmerInnen dagegen einen BAI-Wert von 19.46 erzielen. Dies würde eine Reduktion der Angst anzeigen, wenn auch eine mäßig hohe. Denn gemäß den Richtwerten im Manual (Margraf & Ehlers, 2007) würden diese PatientInnen immer noch im Bereich „moderater" Angst (Wertebereich 16 bis 25) rangieren, allerdings zumindest nicht mehr im Bereich „klinisch relevanter" Angst (26 bis 63). Erst bei Annahme von guter Handlungsorientierung (M + 1 SD) würde sich die Angstbehandlung substantiell auswirken: Diese PatientInnen würden gemäß Gleichung einen BAI-Wert von 11.06 bei Katamnese erzielen (Tab. 3). Das entspräche dem Bereich „milder" Angst (8 bis 15), was für eine chronifizierte Angstproblematik als sehr gute Reduktion zu werten wäre. Das bedeutet: Zwar haben alle PatientInnen das gleiche Gruppenprogramm absolviert, einen substantiellen Nutzen daraus würden aber besonders die 17% der hoch motivierten PatientInnen daraus ziehen.

Erläuterung zu Tabelle 3, Zeilen 2 bis 5:

Prinzipiell ähnlich würde sich das Ergebnisbild für die 4 Merkmale des AKV gestalten. Im Manual (Ehlers & Margraf, 2001) werden Werte für AngstpatientInnen und für Kontrollgruppen ohne Angst angegeben. Wir ergänzten dies wie erwähnt durch die Berechnung von Cut off-Werten. Der t_1 – Ausgangswert für Angstkognitionen gemäß Fragebogen ACQ war für unsere Stichprobe 2.15. Dies entspricht in etwa der Angstausprägung der Eichstichprobe von Ehlers und Margraf (2001) mit einem Wert von 2.26. Wiederum – wie beim BAI – würden die PatientInnen mit niedriger Motivation (M minus 1 SD) gemäß Gleichung für ACQ zum Follow up in ihrer Angst bei 2.10 stagnieren (Tab. 3, Zeile 2). Die breite Gruppe der mittelhoch Motivierten würde einen Follow up-Angstwert von 1.72 erzielen, der knapp unterhalb des Cut off-Werts von 1.83 liegt und als recht akzeptabel gelten kann. Erst die hoch motivierten PatientInnen (M plus 1 SD) würden zum Follow up einen Angstwert von 1.34 erreichen. Dieser Wert liegt unterhalb des Wertes für die Kontrollgruppe (1.40) und wäre insofern ein ausgesprochen guter Befund.

In den drei Merkmalen Body Sensations (BSQ), Mobilitätseinschränkung/allein (MI-A) und in Begleitung (MI-B; Tab 3, Zeilen 3 bis 5) werden die Werte der Kontrollgruppe aus dem Manual (Ehlers & Margraf, 2001) nicht ganz erreicht. Der BSQ Ausgangswert zu t_1 betrug 2.75, (Manual: 2.79). Der Cut off Wert ist 2.29. Die PatientInnen unserer Stichprobe würden gemäß Gleichung, wenn sie mittelhoch motiviert wären, zu t_3 einen Angstwert von 2.19 erzielen, wenn sie hoch motiviert wären, einen Wert von 1.90. Sie würden damit unterhalb des Cut off-Wertes rangieren. Der Referenzwert „Kontrollgruppe" beträgt 1.78, ein Wert, der in unserer Stichprobe nur von ganz wenigen erreicht würde. Die berichteten körperlichen Angstsymptome lassen also nach Abschluss der Therapie etwas nach, scheinen aber dennoch fortzubestehen.

Für Mobilitätseinschränkung gilt, dass die Werte im Modus „allein" höher sind als jene im Modus „in Begleitung", was auch zu erwarten war. Ausgangswert „allein" war 2.61, Ausgangswert „in Begleitung" 2.00, im Manual (Ehlers & Margraf, 2001) MI-A = 3.24, MI-B = 2.28. Der Cut off-Wert ist 2.37 bzw. 1.79. In der Modalität „allein" würde man den Cut off-Wert zum Follow up also mit mittelhoher und hoher Motivation unterschreiten. Für die Modalität „in Begleitung" wird dies nicht ganz erreicht. Die Werte für die Kontrollgruppe im Manual lauten MI-allein = 1.59 und MI-in Begleitung = 1.30, das betrifft also nur den sehr hohen Bereich (Tab. 3 Zeilen 4 und 5).

Wie in Tabelle 3 aufgezeigt, kann zusammengefasst über alle Merkmale hinweg festgehalten werden, dass – eine mittelgut ausgeprägte Motivation (HOP, HOT, HOM) vorausgesetzt – ein halbes Jahr nach dem Aufenthalt eine nachweisbare Angstreduktion erzielt werden würde. Die Angst erwies sich als erkennbar niedriger als bei Aufnahme, aber im Vergleich zu Werten einer Kontrollgruppe im Manual – Personen ohne Angst – noch immer vorhanden. Nur für die oberen 17 % der höher motivierten PatientInnen konnte dagegen auch eine sehr gute Angstreduktion bei der Follow up-Untersuchung aufgezeigt werden.

Effektstärkenvergleich

Um zur eingangs im Titel der Arbeit gestellten Aussage zu kommen: Welche Rolle spielen hohe versus niedrige Motivation, hier gemessen mit Kuhls Verfahren HAKEMP-90 (Kuhl, 1994b), in Relation zum globalen Verlauf während eines Gruppenprogramms Angst? Zur Beantwortung dieser Frage verwendeten wir zum einen die in Tabelle 1 (Spalte rechts) referierten Effektstärken (ES) für die Angstmaße über den Aufnahme-Follow up-Verlauf hinweg. Zum anderen stellten wir diesen die Unterschiede in Angst zu t_3 gegenüber, die man erhalten würde, wenn „hohe" versus „niedrige Motivation" vorläge. Hierzu dienten die Ergebnisse der Regressionsgleichung mit angenommenen Werten: Für „hohe Motivation" wurden auch in diesem Fall wieder die Ergebnisse herangezogen, wenn man bei HOP, HOT und HOM gemeinsam jeweils den Wert „M plus 1 SD" einsetzt, für „niedrige Motivation" entsprechend den Wert „M minus 1 SD". Effektstärkenbestimmung war (M − 1 SD) − (M + 1 SD) ·/· $SD_{Gesamtstichprobe}$. Tabelle 4 listet die Effektstärken im Vergleich auf.

Tabelle 4: Gegenüberstellung zweier Effektstärken (a) globale Angstwerte im t_1 / t_3 -Verlauf versus (b) Angstwerte zu t_3 für hohe und niedrige Motivationsausprägung (M − 1 SD / M + 1 SD)

Kriterium	ES für Angstwerte im t_1 / t_3 -Verlauf	ES bei hoher / niedriger Motivation zum Zeitpunkt t_3
BAI	.69	1.32
ACQ	.68	1.15
BSQ	.79	.75
MI-Allein	.56	.52
MI-Begleitet	.54	.43

Anmerkungen. BAI = Beck Anxiety Inventory, ACQ = Anxiety Cognitions Questionnaire, BSQ = Body Sensations Questionnaire, MI = Mobilitätsindex. ES = Effektstärke. t_1 = Aufnahme, t_3 = 6 Monats-Follow up. Handlungsorientierung wurde summarisch für HOP, HOT und HOM betrachtet. Handlungsorientierungsmaße für hohe Motivation = Mittelwert + 1 SD, für niedrige Motivation = Mittelwert − 1 SD.

Für BAI und ACQ gilt, dass die Effektstärken zwischen Angstwerten, wenn man „hohe" versus „niedrige Motivation" vergleicht, mit ES = 1.32 (BAI) und ES = 1.15 (ACQ) sehr deutlich über jenen für den Vergleich beim Aufnahme-Follow up-Verlauf liegen (ES = .69 bzw. ES = .68). Für die Merkmale Body Sensations (BSQ) und Mobilitätseinschränkung (MI-A, MI-B) gilt dies weniger deutlich. Die Effektstärken „Motivation" gegen „Therapieverlauf" sind bei Body Sensations mit .75 und .79 ähnlich ausgeprägt. Dies trifft auch für MI-A zu (ES = .52 bzw. ES = .56). Einzig für MI-B ist die Effektstärke des Therapieverlaufs höher als jene für „hohe" versus „niedrige Motivation" (ES = .43 versus ES = .57).

Diskussion

Innerhalb des Settings einer psychosomatischen Klinik (reguläre Aufnahmen, keine spezielle Selektion zu Untersuchungszwecken) ergab die Analyse eines Datensatzes von PatientInnen, die ein prinzipiell wirksames Angstbehandlungsprogramm durchliefen (Barlow & Craske, 2004; Geissner & Kindermann, 2010; Margraf & Schneider, 1990), dass der Therapieeffekt unter bestimmten motivationalen Bedingungen höher ausfällt als unter anderen: Einfache „Vorher-Nachher-Follow up"-Vergleiche für die Stichprobe waren aufzeigbar, ergaben für 5 geprüfte Angstmaße aber nur relativ durchschnittliche Effekte. Die Hinzunahme eines Faktors Motivationsstil erbrachte hingegen einen substantiellen Gewinn an Aussagekraft.
In regressionsanalytischer Darstellungsweise konnten die drei Motivationsmerkmale der Handlungs- versus Lageorientierung HOP, HOT und HOM große Varianzbeträge

aufklären. Der Nettobeitrag der Motivationsmerkmale war erstaunlich hoch, in einem der Kriterien für Angst die Hälfte, in zwei anderen Kriterien rund ein Drittel des Anteils, den die Angstprädiktoren hatten. Die Angstwerte zu t 1 und t 2 zeigen das Ausmaß des auf das Behandlungsprogramms zurückzuführenden Effekts an, der Netto-Motivationsanteil den darüber hinausgehenden Effekt, also wie sehr man motiviert an der Behandlung mitmacht. Nimmt man exemplarisch bestimmte Werte an und setzt diese in die Ergebnisse der Regressionsanalysen ein, so konnten charakteristische Ergebnismuster 6 Monate nach Ende des stationären Aufenthalts gefunden werden. Mittelhoch motivierte PatientInnen profitierten demzufolge vom Interventionsprogramm im moderaten Bereich. Sie erreichten in der Follow up-Untersuchung zwar nicht die Werte von Personen, die gar nicht unter Angst litten, wie die Inspizierung von Kontrollgruppenwerten der entsprechenden Manuale (Ehlers & Margraf, 2001; Margraf & Ehlers, 2007) ergab. Aber sie unterschritten zumindest den Cut off-Wert mehrheitlich (68%). Zu dieser 2/3-Erfolgsrate ist positiv anzumerken, dass KlinikpatientInnen stärker beeinträchtigt sein könnten als ambulante PatientInnen, denn viele hatten bereits erfolglose Therapieversuche in der Vergangenheit hinter sich, in unserer Stichprobe z. B. bis zu 4 und im Mittel 1 Aufenthalt. Von daher können Verbesserungen jeglicher Art als guter Fortschritt gewertet werden. Ein Anteil von 17%, nämlich jene PatientInnen, die eine überdurchschnittlich hohe Motivation aufwiesen, erzielte 6 Monate nach Therapieende jedoch weit darüber liegende, ausgesprochen gute Werte. Diese rangieren deutlich unterhalb der klinischen Angstschwelle und sind als sehr erfolgreiche Verläufe einzustufen.

Insgesamt betrachtet ist der Effekt einer „hohen versus niedrigen Motivation" in Bezug auf erfolgreiche Angstbehandlung beträchtlich, wie die entsprechende Gegenüberstellung in Form von Effektstärken nahelegt. Dies kann insofern als Beleg für unseren eingangs formulierten Titel dienen: Motivationale Faktoren erwiesen sich unseren Daten zufolge in der Angstbehandlung einer Klinik tatsächlich als ähnlich bedeutsam wie das Therapieverfahren selbst.
Geht man die Einzelkomponenten der Motivation durch, so zeigte sich der Teilbereich HOP (Handlungsorientierung in Planung und energischem Herangehen) als besonders bedeutsam. Wir konnten demonstrieren, dass der Differenzwert signifikant war, also die Zunahme während der Therapie. Warum veränderte sich HOP? Man könnte es, wie eingangs erwähnt, tatsächlich auf die Formel „Erfolg beflügelt" bringen. Der zupackende Stil verbesserte sich im Laufe der Behandlung offenbar: Zu denken ist hier z.B. an aufbauende Rückmeldungen in der Therapiegruppe oder das vermehrte Gefühl, „dass etwas vorangeht" und man selbst dazu beiträgt. Dies kann sich seinerseits im weiteren angstreduzierend auswirken. Bezüglich Kuhls Annahme eines relativ festen Stilmerkmals weisen unsere Ergebnisse darauf hin, dass intensive Erfahrungen, wie sie etwa bei Psychotherapie und durch den Gruppeneffekt gegeben sind, durchaus zu Änderungen führen können (Roberts et al., 2017). Ebenfalls erwies sich der Umgang mit Misserfolg (HOM) für einige Kriterien als bedeutsamer Prädiktor, aber hier wäre nach unseren Ergebnissen zu fragen, ob der Umgang mit Misserfolg nicht noch mehr und gezielter im Behandlungsprogramm thematisiert werden könnte. Ausdauernd bei der Sache sein (HOT) zeigte sich – ähnlich wie bei HOP – als Merkmal, welches in seinem Ausmaß über den Therapieverlauf hinweg zunimmt, spielte jedoch nicht für alle Angstkriterien eine Rolle.
Um auf Schultes (2015) eingangs dargelegte Überlegungen zu kommen: Das Ausmaß, in dem PatientInnen „in der Therapie mitmachen und sich ändern wollen", spielt in der

Tat auch unseren Daten zufolge eine nicht zu unterschätzende Rolle. Der Gesichtspunkt „hohe versus niedrige Motivation" war – wie wir versucht haben zu veranschaulichen – ebenso wichtig für das Behandlungsergebnis wie das Absolvieren des Programms selbst. Sollte bei der Durchführung der Angstgruppe auf die Facette Motivationsförderung gesondert eingegangen werden? Die Daten scheinen dafür zu sprechen, aber dennoch ist die Frage offen, ob in Form eines eigenständigen Programms gefördert werden sollte (Forstmeier & Rüddel, 2007; Schulte 2015) oder ob ein solcher Effekt bei einer guten, problembezogenen Intervention nicht auch von selbst eintritt? Singuläre Motivationsprogramme wie das von Forstmeier und Rüddel (2007) könnten etwas luftleer im Raum bleiben. Dies müsste jedoch künftig in einer Gegenüberstellung beider Modalitäten systematisch abgeklärt werden.

Welche motivationalen Themen sollten auf der konkreten Handlungsebene aufgegriffen werden, z. B. durch gezieltes Einstreuen während der Gruppenstunden? Die Motivationspsychologie (Heckhausen & Heckhausen, 2006; Rheinberg, 2008) bietet hier eine Reihe von Elementen an, die sich im pädagogisch-psychologischen Kontext als förderlich erwiesen haben und die problemlos auch hier integrierbar wären. Schlagworte sind etwa

- Setzen realistischer Ziele, Formulierung von Einzelschritten;
- Bewusstes Herangehen, nicht im Sinne von „Augen zu und durch" sondern von „Augen auf";
- Bilanzierung erreichter Zwischenziele und Rückmeldung über den Zielerreichungsstand;
- Thematisierung der Ausdauerkomponente;
- Betonen eines individuellen Bezugsrahmens: Die zu favorisierende intraindividuelle Bilanzierung des Erreichten kann im Gegensatz zu interindividuellen Vergleichen - „Mitpatient X hat es aber viel besser gemacht als ich" – gerade im Gruppenkontext anschaulich bearbeitet werden;
- gezielte Erfolgs-/Misserfolgsverarbeitung gemäß dem Attributionsschema von Weiner (1996). Also Fokussierung auf mit Erfolg assoziierte Personfaktoren (stabil: Können, variabel: Anstrengung) bzw. auf mit Misserfolg assoziierte Situationsfaktoren (stabil: zu hohe Aufgabenschwierigkeit, variabel: unvorhersehbare externale Umstände, „Pech").

In dieser Arbeit lag das Hauptaugenmerk auf dem positiven Effekt von Handlungsorientierung, wohingegen Lageorientierung kaum besprochen wurde. Dies mag damit zusammenhängen, dass der diskutierte Interventionsansatz, nämlich Angstbewältigung mittels eines strukturierten, bewältigungsorientierten Vorgehens und dezidiertem Expositionsschwerpunkt auch gut mit einem handlungsorientierten Stil einhergeht. Zur Ehrenrettung von Lageorientierung sei dennoch abschließend auch auf Schultes Überlegungen zum Thema „richtiger Zeitpunkt" hingewiesen (2015, S. 202). Er führt aus, dass ein zupackend handlungsorientierter Stil nicht in jeder Phase der Therapie sinnvoll sein muss. In der Entwicklung und Vorbereitung hin zu übungsorientierten und expositionsfokussierten Gruppenprogrammen könnte sich ein allzu frühes Handeln – energisches Herangehen analog der HOP-Komponente – als unfunktional erweisen. Wichtiger könnten hier etwa typisch lageorientierte Gesichtspunkte sein wie Einsicht, Alternativenabwägung, überlegtes Entscheiden etc., Themen also, die auf der HOP-Skala zu niedrigen Werten führen würden. Therapie wäre somit dann gewinnbringend, wenn die Einzelsitzungen in der ersten Hälfte der Gesamtbehandlung mehr lageorientiert ausgestaltet sind und erst für einen danach stattfindenden Übungsteil in Gruppen ein Umschalten zu Handlungsorientierung stattfindet.

Literaturverzeichnis

Barlow, D. & Craske, M. (2004). Mastery of your anxiety and panic. San Antonio: The Psychological Corporation.
Beck, A. T. & Steer, R. A. (1993). Beck Anxiety Inventory. Manual. San Antonio: The Psychological Corporation.
Böse, R., Beisel, S. & Geissner, E. (2005). Konfrontationsverfahren bei Anorexia und Bulimia nervosa. In P. Neudeck & H.-U. Wittchen (Hrsg.), Konfrontationstherapie bei psychischen Störungen (S. 303 – 332). Göttingen: Hogrefe.
Ehlers, A. & Margraf, J. (2001). AKV – Fragebogen zu körperbezogenen Ängsten, Kognitionen und Vermeidung. Göttingen: Beltz Test Gesellschaft bei Hogrefe.
Eid, M., Gollwitzer, M. & Schmitt, M. (2010). Statistik und Forschungsmethoden. Weinheim: Beltz.
Forstmeier, S. & Rüddel, H. (2007). Improving volitional competence is crucial for the efficacy of psychosomatic therapy: A controlled clinical trial. Psychotherapy and Psychosomatics, 76, 89 – 96.
Geissner, E. & Hütteroth, A. (2018). Beck Anxiety Inventory deutsch – Ein reliables, valides und praxisgeeignetes Instrument zur Messung klinischer Angst. Psychosomatik, Psychotherapie und medizinische Psychologie, 68, 118 - 125.
Geissner, E. & Kindermann, P. (2010). Die Angstbewältigungstherapie - Ein Gruppentherapieprogramm bei Panikstörung /Agoraphobie. Prien am Chiemsee: Schön-Klinik Roseneck – Psychosomatik und Psychotherapie.
Grosse-Holtforth, M. & Grawe, K. (2000). Fragebogen zur Analyse motivationaler Schemata. Zeitschrift für Klinische Psychologie und Psychotherapie, 29, 170 – 179.
Hartung, J (1990). Psychotherapie phobischer Störungen. Zur Handlungs- und Lageorientierung im Therapieprozess. Wiesbaden: Deutscher Universitäts-Verlag.
Hartung, J. & Schulte, D. (1991). Anregung eines handlungsorientierten Kontrollmodus im Therapieprozess. In D. Schulte (Hrsg.), Therapeutische Entscheidungen (S. 107 – 131). Göttingen: Hogrefe.
Hartung, J. & Schulte, D. (1994). Action and state orientation during therapy of phobic disorders. In J. Kuhl & J. Beckmann (Hrsg.), Volition and personality – Action versus state orientation (S. 217 – 232). Göttingen: Hogrefe.
Heckhausen, J. & Heckhausen, H. (Hrsg.) (2006). Motivation und Handeln. Berlin: Springer.
Hiller, W., Zaudig, M. & Mombour, W. (1995). IDCL – Internationale Diagnosen Checklisten für ICD 10 und DSM IV. Bern: Huber.
Jacobson, N. S., Roberts, L.J., Bern, S.B. & McGlinchey, J. (1999). Methods for defining and determining the clinical significance of treatment effects: Description, applications, and alternatives. Journal of Consulting and Clinical Psychology, 67, 300 – 307.
Kuhl, J. (1994 a). A theory of action and state orientation. In J. Kuhl & J. Beckmann (Hrsg.), Volition and personality – Action versus state orientation (S. 9 – 46). Göttingen: Hogrefe.
Kuhl, J. (1994 b). Action versus state orientation - Psychometric properties of the Action Control Scale. In J. Kuhl & J. Beckmann (Hrsg.), Volition and personality – Action versus state orientation (S. 47 – 59). Göttingen: Hogrefe.
Lewin, K. (1926). Vorsatz, Wille und Bedürfnis. Psychologische Forschung, 7, 330 – 385.
Margraf, J. & Ehlers, A. (2007). Beck Angst Inventar – BAI. Frankfurt: Harcourt.

Margraf, J. & Schneider, S. (1990). Panik – Angstanfälle und ihre Behandlung. Berlin: Springer.
Miller, N. E. & Rollnick, S. (1991). Motivational Interviewing – Preparing people to change addictive behavior. New York: Guilford.
Petry, J (1996). Alkoholismustherapie – Gruppentherapeutische Motivierungsstrategien. Weinheim: Beltz.
Prochaska, J. O. & Norcross, J. C. (2001). Stages of Change. Psychotherapy, 38, 443 – 448.
Rheinberg, F. (2008). Motivation. Stuttgart: Kohlhammer.
Roberts, B. W., Luo, J., Briley, D. A., Chow, P. I, Su, R. & Hill, P. L. (2017). A systematic review of personality trait change through intervention. Psychological Bulletin, 143, 117 – 141.
Schulte, D. (2015). Therapiemotivation. Göttingen: Hogrefe.
Weiner, B. (1996). Theorien der Motivation. München: Reinhardt.

Korrespondenzadresse

Prof. Dr. Edgar Geissner, Dipl.-Psych.
Psychologischer Psychotherapeut, Supervisor, Department Psychologie
Abt. Klinische Psychologie und Psychotherapie, Ludwig-Maximilians-Universität München, Leopoldstr. 13, 80802 München, 0151-46176900
http://de.wikipedia.org/wiki/Edgar_Geissner
Edgar.Geissner@campus.lmu.de

Disclosure Statement: Die Autoren erklären hiermit, dass keinerlei Interessenkonflikte in Bezug auf das vorliegende Manuskript bestehen.

Barbara Rabaioli-Fischer

Rezension

Peters, Meinolf: Das Trauma von Flucht und Vertreibung –
Psychotherapie älterer Menschen und der nachfolgenden Generationen

Klett-Cotta Stuttgart 2018

Vorbemerkung: Aufbewahren für alle Zeit (Lew Kopelew)

Peters hat ein Buch geschrieben, das „für alle Zeit gilt". Wenn wir an die vielen Kriegsflüchtlinge denken, die hier leben, lässt sich Vieles aus dem Buch auch auf diesen Personenkreis übertragen.
Primäres Ziel des Buches ist es, für Berufsgruppen, die mit hochbetagten Fluchtopfern arbeiten, Grundwissen zu geben. Dafür gibt das Buch einen guten Überblick. Bereits in der Einleitung ist erkennbar, wie differenziert Peters das Thema von den verschiedensten historischen und politischen Seiten her angeht. Dabei thematisiert er mit Recht die Geschichtsvergessenheit unserer Zeit sowie die ahistorische, apolitische Haltung vieler Psychotherapeuten.

Peters beschreibt in Teil 1 genaue Details zum historischen Geschehen. Hierbei ist erwähnenswert, wie reflektiert der Autor das historische Geschehen beschreibt und somit eine gute Hinführung zu den Folgen für die klinische Praxis findet. Die Auswirkungen auf die Therapiezielplanung sowie die emotionale Einordnung der Geschehnisse auf die individuelle Geschichte unserer Patienten wird dargelegt und in Kapitel 3 anhand eines Patientenbeispiels erläutert.

Kapitel 4 widmet sich dem Schicksal der Kinder und Jugendlichen in den Flüchtlingsfamilien; dies einmal unter dem Konzept der sequenziellen Traumatisierung sowie dem Unterschied von Verlust und Existenztraumata sowie deren entsprechenden Störungsbildern. Weiterhin geht es um die Traumatisierungen insbesondere der Frauen, die nicht nur die Folgen von Vergewaltigung sondern dazu die damals übliche Diskriminierung alleinerziehender Mütter zu erleiden hatten. Danach wird ein Blick auf die vielen Familien ohne Väter geworfen. Die vaterlose Gesellschaft (Mitscherlich, 1963), in der viele alleinerziehende Frauen enorme Schaffenskraft und Disziplin zeigen mussten. Stolz auf diese Lebensleistung empfinden zu dürfen, sollte Thema in der Psychotherapie sein ebenso wie die Folgen des Fehlens der Väter für die Identitätsentwicklung der Kinder. Viele Frauen mussten erlebte Vergewaltigungen verdrängen. Dies betrifft viele Patientinnen sowohl in der Generation der Mütter als auch in der der Kinder. Sie konnten für ihre sexuellen

Traumata keine Entlastungs- und Bearbeitungsmöglichkeiten finden. Dabei ist auch die Gefühlskälte als Form der Traumaverarbeitung nachvollziehbar, die ebenfalls von Hannah Ahrendt kritisiert wurde und bei Peters Erwähnung findet: „Je mehr ich empfinde, umso verletzlicher werde ich." (Dissoziation, Alexithymie, Affektarmut). Es ist erfreulich, wie Peters auf die unkritische Benutzung des Begriffs der Posttraumatischen Belastungsstörung heutzutage – nicht nur in diesem Kapitel – sondern immer wieder hinweist.

Kritisch und differenziert beschäftigt Peters sich auch mit den Folgen für die Flüchtlingskinder. Dies ist besonders in Anbetracht der vielen Laienliteratur zu Kriegskindern und Kriegsenkeln hervorzuheben, in der das Leid der Kinder, z. B. existenzielle Traumata, Ängste und Diskriminierung in Schule, Lehre und Beruf zu wenig klar dokumentiert wird. Bei vielen zieht sich diese Problematik durch die gesamte Biographie. Im Abschluss von Kapitel 4 werden wesentliche Resilienzfaktoren beschrieben sowie die Tatsache, wie viele der Flüchtlingskinder als Kompensation deswegen zu herausragenden beruflichen Leistungen in der Nachkriegszeit fähig waren. Dadurch finden sich gute Anregungen für die Arbeit mit Ressourcen in der Psychotherapie.

In Kapitel 5 wird das Belastungs-Entwicklungsmodell dargelegt. Dabei bleibt leider unklar, von wem dieses entwickelt wurde (wohl ein eigenes Modell von Peters?). Für die klinisch-psychotherapeutische Arbeit ist es ein sehr gutes Arbeitsmodell, da es direkt mit den Patienten zusammen betrachtet werden kann und die Patienten so die Validierung ihrer Probleme erfahren und transgenerationale Traumatisierungen und deren Folgen erkennen können.

Kapitel 6, „Psychische Langzeitfolgen von Flucht und Vertreibung", gibt einen guten Überblick über Traumafolgestörungen per se und der Spezifika von Traumafolgen im Alter. Dies sowohl unter dem Aspekt von epidemiologischen, testdiagnostischen, somatischen und emotionalen Folgen sowie auf psychiatrische Krankheitsbilder. Peters macht deutlich, dass die bisherige Forschung den Stand zu Traumagenese und dem Altersprozess noch nicht differenziert genug erforschen konnte. Der Leser erhält in diesem Kapitel alle notwendigen Informationen zur Gerontopsychiatrie traumatisierter Patienten. Es ist eines der fruchtbarsten Kapitel für den Leser.

In Kapitel 7 beschäftigt er sich mit den transgenerationalen Traumafolgen. Die etwas überbordende Laienliteratur zu Kriegskindern und -enkeln wird unter kritischem Blick diskutiert. Er plädiert deswegen für die Verwendung eines Begriffes, der die wechselseitige Herstellung von Generationserfahrungen betont. Immer wieder wird der Blick des Lesers dafür geschult, dass ein individuell fokussierter Blick auf die Patientengeschichten in der Behandlung unerlässlich ist.

In Kapitel 8, „Verlust, Trauma und der Prozess des Alterns", beschäftigt sich Peters mit dem aktuellen gesellschaftlichem Druck, der auf die jetzt alten Menschen („woopies", well-off older people, best-agers) einwirkt und viele in eine kognitive Dissonanz führt, wenn sie nicht zu den letztgenannten Gruppen gehören.

Weiter zeigt Peters die Funktion von Gedächtnis und Erinnerungsarbeit auf, sowie deren Veränderung und welche Auswirkungen dies im Alter hat. Im Modell von Böwing et al.

(2009) wird dies unter den fünf pathogenetischen Faktoren eindrücklich und nachvollziehbar dargestellt. Die entwicklungspsychologische Darstellung der Bindungstheorie ist für KollegInnen, die hier unsicher sind, relevant und gut aufgearbeitet. Dies ist für Verhaltenstherapeuten wichtig, die sich teils zu wenig mit Bindungserfahrungen beschäftigen. Die Fallvignetten erleichtern das Verständnis und bieten Beispiele für praktische Ansätze in der Psychotherapie. Die sprachlichen Formulierungen sind teilweise leider etwas „oberlehrerhaft" streng, was beim Lesen irritiert.

Kapitel 9 befasst sich noch einmal in einem kritischen Zwischenruf mit dem Mythos der Kriegskinder, im Hinblick auf den Preis, den diese in der Nachkriegszeit gezahlt haben. Sie waren zu einer enormen Verdrängungsleistung im Stande, um das Wirtschaftswunder zu schaffen. Leider gibt es hier einige Redundanzen.

In Kapitel 10 wird der Diskurs zu Psychotherapie bei Älteren mit Flucht- und Vertreibungshintergrund erweitert. Dies ist trotz der unsicheren Forschungs- und Befundlage erfreulich, da Peters sich davon nicht abhalten lässt, psychotherapeutische Pfade zu reflektieren. Hinweise sowohl zur Psychodiagnostik als auch zu Spezifika der PTBS bei Älteren, wie sie von Höltge, Maercker und Thoma (2017) oder Zank, Peters und Wilk (2009) dargestellt wurden, sind für die Arbeit mit diesen Patienten hilfreich. Er plädiert dabei auch für Einzeltherapie, um dem erhöhten Schutzbedürfnis traumatisierter älterer Menschen nachzukommen. Desweiteren verweist er auf die Möglichkeit, die „Kinder" der Patienten mit einzubeziehen und so auch die Angehörigen zu entlasten. Ärgerlich ist der Seitenhieb auf die verhaltenstherapeutische Behandlung, der Peters unterstellt, eine vertiefende Auseinandersetzung mit den Patienten werde vernachlässigt. Dies insbesondere in Anbetracht vieler Studienergebnisse, die zeigen, dass die transparente und fokussierte verhaltenstherapeutische Arbeit mit verschiedensten biographischen Elementen und der Lebensrückblickarbeit hohe Effektstärken belegt (Maercker, Forstmeier 2013; Rabaioli-Fischer 2015). Das Kapitel beschreibt ansonsten alle gängigen Verfahren, z. B. auch imaginative Verfahren, die seit den 1970er Jahren in der Verhaltenstherapie zur Anwendung kommen. Zudem macht Peters darauf aufmerksam, dass Traumatherapie auch bei Älteren in einen Gesamttherapierahmen eingebettet werden muss. Dies ermöglicht dem Leser eine Entlastung bezüglich des Zeitdrucks, den wir in Psychotherapien haben.

Kapitel 11, „Kasuistiken". Kasuistiken sind gerade bei Lesern, die noch nicht allzu viel Erfahrung in der Arbeit mit alten Menschen gesammelt haben, stets hilfreich. Ein kleiner Wermutstropfen ist die ausschließliche Darstellung von Patienten aus der Oberschicht, die in der psychotherapeutischen Arbeit ohnehin bevorzugt behandelt werden.

Besonders hervorzuheben ist Kapitel 12, in dem Peters die verschiedenen psychiatrischen Versorgungssysteme für ältere Patienten darstellt. Der Blick auf teils schlechte sozialpsychiatrische Versorgung in Pflegeheimen, lässt aufmerken. Dieses Kapitel spricht besonders Leser aus berufsnahen anderen Arbeitsfeldern an.

In Kapitel 13 versucht er einen politischen, historischen Gesamtblick auf das Thema Flucht und Vertreibung. Dies ist jedoch ein riesiges, auch für einen einzelnen Autor kaum fassbares Problem. Schade ist, dass Peters Heidegger als Negativbeispiel aus einer

Sekundärquelle zitiert (der in Deutschland am meisten verleumdete Philosoph (Riedel, Seubert, Padrutt, 2003), wo es doch tragischere Beispiele gibt von zutiefst im Nazireich verstrickten Personen, die in der Nachkriegszeit ohne Probleme Einfluss auf die Politik hatten (siehe auch Filbinger, Kiesinger und viele andere.) Dieses Kapitel regt trotzdem gut zum Nachdenken über das Thema Flucht und Vertreibung und der geschichtlichen Verarbeitung in Deutschland an.

Fazit

Das Buch ermöglicht einen fundierten Blick für die psychotherapeutische Arbeit mit von Kriegs- und Fluchterfahrungen gezeichneten Menschen. Es zeigt alle Facetten der Probleme dieser Patienten, weg von Klischees. Das Besondere ist, dass die Inhalte übertragen werden können auf jede psychotherapeutische Arbeit mit traumatisierten Flüchtlingen.

Literatur

Böwing, G., Schröder, S. (2009). Spätfolgen von Kriegserlebnissen. Trauma & Gewalt, 4/2009, S. 294- 301.

Höltge, J., Maercker, A. & Thoma, M. V. (2017). PTBS im Alter. Erkennen und Behandeln. Psychotherapie im Alter, 14(4), 399-414.

Kopelew, L. (1976). Aufbewahren für alle Zeit! Hamburg: Hoffmann und Campe.

Maercker, A., Forstmeier, S. (2013). Der Lebensrückblick in Therapie und Beratung. Berlin/Heidelberg: Springer-Verlag.

Mitscherlich, A. (1963). Auf dem Weg zur vaterlosen Gesellschaft. Ideen zur Sozialpsychologie. München: Piper.

Rabaioli-Fischer, B.(2015). Biografisches Arbeiten und Lebensrückblick in der Psychotherapie. Ein Praxishandbuch. Göttingen: Hogrefe Verlag.

Riedel, M., Seubert, H., Padrutt, H. (2003). Zwischen Philosophie, Medizin und Psychologie. Heidegger im Dialog mit Medard Boss. Köln: Böhlau.

Zank, S., Peters, M., Wilz, G. (2009). Klinische Psychologie und Psychotherapie des Alters. Stuttgart: Kohlhammer Verlag.

www.klett-cotta.de/fachbuch NEU

Mervyn Schmucker, Rolf Köster
»... und wie reagiert das KIND?«
Diagnostik und Heilung durch Innere-Kind-Arbeit in der IRRT (Imagery Rescripting & Reprocessing Therapy)I
Leben Lernen 305
ca. 352 Seiten, broschiert, großes Format
ca. € 44,– (D). ISBN 978-3-608-89256-7
Erscheint am 20. April 2019

Die heilende Kraft der Arbeit mit dem »Inneren Kind«

Dagmar Kumbier
Arbeit mit dem Inneren Team bei Krebs und anderen Erkrankungen
Methoden- und Praxisbuch
Leben Lernen 307
288 Seiten, broschiert,
mit vielen Zeichnungen
€ 28,– (D). ISBN 978-3-608-89243-7

Das Innere Team als Hilfe zur Krankheitsbewältigung

Hartwig Hansen
Lieben ist schöner als Siegen
Paartherapie live in 100 Schlüsselsätzen
Leben Lernen: »kurz & wirksam«
176 Seiten, broschiert
€ 20,– (D). ISBN 978-3-608-89235-2

»kurz & wirksam« – kleine Intervention, gezielte Wirkung: So gelingt Paartherapie

Anna-Konstantina Richter
EMDR bei Sozialen Angststörungen
Unter Mitarbeit von Hanna Christiansen, Mira-Lynn Chavanon und Sabine Röcker
Mit einem Vorwort von A. M. Monteiro
ca. 356 Seiten, gebunden mit zahlreichen Abbildungen, Tabellen und Testbögen
ca. € 40,– (D). ISBN 978-3-608-96388-5
Erscheint am 25. Mai 2019

Das erste deutschsprachige Buch zur Behandlung von Sozialen Angststörungen mit EMDR

Halko Weiss, Greg Johanson, Lorena Monda (Hrsg.)
Hakomi – Achtsamkeitszentrierte Körperpsychotherapie
Theorie und Praxis
Aus dem Amerikanischen von Matthias Strobel
ca. 480 Seiten, broschiert, großes Format
ca. € 69,– (D). ISBN 978-3-608-96324-3
Erscheint am 20. April 2019

Alle Basics zur achtsamkeitszentrierten Körperpsychotherapie

Günter H. Seidler, Harald J. Freyberger, Heide Glaesmer, Silke Birgitta Gahleitner (Hrsg.)
Handbuch der Psychotraumatologie
3., vollständig überarbeitete und erweiterte Auflage
1.056 Seiten, gebunden
€ 120,– (D). ISBN 978-3-608-96258-1

Diese Neuausgabe ist ein MUSS für alle, die sich mit traumatisierten Menschen beschäftigen

Blättern sie online in unseren Büchern und bestellen sie bequem und **versandkostenfrei** unter
www.klett-cotta.de

Deutsch schreiben – Englisch publizieren
Englische Übersetzung frei verfügbar unter www.karger.com/ver

Verhaltenstherapie
Praxis | Forschung | Perspektiven

Herausgeber
C. Knaevelsrud, Berlin
M. Linden, Berlin
A. Philipsen, Bonn
W. Rief, Marburg
U. Voderholzer, Prien
C. Vögele, Esch-sur-Alzette

Die Zeitschrift *Verhaltenstherapie* bildet das breite Spektrum verhaltenstherapeutischer Verfahren ab und ist im deutschen Sprachraum das führende Publikationsorgan ihres Fachgebiets.
Um die publizierten Beiträge einem möglichst breiten und internationalen Fachpublikum zugänglich zu machen, bietet Verhaltenstherapie einen besonderen Service: Mit dem Konzept «Deutsch schreiben – Englisch publizieren» haben Autoren die Möglichkeit, ihre angenommenen Arbeiten gegen eine Kostenbeteiligung professionell übersetzen zu lassen. Die übersetzten Beiträge werden als PDF-Datei kostenlos über die Homepage des Verlags zur Verfügung gestellt.
Verhaltenstherapie ist das offizielle Organ von Ausbildungsinstituten, Gesellschaften und Verbänden in Deutschland, Österreich und der Schweiz und bietet Wissenschaftlern und Therapeuten eine umfassende Auswahl an Beiträgen aus Theorie und Praxis.

Verhaltenstherapie
Gegründet: 1991
Kategorie: Klinische Forschung
Fachgebiet: Psychologie

Aufgeführt in bibliographischen Diensten wie:
Web of Science, Google Scholar, Scopus, Embase

2019: Band 29 mit 4 Heften
Sprache: Deutsch
ISSN 1016–6262
e-ISSN 1423–0402

Eine Auswahl repräsentativer Beiträge
- Einsatzerlebnisse, moralische Verletzungen, Werte und psychische Erkrankungen bei Einsatzsoldaten der Bundeswehr Combat Experiences, Moral Injuries, Personal Values, and Mental Health Problems among German Soldiers: **Hellenthal, A.; Zimmermann, P.; Willmund, G.; Lovinusz, A.** (Berlin); **Fiebig, R.** (Ulm); **Bozoyan, C.** (München); **Maercker, A.** (Zürich); **Alliger-Horn, C.** (Berlin)
- Extinktion: Neurowissenschaftliche Erkenntnisse zur Frage, wie Menschen sich ändern: **Hamm, A.; Wendt, J.; Volkmann, M.** (Greifswald)
- Internet- und mobilbasierte Interventionen bei Schizophrenie: **Westermann, S.** (Bern); **Moritz, S.** (Hamburg); **Berger, T.** (Bern)
- Ist Negativsymptomatik bei Schizophrenie überhaupt behandelbar? Ein systematisches Literaturreview zur Wirksamkeit psychotherapeutischer Interventionen für Negativsymptomatik Are the Negative Symptoms of Schizophrenia Treatable At All? A Systematic Review on Efficacy Studies for Targeted Psychological Interventions for Negative Symptoms: **Riehle, M.; Pillny, M.; Lincoln, T.M.** (Hamburg)
- The Potential Role of Iatrogenic Comorbidity in the Interaction between Pharmacotherapy and Psychotherapy in Anxiety Disorders: **Fava, G.A.** (Bologna/Buffalo, NY); **Benasi, G.** (New York, NY); **Cosci, F.** (Florenz)
- Falsche Erinnerungen: Ein Problem auch in der Psychotherapie?: **Hermanutz, M.** (Villingen-Schwenningen)

Weitere Informationen unter **www.karger.com/ver**

Bestellformular

Ich kann diese Bestellung innerhalb von 2 Wochen durch eine einfache schriftliche Mitteilung an den Verlag widerrufen. Das Abonnement gilt zunächst für 1 Jahr und verlängert sich um jeweils ein weiteres Jahr, wenn ich die Zeitschrift nicht bis 1. Dezember des laufenden Jahres abbestelle. Bestellungen aus dem Ausland werden mit Vorauskasse beliefert. Die Preise gelten für 2018 und verstehen sich inklusive MwSt. und zuzüglich € 18,00 / € 19,00 Versand (Inland/Ausland) für Print und Print + Online. Preisänderungen vorbehalten.

S. Karger Verlag für Medizin
und Naturwissenschaften GmbH
Wilhelmstr. 20A
79098 Freiburg (Deutschland)
t: +49 761 45 20 720
f: +49 761 45 20 714
aboservice@karger.com

Ich abonniere die Zeitschrift
Verhaltenstherapie ab Jahrgang_____
☐ Print   ☐ Online   ☐ Print + Online
€ 170,00 Regulärer Preis für Print **oder** Online
€ 255,00 Regulärer Preis für Print **und** Online

Ich bin Gesellschaftsmitglied* und möchte
Verhaltenstherapie zum Mitgliedersonderpreis beziehen.

Print **oder** Online: € 83,00;
Print **und** Online: € 103,00 für Mitglieder der
☐ BDP   ☐ BKJPP   ☐ DGPM
☐ DGPPN   ☐ SAPPM

Print **oder** Online: € 60,00;
Print **und** Online: € 76,00 für Studierende bzw. Mitglieder* der
☐ AVM-D/CH   ☐ DÄVT   ☐ DGESS   ☐ DGKV   ☐ DGVT
☐ DKPM   ☐ DPtV   ☐ DVT   ☐ FSP   ☐ ÖGVT
*Meine Mitglieds- bzw. Studienbescheinigung lege ich meiner Bestellung bei.

Ich bezahle

☐ nach Erhalt der Rechnung

Bitte belasten Sie diese Bestellung meiner Kreditkarte
☐ American Express   ☐ MasterCard   ☐ Visa

Karten-Nr.:_____ Gültig bis:_____

Kartenprüfnummer (auf der Rückseite der Kreditkarte im Unterschriftenfeld):

Ich ermächtige die S. Karger GmbH bis auf Widerruf, jährlich meine Abonnement-Gebühren via Lastschriftverfahren abzubuchen.

bei Bank:_____

in:_____ BIC:_____

IBAN:_____

Meine Postanschrift lautet (Blockschrift):
_____
_____
_____

Tel:_____ Datum/Unterschrift:_____

KARGER

Materialien für die Praxis

NEU

Umfassende Arbeitsmaterialien sowohl für die Behandlung von Alkoholabhängigen als auch für die Raucherentwöhnung – für eine erfolgreiche und zeitökonomische Therapie:

- Diagnostik und Anamnese
- Motivierung und Veränderungsentscheidung
- Entwicklung persönlicher Therapieziele
- Therapiedurchführung
- Rückfallprävention
- Erwartungen an die Therapie und Behandlungsziele
- Kognitive Interventionen
- Stresserleben und -bewältigung
- Emotionen und Körperbeschwerden
- Körperbild
- Probleme in der Kommunikation mit dem Arzt
- Bewältigungsmodell, Therapieabschluss, Rückfallprophylaxe

Johannes Lindenmeyer / Stephan Mühlig
Therapie-Tools Alkohol- und Tabakabhängigkeit
Mit E-Book inside und Arbeitsmaterial
260 Seiten, € 42,95 D
ISBN 978-3-621-28680-0

Alle Bände im Großformat

Kathrin Ripper / Jürgen Ripper
Therapie-Tools Kommunikation
Mit E-Book inside und Arbeitsmaterial
308 Seiten, € 39,95 D
ISBN 978-3-621-28580-3

Susanne Schug
Therapie-Tools Achtsamkeit
Materialien für Gruppen- und Einzelsetting. Mit E-Book inside und Arbeitsmaterial
161 Seiten, € 36,95 D
ISBN 978-3-621-28313-7

Jan Philipp Klein / Matthias Backenstraß / Elisabeth Schramm
Therapie-Tools CBASP
Psychotherapie chronischer Depression. Mit E-Book inside und Arbeitsmaterial
138 Seiten, € 39,95 D
ISBN 978-3-621-28475-2

Silka Hagena / Malte Gebauer
Therapie-Tools Angststörungen
Mit E-Book inside und Arbeitsmaterial
264 Seiten, € 39,95 D
ISBN 978-3-621-28135-5

Leseproben unter **www.beltz.de**

Stefan G. Hofmann
Emotionen in der Therapie
Von der Wissenschaft zur Praxis

2018
216 Seiten
EUR 19,90
ISBN 978-3-87159-265-2

Das Buch gibt einen fundierten Überblick über die moderne Emotionsforschung und deren Implikationen für die Psychotherapie.

Die Relevanz wissenschaftlicher Theorien und neuester Erkenntnisse wird in jedem Kapitel anhand konkreter Fallbeispiele für die klinische Praxis veranschaulicht.

Annette Allgöwer
Sanft aus der Angst
Elf praxiserprobte Schritte in ein Leben ohne Angst

2018
110 Seiten
EUR 14,80
ISBN 978-3-87159-227-0

Auch als E-Book erhältlich:
EUR 11,99
ISBN 978-3-87159-425-0

Wie kann man Angststörungen heilen? Angst ist ein belastendes Gefühl, das verschlingend und grausam sein kann. Doch wie bedrohlich dieses Gefühl auch sein mag – Angst folgt einer nachvollziehbaren Logik. Wer das Muster versteht, kann seinen eigenen Angstcode knacken und freischalten.

Dieses Buch zeigt einen sanften Weg aus übermächtigen Angstgefühlen, der ganz ohne schmerzhafte Konfrontationen auskommt. Elf praxiserprobte Schritte führen in ein Leben voller Sicherheit und Ruhe.

Im Anhang findet sich die individuelle Notfall-Box, ein einfaches und wirkungsvolles Strategiepaket für den akuten Zustand starker Panikgefühle.

Hechinger Str. 203 • 72072 Tübingen
Tel.: 0 70 71 / 79 28 50 • Fax: 0 70 71 / 79 28 51
E-Mail: dgvt-Verlag@dgvt.de • Internet: www.dgvt-Verlag.de

Hannah-Marie Heine, Heribert Schulmeyer
Tausendfühler Lars
Eine Geschichte über Hochsensibilität
ab 4 Jahre, 40 Seiten, 17,00 €
ISBN 978-3-86739-131-

Ganz schön stark!

Unsere Kinderbuchreihe »kids in BALANCE« steht Kindern zur Seite: Jedes Buch nimmt konsequent die kindliche Perspektive ein. So machen unsere Bücher selbst kleinen Kindern die psychischen Erkrankungen von Eltern oder Geschwistern verständlich. Wenn Kinder sich in schwierigen Gefühlswelten finden, sorgen unsere liebevoll illustrierten Bilderbücher für Entlastung, Ermutigung, Spaß und altersgemäße Informationen. Ganz schön stark!

Karen-Susan Fessel, Rosa Linke
Selina Stummfisch
Wenn Kinder schweigen
ab 5 Jahre, 40 Seiten
+ Downloadmaterial
17,00 €
ISBN 978-3-86739-177-1

BALANCE
buch + medien verlag Weitere Kinderbücher unter: **www.balance-verlag.de**

PSYCHE

Was geschieht in einer analytischen Sitzung?

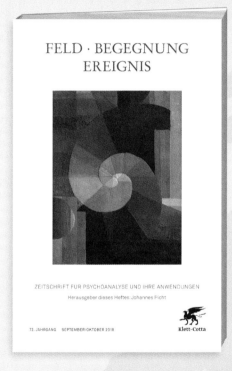

Feld · Begegnung · Ereignis
PSYCHE Doppelheft 2018, € 24,90
ISBN 978-3-608-97356-3

Theorie des dynamischen Feldes | Unbewusste Kommunikation in der psychoanalytischen Begegnung | Intersubjektivität | Momente der Präsenz | Die »Begegnung« als organisierendes Phantasma der Psychoanalyse

Die Autorinnen und Autoren sind:
Madeleine Baranger & Willy Baranger, Werner Bohleber, Lawrence J. Brown, Giuseppe Civitarese, Lewis Kirshner, Bernd Nissen, Johannes Picht, Herbert Will.

Bestellmöglichkeiten unter
www.psyche.de

Klett-Cotta

Blickpunkt EFL-Beratung

Fachzeitschrift für Ehe-, Familien- und Lebensberatung

84-88 Seiten
Erscheinungsweise:
2x jährlich April und Oktober
12,- € / Ausgabe zzgl. Porto

Herausgeber:
Bundesverband Katholischer Ehe-, Familien- und Lebensberaterinnen und -berater e.V.
Im Lütkefeld 12 I 48431 Rheine
05971-915504
geschaeftsstelle@bv-efl.de
www.bv-efl.de

Psychosozial-Verlag

Reinhard Plassmann
Psychotherapie der Emotionen
Die Bedeutung von Emotionen für die Entstehung und Behandlung von Krankheiten

ca. 330 Seiten
Broschur • € 36,90
ISBN 978-3-8379-2884-6
Erscheint April 2019

Reinhard Plassmann wertet Ergebnisse aus der Säuglingsforschung, Bindungsforschung, Neurobiologie und Traumatherapie aus und entwickelt daraus eine aktuelle wie praxisnahe Behandlungsmethodik.

Kerstin Kammerer & Katrin Falk
Wege in die Psychotherapie
Barrieren und Zugänge für ältere Menschen mit Depression

ca. 210 Seiten
Broschur • € 22,90
ISBN 978-3-8379-2742-9
Erscheint März 2019

Die Autorinnen beschreiben den Zugang älterer Menschen zur ambulanten Psychotherapie als mehrphasigen Prozess, zu dessen Gelingen eine Vielzahl von AkteurInnen beiträgt.

Ivan Urlić, Miriam Berger & Avi Berman
Opferdasein, Rachsucht und die Kraft der Vergebung
Traumatherapie und Trauerarbeit auf psychoanalytischer Grundlage

ca. 330 Seiten
Broschur • € 36,90
ISBN 978-3-8379-2554-8
Erscheint März 2019

Mit zahlreichen Beispielen aus psychoanalytischen Einzel- und Gruppentherapien zeigen die AutorInnen, wie eine Befreiung von destruktiven Gefühlen der Rachsucht, Aggression und Schuld gelingen und Wege zur Versöhnung geebnet werden können.

Matthias Richter
Psychotherapie zwischen Neurowissenschaften und Kunst der Begegnung
Eine Standortbestimmung in Zeiten der Technisierung

ca. 500 Seiten
Broschur • € 49,90
ISBN 978-3-8379-2863-1
Erscheint Mai 2019

Mit einem Plädoyer für die psychotherapeutische Praxis als Kunst der Begegnung legt Matthias Richter einen originären Ansatz vor und verhilft der beziehungsorientierten Psychotherapie zu einem eigenständigeren wissenschaftlichen Paradigma.

Walltorstr. 10 · 35390 Gießen · Tel. 0641-969978-18 · Fax 0641-969978-19
bestellung@psychosozial-verlag.de · www.psychosozial-verlag.de

■ ZIST – MENSCHLICHES POTENTIAL ENTFALTEN

ZIST ist ein Zentrum für persönliche und berufliche Fortbildung zur Entwicklung menschlicher Kompetenz. Ziel der Arbeit von ZIST ist die Entfaltung des menschlichen Potentials zu erfülltem Menschsein von Individuen und Gruppen in ihren sozialen Bezügen. Theoretischer Hintergrund der Arbeit von ZIST ist die Humanistische Psychologie, wie sie als *Dritte Kraft* in den 1960er-Jahren – neben Psychoanalyse und Verhaltensforschung – entwickelt wurde. ZIST ist zudem Sitz der *ZIST Akademie für Psychotherapie und liegt* in herrlicher Alleinlage im bayerischen Voralpenland.

Seit seiner Gründung 1973 ist ZIST ein unabhängiges und überkonfessionelles Zentrum mit eigenem Programmangebot, das im Laufe seines Bestehens wesentlichen Entwicklungen der Humanistischen Psychologie Raum für Erforschung und Verbreitung geboten hat.

Das Programmangebot von ZIST umfasst
- Workshops zur Selbsterfahrung in den Bereichen Persönliches Wachstum, Gesundheit, Kreativität und Spiritualität.
- Workshops zur Fortbildung und
- längere Fort-, Weiter- und Ausbildungen in tiefenpsychologisch fundierten, potentialorientierten und Spiritualität integrierenden Verfahren.
- Ausbildung zu Psychologischen Psychotherapeutinnen und Psychotherapeuten an der als Ausbildungsinstitut staatlich anerkannten *ZIST Akademie für Psychotherapie*.

Lassen Sie sich unser aktuelles Programm zuschicken oder besuchen Sie uns auf unserer Webseite.

ZIST gemeinnützige GmbH · Zist 1 · 82377 Penzberg · Deutschland
Telefon +49-8856-93690 · Fax +49-8856-936970 · E-Mail: info@zist.de

www.zist.de · www.zist-akademie.de

Unsere Buchtipps

Wolfgang Lutz/
Rebekka Neu/
Julian A. Rubel
Evaluation und Effekterfassung in der Psychotherapie

(Reihe: „Standards der Psychotherapie", Band 5)
2019, VI/169 Seiten, € 24,95/CHF 32.50
(Im Reihenabonnement € 19,95/CHF 26.90)
ISBN 978-3-8017-2912-7
Auch als eBook erhältlich

Das Buch liefert eine Einführung in die Grundlagen der Evaluation psychotherapeutischer Maßnahmen. Darauf aufbauend werden Vorschläge für die Umsetzung der Strategien im klinischen Alltag gemacht und Hilfestellungen gegeben, wie die entsprechenden Maßnahmen nach EBM abgerechnet werden können.

Stefan Brunhoeber
Kognitive Verhaltenstherapie bei Körperdysmorpher Störung
Ein Therapiemanual

(Reihe: „Therapeutische Praxis")
2., überarb. und erw. Auflage 2019, 184 Seiten, Großformat, inkl. CD-ROM, € 44,95/CHF 55.90
ISBN 978-3-8017-2859-5
Auch als eBook erhältlich

Das Manual bietet eine gute Grundlage, das Störungsbild der Körperdysmorphen Störung besser zu verstehen und Patienten zu helfen, sich von ihrer Fixierung auf ihr Äußeres zu lösen. Für die 2. Auflage wurden die Behandlungsstrategien überarbeitet und durch praxisnahe Beispieldialoge, Übungen sowie Erfahrungen aus der Praxis ergänzt.

Daniel Surall/
Oliver Kunz
Leitfaden für den VT-Bericht an den Gutachter
Psychotherapie-Anträge erfolgreich erstellen

2019, 204 Seiten, € 24,94/CHF 32.50
ISBN 978-3-8017-2947-9
Auch als eBook erhältlich

Das Buch bietet eine strukturierte Anleitung zur Erstellung von VT-Berichten an den Gutachter nach der aktuell gültigen Psychotherapie-Richtlinie. Entlang des PTV3-Leitfadens und veranschaulicht anhand von Fallbeispielen finden sich zahlreiche Formulierungsvorschläge, die das erfolgreiche Schreiben eines solchen Berichtes erleichtern.

Andrea S. Hartmann/
Anja Grocholewski/
Ulrike Buhlmann
Körperdysmorphe Störung

(Reihe: „Fortschritte der Psychotherapie", Band 72)
2019, VI/73 Seiten, € 19,95/CHF 26.90
(Im Reihenabonnement € 15,95/CHF 21.50)
ISBN 978-3-8017-2669-0
Auch als eBook erhältlich

Der Band liefert einen praxisbezogenen Leitfaden für die kognitiv-verhaltenstherapeutische Behandlung körperdysmorpher Störungen. Nach einer Beschreibung der Störung und des diagnostischen Vorgehens, werden zentrale Elemente der Behandlung dargestellt.

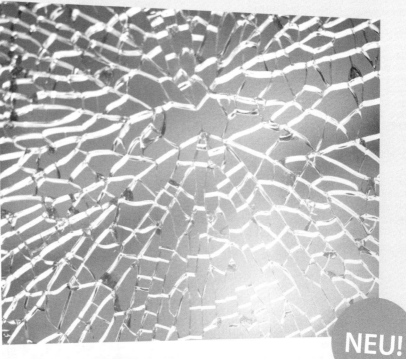

NARZISSTEN, Nörgler und Nervensägen kreuzen täglich unseren Weg. Wir können unter ihnen leiden. Oder versuchen, sie tiefer zu **VERSTEHEN.**

WWW.PSYCHOLOGIE-HEUTE.DE

www.klett-cotta.de/schattauer

NEU

Gerd Rudolf
Psychodynamisch denken – tiefenpsychologisch handeln
Praxis der tiefenpsychologisch fundierten Psychotherapie

Mit einem Geleitwort von Lars Hauten
2019. 141 Seiten, broschiert.
€ 24,99 (D). ISBN 978-3-608-40015-1

Bewährte psychodynamische Grundlagen für eine professionelle psychotherapeutische Heilkunst

NEU | 2. AUFLAGE

Hartmut Berger, Hans Gunia
Psychoedukative Familienintervention (PEFI)
Behandlungsmanual bei psychotischen Störungen

2. vollständig überarb. und erw. Aufl. 2019, 126 Seiten, broschiert, inkl. Download-Material
€ 34,99 (D). ISBN 978-3-608-40005-2

Familientherapie im Aufschwung

NEU | 2. AUFLAGE

Ingo Jungclaussen
Handbuch Psychotherapie-Antrag
Psychoanalytische Theorie und Ätiologie – PT-Richtlinie – Psychodynamik – Psychogenetische Konflikttabelle – Fallbeispiele

2., überarbeitete und erweiterte Aufl. 2018. 553 Seiten, broschiert, inkl. Download-Material
€ 69,99 (D). ISBN 978-3-608-43073-8

Ihr Kompass durch den Theorie- und Antragsdschungel

NEU

Johannes Baltasar Heßler, Peter Fiedler
Transdiagnostische Interventionen in der Psychotherapie
Reihe *griff*bereit
2019. 166 Seiten, broschiert.
€ 19,99 (D). ISBN 978-3-608-40007-6

Interventionen Schritt für Schritt erklärt

NEU

Thorsten Heedt
Borderline-Persönlichkeitsstörung
Das Kurzlehrbuch

Reihe *griff*bereit
2019. 294 Seiten, broschiert.
€ 24,99 (D). ISBN 978-3-608-40009-06

Das Borderline-Lehrbuch für die Kitteltasche

NEU

Volker Mauck
Die Brain-to-Brain-Connection
Wie unsere Beziehungen neurobiologisch funktionieren

Reihe Wissen & Leben
2019. Ca. 208 Seiten, Klappenbroschur
€ 19,99 (D). ISBN 978-3-608-40001-4

Zwischenmenschliche Beziehungsgestaltung auf der Grundlage der Neurobiologie

www.cip-medien.com

Kurzzeittherapie ist eine Kunst, wenn sie erreichen soll, dass der Patient anschließend keine weitere Therapie mehr braucht. Sie wird effektiv, wenn strategisch vorgegangen wird – nachdem ein tiefes und recht umfassendes Verständnis des Menschen zu einer stimmigen Fallkonzeption geführt hat.

GUTE KURZZEITTHERAPIE in 12 plus 12 Stunden

Gute Kurzzeittherapie in 12 plus 12 Stunden

Für PsychotherapeutInnen, die sich in Kurzzeittherapie einarbeiten wollen

S. K. D. Sulz

Die Strategie wirksamer Kurzzeittherapie
- gründet auf einem tiefen Verständnis des Patienten,
- entspringt einem ganzheitlichen integrativen Menschenbild,
- konzipiert klar den Therapiefall,
- ist in der Anwendung auf den individuellen Menschen bezogen,
- geht einerseits empathisch mit dessen emotionalem Erleben mit,
- fordert ihn andererseits zu neuen Wagnissen heraus,
- die ihm die Erfahrung vermitteln, dass er einer sein darf und kann,
- der sein Leben und seine Beziehungen selbstbestimmt auf eine neue Weise angeht.

ISBN 978-3-86294-048-6 | Broschur 21 x 25 cm | 332 S. | 49,– €

Marsha Linehan

Handbuch

der Dialektisch-Behavioralen Therapie

Zur Behandlung psychischer Störungen

Aus dem TRAININGSMANUAL ist ein vollständiges Lehrbuch und Praxis-Handbuch geworden, das alles enthält, was benötigt wird, um wirksame Psychotherapie zu machen – zusätzlich zu störungsspezifischen Interventionen.

Die große Meisterin der Psychotherapie MARSHA LINEHAN nimmt im zweiten Band den noch nicht so erfahrenen und sicheren Psychotherapeuten an der Hand und begleitet ihn bei den schwierigen Passagen der Psychotherapie, die sich bald genug einstellen.

Aber auch wir erfahrene PsychotherapeutInnen lernen von ihr so viel, dass sich sagen lässt: Das DBT-HANDBUCH gehört in jede psychotherapeutische Praxis und Klinik.

BAND 1
DBT Skills Training Manual
ISBN 978-3-86294-035-6
ca. 500 Seiten | Din A 4
Hardcover | € 74,–

BAND 2
Handouts und Arbeitsblätter
ISBN 978-3-86294-036-3
ca. 420 Seiten | Din A 4
Spiralbuch | € 68,–

DBT-HANDBUCH
(beide Bände)
ISBN 978-3-86294-037-0 | € 128,–

Bestellen Sie direkt über Herold Fulfillment GmbH | p.zerzawetzky@herold-va.de
Raiffeisenallee 10 | 82041 Oberhaching | Tel. 0 89-61 38 71 24 | Fax 0 89-61 38 71 20

Marsha Linehan
Dialektisch-Behaviorale Therapie der Borderline-Persönlichkeitsstörung

ISBN 978-3-932096-61-7
Hardcover | 423 S. | 74,– €

Das wichtigste Therapiebuch für Borderline-Störungen, das umfassendste Verständnis der Psyche dieser Menschen, die exzellenteste Beziehungsarbeit, die wirksamsten Therapiestrategien, das Ergebnis 20-jähriger Entwicklung des dialektischen Therapieansatzes, mit wissenschaftlichen Nachweisen der therapeutischen Wirksamkeit.

Bereicherung für VT

Dieses Buch schließt eine Lücke in der klinischen Verhaltenstherapie: Der Körper gehörte von Anfang an dazu, nun werden systematisch wichtige Anwendungsbereiche und Interventionen zusammengestellt. Körpererleben kann Gefühle moderieren und so in der Gegenwart den Selbst-Zugang fördern. Das Körpergedächtnis hilft dabei, effektiv in die Biografiearbeit einzusteigen. Die theoretisch fundierten und praxiserprobten Interventionen werden im Prozess der Körperpsychotherapie nachvollziehbar vorgestellt und mit vielen Fallbeispielen veranschaulicht. Informationen zu Materialien, Setting sowie Vorschläge für Gruppen ergänzen das Buch zum unverzichtbaren Praxisleitfaden (nicht nur) für VerhaltenstherapeutInnen, die das Potenzial der Körperpsychotherapie künftig stärker nutzen wollen.

2019. ca. 110 Seiten.
(978-3-497-02850-4) kt
Auch als eBook erhältlich

Maren Langlotz-Weis
Körperorientierte Verhaltenstherapie

EV reinhardt

Das Stabilisierungstraining für jugendliche Flüchtlinge mit Traumafolgestörungen

Das Stabilisierungstraining für jugendliche Flüchtlinge mit Traumafolgestörungen wurde 2016 in die Landesinitiative „Gesundes Land Nordrhein-Westfalen" aufgenommen. Es wurde als „vorbildlich für die Weiterentwicklung des nordrhein-westfälischen Gesundheitswesens" bewertet.

Das Training richtet sich an jugendliche Flüchtlinge mit Traumafolgestörungen wie posttraumatische Belastungsstörung, depressive Störungen oder Angststörungen. Ziel des Trainings ist eine emotionale und psychische Stabilisierung der Teilnehmenden.

Das Training kann sowohl im Gruppensetting als auch in der Einzeltherapie durchgeführt werden. Da die Versorgungsangebote für die Hochrisikogruppe der unbegleiteten minderjährigen Flüchtlinge ausgebaut werden müssen, richtet sich dieses Manual nicht nur an Kinder- und JugendpsychiaterInnen, psychologische PsychotherapeutInnen und Kinder- und JugendlichenpsychotherapeutInnen, sondern auch an pädagogische MitarbeiterInnen von Wohngruppen und Clearingstellen.

Das Trainingskonzept wurde so entwickelt, dass keine bedeutsamen psychotherapeutischen Kompetenzen zur Durchführung erforderlich sind. So kann das Training direkt vor Ort in den Wohngruppen von MitarbeiterInnen angeboten werden, die den Jugendlichen vertraut sind. Das vorliegende Stabilisierungstraining soll auf diese Weise einen Beitrag zur besseren Versorgung der traumatisierten Flüchtlinge leisten.

ISBN 978-3-86294-0-53-0 | Broschur DIN A 4 | 142 S. | 40,00 €

Florian Sedlacek, Sandra Peukert, Annette Richter-Benedikt

Praxisbuch Strategische Jugendlichentherapie (SJT)

Einzeltherapie | Gruppentherapie | Familientherapie | Elternberatung

Das Praxisbuch der Strategischen Jugendlichentherapie (SJT) verbindet Grundlagen der Verhaltenstherapie mit einem entwicklungsorientierten Ätiologiemodell psychischer Störungen zu einem integrativen Behandlungsansatz.

Das Praxisbuch umfasst verhaltenstherapeutische Standards zur Erfassung, Beschreibung und Behandlung von Jugendlichen mit Depressionen, Angst- und psychosomatischen Störungen. Ferner wird die affektiv-kognitive Entwicklungstheorie kompakt erläutert. Die dabei zum Einsatz kommenden therapeutischen Techniken sind verständlich, leserlich und ausführlichen mit Fallbeispielen und konkreten Anwendungsmöglichkeiten versehen. Bei Bedarf kann auf manualisierte Stundenanleitungen mit Arbeitsblättern und praktischen Übungen zurückgegriffen werden.

ISBN 978-3-86294-062-2 | 2. Quartal 2018 | Hardcover DIN A4 | 260 S. | 39,- €

7. Auflage 2017
Verhaltensanalyse
Therapieplanung
Zielanalyse
Falldokumentation
Fallbericht
Bericht an den Gutachter
Antragstellung
VDS | VDS -Report

(seit 1.4.2017 NEUER Leitfaden für den Bericht an die GutachterIn
da sich die Psychotherapie-Richtlinien und die Psychotherapie-Vereinbarungen geändert haben).

Das Handbuch „Verhaltensdiagnostik und Fallkonzeption" zum Anfertigen der Verhaltensanalyse, der Zielanalyse und des Therapieplans sowie zum Schreiben der Falldokumentation in der Aus- und Weiterbildung Verhaltenstherapie. Von der Erstuntersuchung, der Befunderhebung, der Anamnese, der Verhaltensbeobachtung, die Diagnosestellung über Verhaltens-, Zielanalyse und Therapieplanung findet sich alles Benötigte. Mit ausführlichen Beispiel-Falldokumentationen und anschaulichen Störungsmodellen etc. Wer weitere Hilfestellung haben möchte
- kann den **NEUEN Leitfaden Bericht an die GutachterIn VT-Langzeittherapie** herunterladen
- sei auf unsere **Antragstellung-Software VDS-Report** verwiesen, die hilft, die neuen Kassenanträge schnell und qualifiziert zu schreiben

S. K. D. Sulz | ISBN 978-3-86294-051-6 | 438 Seiten | € 59,–

>>>>>>>>> http://software.cip-medien.com/product/vds-report <<<<<<<<

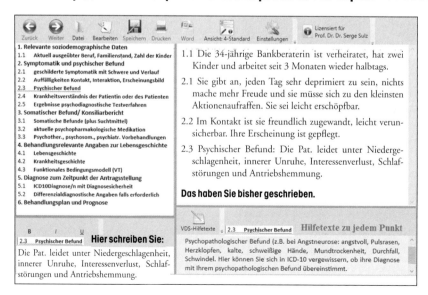

▷ GUTE VERHALTENSTHERAPIE
lernen und beherrschen

Bd. 1 Verhaltenstherapie-WISSEN
So gelangen Sie zu einem tiefen Verständnis des Menschen und seiner Symptome

Können baut auf Wissen auf und Therapie auf Verstehen. Um zu dem notwendigen tiefen Verständnis des Menschen zu gelangen, der zu Ihnen in Psychotherapie kommt, ist ein profundes Wissen unverzichtbar:
- umfangreiche empirische Forschung aus Psychologie und Neurobiologie und
- aktuelle wissenschaftliche Erkenntnis und Theoriebildung.

Das hilft,
- zu einer stimmigen Fallkonzeption,
- einer klaren Therapiestrategie und
- einer effektiven Behandlung zu gelangen
- eine sichere und souveräne und therapeutische Haltung einzunehmen.

Wissen, das man gern griffbereit hat.

ISBN 978-3-86294-046-2 | Hardcover DIN A 4 | 438 S. | 59,–

Bd. 2 Verhaltenstherapie-PRAXIS
Alles, was Sie für eine gute Therapie brauchen

Moderne kognitive Verhaltenstherapie mit ihren
- störungsspezifischen evidenzbasierten Therapien,
- störungsübergreifenden Interventionen und
- der Wirkungskraft des Expositionsprinzips
- auf dem Erkenntnis- und Kompetenzstand der Verhaltenstherapie der dritten Welle,
- fokussiert auf Emotionsregulation,
- korrigierenden Beziehungserfahrungen,
- Metakognition und Entwicklung des Denkens und Fühlens; dazu die Perspektive der evidenzbasierten Strategisch-Behavioralen Therapie
- schemaanalytisch (dysfunktionale Überlebensregel) und
- funktionsanalytisch (Reaktionskette zum Symptom)
- Alle wichtigen Interventionen anschaulich beschrieben
- von der ersten Therapiestunde mit dem ersten Patienten an.

Ein Therapiebuch als ständiger Begleiter.

ISBN 978-3-86294-047-9 | Hardcover DIN A 4 | 316 S. | 59,–

SPEZIALANGEBOT Bd. 1 VT-Wissen + Bd. 2 VT-Praxis
ISBN 978-3-86294-049-3 | 99,– | www.cip-medien.com

Psychotherapie

Herausgeber
Willi Butollo, Prof. Dr. phil., München
Thomas Bronisch, Prof. Dr. med., München
Hans-Jürgen Möller, Prof. Dr. med., München
Serge K. D. Sulz, Prof. Dr. phil. Dr. med., München

Hauptredaktion
Thomas Bronisch, Serge K. D. Sulz

Schriftleitung
Serge K. D. Sulz

Wissenschaftlicher Beirat
Prof. Dr. med. Mathias Berger, Freiburg
Prof. Dr. med. Peter Buchheim, München
Prof. Dr. med. Gerd Buchkremer, Tübingen
Prof. Dr. phil. Josef Duss-von-Werdt, Luzern
Prof. Dr. med. Hinderk Emrich, Hannover
Prof. Dr. med. Manfred Fichter, Dipl.-Psych., Prien
Prof. Dr. med. Erdmuthe Fikentscher, Halle
Prof. Dr. Toni Forster, Dipl.-Psych., Dachau
Prof. Dr. med. Michael Geyer, Leipzig
Dr. med. Siegfried Gröninger, Dipl.-Psych., München
Prof. Dr. phil. Monika Hasenbring, Bochum
Prof. Dr. phil. Siegfried Höfling, Dipl.-Psych., Karlsfeld
Prof. Dr. phil. Renate de Jong, Dipl.-Psych., Münster
Prof. Dr. med. Rudolf Klußmann, München
Prof. Dr. phil. Armin Kuhr, Dipl.-Psych., Hannover
Prof. Dr. med. Michael Linden, Dipl.-Psych., Berlin
Prof. Dr. phil. Jürgen Margraf, Dipl.-Psych., Basel
Prof. Dr. med. Rolf Meermann, Dipl. Psych. Pyrmont
Prof. Dr. phil. Wolfgang Mertens, Dipl.-Psych., München
Priv. Doz. Dr. phil. Mechthild Papousek, München
Prof. Dr. phil. Franz Petermann, Dipl.-Psych., Bremen
Prof. Dr. phil. Eibe-Rudolf Rey, Dipl.-Psych., Mannheim

Prof. Dr. phil. Armin Schmidtke, Würzburg
Prof. Dr. med. Michael Scholz, Dresden
Prof. Dr. phil. Harry Schröder, Leipzig
Prof. Dr. phil. Almuth Sellschopp, Dipl.-Psych., München
Prof. Dr. med. Gerd-Walter Speierer, Dipl.-Psych., Regensburg
Prof. Dr. med. Wolfgang Tress, Düsseldorf
Dr. phil. Rita Ullrich de Muynck, Dipl.-Psych., München
Dr. med. Rüdiger Ullrich, Dipl.-Psych., München
Prof. Dr. med. Dr. med. h.c. Manfred Wolfersdorf, Bayreuth
Prof. Dr. med. Michael Zaudig, Windach
Prof. Dr. phil. Dirk Zimmer, Dipl.-Psych., Tübingen

Fachredaktionen

Psychiatrie und Psychotherapie: Prof. Dr. med. Hans Peter Kapfhammer, Graz
Psychotherapeutische Medizin: Dr. med. Friedrich von Heymann, München
Klinische Psychologie: Prof. Dr. phil. Eibe-Rudolf Rey, Weinheim
Kinder- und Jugendpsychiatrie und -psychotherapie:
    Dr. med. Peter Altherr, Klingenmünster; Prof. Dr. med. Jörg Wiesse, Nürnberg
Psychotherapie im Alter: Prof. Dr. Dr. Rolf Hirsch, Bonn
Tiefenpsychologie und Psychoanalyse: Dr. phil. Matthias Lohmer, München
Verhaltenstherapie: Prof. Dr. rer. nat. Winfried Rief, Marburg
Familientherapie: Dr. phil. Jörg Kaspar Roth, München
Gruppentherapie: Univ.-Doz. Dr. phil. Dieter Sandner, München;
    Prof. Dr. phil. Volker Tschuschke, Köln
Neue Psychotherapien: Dr. med. Wolf Büntig, Penzberg
Pharmakotherapie: Prof. Dr. med. Gerd Laux, Wasserburg
Klinische Entwicklungspsychologie: Dr. phil. Gisela Röper, München
Klinische Persönlichkeitspsychologie: Prof. Dr. rer. nat. Thomas Fydrich, Berlin
Sexuologie: Dr. phil. Andreas Rose, Nürnberg; PD. Dr. med. Thomas Moesler, Erlangen
Psychotherapieforschung: Prof. Dr. med. Mathias Berger, Freiburg;
    Prof. Dr. med. Horst Kächele, Ulm
Prävention und Rehabilitation: Dr. med. Mark Schmid-Neuhaus, München
Kliniken: Prof. Dr. phil. Wolfgang Hiller, Mainz; Dr. med. Rainer Schors, München
Tageskliniken: Dr. med. Igor Tominschek, München
Ambulante Praxis: Dipl.-Psych. Jochen Weidhaas, Bad Dürkheim
Geschichtliches: Prof. Dr. med. Matthias Weber, München
Ethik: Dr. med. Gebhard Allert, Ulm
Redaktion Österreich: Prof. Dr. med. Gerhard Lenz, Wien
Redaktion Schweiz: Dr. phil. Peter von Tessin, St. Gallen

Impressum

Psychotherapie, CIP-Medien, München, ISSN: 2364-1517
Erscheinungsweise: Zweimal jährlich (April/November). 2 Hefte = 1 Jahrgangsband.
Bezugsbedingungen: Einzelheft 34,– Euro
Auflage: 5000
Jahresabonnement 30,– Euro (inkl. Porto innerhalb Deutschlands).
Anzeigen: Anzeigenannahme direkt beim Verlag (bis zum 1.3. und 31.8.)
Manuskriptsendungen an die Schriftleitung der Zeitschrift. Copyright beim Verlag.
Coverillustration: ©A. E. Sentürk
Herstellung: S. Pohl

Jeder Band ist zugleich ein Buch mit eigener ISBN und als solches im Buchhandel erhältlich.

CIP-Medien Verlag
Nymphenburger Str. 155 | D-80634 München | www.cip-medien.com
Tel. 089-1392603-1 | Fax 089-1392603-2 | info@cip-medien.com

LEBENSLUST STATT REALITÄTSVERLUST

BOTSCHAFTEN EINES TRÄUMERS – SCHIZOPHRENIE AUF DEM LEBENSWEG

Andreas Schmidt (Jg. 1983), ausgebildeter Genesungsbegleiter und schriftstellerisch aktiv, gibt in seinem Buch Einblicke in seine Erfahrung und sein Leben mit der Diagnose Schizophrenie. Dies geschieht in einer poetischen Weise, die sowohl zum Nachdenken anregt, als auch sehr unterhaltsam ist und Kraft und Mut schenkt. Der Autor gibt „uns allen ein tieferes Verständnis, ein Verstehen, das kein wissenschaftliches Lehrbuch vermitteln kann", so Prof. Dr. Dr. Sulz in seinem Geleitwort.
ISBN 978-3-86294-029-5 | brosch. | 136 S. | € 15,–

AUF, AUF und AB

EINE WA(H)NDERUNG MIT HINDERNISSEN ... ... UND Rucksack.

In seinem zweiten Buch erzählt Andreas Schmidt von vielerlei Aufs und Abs in seinem Leben, wieder mit viel Humor und der ihm eigenen Kunst zur Positivität, die seine Leserschaft auch zum Lächeln bringt. Krank? Behindert? Wer bin ich? Diese Fragen durchleuchtet er, erzwungen von den Diagnosen ADS und Schizophrenie.
Einige Illustrationen von ihm bekräftigen seine Worte. Prof. Dr. Dr. Sulz empfiehlt das Buch „nahezu jedem Menschen, der etwas mehr verstehen will, von dem, was das Menschsein ausmacht – mit allen Höhen und Tiefen, mit allen Dimensionen des Seins".
ISBN 978-3-86294-043-1 | brosch. | 126 S. | € 19,–